德育英才　法行天下

Virtual Ethics Legal Spirits

北京师范大学刑事法律科学研究院
建院 10 周年誌庆

*Tenth Anniversary of College for Criminal Law
Science of Beijing Normal University*

(2005 ~ 2015)

　　本书系中欧合作项目"中国死刑适用的司法限制"暨 2011 年度国家社科基金项目《死刑限制的宪法分析研究》（11CFX050）的阶段性成果。

◎京师刑事法文库（97）

◎促进死刑改革系列之二十七

赵秉志　总主编

暴力犯罪死刑限制与改革研究

黄晓亮　著

中国人民公安大学出版社

·北　京·

图书在版编目（CIP）数据

暴力犯罪死刑限制与改革研究/黄晓亮著 . —北京：中国人民公安大学出版社，2015.3
（京师刑事法文库）
ISBN 978-7-5653-2180-1

Ⅰ.①暴… Ⅱ.①黄… Ⅲ.①暴力行为—刑事犯罪—死刑—司法制度—研究—中国 Ⅳ.①D924.124

中国版本图书馆 CIP 数据核字（2015）第 060650 号

京师刑事法文库
暴力犯罪死刑限制与改革研究
黄晓亮　著

出版发行：	中国人民公安大学出版社
地　　址：	北京市西城区木樨地南里
邮政编码：	100038
经　　销：	新华书店
印　　刷：	北京兴华昌盛印刷有限公司

版　　次：	2015 年 3 月第 1 版
印　　次：	2015 年 3 月第 1 次
印　　张：	15
开　　本：	880 毫米×1230 毫米　1/32
字　　数：	404 千字

书　　号：	ISBN 978-7-5653-2180-1
定　　价：	58.00 元

网　　址：	www.cppsup.com.cn　www.porclub.com.cn
电子邮箱：	zbs@cppsup.com　　zbs@cppsu.edu.cn

营销中心电话：010-83903254
读者服务部电话（门市）：010-83903257
警官读者俱乐部电话（网购、邮购）：010-83903253
法律图书分社电话：010-83905745

北京师范大学刑事法律科学研究院
　京师刑事法文库

总　　序

　　现代化的国家是法治国家。现代文明进步的社会是法治社会。我国依法治国、建设社会主义法治国家之基本治国方略的确立及其贯彻，对社会的发展进步至关重要。而现代刑事法治则在现代化法治国家中扮演着非常重要的角色。改革开放以来，我国的刑事法治已经取得了长足的进步。但是，在 21 世纪建设社会主义法治国家的进程中，无论是刑事法学理论还是刑事法治实践，都仍需要进一步发展与完善，以更为充分地发挥其应有的作用。

　　北京师范大学刑事法律科学研究院于 2005 年 8 月建立，系专门从事刑事法学研究，中国刑事法学领域首家且目前唯一的、独立的实体性、综合性学术研究机构。研究院以一批中青年专家、学者为中坚，并聘请了包括老一辈著名刑法学家、中央政法机关专家型领导以及重要国际组织领导人在内的国内外知名刑事法专家、学者担任特聘顾问教授、专家委员会委员、兼职教授（研究员）。研究院的设立，旨在建设全国领先并与国际知名刑事法学机构看齐的新型刑事法学术机构，本着刑事法学一体化的精神，逐步全面发展中外刑法学、国际刑法学、区际刑法学、刑事政策学、犯罪学、刑事执行法学、中外刑事诉讼法学、刑事证据学、刑事司法制度等刑事法的诸多学术领域，培养高级刑事法学专门人才，为中国法学研究和高层次人才培养进行新的探索，力争为中国依法治国、建设社会主义法治国家的伟大事业在刑事法学领域作出更大的贡献。

为达此目标，研究院成立伊始即创办了"京师刑事法文库"。研究院的主要成员在中国人民大学刑事法律科学研究中心工作时，亦曾设立"刑事法律科学文库"与"国际刑法研究所文库"，并已颇具规模。为获得更为广阔的学术发展空间与学术交流平台，数位专家学者首批加入北京师范大学创立了全国首家实体性的刑事法律科学研究院。学术事业是薪火相传、继承发展的事业，为使刑事法学术事业得到进一步传承和发扬，北京师范大学刑事法律科学研究院遂在我们设立的原"刑事法律科学文库"与"国际刑法研究所文库"的基础上，重新创办两个系列著作项目，并定名为"京师刑事法文库"和"京师国际刑事法文库"。两个文库是分工不同、相辅相成的姊妹项目，前者以国内刑事法著作为范围，后者以国际刑事法著作为范围。两个文库以百年名校北京师范大学深厚的学术积淀、悠久的历史传统和浓郁的文化氛围为依托，凭借北京师范大学坚实宽广的人文社会科学和自然科学的综合实力，并广泛争取和吸纳中外刑事法学界的支持与帮助。"京师刑事法文库"的出版领域主要包括国内刑事法律与刑事法学方面（包括刑法、犯罪学、刑事执行法学、刑事诉讼法学、刑事侦查、刑事物证技术等领域）的有新意、有深度、有分量的著作与译作，也会涉及我国港澳台地区刑事法暨中国区际刑事法等领域的科研成果，可以是专题研究、综合研究，也可以是论文集、有价值的文献资料等形式。同时，为积极关注刑事法治领域的重大现实问题，"京师刑事法文库"还将相关专题的著作予以集中，设立若干系列，并聘请著名刑事法学专家担任总主编。文库的作者以研究院专职、兼职研究人员为主，并向其他专家、学者开放。

　　我们希望通过文库的形式能逐步积累学术成果，繁荣、深化和开拓刑事法领域的学术研究，促进国内外刑事法学界的交流与合作，不断提高我国刑事法理论与实践水平，进而有力地促进国家现代法治之昌盛和社会的文明进步。

北京师范大学刑事法律科学研究院

院长　赵秉志　教授

谨识于乙酉年初秋

College for Criminal Law Science of Beijing Normal University
Criminal Law Library of BNU

Preface

A modern country and a modern civilization should be governed by law. The establishment and actualization of the principal guideline of rule by law is crucial for our society to make progress in the efforts of constructing socialism under rule of law. Modern criminal law, playing a very important part in the development of modern society under rule of law, has achieved great progress since 1978 when the reform and opening-up policy was carried out. Whereas, further development and reform for both theory and judicial practice of criminal law are required in the process of building socialist legal democracy, so as to bring it into full play.

The College for Criminal Jurisprudence Studies of Beijing Normal University, founded in August of 2005, is the first and, at present, the only academic research organ in China specializing in criminal jurisprudence that is independent and comprehensive entity. The College is staffed with a group of famous young and middle-aged criminologists as academic nucleus and a group of criminologists and scholars known home and abroad as specially invited consultative professors, member of experts committee, guest research fellows (professors), including those senior professors, leaders with judicial expertise from the central procuratorial, judicial and public security departments and leaders of some important international academic organizations. The college, aiming at turning into a new national leading academic body which can keep pace with international prestigious organs of criminal jurisprudence, is gradually extending its research fields covering Chinese and foreign criminal jurisprudence, international criminal law, trans-regional criminal law, criminal policy science, criminology, criminal executive law, Chinese and foreign criminal procedure law, criminal evidence law, criminal judicatory and so on following the spirit of integrated criminal science. Meanwhile, the College trains high-level criminal jurisprudence professionals and makes new exploration into research of jurisprudence and cultivation of high-level professional in China. We are trying our best to make a greater contribution in the field of criminal law science to the great cause of building our socialism under rule of law.

Cherishing this hope, the College initiated the *Criminal Law Library of BNU* as soon as it is founded, with the working experience of *Criminal Jurisprudence Library of Renmin University of China(RUC)* and *International Criminal Jurisprudence Library of RUC* which had been established in the Criminal Jurisprudence Research Center of RUC and in a rather large scale before the main staff's transfer to the College. In order to obtain a broader space for academic research, we six scholars transferred from RUC to BNU and founded this first and the only one independent academic entity in our country – College for Criminal Law Science of BNU. Learning is a continuous business, so the College re-establishes two book-series programs named "*Criminal Law Library of BNU*" and "*International Criminal Law Library of BNU*" based upon the former two libraries so as to further develop our academic cause. The two sisterly programs undertake different missions and supplement each other. The domain of the former focuses on domestic criminal jurisprudence literatures and the latter on international criminal jurisprudence literatures. Depending upon the profound academic deposit, centuries-old historical traditions and full-bodied cultural atmosphere of the prestigious Beijing Normal University and with BNU's comprehensive and powerful integrative strength in both fields of humanity social science and nature science, the two libraries will attract and accept the contributions from the field of criminal jurisprudence home and abroad. The publications of *Criminal Law Library of BNU* cover the creative and profound works and translations on domestic and foreign criminal jurisprudence (criminal law, criminology, criminal execution law, criminal procedure law, criminal investigation and criminal evidence etc.) and those academic and research fruits in the field of extroversive criminal law (including international criminal law, comparative criminal law, foreign criminal law and criminal laws of Hong Kong, Macao and Taiwan). The publications may be of either special topics or general topics or translations of foreign literatures and codifications. Meanwhile, in order to attract active concerns with important realistic issues, publications on the related topics will be collected and affiliated to *Criminal Law Library of BNU* as new book-series with famous criminal jurisprudence specialists as their chief editor. The authorships of *Criminal Law Library of BNU* are mainly entitled to full-time and guest research fellows besides other experts and scholars engaged in criminal jurisprudence.

Through these programs of libraries, we seek to help to accumulate academic fruits, to exploit and deepen and thrive the academic researches on criminal jurisprudence, to facilitate exchanges and co-operations between domestic and foreign colleagues engaged in criminal jurisprudence and to gradually improve our theoretical and practical expertise of criminal law so as to accelerate the prosperity of our country under rule of law and the progress of social civilization.

Prof. Zhao Bingzhi

Dean of College for Criminal Law Science

Beijing Normal University

Autumn of 2005

"促进死刑改革系列" 序言

　　历经长达两个半世纪之争论，死刑的限制与废除已被越来越多的国际法律文件所认可，废除死刑的呼声可谓日渐高涨。1948 年《世界人权宣言》作为人权国际保护的纲领性文件，强调了生命、自由和人身安全的权利，为死刑的限制和废除奠定了法理基础。1966 年联合国《公民权利和政治权利国际公约》第 6 条首次在国际公约中对适用死刑明确加以限制。随后的《美洲人权公约》以及联合国《关于保障面临死刑的人的权利的措施》，对死刑则作了进一步的限制性规定。20 世纪 80 年代，《〈欧洲人权公约〉关于废除死刑的第六议定书》、《旨在废除死刑的〈公民权利和政治权利国际公约〉第二项任择议定书》以及《〈美洲人权公约〉旨在废除死刑的议定书》先后问世，废除死刑在一定范围内开始成为国际法规范。上述国际性法律文件不仅为限制或废除死刑确立了国际法依据，使成员国在限制、废除死刑问题上承担了相应的法律义务，也为限制或废除死刑的运动建立了国际保障机制。死刑不但已失去了其以往在刑罚体系中的核心地位，而且限制、减少死刑乃至废除死刑已成为世界性的潮流与趋势。伴随着此一社会发展趋势，死刑存废问题亦已成为今日中国刑事法治领域的热点话题，而其中关于非暴力犯罪的死刑废止问题更是引起了中国社会的广泛关注。经过实务界与理论界多年来的共同努力，中央有关领导机构已作出英明决策，决定将死刑立即执行案件的复核权收回最高人民法院，而最高人民法院也正在为现行死刑复核制度的完善和改革做充分准备。虽然这只是实务程序性的改革举措，但必将给中国限制、废止死刑之路带来质的突破。这样一个彰显社会文明与法治发展进步的历史性变革，当然离不开刑事法学界的积极参与和鼎力协助。就死刑制度而言，无论是刑事立法还是刑事司法，亦无论是刑事实体法还是刑事程序法，都亟须学界同仁广泛调研、深入研究，并提出切实可行的改革与完善措施。

北京师范大学刑事法律科学研究院（以下简称研究院）作为专门从事刑事法学研究的、中国刑事法学领域首家且目前唯一的具有独立性、实体性、综合性的学术研究机构，自建立以来得到了法学界与法律实务界的广泛支持并被寄予厚望。研究院自当以促进中国刑事法治发展为己任，努力为国家刑事立法和刑事司法的改革与完善建言献策。研究院的主要成员近年来十分关注并致力于推动我国限制与逐步废止死刑的法治进步事业：2003 年我们组织一批专家学者在《法制日报》率先提出并集中研讨了在中国逐步废止非暴力犯罪死刑的重大现实命题，在此基础上我们于 2004 年 3 月出版了中英文本的《中国废止死刑之路探索——以现阶段非暴力犯罪废止死刑为视角》一书，从而引起社会的关注，并在人权保障和法治进步方面产生了良好的国际影响；2004 年 5 月，我们与湘潭大学法学院合办了"死刑的正当程序学术研讨会"，并于 2004 年 12 月出版了《死刑正当程序之探讨——死刑的正当程序学术研讨会文集》一书；2004 年 8 月和 12 月，我们又主持召开了"中英限制死刑适用范围合作项目系列专题论坛"第 1~4 次论坛，对经济犯罪、财产犯罪中的死刑废止问题进行了理论与实务相结合的探讨；2005 年 3 月，我们与英国大使馆文化教育处联合主办了"中英死刑适用标准及死刑限制学术研讨会"，集中对死刑适用标准及死刑限制问题进行了研讨；在我们近几年来进行的中美、中韩等刑法学术交流活动中，死刑的改革也都成为重要议题之一。而研究院于 2005 年 8 月成立后，死刑问题更是我们关注与研究的重点课题。研究院成立伊始便创办了"关注死刑改革系列论坛"，由著名刑法学家或者知名刑法学者担纲主讲，旨在配合最高人民法院收回死刑核准权、推动死刑改革的理论研究。2006 年 1 月，研究院将专职研究人员与部分兼职研究人员近年来关涉死刑问题的重要研究成果，以及主要研究人员在所组织的学术活动中收集到的部分相关重要论文汇编成集，正式出版了《死刑制度的现实考察与完善建言》一书，以期为国家限制与逐步废止死刑的法治实践和相关学术研究提供参考。同时，研究院主要成员还就死刑改革问题向国家立法机关、中央政法领导机关提交了多份研究咨询报告。诸如：《五种常见多发犯罪之立法完善研究——以死刑适用标准的立法完善为重点》、《当代中国死刑问题聚焦——死刑的存废、适用标准及改革完善学术观点综述》，等等。此外，研究院还专门建立了汇集全国有关研究力量的死刑专门研究机构——北京师范大学促进死刑改革研究中心。该中心的建立，旨在配合国家逐步限制与减少死刑的法治进步，吸收全国性的研究力量就死刑改革问题开展专门研究，从而为国家切实推进死刑改革建言献策。总之，作为专门刑事法研究机构，我们希望在死刑的限制与逐步废止这个关系到当代中国刑事法治进步的重大问题上作出积极的贡献。

也正是基于上述考虑，并在以往科研活动与学术成果的基础上，我们进一步创办了"促进死刑改革系列"，并整体纳入"京师刑事法文库"。本系列丛书可以是专题著作、研讨文集，可以是有相当分量的博士学位论文，也可以是国外、境外相关著作的介译之作。著译者以研究院专职、兼职研究人员为主，并向国内外专家、学者开放。我们期待通过推出这一主题集中、题材广泛、视野开阔的"促进死刑改革系列"丛书，不仅可以将关涉死刑问题的研究推向纵深，而且能够使该问题得到社会进一步的关注与重视，以期为国家逐步限制与废止死刑之改革历程提供充分的理论准备，创造必要的社会与文化氛围。

事实上，当代法治先进国家和地区的发展实践已充分证明，刑事法治的现代化程度及与之相应的刑法基础观念的普及程度，乃是一个国家、一个社会法治文明、人权事业进步的重要标志。其中，死刑的法治命运和理念至关重要。我们相信，严格限制、逐步减少

乃至尽可能地早日废止中国刑事法治中的死刑，有益于中国的法治
文明、人权保障和社会进步。法界同仁们有责任呼吁全社会共同关
注中国的死刑问题，共同为促进中国的法治现代化和人权保障事业
竭诚努力。

赵秉志教授　谨识

2006 年 7 月

Book Series on Facilitating Reform of Death Penalty Preface

After about two and a half centuries of debates, restriction and even abrogation of the death penalty has been recognized by more and more international instruments, and the pitch of cry for abolition of capital punishment becomes higher and higher. Universal Declaration of Human Rights (UDHR) of 1948, as a programmatic document of international protection of human rights, emphasizes the rights of life, freedom and personal safety, which provides the jurisprudence basis for restriction and eradication of death penalty. The Article 6 of International Covenant on Civil and Political Rights (ICCPR) of 1966 of United Nations (UN) first specifies the restrictions on application of capital executions in an international instrument. The following American Convention on Human Rights (ACHR) and ECOSOC Safeguards Guaranteeing the Protection of the Rights of Those Facing the Death Penalty make a further restriction on death penalty. In 1980s, the Sixth Protocol Concerning Abolition of Death Penalty of European Convention on Human Rights (1985), the Second Optional Protocol Aiming at Abolishing Death Penalty of ICCPR (1989) and the Protocol aiming at Abolishing Death Penalty of ACHR were successively adopted, so it begins, in a certain extent, to become a rule of international law to abolish death penalty. The preceding international instruments not only provide the international legal sources for restriction and abolition of death penalty and impose party states with corresponding legal duties concerning restricting and abrogating death penalty, but establish a international mechanism guaranteeing the movement of restricting and abolishing death penalty. The death penalty has lost its previous dominant status in the criminal penalty system and it has become a universal orientation to restrict, reduce and even eradicate death penalty. Along with this trend of social development, the issue of restriction and abrogation of death penalty has become a hot topic among the circle of criminal law in nowadays China. After years of joint efforts of theoretical and practical fields, the Central Authority has made a wise decision to retrieve the right of reviewing those cases with a possible capital sentence of prompt execution to the Supreme People's Court. Consequently, the Supreme People's Court is now making ready for reforming the current death penalty review system, which, although just a practical procedural reform, will certainly bring about a big breakthrough for restriction and abolition of death penalty in China. Such a historical reform reflecting our social civilization and legal progress is inevitably involved with the active participation and diligent working of the field of criminal law. As for the death penalty system, not only criminal legislation and criminal justice, but also criminal substantial law and criminal procedural law, still require the theory field to make extensive investigations and comprehensive researches and to propose maximum applicable reform suggestions.

The College for Criminal Jurisprudence Studies of Beijing Normal University, as the first and, at present, the only academic research organ in China specializing in criminal jurisprudence that is independent and comprehensive entity, has won far-ranging supports with high expectations from both fields of legal theory and practice since it was founded in August of 2005. The College, of course, will undertake the mission as its own responsibility to facilitate the development of criminal law and to try its best to make more propositions on reforming criminal legislation and criminal justice in our country. The main members of our college have been closely observing and engaged in the progressive legal cause of facilitating our country to restrict and eradicate the death penalty. For example, in 2003, we organized a class of scholars and specialists initiating an intensive discussion over the important practical issue of abolishing death penalty for non – violent crimes gradually in China, based upon which, we published an English – Chinese bilingual book titled The Road of the Abolition of the Death Penalty in China: regarding the Abolition of the Non-violent Crime at the Present Stage in March of 2004, which aroused the society's concern with death penalty and exerted a good international influence in the perspective of protection of human right and progress of rule of law; In May of 2004, we co-organized with the Law School of Xiangtan University the Academic Symposium on Due Process for the Death Penalty and published a book with the title of Probing into Due Process of Death Penalty: Analects of the Academic Symposium on Due Process For the Death Penalty in December of 2004; In August and December of 2004, we organized four sessions on special topics of the Series Symposiums of Sino – British Joint Project of Restricting the Scope of Application of the Death Penalty, which comprehensively probed, combining theory with practice, into the issues concerning abrogating the death penalty for economic crimes and property crimes; In March of 2005, we cosponsored with the Culture & Education Section of UK Embassy an Academic Symposium on Sino-British Application Criteria and Restriction of Death Penalty which focused upon the issues concerning application standards of and restriction of death penalty; In the Sino – America and Sino – Korea academic exchanges of criminal legal science which we participated in recent years, the reform of death penalty has become a major subject. Along with the foundation of the College, the issue of death penalty has become one of the major research subjects with our closer concern. No sooner than establishment of the College, we organized Series Forums Concerning Death Penalty Reform, where speeches were chaired and delivered by famous criminal jurists and scholars, for the purpose of being in concert with the Supreme People's Court retrieving the right of reviewing cases with a possible capital sentence of prompt execution and impelling the theoretical researches on reform of the death penalty. In January of 2006, the College published a book named Investigation and Legislative Perfection on Death Penalty System, which is a collection of major research fruits and articles concerning the issue of death penalty by the full-time and part-time research fellows of the College in recent years, in the purpose of provide reference to our country's judicial practice of restricting and gradually eradicating the death penalty and the corresponding academic researches. Meanwhile, the main members of the College have successively submitted several research & consultation reports concerning reform of the death penalty to the national legislature and the central political and legal departments, such as Propositions of Legislative Reform Concerning Five Common Crimes with Frequent Occurrence: Focusing on Reforming the Application Standard of the Death penalty and Focusing on death penalty in modern China: Summary of Academic Viewpoints on Restriction & Abolition, Application Standard and Reform of the Death Penalty etc. In addition, the College established a center specializing in studies of the death penalty which converging the corresponding research forces all over the country——The Research Center of Facilitating Reform of the Death Penalty of Beijing Normal University, for the purpose of being in concert with our country's progress of rule of law in gradual restricting and reducing the death penalty and attracting the research forces all over the country to specially study the issue of reform of the death penalty, so as to propose valuable and applicable advices facilitating national reform of the death penalty system. In a word, as a research body specializing in criminal jurisprudence, we hope that we can make more active contributions in restricting and gradual abrogating the death penalty since which is crucial for the progress of rule of law in nowaday China.

With the preceding considerations and basing upon the previous research activities and academic achievements, hereby we further establish Book Series on Facilitating Reform of Death Penalty as an integrated section of Criminal Jurisprudence Library of BNU. The publications of the Book Series may be either books on special topics or article collections or valuable doctoral dissertations or translations of foreign literatures and codifications. The authorship is mainly entitled to full-time and guest research fellows besides other experts and scholars, domestic and abroad, engaged in criminal jurisprudence. We hope the Book Series on Facilitating Reform of Death Penalty may deepen the studies on the issue of the death penalty and arouse further concern and attention of the society on the death penalty, so as to provide sufficient theoretical preparation for our country's gradual restriction and abolition of the death penalty and to create a necessary social and cultural atmosphere.

In fact, the practice of the contemporary countries and regions under rule of law has fully revealed that the extent of penal modernization and the popularization of the correspondent basic concepts of criminal law, of which the legal destination and belief of the death penalty is certainly inseparable, are important indicators of the legal civilization and progress of the cause of human rights in a country and a society. We firmly believe that the prudent restriction, gradual reduction and eradication as soon as possible of the death penalty in China will do good to our legal civilization, human rights safeguard and social progress. All colleagues engaging in legal science share the common responsibility in appealing to the whole society to care the death penalty in China and in making joint efforts to facilitate the modernization of legal cause and safeguard human rights in China.

Prof. Zhao Bing-zhi
July of 2006

序

赵秉志[*]

　　很长时期以来，死刑在人类历史的舞台上扮演着重要的角色。它以国家的名义人为地结束人同类的鲜活生命，直接关系到人的"生"与"死"问题。因而死刑制度时常叩问着人们的"报复"与"宽恕"之心。诸多哲人名家对不同社会时期的死刑问题从哲学、文学、法学、史学的角度进行了深邃的分析与研究，提出过很多颇有影响的论断。20 世纪 50 年代以来，随着国际人权事业及相关立法的重大发展，人类先贤们关于死刑问题的论述备受重视，死刑问题得到了前所未有的积极关注和理论探讨，限制乃至废止死刑的理论主张和人道主义呼声逐步成为各国刑事法律和法治的现实。

　　伴随着这种情形，自 20 世纪 90 年代以来，中国刑事法理论界对死刑问题的研究也日益繁荣，学术成果迭出，成就斐然。尤其是进入 21 世纪的近几年来，死刑问题显然已成为刑事法理论和实务界的热点话题。诸多刑事法学者在此方面取得了较为重大的研究成果，在当前的基本死刑政策（保留死刑但限制和减少死刑适用）、死刑立法改进策略（逐步而及时地废止非暴力犯罪死刑）等问题上取得了不少共识。国家立法机关与最高司法机关也都非常关注和积极推动死刑制度的改革完善，并取得了一定的成就（如最高人民法院全面回收死刑核准权）。但是，相对来说，对死刑、死刑制

---

　　[*] 北京师范大学刑事法律科学研究院暨法学院院长、教授、博士生导师，法学博士，中国刑法学研究会会长，国际刑法学协会中国分会主席。

度改革问题的研究，一些学者还是侧重于宏观、整体的角度，对死刑存废的争论还是过于思辨，有关改革路径的研析进展不大，而且对具体类型犯罪的死刑，尤其是死刑的终极命运等问题还缺乏足够的深入探讨。

2005 年年初，经我提议和与其商议，黄晓亮同志决定以"暴力犯罪死刑问题研究"作为博士学位论文的题目。作为其导师，我对此表示肯定和支持，认为这一选题从暴力犯罪之死刑入手分析和研究死刑的终极命运问题，无疑具有很强的理论创新意义和实践价值。2006 年 5 月底，在博士学位论文答辩会议上，黄晓亮的博士学位论文顺利通过答辩，并被评为优秀博士学位论文，受到评审专家、答辩专家的好评。毕业后，黄晓亮博士以其优异成绩和出色表现得以进入北京师范大学刑事法律科学研究院从事研究工作。他在工作之余抽时间根据论文评审专家和答辩委员会的意见以及最新的学术资料对论文进行了一定的修改补充，并得以纳入北京师范大学刑事法律科学研究院创办的"促进死刑改革系列"交由中国人民公安大学出版社出版。在该论文付梓出版之际，作为黄晓亮博士的导师，我应邀欣然为之作序。

通览全书，我认为本书具有如下几个方面的特点：

第一，观点鲜明，多有创新。死刑是当前国内外刑事法理论界诸多学者给予较多关注、投入较多精力予以深入研究的重大现实刑事法问题之一，成熟的理论观点较多。因而后来的研究理应避开人云亦云。黄晓亮博士比较全面、准确地把握住了当前死刑理论发展的基本状况，避免重复论述，注意从新的思维方式、分析路径和角度切入死刑问题的分析，并结合暴力犯罪的特征阐述暴力犯罪死刑的典型性、终极性，从而对死刑的最终命运进行了理性的分析。在此基础上，黄晓亮博士并非一味空洞地主张暴力犯罪死刑的废止，而是对暴力犯罪死刑的司法适用问题作了必要阐述，并就当前理论界、社会民众对死刑存废的不当言论进行深入的分析，提出从新的理论切入点来研究暴力犯罪死刑乃至整个死刑的存废问题，指出了暴力犯罪死刑存废问题的实质所在。

第二，研究方法丰富多样。死刑早在其产生之初就超越了刑事法学乃至法学的领域，受到了社会的全面、广泛关注。但长期以来，对死刑的理论研究太多过于抽象和思辨，方法和视角都比较单一。黄晓亮博士注意到了这些问题，对死刑问题尝试采用历史学、生物学、社会学等多种方法追根溯源，并对国内外的死刑立法状况进行比较。在分析现实之不足、提出未来之对策方面，黄晓亮博士又注意从事实分析的层面回到规范建构的层面，提出了暴力犯罪死刑逐步改革的具体措施。

第三，结构得当，重点突出。从暴力犯罪的理论分析到暴力犯罪死刑问题，从暴力犯罪死刑的现实司法适用到未来的立法废止，从死刑存废的激烈争论到对死刑存废问题实质的分析，黄晓亮博士较为合理地安排了论述的结构，突出了研究的重点，保持了论著前后的呼应和协调。

晓亮博士将其博士学位论文出版，为其博士研究生阶段的学习研究圆满地画上了句号。对一位学者而言，在一定意义上讲，出版博士学位论文也许仅仅是其学术事业的开端。作为他昔日的导师和现在的同事，我期待他以此为新的起点继续积累、不断历练、勇于创新，争取作出更好的成绩。

是为序。

修订说明

本书是笔者原来出版之《暴力犯罪死刑问题研究》的修订版本，修改、校订和补充的内容接近原来篇幅的1/2。之所以修订原著，是因为近十年来国内关于死刑问题的研究繁荣发达，佳作迭出，国家立法机关关于死刑制度改革的立法举措频频问世，国家司法机关在慎重和减少死刑适用方面也有显著成就，我国的死刑制度及其法治实践发生了不同以往的巨大变化，有力地推动了社会的文明和进步，但暴力犯罪死刑的限制适用和最终废止，仍是社会主义刑事法治的重大任务之一，还需要包括刑事法各界在内的社会整体不断形成共识，并全力以赴，创造适合的社会条件。因而笔者并未重启炉灶，而是甘冒炒冷饭之嫌疑，将近十年继续学习、研究死刑问题而撰写发表的十余篇论文，根据暴力犯罪死刑限制和改革的主题思路，结合原著的框架和精神，吸收近年来死刑问题研讨的最新成果与刑事法界前辈和同行的真知灼见，进行重新的组合和调整，形成新的书稿，以适应时代的发展情况和法治的未来需要。

相对于原书，本书修订的具体内容有如下几个方面：

第一，调整原著的篇章结构与框架。原著的相关内容过于强调暴力犯罪及其死刑问题的特殊性，对暴力犯罪死刑所处之整体刑事法治环境及其改变的分析较少，因而篇章结构方面过于拘束和保守，同时，因为对暴力犯罪死刑限制适用的政策、措施分析较少，使得暴力犯罪死刑限制适用的问题没有得到应有的强调和突出。笔者结合新补充的内容，对原来的篇章结构作了一定的调整和改进，以便分析和研讨更符合死刑问题的认识逻辑。

第二，更新原著有关内容的数据。相比于几年前，世界范围内的死刑废止运动有了巨大的进步。2001 年，世界上有 75 个国家和地区完全废止死刑，有 14 个国家和地区废止普通犯罪的死刑，有 105 个国家和地区保留并适用死刑（其中，有 29 个国家或者地区在事实上废止死刑，即暂停死刑的适用或者执行）。到了 2007 年，上述国家和地区的数字分别是 91、10、95（44），而到了 2013 年年底，这些数字变化为 98、7、93（35），有 58 个国家保留死刑，并在司法中保持适用（57 个国家在 2013 年作出了死刑判决）。而在中国，国家立法机关于 2011 年 2 月 25 日通过的《刑法修正案（八）》削减了 13 种死刑罪名，使得这些犯罪不再配置有死刑。因而原著中有关数据已经过时，有必要予以更新。

第三，增加暴力犯罪死刑适用的相关内容。因为时代的因素，原著对暴力犯罪死刑的限制适用问题分析不是很多，只是对具体暴力犯罪的死刑适用问题进行研讨，着眼点较少强调限制和减少的问题。近年来，刑事法界的各位前辈和同仁充分重视死刑（尤其是暴力犯罪死刑）的限制和减少适用问题，很多煌煌大作均以此为出发点，而司法机关也从贯彻宽严相济刑事政策的角度注重暴力犯罪死刑的限制适用问题。例如，最高人民法院于 2010 年 2 月 8 日发布的《关于贯彻宽严相济刑事政策的若干意见》也强调在暴力犯罪案件的处理上当宽则宽，当严则严，体现出了对暴力犯罪限制适用死刑的意旨。因而加强对暴力犯罪死刑限制适用问题的研讨，也是笔者近几年研讨死刑问题的重要任务之一。笔者从死刑政策、死刑标准统一化、死刑适用之法律评价与社会评价相统一、有关社会因素对暴力犯罪死刑限制适用的影响等角度，延续原来对暴力犯罪死刑问题的研讨。在修订过程中，笔者将这些心得和有关认识吸收到新的书稿中，丰富了暴力犯罪死刑适用方面的内容。

第四，更加详尽阐述暴力犯罪死刑废止路径问题。关于中国死刑的废止，刑事法界有着比较明确的共识，即先废止非暴力犯罪的死刑，再逐步废止暴力犯罪的死刑。而废止非暴力犯罪的死刑，如前所述，在中国已经部分地成为现实。《刑法修正案（八）》削减了 13 种具体非暴力犯罪的死刑,《刑法修正案（九）（草案）》也已经涉及暴力犯罪死刑的废止,尽管只有一种具体犯罪（阻碍执行军事职务罪）。而且,《刑法修正案（八）》还规定除了以特别残忍手段致人死亡外对年满 75 周岁以上的老年人不适用死刑,因而扩大了死刑的人群性废止范围。因而国家立法机关选择多种路径来推动死刑（包括暴力犯罪死刑）的废止进程,并取得了一定的成就,获得了国际社会的肯定和赞许。

笔者对原著的修订,目的在于更好地适应时代发展的需要,因为中国死刑制度改革以及相关问题的研讨已然处在一个不同以往的新时代。中国共产党自 1997 年 9 月以来,四次全国代表大会均将依法治国作为重要的主题,强调依法治国在国家治理中的基本地位,而 2013 年的十八大三中全会,又在依法治国的语境中提到死刑制度改革的问题,强调"逐步减少死刑罪名"。显然,限制死刑适用,减少死刑罪名,已经成为国家法治建设的重要方面,获得了全社会的认可。暴力犯罪死刑的限制和废止自然是其中应有之义。我们可以期待并能够看到,逐步削减暴力犯罪死刑,也将变为立法现实。在这样的情况下,加强死刑（尤其是暴力犯罪死刑）限制适用和改革问题的研究,是法律理论和实务界责无旁贷的历史使命。笔者希望以本书贡献绵薄之力。

目　　录

前言 ……………………………………………………………（ 1 ）

　一、死刑观念及法律实践的历史轨迹 …………………（ 1 ）

　二、死刑理论研究的现状与范式 ………………………（ 5 ）

　三、浮出水面的暴力犯罪死刑问题及其现实意义 ……（ 18 ）

　四、暴力犯罪死刑的研究价值与方法 …………………（ 24 ）

第一章　暴力犯罪的内涵界定及其死刑的现状考察 ……（ 31 ）

　第一节　暴力犯罪的内涵界定和类型区分 ……………（ 31 ）

　　一、关于暴力及暴力犯罪的理论争议 ………………（ 31 ）

　　二、"暴力"的界定 ……………………………………（ 35 ）

　　三、暴力犯罪的概念与特征 …………………………（ 39 ）

　　四、暴力犯罪的分类 …………………………………（ 49 ）

　第二节　暴力犯罪死刑的规范考察 ……………………（ 55 ）

　　一、暴力犯罪死刑及其适用的历史概览 ……………（ 56 ）

　　二、暴力犯罪死刑及其适用的现实考察 ……………（ 61 ）

第二章　暴力犯罪死刑限制适用的宏观研讨 ……………（ 74 ）

　第一节　暴力犯罪死刑适用的观念澄清 ………………（ 74 ）

　　一、走出暴力犯罪适用死刑价值的认识误区 ………（ 75 ）

　　二、改变暴力犯罪适用死刑的错误目的 ……………（ 77 ）

　　三、走出暴力犯罪适用死刑数据的认识误区 ………（ 85 ）

　第二节　暴力犯罪死刑限制适用政策的宪法分析 ……（ 86 ）

一、中国内地死刑限制政策的演进路线 ……………… （86）

二、暴力犯罪死刑限制政策的宪法基础 ……………… （91）

三、死刑限制政策实现的宪法路径 …………………… （95）

四、关于"慎重适用死刑"政策的内涵阐释与内容

实现 …………………………………………… （99）

第三节　暴力犯罪死刑适用的标准与情节 …………… （108）

一、暴力犯罪死刑适用标准的确定 …………………… （109）

二、暴力犯罪死刑适用标准的统一化问题 …………… （117）

三、暴力犯罪死刑适用的情节与影响因素 …………… （128）

第四节　暴力犯罪死刑适用的指导原则和限制措施 …… （139）

一、暴力犯罪死刑适用的指导原则 …………………… （139）

二、暴力犯罪死刑限制适用措施的初步分析 ………… （146）

第三章　暴力犯罪死刑限制适用的具体展开 ………… （152）

第一节　不同类型具体暴力犯罪的死刑限制适用 …… （152）

一、规定明确性量刑情节之具体暴力犯罪的死刑限制

适用 …………………………………………… （153）

二、规定概括性量刑情节之暴力犯罪的死刑限制

适用 …………………………………………… （161）

三、规定明确性与概括性量刑情节之暴力犯罪的

死刑限制适用 ………………………………… （165）

第二节　民间矛盾与暴力犯罪死刑的限制适用 ……… （167）

一、民间矛盾的理论定位 ……………………………… （167）

二、民间矛盾的构造与概念界定 ……………………… （172）

三、民间矛盾与暴力犯罪死刑的限制适用 …………… （174）

第三节　暴力犯罪死刑适用的法律效果与社会效果问题 …… （178）

一、暴力犯罪死刑适用的法律效果 …………………… （180）

二、暴力犯罪死刑适用的社会效果 …………………… （190）

　　三、暴力犯罪死刑适用之社会效果与法律效果的统一 … （199）

第四章　暴力犯罪死刑观的反思与批判 ……………… （209）

　第一节　暴力犯罪死刑报应观的多维分析 ……………… （209）

　　一、从杀人到死刑的历史演变 ……………………… （210）

　　二、杀人与死刑的生物学解读 ……………………… （214）

　　三、暴力犯罪死刑的社会学解读 …………………… （221）

　　四、"杀人者死"观念的生物学本源与社会认可……… （224）

　第二节　暴力犯罪死刑报应观的反思与批判 ………… （228）

　　一、对暴力犯罪死刑适用对象的认识误区 ………… （229）

　　二、对暴力犯罪死刑刑事价值的认识误区 ………… （232）

　　三、对暴力犯罪死刑适用其他因素的认识误区 …… （239）

　第三节　暴力犯罪死刑废止论的反思 ………………… （241）

　　一、对暴力犯罪死刑存在根据的认识误区 ………… （242）

　　二、对暴力犯罪死刑适用效果的认识误区 ………… （250）

　　三、对暴力犯罪适用死刑之社会心理的认识误区 … （255）

第五章　暴力犯罪死刑废止的基本立论 ……………… （261）

　第一节　废止暴力犯罪死刑的理论切入点及现实根据 ……… （262）

　　一、理论上废止暴力犯罪死刑之主张的切入点 …… （262）

　　二、关于废止暴力犯罪死刑理论切入点的新认识 …… （273）

　　三、废止暴力犯罪死刑的现实根据 ………………… （283）

　第二节　暴力犯罪死刑及其存废问题的实质 ………… （294）

　　一、暴力犯罪死刑的本质 …………………………… （294）

　　二、暴力犯罪死刑存废问题的实质 ………………… （299）

第六章　暴力犯罪死刑废止的路径分析 ……………… （312）

　第一节　世界上主要国家或者地区废止死刑路径及其

　　　　　启示 ……………………………………………… （313）

一、世界上主要国家或者地区立法废止死刑的
提出与实践 …………………………………（313）

二、世界上主要国家或者地区废止死刑路径的启示 …（319）

第二节　中国暴力犯罪死刑废止的理论认识与立法
尝试 …………………………………（326）

一、理论上关于逐步废止死刑的具体构想及其不足 …（327）

二、死刑的存废问题与我国死刑制度的改革 ………（332）

三、我国当前死刑制度改革的路径选择与立法尝试 …（337）

第三节　我国刑法立法中罪名性死刑废止的路径选择 …（342）

一、关于削减死刑罪名的争议及评析 ………………（343）

二、削减死刑罪名的重大现实意义 …………………（345）

三、罪名性废止路径的改进与推进 …………………（352）

第四节　我国废止和平时期死刑的思考 ……………（355）

一、我国具备废止和平时期死刑的社会条件 ………（355）

二、关于刑法典中"战时"规定的调整与改进 ………（357）

三、新"战时"概念在刑法中的扩展性适用 …………（360）

四、在新"战时"概念的背景下考虑废止平时死刑的
立法措施 ………………………………（362）

第五节　暴力犯罪死刑废止的相关问题 ……………（364）

一、关于暴力犯罪死刑废止之其他路径的简要分析 …（364）

二、暴力犯罪死刑废止后的罪刑相适应问题 ………（369）

三、建构暴力犯罪死刑废止的社会机制 ……………（382）

结语 …………………………………………（391）

一、废止暴力犯罪死刑：政治自信还是学术自信 ……（391）

二、暴力犯罪死刑废止的多重路径：新的理论切入、
司法限制与立法完善 …………………………（394）

三、废止暴力犯罪死刑的最终难题：反暴力 …………（395）

附录：1997 年刑法典及修正案中的暴力犯罪死刑条文 ……（398）

　　一、1997 年刑法典中的暴力犯罪死刑条文（节录）　……（398）

　　二、刑法修正案涉及暴力犯罪死刑的条文（节录）　…（402）

　　三、《刑法修正案（九）（草案）》涉及暴力犯罪死刑的

　　　　条文（节录）　…………………………………（405）

参考文献 …………………………………………（406）

后记 ………………………………………………（441）

前　言

一、死刑观念及法律实践的历史轨迹

（一）国际死刑观念及法律实践

在古代，世界上其他国家与地区的统治阶层对死刑都很重视。公元前 18 世纪中后期，巴比伦王国汉穆拉比颁布了著名的《汉穆拉比法典》，规定有 25 项死刑罪名。在处理内部纠纷上，该法典也采取了"以牙还牙、以眼还眼"的原则，承认血亲复仇。① 公元前 5 世纪，罗马也规定了死刑法。② 在延续不断的历史文化中，死刑从来没有退出历史舞台。

直到 10 世纪，才有尝试废止死刑的举动。英国征服者威廉曾宣布在其统治下除战争外不得处死任何人，但不久之后其他统治者又在英格兰的范围内恢复了死刑。③ 这大概是世界上最早废止死刑的法律试验。数百年后，英国著名思想家托马斯·莫尔，18 世纪初在其著作《乌托邦》中可能是最早地指出，应该废止窃盗罪的死刑。④ 1764 年，意大利刑事法学家贝卡里亚则首次系统地提出了废除死刑的理论认识，当时引发了人们对死刑存废非常激烈的争论。这也从侧面反映出欧洲国家广泛适用死刑的历史状况。例如，

---

① 参见［加］西莉亚·布朗奇菲尔德著：《刑罚的故事》，郭建安译，法律出版社 2006 年版，第 4 页。

② 参见林达：《死刑：人性与罚则的冲撞》，载《南方周末》2005 年 12 月 8 日。

③ 参见林达：《死刑：人性与罚则的冲撞》，载《南方周末》2005 年 12 月 8 日。

④ 转引自［日］团藤重光著：《死刑废止论》，林彦辰译，台湾商鼎文化出版社 1997 年版，第 120~125 页。

18世纪末期，英国规定死刑的成文法竟有160多部，死刑罪名有220余种。① 死刑废止论很快就产生了深远的影响，推动很多国家废止死刑或者削减死刑罪名，如欧洲的托斯卡纳就在法律上停止死刑的适用，1786年完全废止死刑。奥地利于1787年废止死刑。② 1837年前后，英国的死刑罪名减少到了8种；法国也在大革命之后减少了死刑罪名。19世纪90年代至20世纪初期，欧洲的奥地利、意大利、挪威等国家先后废止了死刑。第二次世界大战后至今，更多国家逐步废止死刑。这使得死刑废止论更具影响力。有关死刑存废的争论在死刑保留的国家里也趋于激烈。

就当代国际社会而言，对死刑及死刑罪名的认识已经有了很大的进步。联合国《公民权利和政治权利国际公约》（1966年12月26日通过，1976年生效）第6条第2款规定，在未废除死刑的国家，判处死刑只能是对最严重的罪行的惩罚。而按照《保证面临死刑者权利的保护的保障措施》（联合国经济与社会理事会1984年5月25日第1984/50号决议）规定，最严重的罪行是指致死或者其他严重之后果的故意犯罪。1997年4月3日，联合国人权委员会在其第1997/12号决议中敦请所有尚未废除死刑的国家从完全废除死刑着眼，考虑暂停处决。联合国经济与社会委员会秘书长关于死刑的第六个五年报告（1999年）中指出，毒品犯罪、绑架罪、强奸罪、经济犯罪、职务上的犯罪、宗教犯罪等不属于适用死刑的最严重犯罪。如前所述，截至2013年年底，在所统计的世界上198个国家或者地区中，有98个国家或者地区完全废止死刑，有7个国家废止对普通犯罪的死刑，对军事犯罪保留适用死刑，有35个国家或者地区在超过10年的时间里没有适用死刑，属于事实上

---

① 参见［英］凯伦·法林顿著：《刑罚的历史》，陈丽红、李臻译，希望出版社2004年版，前言。

② 参见［德］弗兰茨·冯·李斯特著：《德国刑法教科书》，徐久生译，法律出版社2000年版，第412页。

废止死刑的国家或者地区，仅有 58 个国家或者地区保留并适用死刑。[①] 显然，全面废止死刑已经成为世界上多数国家的政治选择；停止死刑的执行或者限制、减少死刑的适用更是很多国家的实际法治状况。

（二）中国的死刑观念及法律实践

在中国，死刑有着悠久的历史，深刻地影响着社会各个阶层。据考证，以剥夺人的生命为内容的惩罚措施出现在黄帝时期，开始仅适用于"异族的邦民"，后来才逐步适用于本族的邦民。[②] 随着国家与法律的产生，"罪"的概念出现了，而剥夺罪犯生命的惩罚方式也就被称为死刑。历代统治者都把死刑作为威慑民众的有力工具，如《荀子》有云："杀人者死，伤人者刑，此乃百王之所同，不知其所由来者也。"死刑的执行方式也是多种多样，无一不用其残酷。同时，在律法之外的其他各种规定、诏告中，又规定有不计其数的死刑罪名。不过，中国古代以死刑为主的刑罚制度也有一定的变化。汉代以后，封建统治者逐步废除肉刑，并重自由刑与死刑。刑罚体系由"墨、劓、剕、宫、大辟"的旧五刑演变为"笞、杖、徒、流、死"的新五刑，但死刑无不处于刑罚制度的中心地位。在这种法律传统的影响下，对严重犯罪适用死刑的观念也逐渐深入人心，普通民众对于死刑习以为常。

中国清朝及以前，从未出现过死刑废止的观点。至清朝末年，废止死刑的法律观念，以及欧洲个别国家废止死刑的立法状况，随着"西学东渐"也传入中国，对中国学界产生了一定的影响。对此，当时主持清末修订刑律的沈家本认为，中国废止死刑，为时尚早。但他认为："夫刑至于死，生命断绝，亦至惨矣。若犹以为轻，而更议其重，将必以一死为未足而淫刑以逞，车裂、菹醢、炮烙、铁梳种种惨毒之为，有加无已，极其残忍之性，互所底止？而

---

① 参见 http：//www. amnesty. tw/%3Fp%3D1829。
② 参见蔡枢衡著：《中国刑法史》，中国法制出版社 2005 年版，第 50 页。

死刑不可再分轻重，其理由大可研求矣。"① 从而提出了"死刑唯一说"，并在当时产生了广泛的影响。民国初年（公元 1912 年），死刑废止论的观点开始扩大影响，出现了一批赞同废止死刑的刑法学者，主要有居正、王觐等人。但居于通说地位的还是死刑保留论，同时也主张人道地适用死刑，紧缩死刑适用的犯罪罪名范围。②

1949 年以后，废止死刑的法治观念逐步对中国各个地区的法制产生深远的影响。但截至当前，在中国范围内，只有香港与澳门两地区的刑事立法全面废止了死刑。大陆地区刑法典与台湾地区的有关规定中都比较广泛地规定有死刑。在《中华人民共和国刑法》（以下简称《刑法》，1997 年 10 月 1 日生效）中，死刑不仅适用于危害国家安全、国防安全、公共安全、违反军事职责的犯罪以及侵犯人身的犯罪，还适用于经济犯罪、财产犯罪、职务犯罪、妨害社会管理的犯罪等，死刑罪名共计 68 个。2011 年 5 月 1 日生效的《刑法修正案（八）》删去了 1997 年刑法典分则规定的 13 种具体犯罪的死刑。而在我国台湾地区，"中华民国刑法"、"妨害国币惩治条例"、"陆海空军刑法"等法律也规定较多死刑，主要适用于暴力犯罪、"国家"安全犯罪、军事犯罪，在 20 世纪 90 年代有 89 种绝对死刑罪名，106 种相对死刑罪名，后经删改，截至目前绝对

---

① 转引自李光灿著：《评〈寄簃文存〉》，群众出版社 1985 年版，第 216 页。
② 参见陈瑾昆著：《刑法总则讲义》，中国方正出版社 2004 年版，第 288 页。

死刑罪名有 5 种，相对死刑罪名有 49 种。① 显然，中国死刑的刑事立法与废止或与大幅度减少死刑的国际趋势还有很大的距离，实现减少直至全面废止死刑的目标还任重而道远。在海峡两岸的刑法理论中，关于死刑的主流观点是"死刑限制（减少）说"，即刑事立法应进一步削减现行刑法中的死刑罪名，严格适用现有罪名的死刑。②

二、死刑理论研究的现状与范式

作为刑事法律中的重要内容之一，死刑制度在保卫社会、惩罚犯罪方面具有特殊的作用，同时涉及生命权等人权内容，因而为社会管理阶层所极度重视，也受到社会的密切关注。在很多国家或者地区也出现了不少限制乃至废止死刑的刑事立法和司法的实例。三十多年来，中国刑法学者对死刑制度所作的研究涉及死刑制度的方方面面。最值得肯定的是，在比较分析世界上废止死刑之国家在立法上全面或者部分废止死刑的立法例，以及借鉴其他保留死刑之国家在司法上减少和限制死刑适用的司法经验这两个方面，中国刑法学者作了相当多的研究，提出了很多对立法和司法实务有着重要指导意义的理论认识。纵览三十多年的研究活动，可以较为清晰地看

---

① 我国台湾地区的绝对死刑包括："中华民国刑法"第 333、334 条，"妨害国币惩治条例"第 3 条，"陆海空军刑法"第 27、66 条。相对死刑包括："中华民国刑法"第 101、103、104、105、107、120、185 - 1、185 - 2、226 - 1、261、271、272、328、332、333、347、348 条，"儿童及少年性易防制条例"第 26 条，"水利法"第 91 条，"民用航空法"第 100、101、110 条，"妨害兵役治罪条例"第 16、17 条，"惩治走私条例"第 4 条，"毒品危害防治条例"第 4、6、15 条，"残害人群治罪条例"第 2 条，"枪炮弹药刀械管制条例"第 7 条，"陆海空军刑法"第 14、15、17、18、19、20、24、26、31、41、42、47、48、49、50、53、58、65、66 条。"中华民国刑法"第 333 条及"陆海空军刑法"第 66 条同时有绝对死刑及相对死刑的规定。转引自李仰桓：《台湾废除死刑运动——非政府组织的经验》，载吴志光主编：《生活在一个没有死刑的社会》，台湾辅仁大学出版社 2005 年版，第 300 页。

② 参见高铭暄：《我国的死刑立法及其发展趋势》，载《法学杂志》2004 年第 1 期；韩忠谟著：《刑法原理》，中国政法大学出版社 2002 年版，第 263 页。

到，中国死刑制度的研究范式也有发展变化的过程，呈现出自身的特点。纵向来看，中国死刑制度的研究分为三个阶段；横向来看，中国死刑制度研究则分为两个层次、四种进路。而不论是在纵向还是在横向，都存在研究范式的变化。①

（一）死刑制度研究的阶段

根据中国死刑制度创建和发展的情况，可将中国死刑制度的研究活动分为三个阶段：

1. 死刑制度初创阶段的研究活动

新中国成立初期，理论界对死刑的研究以死刑制度的合理架构为目的，以刑法草案的具体设计为方式，为新中国死刑制度的设计勾勒了基本的蓝图。不过，在当时，其实也有学者考虑到了未来废止死刑的问题，希望从未来废止死刑的角度分析死刑制度的构建，在死刑是否是特殊刑种、死刑有否临时性等问题上作了较为深入的分析。②

2. 死刑制度建立阶段的研究活动

1979 年刑法典对死刑制度作了较为全面和成熟的规定。学者基本上都赞同和积极贯彻党的"保留死刑、少杀、慎杀"死刑政策，③ 但是在死刑的适用上仍存在死刑扩张论、死刑限制论的争议。尤其是"严打"活动开展后，关于死刑是扩张还是限制的争论更为激烈，直接影响到对死刑适用条件、死刑缓期执行适用条件的解释。司法实务界在这个时期有意无意放宽死刑适用条件，在一

---

① "范式"是科学哲学术语，美国著名科学哲学家托马斯·库恩提出并在其著作《科学革命的结构》中系统阐述。对于该术语，一般从三个方面来理解：一是作为一种信念、一种形而上学的思辨，它是哲学范式或元范式；二是作为一种科学习惯、一种学术传统、一个具体的科学成就，它是社会学范式；三是作为一种依靠本身成功示范的工具、一个解疑难的方法、一个用来类比的图像，它是人工范式或构造范式。参见庞正、金林南：《当代中国法学研究"范式"之思考》，载《学术研究》2001 年第 2 期。

② 参见李琪：《我国刑法中应规定哪些刑种》，载《政法研究》1957 年第 1 期。

③ 参见高铭暄主编：《中华人民共和国刑法的孕育和诞生》，法律出版社 1981 年版，第 73~74 页。

定程度上导致了死刑的滥用，这在理论上受到了较为严厉的批评，对死刑制度的反思也因而更为深入。当然，经过激烈的论争，死刑限制论的观点受到学界的广泛认同，并最终成为当代中国刑法学界最具代表性的观点。中国死刑限扩之争，在理论界、实务界以及国家立法机关所引发的深刻思考，为新刑法的死刑制度修订提供了有力的思想基础，并在一定程度上减弱了中国刑法中死刑罪名过快增长的趋势。

3. 死刑制度完善阶段的研究

1997 年刑法典对死刑制度给予了一定的完善。刑法学者对死刑适用原则、适用条件和标准等司法实务中迫切需要解决的问题进行了深入的分析。但是，进入 21 世纪后，在对死刑的立法和司法进行比较分析的基础上，刑法学者以更为开阔的视野、更为全面的视角对死刑的存废与限制问题作了更为深入的分析，形成了死刑废止论、死刑有限存在论、死刑限制与远期废止论三种有代表性的观点，并将死刑的研究拓展到了对死刑的替代措施、与死刑有关的刑种和量刑制度等问题上。

（二）死刑制度研究的层次

根据中国死刑制度研究的基本内容，我们认为，可将死刑制度的研究在横向划分为两个层次、四种进路。具体而言，这两个层次分别是价值层次和规范层次；这四种进路分别是死刑的政策选择、死刑的存废、死刑的司法适用与死刑的立法完善。第一、二种进路通常是在价值层次展开的，而第三、四种进路则是在规范的层次上展开的。

1. 价值层次的死刑制度研究

价值层次的死刑制度研究，主要包括死刑政策选择与死刑的存废问题。关于死刑的价值、功能以及死刑与其他问题（如社会道德等）的关系等问题的研究，也是在死刑政策选择或者死刑存废的范畴内展开的。此方面的研究包括如下两种具体的进路：

其一，死刑的存置与废止。死刑的存置与废止是死刑理论研究中重要的传统问题之一。关于死刑存置的主张与关于死刑废止的观点很多都以现代刑罚观念、世界人权趋势、罪刑均衡原则、刑罚（死刑）价值、死刑的效益、刑罚（死刑）的功能、刑罚的正当化根据、犯罪实际态势、社会伦理道德、政治需求、人道主义、社会现实需要或者社会发展阶段、公众死刑意识、法律文化传统等因素作为分析的角度，以致两种观点都能从对方的论述中找到支持自己的理由。[①] 之所以如此，是因为死刑废止论、死刑存置论很多时候都没有正确理解死刑存废的实质。尽管对死刑功能、价值不能不进行必要的分析，但这种分析不能脱离特定的社会实际条件，社会整体对死刑废止之价值的认识与对无死刑之刑罚的适应才直接决定了死刑是限制还是扩张、是废止还是存置。[②]

其二，现实的死刑政策选择。任何国家关于死刑的政策都是建立在统治阶层对该国社会、经济、文化等因素综合考量的基础上的，因而对于死刑选择何种政策，其实与对死刑价值、功能等因素的分析紧密相连，很多时候与死刑的存废也息息相关。[③] 尽管很多时候可以从历史传统文化、国家人权形势等视角分析死刑的政策选择，但仍然不能忽视对死刑之现实价值与国家关于死刑的实际需要的深入分析。

2. 规范层次的死刑制度研究

法律规范的意义在于其有效性，虽然"恶法非法"与"恶法亦法"之争并无最终的结论，但是，法律规范只要存在，就有必须适用的现实要求。对于已经规定了死刑的罪名，除了追问死刑的配置是否适当之外，司法与学理无权废止死刑的适用，因而在符合

---

① 参见赵秉志、邱兴隆等：《"死刑的正当程序"研讨会学术观点综述》，载赵秉志主编：《死刑正当程序之探讨》，中国人民公安大学出版社 2004 年版，第 653 页。

② 参见黄晓亮著：《暴力犯罪死刑问题研究》，中国人民公安大学出版社 2008 年版，第 210 页。

③ 参见赵秉志、郭理蓉：《死刑存废的政策分析与我国的选择》，载《法学》2004 年第 4 期。

死刑适用条件的情况下就有如何适用死刑的问题，即既要分析具体犯罪情形是否符合死刑适用条件，又要研究选择何种死刑执行方式、具体死刑执行方式如何落实等问题。而立足于刑法典相关规定的完善，理论上还有必要分析刑法典总则关于死刑制度的规定、分则关于具体犯罪死刑的规定是否存在不妥当之处、应该如何予以完善等。因此，不管是对死刑司法适用的分析，还是对死刑立法完善的研究，都是在刑法规范的层次上展开的。前者涉及对死刑之刑法规范司法适用问题的分析，应该以准确、合理确定死刑之刑法规范的含义为基本目标，而后者则是对死刑之刑法规范立法完善的研究，应以死刑之刑法规范更符合人权保障与社会保护之平衡为目标。当然，不能否认从价值层次对死刑之认识在此方面的重要作用。关于死刑价值的认识会潜在、隐性地起指导作用，即在尊重生命、体现人道的价值理念支配下，严格把握死刑适用的条件，尽可能减少死刑规范的适用，实现"控制死刑案件数量、提高死刑案件质量"的司法目标，在立法上也严格限定死刑适用标准，放宽死缓适用条件，削减死刑罪名的数量。总之，规范层次的死刑制度研究，包括了死刑司法适用、死刑立法完善这两种进路。简单比较即可看出，前一种进路具有实然的意义，是对刑法典现行死刑规定的分析与研究，而后一种进路则具有应然的意义，是对死刑制度与具体犯罪死刑如何完善进行探讨。

（三）中国死刑制度研究的元范式：死刑观念

关于死刑的观念或者信念，在死刑理论中具有先导的作用。死刑观念在一定程度上决定了死刑的政策选择与死刑规范的设定和适用。因此，关于死刑观念的研究是死刑理论的元范式。关于死刑的其他研究都需要以一定的死刑观念为基本的立场。在对死刑的研究过程中，关于死刑观念，刑法学者提出了多种不同的主张，但这些主张主要对死刑是否为实现报应所必需，能否满足威慑的要求进行深入的分析，因而产生了死刑报应必需论与死刑报应非必需论、死刑威慑有效论与死刑威慑无用论之间的直接对立。

1. 死刑报应非必需论与死刑报应必需论

关于死刑的报应功能，有论者进行了深入的分析，认为死刑并不是对犯罪实现报应的必需手段。虽然从报应的角度考查死刑，西方传统的报应主义者认为，死刑是实现报应正义的必要手段，因为它所剥夺的权益与杀人所侵害的权益是相对应的，死刑与杀人具有等价对应性，符合罪刑相适应的要求。但是，在如下两个方面令人质疑：一方面，从等害的角度来看，要求犯罪侵害什么刑罚就剥夺罪犯什么，即使逻辑上成立，实际上也是做不到的。既然对伤人者可以废除肉刑，对杀人者废除死刑就是正当的。立足等害的报复来维护死刑，就必然应维护包括宫刑在内的肉刑。另一方面，从现实的角度看，也并非所有杀人者，所有剥夺他人生命者都被判处死刑，从而形成了一个悖论。因而，报应论所要求的罪刑相适应，只是提供了一个模糊的而非具体的标准，强调的只是罪与刑在轻重次序上的相对对应，亦即最重的犯罪应该受到最重的刑罚。[①] 这种观点基本上代表了死刑废止论者对死刑报应功能的否定性认识。

对此，有论者针锋相对地予以反驳。还有论者指出，刑罚的本质是对实施了犯罪行为的人（犯罪人）的报应（惩罚）。既然刑罚的本质乃是对犯罪人的报应，那么不同种类的刑罚其报应的痛苦性会有轻重程度差别，因为犯罪人的恶性决定了其应当受到刑罚的痛苦报应，故死刑作为一种对极少数十恶不赦的犯罪人的报应就有其存在的伦理合理性和法律公正性。[②] 还有论者从人道主义适用范围的角度分析对所谓的敌人应该采用死刑予以报应。因为敌人从根本上违反了实在法的基本规范，敌人不应该在现实社会中享有人类尊严，也不拥有现实社会所保障的基本人权。是否应该对敌人适用死刑，取决于敌人是否仍然具有通过行为从根本上破坏现实社会的基本法规范的危险。为了实现合法的目的，在采取剥夺生命的方法是

---

① 参见邱兴隆：《死刑的德性》，载《政治与法律》2002 年第 2 期。
② 参见谢望原：《死刑有限存在论》，载《中外法学》2005 年第 5 期。

最有效的手段时，可以对敌人动用死刑。① 可见，虽然在适用的对象上有所不同，但这两种看法都赞成死刑是报应的必需手段。

当然，也有论者承认死刑在一定程度上能满足报应的需要，但是，死刑所真正发挥的现实功能只是满足已不符合人类文明发展要求的民众的报应观念；国家为了满足民众的报应要求而适用死刑，是一种不得已而为之的措施，对其只能采取谦抑而非扩张的态度。②

相对而言，在死刑制度研究中，认为死刑是报应之必需手段的观点并不拘于主流地位，相反，大多数刑法学者都对死刑并非报应之必需手段的看法持赞同态度，认为只要符合罪责刑相适应原则的要求，其他严厉的刑罚也能发挥对犯罪报应的功能。

2. 死刑威慑无用论与死刑威慑有效论

死刑对除犯罪人之外的其他社会公民有否威慑作用，是死刑废止论者与死刑存置论者争议最大的问题之一。双方都从理论思辨、实证分析等角度分析该问题。

有论者指出，我国刑法在历史上深受重刑主义传统的影响，重刑观念也深深植根于一般国民之中，死刑条款的大量存在和死刑的广泛适用，未能有效地遏制犯罪率的上升。③ 因而死刑不是控制和预防犯罪的最重要的和唯一的手段，死刑存废和多寡与犯罪率的升降并无必然的联系。如果把扭转社会治安恶化的希望寄托在增加死刑上，在刑事立法上不断增加死刑条款，其结果只能进一步误导人们对死刑的盲目崇拜，强化民众对死刑的迷信心理，使得控制和减少死刑的立法改革难以为继。④ 有论者从思辨角度通过具体分析死刑在一般预防和个别预防中的作用，得出了死刑不仅不具有实现一

---

① 参见冯军：《死刑、犯罪人与敌人》，载《中外法学》2005 年第 5 期。

② 参见贾宇：《死刑的理性思考与现实选择》，载《法学研究》1997 年第 2 期。

③ 参见鲍遂献：《论修改和完善我国刑罚制度》，载《中国法学》1989 年第 5 期。

④ 参见赵秉志、鲍遂献：《我国刑法改革若干热点问题论略》，载《河北法学》1993 年第 4 期。

般预防所要求达到的超过其他刑罚手段的边际效益，同时也不具有实现个别预防的功能的结论。① 还有论者从犯罪学角度较为实证地分析死不存在刑威慑力。②

但是，也有论者认为死刑存在有效的威慑力。该论者指出，自从国家产生以来，政治家们即在寻找有效控制和管理国家的手段，战争与死刑不过是人类控制和管理国家的最极端的两种方法，当代多数国家刑罚制度中保留了死刑，并将其适用于那些极端严重危害社会的犯罪，正是因为不剥夺这些犯罪人的生命，社会将没有安全感可言，因而，死刑仍然具有其存在的合理性与正当性。③

（四）中国死刑制度研究的社会学范式：死刑政策

关于选择何种死刑政策，在近三十年内的不同时期，国家有着不同的决策，而理论上也进行了长期的探讨，主要有死刑废止论、死刑存置论两种最为基本的认识。在死刑存置论中，还有死刑扩张论、死刑限制论两种观点。这两种观点在 1979 年刑法典对死刑制度作出较为全面规定之后、1997 年对刑法典修订之前针锋相对，对死刑的司法适用和立法规定产生了不同的影响。但 1997 年对刑法典修订后，进入 21 世纪以来，理论上逐渐产生了在一定意义上折中和改良死刑废止论、死刑存置论的观点，即当前积极限制和减少死刑、未来全面废止死刑，可谓保守的死刑废止论、消极的死刑存置论。但在死刑存置论范围内也产生了严格限制死刑适用但针对特定人的死刑永远存在的死刑有限存在论。

1. 死刑扩张论与死刑限制论之争

（1）死刑扩张论。死刑扩张论是刑法修订动议产生后，在刑法修改方向的论证过程中为少数学者所主张和坚持的观点。

论者从如下几个方面来分析死刑扩张论的正当性：①根据社会

---

① 参见邱兴隆：《死刑的德性》，载《政治与法律》2002 年第 2 期。

② 参见张远煌：《死刑威慑力的犯罪学分析》，载《中国法学》2008 年第 1 期。

③ 参见谢望原：《死刑有限存在论》，载《中外法学》2005 年第 5 期。

发展实际需要应扩张死刑适用。有学者提出，死刑的修改与适用要以符合我国政治、经济情况及同犯罪做斗争形势的要求为基本出发点，对刑法的修改，在战略指导思想上应当坚持从严惩办的政策。大幅度裁减可以适用死刑的罪名，只能削弱刑法这个同犯罪做斗争的锐利武器，从而削弱人民民主专政的力量。① ②犯罪态势要求扩张死刑。死刑的广泛存在有效地遏制犯罪上升的势头，使在没有死刑或减少死刑下可能进一步增多的犯罪没有出现，使企图以身试法的不稳定分子在起意实施严重犯罪时望而生畏。② ③罪刑均衡要求死刑扩张。有论者指出，等价与报应观念在刑罚的融合的突出表现之一便是犯极其严重罪行者应以个人最大价值之生命进行补偿，立法上死刑的扩张正是反映了绝大多数民众的这种意愿。③ ④社会道德要求死刑扩张。有学者提出，现阶段对于死刑的民族确信是死刑应广泛存在、不应减少，决定了死刑必然在相当广泛的范围内存在。而社会的道德始终应该是以大多数人的利益和需要为转移的。因此，死刑扩张符合社会道德。④

（2）死刑限制论。对于死刑扩张论，很多学者持截然相反的看法，认为立法实践和司法实务应该严格限制死刑。理由主要有：①限制死刑是世界发展潮流。限制与慎用死刑是各国死刑适用实践中一个共通的认识，限制死刑既可发挥死刑遏制犯罪的作用，又可避免滥用死刑的不良后果，是最终废除死刑的必由之路。⑤ ②死刑功能有限。死刑不是控制和预防犯罪的最重要的和唯一的手段，死

---

① 参见何秉松：《我国的犯罪趋势、原因与刑事政策（下）》，载《政法论坛》1989年第6期；何秉松：《对我国刑事政策的再认识》，载《中国法学》1989年第6期；罗德银：《关于加强死刑制度的一点意见》，载《现代法学》1990年第2期。
② 参见刘远：《试论死刑不应削减的根据》，载《河北法学》1994年第1期。
③ 参见张利民：《关于中国死刑适用的思考》，载《现代法学》1994年第6期。
④ 参见刘远：《试论死刑不应削减的根据》，载《河北法学》1994年第1期。
⑤ 参见崔庆森、廖增昀：《限制死刑与慎用死刑》，载《法学研究》1989年第2期。

刑存废和多寡与犯罪率的升降并无必然的联系。① ③我国死刑政策要求限制死刑。毛泽东人民民主专政死刑观中包含了死刑肯定论（不废除死刑）、死刑慎用论（慎杀论）、死刑限制论（少杀论）和死刑缓期执行论（死缓论）等内容。② ④罪责刑相适应原则的要求。限制死刑既使死刑的特殊功能得以保存和发挥，又通过减少死刑适用和力戒误判，贯彻了罪刑相适应的原则。③ ⑤限制死刑是实现刑罚价值的需要，能满足刑罚效益性、公正性、人道性的要求。④ ⑥限制死刑是刑罚正当根据的内在要求。⑤ ⑦限制死刑是刑罚现代化的需要。从宏观历史演变的角度观察，刑罚趋轻与合理化是刑罚变化的必然趋势，因而减少死刑符合刑罚现代化的精神。⑥ ⑧死刑有一定的副作用。判处死刑容易给罪犯的亲属带来极大的痛苦和刺激；死刑的错判具有不可挽回性；死刑的扩大适用必然将死刑所可能带来的恐惧心理冲抵得荡然无存。⑦

2. 死刑改良论与死刑有限存在论

死刑改良论主张当前限制死刑，远期废止死刑。具体而言，废除死刑虽然是一种合乎理性的选择，但在我国现阶段，还不是一种

----

① 参见赵秉志、鲍遂献：《我国刑法改革若干热点问题论略》，载《河北法学》1993 年第 4 期。

② 参见王名湖：《坚持以毛泽东人民民主专政死刑观指导死刑立法与司法》，载《法学评论》1994 年第 1 期。另见贾宇：《论我国刑法中的死刑制度及其完善》，载《国家检察官学院学报》1995 年第 3 期。

③ 参见赵秉志：《关于死刑存废及其发展趋势的思考》，载《法律科学》1991 年第 1 期。

④ 胡云腾著：《存与废：死刑基本理论研究》，中国检察出版社 2000 年版，第 230~231 页。

⑤ 参见梁根林、张文：《对经济犯罪适用死刑的理性思考》，载《法学研究》1997 年第 1 期。

⑥ 参见储槐植：《刑罚现代化：刑法修改的价值定向》，载《法学研究》1997 年第 1 期。

⑦ 参见贾宇：《削减死刑——刑法完善的一个重要环节》，载《政治与法律》1997 年第 1 期。

现实的选择，究其原因，在于我国现阶段尚不具备废除死刑所要求的经济背景、政治背景和人文背景，不能脱离我国的经济、文化和社会整体发展的实际。① 随着我国社会生产力的发展和科学文化的进步，人们的死刑观念会不断发生变化，立法者和司法人员对于刑法的人权保障观念会不断强化，对死刑的限制也会随着社会的进步而日益加强。从尊重人的生命权利，推进刑罚的文明与进步等诸方面看，尽量减少甚至在将来条件成熟时逐步废除死刑，应当成为我国刑事立法、司法和刑法理论在死刑问题上的主导方向。② 关于死刑在未来的废止，很多论者根据社会发展阶段来设计立法上废止死刑的步骤，基本上都主张在不同时期废止不同类型犯罪的死刑规定，直至全面废止死刑。③ 总体上看，刑法学界基本上形成了分类型、分时段循序渐进、逐步废止死刑的共识。当然，也有论者赞同限制与减少死刑的看法，但认为死刑不能彻底废止，应保留而适用于少数犯罪或者少数人。④

（五）中国死刑制度研究的构造范式：死刑规范

在上述不同死刑观念的影响和不同死刑政策的指导下，关于死刑的司法适用和立法完善在不同时期也呈现出了完全不同的特点。根据前述关于死刑理论的研究，对此可分为两个阶段：第一，在1979年刑法典全面规定死刑制度之后、1997年对刑法典予以修订之前，由于"严打"刑事政策的影响，在立法上有扩大死刑罪名、降低死刑适用条件之表现，而在司法中则出现了放宽死刑适用标准之把握、扩张和滥用死刑之情形。遗憾的是，尽管理论上对此作了

① 参见胡云腾著：《死刑通论》，中国政法大学出版社1995年版，第301~302页。
② 参见赵秉志、肖中华：《死刑的限制与扩张之争——建国以来法学界重大事件研究（十七）》，载《法学》1998年第10期。
③ 参见赵秉志：《论中国非暴力犯罪死刑的逐步废止》，载《政法论坛》2005年第1期；赵秉志：《中国逐步废止死刑论纲》，载《法学》2005年第1期。
④ 参见谢望原：《死刑有限存在论》，载《中外法学》2005年第5期；冯军：《死刑、犯罪人与敌人》，载《中外法学》2005年第5期。

很多研究，呼吁严格掌握死刑适用标准、慎重和限制适用死刑，但是，客观而言，收效甚微。第二，在 1997 年刑法典颁布之后，限制和慎重适用死刑的政策既受到国家的重视，又受到理论界的肯定与呼应，成为与死刑有关的司法实务、立法实践、理论研究的指导思想，对死刑适用、立法完善产生了相当深刻的影响。这里重点分析第二阶段死刑的规范研究。

在 1997 年刑法典颁布之后，刑法学界对死刑的规范研究，内容要比第一个阶段大大扩张，不管是在死刑司法适用的研究方面，还是在死刑立法完善的探讨方面，都取得了相当大的进展。

1. 死刑规范的司法适用

在此方面，刑法学者对如下问题作了探讨：（1）死刑适用原则，是指对犯罪分子依法适用死刑时应当遵循和依据的法则。但是，对此我国刑法理论界存在一定的争论。不过，限制和减少死刑适用，严格把握死刑适用标准，则是学界的共识。（2）关于死刑适用之标准，理论上也存在理解的争议，不过，"罪行极其严重"可以从主观和客观两个方面加以考察的观点逐渐居于通说地位。[①] 对于不适用死刑的对象，理论上也尽量给予较为宽泛的理解。（3）关于死刑适用情节的冲突问题，有论者认为，应基于限制和减少死刑适用的立场来分析多种情节乃至冲突情节存在时如何适用死刑。[②] 在具体适用上，有论者认为，死刑适用的法定情节优于酌定情节，应当情节优于可以情节，案内情节优于案外情节，从宽的情节优于从严的情节。[③]（4）对于死缓，争论的焦点是其适用条件、法律后果、改用立即执行的时间等问题。（5）死刑的统一适用问题。该问题在死刑复核权收归最高人民法院后逐渐显得重要

---

① 高铭暄：《中国死刑的立法控制》，载赵秉志主编：《刑法评论》（第 8 卷），法律出版社 2005 年版；贾宇：《中国死刑必将走向废止》，载《法学》2003 年第 4 期。

② 参见黄晓亮著：《暴力犯罪死刑问题研究》，中国人民公安大学出版社 2008 年版，第 115 页。

③ 冯卫国：《死刑裁量若干问题探讨》，载《杭州商学院学报》2003 年第 5 期。

起来，理论上虽有所探讨，①但还不是很充分，有必要给予较多的关注。其内容主要包括两个方面：一是死刑适用标准的统一化问题，二是具体犯罪（尤其是暴力犯罪）死刑适用标准的统一化问题。

2. 死刑规范的立法完善

在此方面，主要涉及如下问题：（1）死刑适用总体标准的改进。早在1997年修订刑法时，有论者提出了刑法典直接规定死刑适用原则的主张。因为死刑适用关系到人的生命权利，没有规定适用原则似乎无法彰显对人权的尊重和人道主义的精神。②对此，不少论者予以认同，认为可以对严格限制死刑提出严格的要求。③而关于死刑适用条件，有论者指出，对犯罪人判处死刑，要注意从犯罪性质、犯罪后果、犯罪人的主观恶性、人身危险性多方面来考虑。从此立场出发，结合上述限制和慎重适用死刑的原则，死刑适用的条件宜界定为"罪行极其严重，主观恶性、人身危险性非常巨大"。④另外，须扩大不适用死刑的对象的范围。（2）死刑缓期执行的完善。很多学者赞同将适用死缓作为死刑立即执行的必经程序，明确规定死缓的适用条件，扩展死缓结束后法律后果的种类，完善死缓改为死刑立即执行的实质条件。⑤（3）有必要取消刑法典分则中绝对确定的法定刑，特别是不规定死刑作为绝对确定法定刑，这样的做法既限制死刑的适用，又符合罪刑相适应原则的要

---

①　参见于佳佳：《论美国的死刑情节及对中国的启示——以死刑适用标准统一化为视角》，载陈兴良主编：《刑事法评论》（第21卷），北京大学出版社2007年版。

②　参见沈德咏：《我国刑法应对死刑确立"限制适用"原则》，载《中国法学》1995年第5期。

③　参见赵秉志著：《刑法总则问题专论》，法律出版社2004年版，第569页。

④　参见赵秉志著：《刑法总则问题专论》，法律出版社2004年版，第569页。

⑤　参见苏彩霞：《国际人权法视野下的我国死刑立法现状考察》，载赵秉志主编：《刑法评论》（第8卷），法律出版社2005年版，第178页。

求。① （4）削减刑法分则所规定的死刑罪名，尤其是非暴力的并非常见多发的犯罪。

三、浮出水面的暴力犯罪死刑问题及其现实意义

（一）暴力犯罪与死刑问题的研究现状

在刑法理论上，对暴力犯罪的深入研究还比较少。② 暴力犯罪主要是刑事政策学、犯罪学上的概念。对暴力犯罪的刑事政策学研究主要体现为对"严打"具体范围的探讨。③ 而对暴力犯罪的犯罪学研究主要有如下几个方面：（1）对暴力犯罪的概念、特征、分类的研究；（2）对暴力犯罪成因的研究；（3）对暴力犯罪人心理、人格等主观特征的研究；（4）对具体暴力犯罪司法认定的研究；（5）对暴力犯罪防治对策的研究。无论是在刑事政策学上，还是在犯罪学上，对暴力犯罪死刑问题的专门研究都不多。

虽然死刑问题为社会各界所广泛关注，但是，这种关注在很大程度上是总体性、宏观性的，很长时期以来，刑法理论与实务界上述对死刑的研究基本上都是从整体上进行的，主要关注死刑本身的正当性、合理性问题，很少从具体的犯罪来考量死刑存废问题。过了不短的时间后，这种情形才有所改观，但研究活动主要着眼于非暴力犯罪死刑的废止。对于暴力犯罪死刑，大多数学者持一种维持

---

① 参见赵秉志：《中国废止死刑之建言》，载赵秉志主编：《刑事法治发展研究报告（2004年卷）》，中国人民公安大学出版社2005年版，第5~6页。

② 研究死刑适用的著作主要有：李文燕主编：《死刑案件证据调查与运用》，中国人民公安大学出版社2002年版；钊作均著：《死刑适用论》，人民法院出版社2003年版；陈华杰著：《论死刑适用的标准》，人民法院出版社2006年版。这些著作涉及了暴力犯罪死刑适用问题，但没有作出专题研究。而专门研究暴力犯罪的著作，如《中国暴力犯罪对策研究》（叶高峰主编，法律出版社1998年版）、《暴力犯罪刑法适用指导》（倪泽仁著，中国检察版社2006年版）等，则没有充分阐述暴力犯罪死刑问题。检索各种文献，仅《中国死刑检讨》（陈兴良主编，中国检察出版社2003年版）对故意杀人罪的死刑问题从具体个案的角度进行了分析研究，但也没有详细分析故意杀人罪适用死刑的条件。

③ 如张穹主编：《"严打"政策的理论与实务》，中国检察出版社2004年版。

和严格适用的态度，但也主张扩大死缓的适用。理论研究则不多，仅有一些较为分散的探讨，主要表现为以下几种情况：

（1）在研究死刑存废的宏观问题时涉及暴力犯罪，以这些具体的暴力犯罪来例证死刑存废的正当性，如贝卡里亚对死刑的正当性进行分析时就是以故意杀人罪为例的。这些具体暴力犯罪的死刑问题仅仅具有示例的意义，并非专门性的阐述。

（2）有少数论者仅对某些具体的犯罪（如故意杀人罪、强奸罪等）的死刑适用问题做了分析，如具体暴力犯罪配置死刑的适当性、适用死刑的标准以及死刑适用情节的完善等。从笔者收集的资料看，这些犯罪主要有绑架罪、抢劫罪、故意杀人罪、强奸罪、故意伤害罪、劫持航空器罪及拐卖妇女、儿童罪等。

（3）有学者在论述分阶段废止死刑时，对废止暴力犯罪死刑的问题作出一定的论述。

可见，上述这些研讨对死刑存废的理由与根据过多地进行着重复性的研究，并没有充分结合暴力犯罪的犯罪论意义、犯罪成因与机制、惩治与防范对策、死刑的替代措施与配套措施等方面进行分析。这种状况实际上淡化了死刑问题的研究，对死刑存在正当性、废止可行性等重大问题并没有作出有力的论证。因此，暴力犯罪的死刑问题还没有成为专门性的研究课题，使得暴力犯罪及其死刑的很多问题如冰山一样长期沉在水底，有待于理论上的关注与发掘。

（二）暴力犯罪死刑问题开始受到关注

暴力犯罪死刑问题是随着非暴力犯罪死刑问题的热烈研究而浮出水面的。而非暴力犯罪的死刑废止问题也逐步出现。在1990年，就有学者提出废除经济犯罪死刑的主张。[①] 但是，这在当时没有引起太大的反响。后来，不断有学者提出废止经济犯罪、财产犯罪等

---

① 参见陈兴良主编：《经济刑法学（总论）》，中国社会科学出版社1990年版，第140页。

犯罪死刑的主张。① 1997 年修订刑法典，死刑罪名并没有大幅度削减，颇有些遗憾。② 根据联合国《公民权利和政治权利国际公约》而成立的人权委员会 1999 年在其一个决议中，敦促所有还保留死刑的国家，不要将死刑适用于非暴力的经济犯罪。③ 该决议及其关于废止经济犯罪等非暴力犯罪死刑的主张引起了我国很多学者的注意。

正是从经济犯罪没有暴力性因而其死刑缺乏充分根据这一点出发，我国著名刑法学家赵秉志教授将对经济犯罪这一比较典型的非暴力犯罪适用死刑问题的研究，扩展为对所有的非暴力犯罪死刑废止问题的研究，非常敏锐地注意到了非暴力犯罪配置和适用死刑的正当性、必要性问题，前所未有地明确提出了率先废止非暴力犯罪死刑的认识，获得了广泛的赞同和支持，极大地推动了限制与废止死刑的法治活动进程。④ 在此基础上，赵秉志教授又提出了"逐步废止死刑"的思路，大致规划了废止所有犯罪死刑的步骤，从而形成了非暴力犯罪死刑与暴力犯罪死刑分别对待、非致命性暴力犯罪与致命性暴力犯罪分别对待、在不同社会阶段逐步废止各类犯罪死刑的基本认识。⑤ 至此，暴力犯罪的死刑问题终于在理论上明确出来，成为亟待深入研究的重要课题。

（三）暴力犯罪死刑问题的特征

1. 暴力犯罪死刑问题具有典型性

有论者指出，我国刑法典规定的犯罪除了按照刑法典分则规定

———————————

① 参见梁根林、黄伯胜：《论刑罚结构改革》，载《中外法学》1993 年第 6 期；赵秉志等：《中国刑法修改若干问题研究》，载《法学研究》1996 年第 5 期；梁根林、张文：《对经济犯罪适用死刑的理性思考》，载《法学研究》1997 年第 1 期。

② 参见陈兴良主编：《中国死刑检讨》，中国检察出版社 2003 年版，第 15~16 页；赵秉志著：《比较刑法暨国际刑法专论》，法律出版社 2004 年版，第 103~104 页。

③ 转引自刘仁文：《死刑政策：全球视野及中国视角》，载《比较法研究》2004 年第 4 期。

④ 在赵秉志教授主持下，2003 年 6 月 26 日至 7 月 17 日，《法制日报》（理论专版）率先探讨了"非暴力犯罪死刑的废止问题"。

⑤ 参见赵秉志：《中国逐步废止死刑论纲》，载《法学》2005 年第 1 期。

的分类之外，还可分为国事犯罪、军事犯罪、普通犯罪。① 而我国刑法典规定以死刑为法定最高刑的暴力犯罪，在国事犯罪、军事犯罪、普通犯罪中都有分布。相对于同样以死刑为法定刑的、非暴力的犯罪，暴力犯罪死刑罪名具有这样几种鲜明的特点：

（1）侵害的直接性。暴力犯罪以人身的安全、自由为直接攻击对象，直接侵害人身权利，被害人能直接感受到伤害或者损害。

（2）侵害的强烈性。不管是作为普通暴力犯罪侵害对象的被害人，还是作为国事暴力犯罪、军事暴力犯罪侵害对象的国家，都能从暴力犯罪中感受到犯罪的强烈、紧迫程度，会产生其他类型的具体犯罪所不具备的社会效果。

（3）侵害的明确性。不同于其他犯罪，暴力犯罪直接侵犯人身肉体，其犯罪后果非常明确，直接表现为被害人的伤亡或者特定自由受到损害。

（4）对立的尖锐性。暴力犯罪直接侵犯被害人的人身，不管是行为人还是被害人，都能感受到侵害的强烈性、压制性，双方之间迅速产生尖锐的对立，被害人报复或者报应的要求非常强烈。

（5）影响的广泛性。被害人及其家属对暴力犯罪人产生仇恨与报复心理，同时，被害人受到的伤亡状况也容易激起社会公众的同情心理，都对暴力犯罪抱以愤恨与报应的态度。

暴力犯罪的这几个特点也使得对其进行反制的活动具有鲜明的特点，表现在如下几个方面：

（1）社会反应的紧迫性。暴力犯罪直接地、强烈地侵犯人身，如果不及时、迅速对其反制，势必造成更大的破坏、损害。因而国家有必要迅速做出反应，防止出现更大的危害。

（2）社会反应的严厉性。当暴力出现的时候，人们会本能地"以暴制暴"。对暴力犯罪予以严厉打击的观念很容易在社会上引起共鸣，而包括死刑在内的重刑无疑是统治阶层眼中从法律层面对

---

① 参见张明楷著：《刑法学》（第2版），法律出版社2003年版，第117页。

之进行反应的良好选择。

不管是统治阶层为惩治、震慑暴力犯罪，还是被害方、社会民众对暴力犯罪予以报应，都会不由自主地依赖死刑。暴力犯罪成为各国刑事立法中较多配置死刑、其死刑具有广泛民众认同的犯罪类型。人们对死刑的思考，也大多开始于暴力犯罪的死刑问题。① 显然，与非暴力犯罪相比较，暴力犯罪与死刑之间具有更强、更直接的对应关系，不管是统治阶层还是社会民众，对这种对应关系都有着本能性的认同。因此，暴力犯罪的死刑问题具有典型性，直接、明确地反映出人类对死刑的整体态度。

2. 暴力犯罪死刑问题具有终极性

何种犯罪是人类最难以放弃死刑的罪名？人们在不同的时期有着不同的回答。该问题的答案是随着社会的发展逐步明确的。在各国关于死刑的立法与司法实践中，对上述问题的回答表现为以下两种情况：

（1）政治犯罪、军事犯罪是最难以放弃死刑处罚的犯罪。意大利刑事法学家贝卡里亚总体上认为应废止死刑，但其又认为，只有根据两个理由，才有必要处死国家的某个公民。第一，"某人在被剥夺自由之后仍然有某种联系和某种力量影响着这个国家的安全；或者他的存在可能会在既定的政府体制中引起危险的动乱"。第二，"当一个国家正在恢复自由的时候，当一个国家的自由已经消灭或陷入无政府状态的时候"。② 换言之，对于国事犯罪、战争状态或者动乱状态中的犯罪，可适用死刑。这种观念在各国的刑事立法中也有反映。1754 年，俄罗斯曾仅对政治犯适用死刑；瑞士

---

① 如贝卡里亚指出："体现公共意志的法律憎恶并惩罚谋杀行为，而自己却在做这种事情；它阻止公民去做杀人犯，却安排一个公共的杀人犯。"参见 [意] 贝卡里亚著：《论犯罪与刑罚》，黄风译，北京大学出版社 2008 年版，第 69 页。

② 参见 [意] 贝卡里亚著：《论犯罪与刑罚》，黄风译，北京大学出版社 2008 年版，第 65 页。

于 1879 年 5 月 18 日举行全民公决，死刑仅适用于针对联邦的政治犯罪。①

（2）严重暴力犯罪，其实致命性暴力犯罪才是最应适用死刑的罪名。联合国《公民权利和政治权利国际公约》（1966 年 12 月 26 日通过，1976 年生效）第 6 条第 2 款规定，在未废除死刑的国家，判处死刑只能是对最严重的罪行的惩罚。而按照《保证面临死刑者权利的保护的保障措施》（联合国经济与社会理事会 1984 年 5 月 25 日第 1984/50 号决议）规定，最严重的罪行是指致死或者其他严重之后果的故意犯罪。联合国经济与社会委员会秘书长关于死刑的第六个五年报告中指出，毒品犯罪、绑架罪、强奸罪、经济犯罪、职务上的犯罪、宗教犯罪等不属于适用死刑的最严重犯罪。② 在很多国家，死刑主要适用于故意杀人等严重暴力犯罪，如美国，多年来主要针对杀人等犯罪适用死刑。因此，故意杀人罪、包括致人死亡情形的其他严重暴力犯罪（如抢劫罪、重伤害等）就被认为是不可能放弃死刑的犯罪。

其实，上述两种认识都有合理之处，实际上也存在共同之处。就统治阶层来看，反抗或反对其统治的暴力犯罪行为无疑是最危险、危害最大的；而就普通社会民众来说，直接威胁自身安全的暴力犯罪才是最可怕、最应严厉打击的。而这两种暴力犯罪行为都具有紧迫性、直接性，能引起统治阶级和普通民众的高度紧张，采取最激烈的手段予以防范。而且，很多国家的刑事立法在各种犯罪规定死刑时，罪名广泛分布在危害国家的犯罪、军事犯罪、普通刑事犯罪中，而绝大部分都表现为暴力犯罪，即对国家的暴力犯罪、军事暴力犯罪与普通暴力犯罪。对此，有论者在分析逐步废止死刑时

---

① 参见［德］弗兰茨·冯·李斯特著：《德国刑法教科书》，徐久生译，法律出版社 2000 年版，第 413 页。

② See United Nations, "Capital Punishment and implementation of the safeguards guaranteeing protection of the rights of those facing the death penalty: Report of the Secretary-General", para60 and Table 2, E/2000/3.

指出，可将致命性暴力犯罪、战时暴力犯罪作为最后废止死刑的犯罪罪名。①

因此，笔者认为，战时暴力犯罪直接侵犯国家的安全、统治与基本秩序，是在法定紧急状态下国家对特定暴力活动予以严厉打击的法律表现形式。而致命性的暴力犯罪直接侵犯普通民众的人身安全，社会民众对之深恶痛绝，自然希望能迅速、有力地予以惩处，并以此防范其他暴力犯罪。因而与非暴力犯罪死刑罪名、战时非致命性的暴力犯罪死刑罪名相比较，致命性暴力犯罪直接侵犯社会民众的生命存在，战时暴力犯罪直接侵犯统治阶层对社会控制的根本权力。二者的共同之处就是暴力犯罪直接、强烈地威胁、侵害行为对象的存在。如前所述，这势必会激起行为对象的本能性反应。对致命性暴力犯罪、战时暴力犯罪适用死刑，成为社会群体所深信的有效维护其基本存在的最后手段。因此，与较容易做出废止非暴力犯罪死刑的刑事立法决策不同，统治阶层对是否废止暴力犯罪（尤其是致命性暴力犯罪、战时暴力犯罪）的死刑会更为迟疑，更为慎重。而能否放弃对暴力犯罪报以死刑的观念，就取决于人们对暴力犯罪报应心理能否发展到理性、节制的程度，也取决于统治阶层对暴力犯罪反制手段的认识是否发展到宽容、理性的水平。因而在非暴力犯罪逐步废止死刑后，人类能否放弃死刑作为对付暴力犯罪的手段，关系到死刑的最后命运。暴力犯罪死刑无疑是具有终极性的。

四、暴力犯罪死刑的研究价值与方法

（一）暴力犯罪死刑的研究价值

适用死刑的具体犯罪种类在人类历史上有着很大的变化。死刑开始出现时，仅适用于敌对的力量，对于本族的民众则不适用。后

---

① 参见赵秉志：《中国逐步废止死刑论纲》，载《法学》2005 年第 1 期。

来，逐渐演变为适用于镇压本族或者被统治者的反抗。① 虽然死刑是否适用于本邦民众又出现了反复，但作为重要的惩罚方式，死刑却保留下来，成为统治阶层维持统治的有力工具，适用于很多种违反法律的行为，如随意冒犯王权或统治者威严等。到了封建社会，死刑更是广泛地应用于各种违法活动，包括民事、经济、婚姻等方面，也充分体现出中国古代律法"民刑不分"的法律状况。在这种情况下，不可能出现对暴力犯罪或者非暴力犯罪的死刑的思考。不过，对于严重的犯罪应该适用死刑，已成为社会各个阶层的共识。但对于何种犯罪为严重的犯罪，不同的阶层则有着不同的认识。该问题的答案是随着社会的发展逐步明确的。虽然死刑最初适用于反抗统治的暴力犯罪，后来扩展到杀人、强奸等犯罪，但在统治者眼里，反抗统治、危害政权的行为才是严重犯罪；而在普通民众眼里，危害生命和重大健康的行为才是严重犯罪。其共同点就是都表现为强烈、直接、急迫的现实侵害性。

　　不可否认，现在主张废止暴力犯罪死刑似乎有些不合时宜。在世界上某些国家，暴力犯罪呈现出上升的趋势。② 某些国家正是因为暴力犯罪案件的大幅上升而不得已恢复了死刑，如菲律宾曾于1976年起停止执行死刑，1987年在宪法中明确废止死刑，但由于严重犯罪（如强奸、买卖人口、贩毒等犯罪）增加，于1994年在法律中又恢复了死刑，1999年2月5日执行第一例死刑。③ 前总统埃斯特拉达在1998年、1999年处决了7名死刑犯，但于2001年再次决定停止执行死刑。阿罗约继任后继续该政策，但其于2003年12月4日，因严重犯罪的多发及国内民众压力而恢复死刑的执行，并表示不再阻止对罪犯执行死刑。④ 我国同样面临着严重刑事犯罪上升的局面，如1993年至1997年刑事案件数量年递增0.75%，总

---

① 参见蔡枢衡著：《中国刑法史》，中国法制出版社2005年版，第50、57页。
② 参见康树华主编：《犯罪学通论》，北京大学出版社1996年版，第350页。
③ 参见《菲律宾恢复死刑（综述）》，载《人民日报》1999年2月13日第3版。
④ 参见《菲律宾将恢复死刑》，载天津《每日新报》2003年12月6日第8版。

递增 3%；1998 年至 2002 年，严重刑事案件上升 7%，犯罪人数上升 14%。2003 年至 2004 年，严重刑事案件与判处罪犯数量下降较多，但到 2005 年，严重刑事案件数量又有回升，与 2003 年大致持平，而判处罪犯数量则上升 7.64%。① 据国家统计局对影响社会治安因素的调查，从 2001 年至 2005 年连续 5 年，30%以上的被调查者选择刑事犯罪为最严重影响社会治安的因素。② 这些情况似乎表明，死刑，尤其是暴力犯罪死刑不宜废止。

但是，我们还必须看到，很多国家基于人道主义的立场废止死刑的适用。即便是保留死刑的国家，很多也严格限制死刑的执行，甚至停止死刑的执行。很多国际公约或国际组织大力呼吁保留死刑的国家废止死刑。

其实，在保留死刑的国家里，暴力犯罪并没有因为死刑的存在与适用而有所减少。因为犯罪的发生往往有一定的社会机理，存在着复杂的原因，暴力犯罪也并不例外。犯罪本来也是社会存在的一部分。即便在正常社会里，人们在追求各种利益时也并非都遵守社会规范。相反，很多却是违反社会规范的。"把犯罪看作是一种社会疾病，就是承认疾病不是某种偶发的东西，反而在一定情况下，是来源于生物的基本体质。""社会道德意识就可以渗入每一个人，并有足够活力来阻止一切损害它的行为：不管是纯道德错误还是犯罪行为。但是道德意识要达到这样普遍、绝对的一致是不可能的，因为……我们大家不可能在道德意识上完全一致……在任何一个社会里，个体和集体类型之间总是或多或少有些分歧，那么这些分歧

---

① 参见最高人民法院 1997 年至 2006 年的工作报告，载中华人民共和国最高人民法院官方网站，http：//www.court.gov.cn/work/。

② 关于影响社会治安因素的调查，被调查者选择刑事犯罪的比率，2001 年为 30.5%，2002 年为 27.7%，2003 年为 35.4%，2004 年为 33.01%，2005 年为 30.9%。由此可见，刑事犯罪（尤其是严重暴力犯罪）一直被认为是影响社会治安的主要因素。参见国家统计局网站，http：//www.stats.gov.cn/tjgb/qttjgb/。

当中就难免带有犯罪性质。"① 就暴力犯罪的发生来说，还有一定的生物学因素起作用。动物学家的研究发现，在同种动物之间，其他的动物对于同种的敌人即使攻击也有一定的分寸，只有人类会相互予以致命的打击，存在"同种间杀戮"的情况。动物学家认为，这是人类种族保存（护种）本能部分被破坏的缘故。这种现象解释了为什么人类会对同种的人使用暴力乃至杀人这一问题。②

因此，暴力犯罪及其死刑涉及暴力犯罪发生机制与社会反应机制究竟存在何种关系的问题，也涉及能否对暴力犯罪人施以绝对人道的人道主义而不用死刑的问题。暴力犯罪的死刑成为死刑制度中极具典型性的样本。暴力犯罪死刑存废也涉及人类死刑制度的最后命运。暴力犯罪死刑的命题中隐含了人类社会死刑存在必要性的问题。如果人们能够解决对付暴力犯罪不需要死刑手段、对暴力犯罪罪犯可施以绝对人道等问题，那么，惩治与防范所有的犯罪都不必适用死刑，死刑的存在不再具有正当性，罪犯的生命权也获得了人类最高价值的地位。

著名刑法学家赵秉志教授认为，宜区分非暴力犯罪与暴力犯罪来设定废止死刑的不同步骤，可率先废止非暴力犯罪的死刑，然后逐步废止非致命性暴力犯罪的死刑，最后废除致命性暴力犯罪的死刑。③ 这不仅说明死刑的立法废止是个渐进的过程，也说明暴力犯罪的死刑成为中国废止死刑的最后堡垒。所以，对暴力犯罪的死刑进行深入的分析与研究，就意味着对人类社会中历史悠久的死刑进行根本性和彻底性的观察和思考。

（二）暴力犯罪死刑问题的研究方法

虽然死刑作为一种刑罚而属于法学研究的范畴，但是，它的影

---

① 参见［法］E. 迪尔凯姆著：《社会学方法的准则》，狄玉明译，商务印书馆1999年版，第2页、第84~86页。

② 参见周东平著：《犯罪学新论》，厦门大学出版社2004年版，第8页。

③ 参见赵秉志：《关于分阶段逐步废除中国死刑的构想》，载《郑州大学学报（哲学社会科学版）》2005年第5期。

响与意义却并不局限于法律、法学的范围。相反，因为直接关联于人的生命这一人类根本价值，死刑早就远远超越了法学的范畴，成为诸多学科中必须面对或者研究的重大课题。随着刑事法理论的发展，人们对于死刑的研究运用过价值分析、规范分析、人类学、生物学、社会学、心理学、医学等方法，经历了从思辨到实证、再到方法综合的过程。但是，众多的研究方法却并没有使得废止死刑的观念得到普遍的承认，以至于不少学者认为死刑的逐步废除是政治自信之下的政治抉择问题。① 笔者无意对此问题作出太多的评论，仅就暴力犯罪死刑的适用、废止问题进行专门的分析研究。在研究方法上，笔者认为，应该重视"理论联系实际"的方法，将暴力犯罪的死刑问题置于"价值—规范—事实"的三维立体坐标中。② 当然，"所谓价值不能从存在引申出来，只能从价值引申出来，是目的层面的方法论，而存在决定价值是手段层面的方法论，这两种方法论观点各有其正确性，并不互相对立，而是在不同层面同时存在，也就是互为辩证地存在"。③ 因此，对于暴力犯罪死刑中的不同问题，须根据其实际情况运用不同的研究方法。

1. 从规范与事实的角度分析暴力犯罪死刑的司法适用问题

暴力犯罪的认定、死刑的适用仍然属于注释刑法学的范畴，须从"行为"出发，分析暴力犯罪侵犯的法益，④ 按照常规的刑法解释方法（如比较方法等）阐明死刑刑法规范的适用，明确暴力犯罪死刑适用的整体标准以及具体暴力犯罪死刑适用的具体条件，即能符合现实的实际需要。因此，暴力犯罪死刑的司法适用问题，须

---

① 参见梁根林：《公众认同、政治抉择与死刑控制》，载《法学研究》2004 年第 4 期；陈兴良：《中国死刑的当代命运》，载《中外法学》2005 年第 5 期。

② 参见时延安著：《中国区际刑事管辖权冲突及其解决研究》，中国人民公安大学出版社 2005 年版，第 252~268 页。

③ 许玉秀著：《犯罪阶层体系及其方法论》，台湾春风旭日编辑小组 2000 年版，第 114 页。

④ 参见曾粤兴著：《刑法学方法的一般理论》，人民出版社 2005 年版，第 36 页。该论者认为，刑法学研究的逻辑起点首先是行为，然后是法益和规范。

在事实—规范的视野中进行阐释，明确具体暴力犯罪的事实与刑法规范之间的对应关系，以确定具体的刑法规范能否适用于特定的犯罪构成事实，对行为人能否适用死刑。

关于死刑价值的认识只能隐性地起到指导作用。在尊重生命、体现人道的价值理念支配下，严格把握死刑适用的条件，尽可能减少死刑规范的适用，实现"控制死刑案件数量、提高死刑案件质量"的目标。

2. 从价值与事实的角度分析暴力犯罪死刑的废止问题

但是，如果要考察暴力犯罪死刑存在的正当性、配置的适当性、废除的可行性，上述注释刑法的方法就难以适应需要。因为法律规范的意义在于其有效性，虽然"恶法非法"与"恶法亦法"之争并无最终的结论，但是，法律规范只要存在，就有必须适用的问题。对于已经规定了死刑的罪名，除了追问死刑的配置是否适当之外，司法与学理无权废止死刑的适用，对死刑的存废观念难以做出正面、直接的分析。

死刑以消灭人的生命为内容，而人的生命又被视为人类最高的价值。从社会事实的角度看，死刑是一种事后处理犯罪的手段，并非消除犯罪原因的举措，对于遏制严重暴力犯罪并没有人们所想象的巨大作用。在任何历史时期，不管是适用于何种犯罪，死刑都没有改变其消灭人的生命存在这一本性，始终拷问着人类的良知与宽容之心。因此，虽然死刑的存废最终取决于统治阶层是否彻底地抛弃消灭生命的治理手段，但更重要的是，要在社会文化中形成尊重生命这一人类终极价值的法律价值观念。如果不因身份、种族、肤色、性别、残疾等个人因素而改变对人性、对人的生命的关怀与尊重，社会个体之间形成宽容的法律观念，那么，死刑的废止就会水到渠成。所以，对暴力犯罪要否适用死刑，一方面要考虑死刑对抗制暴力犯罪的实际效果，另一方面也要考虑死刑的法律价值。换言之，应该将暴力犯罪的死刑废止问题置于"价值—事实"的二维坐标系中进行研究。虽然此时对暴力犯罪死刑存废的研究可能超越具体法律规范，但并没有割断"价值"到"事实"之间的联系，却可为从规范的角度确定如何逐步废止暴力犯罪的死刑提供基本的理论依据。

3. 从规范的角度来分析暴力犯罪死刑废止后的法律制度完善问题

暴力犯罪死刑罪名不断减少，直至全面废止暴力犯罪死刑，都面临着死刑废止后对暴力犯罪的处罚要贯彻罪责刑相适应原则的问题。而这依赖于一系列相关刑罚制度的完善，需要考虑完善、设定有关新的刑法规范，如赦免制度、延长现在的有期徒刑、完善无期徒刑等。因此，对于暴力犯罪死刑废止的具体法律配合问题，则仍要通过具体的刑法规范来实现，须分析如何设定刑法规范乃至具体的刑法条文。这就要对暴力犯罪及其死刑进行具体的规范分析。

综上所述，笔者将通过运用价值分析与实证考察的方法，努力实现"价值"层面的目的与"事实"层面的手段在暴力犯罪死刑废除问题上的统一，从价值与事实两个层面来论证全面废除暴力犯罪死刑的问题，最后再通过具体刑法规范来保障暴力犯罪死刑全面废止后的罪责刑相适应问题。

第一章　暴力犯罪的内涵界定及其死刑的现状考察

界定暴力犯罪的概念与特征，是对暴力犯罪及其死刑进行研究的基本前提。但是，常见于犯罪学理论研究中的"暴力犯罪"，长期以来在刑法理论中并未受到过多的重视和相应的研讨。而对于暴力犯罪死刑，理论上的巡视也并不多见。在本章中，笔者将结合刑法关于暴力犯罪的相关规定，从刑法学的视角界定暴力犯罪的概念，对其特征予以分析，考察暴力犯罪配置死刑的各种根源，总结暴力犯罪配置、适用死刑的立法、司法状况，并以此为起点来审视暴力犯罪死刑的基本情况。

第一节　暴力犯罪的内涵界定和类型区分

对于暴力与暴力犯罪的概念与特征，刑法理论研讨不多，但犯罪学有关理论却作了相当的探讨，因而可以从犯罪学理论关于暴力、暴力犯罪的分析开始，结合我国刑法典的相关规定，合理地确定暴力、暴力犯罪的内涵，并考虑对暴力犯罪区分类别。

一、关于暴力及暴力犯罪的理论争议

（一）关于暴力及暴力犯罪的犯罪学争议

1. 关于暴力含义的争议

对于暴力犯罪中"暴力"的含义，犯罪学理论上尚未取得一致的认识，存在如下几种看法：

（1）强力说。该观点认为，暴力犯罪就是指直接用身体之强力对他人或者实物实施的犯罪，这里主要是指杀人、抢劫、强奸等直接使用暴力之部分犯罪。此外，以某种暴力方式实施的犯罪，如爆炸、放火、决水等手段，借助自然、物理之强力达到对人之损害和对物之破坏的犯罪亦可入此列。①

（2）暴力与以暴力胁迫说。该观点认为，暴力犯罪应是指以暴力或者以暴力胁迫的方法危害国家安全、公共安全和公民人身、财产安全的犯罪。② 暴力，是指以暴力或者以暴力胁迫的方法实施的行为。

（3）多种手段说。该观点认为，暴力犯罪是指在杀人、抢劫、强奸等犯罪活动中，使用暴力、胁迫或者其他手段，使被害人不能反抗，达到剥夺他人生命、抢劫公私财物或者奸淫妇女为目的的犯罪行为。③ 暴力，是指使用暴力、胁迫或者其他手段的行为。

对于上述各种观点，笔者认为，第一种观点对暴力的界定既狭窄又模糊，因为暴力犯罪中的暴力并不限于强力，其他形式的力量也可能成为暴力，而且，"强力"的内容也过于模糊，难以确定其含义。第二种观点与第三种观点都是从刑法典所规定的具体犯罪的手段出发来确定暴力犯罪的手段，在具体外延上有所不同，二者都没有考虑刑法学上暴力的含义。

2. 对暴力犯罪概念的争议

对于暴力犯罪的概念，理论上也没有一致看法，主要有如下几种观点：

（1）犯罪手段暴力说。有论者认为，暴力犯罪是一种以暴力

---

① 参见李文芳、张世勤主编：《暴力犯罪现状与对策》，辽宁人民出版社1989年版，第4页。

② 参见倪泽仁著：《暴力犯罪刑法适用指导》，中国检察出版社2006年版，第4页。

③ 参见李文芳、张世勤主编：《暴力犯罪现状与对策》，辽宁人民出版社1989年版，第10页。

为手段进行犯罪的过程。[①] 还有论者认为，暴力犯罪是指那些在犯罪手段上已经实施了暴力的一切犯罪的统称。同一种犯罪，使用暴力和未使用暴力，反映出犯罪人自身和犯罪客观条件的不同特点，以及同一犯罪在不同实施方式下的不同发生机制。[②] 这两种看法都认为，暴力犯罪是指以暴力为手段的犯罪。不过，前者将暴力犯罪认定为使用暴力的过程，后者则认为暴力已经实施完毕。根据该观点，所有使用暴力的犯罪都属于暴力犯罪。这样一来，同一种犯罪，如果使用了暴力，就属于暴力犯罪；如果没有使用暴力，则就属于非暴力犯罪。其不足之处十分明显。

（2）犯罪危害重大恶劣说。有论者认为，暴力犯罪是指盗枪、抢枪、持枪杀人、爆炸杀人、驾车行凶、劫机劫船、绑架人质等重大恶性案件。[③] 该观点仅罗列一些严重暴力犯罪，并认为暴力犯罪具有重大恶性的特征。

（3）手段暴力性与危害重大性结合说。有论者认为，暴力犯罪就是指行为人（也包括犯罪集团）以强暴手段，侵害国家以及人民生命、财产安全，造成严重后果，并应当受到刑罚处罚的犯罪行为。[④] 该观点就是从犯罪手段具有暴力性与犯罪危害具有严重性两个角度来概括的。

笔者认为，第一种观点完全忽视了犯罪的性质，没有考虑犯罪侵犯的具体客体，在暴力犯罪概念的界定上有简单化的倾向，可能导致某种犯罪既属于暴力犯罪又属于非暴力犯罪，无法有效地反映犯罪发生与变化的规律，我们甚至无法将其与死刑问题结合起来进

[①] 参见李文芳、张世勤主编：《暴力犯罪现状与对策》，辽宁人民出版社1989年版，第1页。

[②] 参见周路、周仲飞：《暴力、非暴力犯罪比较研究》，载《青少年犯罪研究》1995年第4期。

[③] 参见李文芳、张世勤主编：《暴力犯罪现状与对策》，辽宁人民出版社1989年版，第15页。

[④] 参见张家源著：《暴力犯罪心理初探》，中国政法大学出版社1989年版，第2页。

行研究。第二种观点仅从危害是否严重上来概括暴力犯罪，除了其所罗列的暴力犯罪外，我们无法有效推知其他具体的暴力犯罪。第三种观点较为全面地注意到了暴力犯罪中手段的暴力性与危害的重大性，但没有阐述暴力犯罪的客体，显得过于简略，似乎没有把握到暴力犯罪的本质。

3. 对暴力犯罪危害客体的争议

在暴力犯罪活动中，暴力行为直接作用于特定的人身或者实物，而具体的人身或者实物体现出不同的犯罪客体。对于暴力犯罪的客体，理论上主要有如下几种观点：

（1）危害公共安全说。该观点认为，在暴力犯罪中，犯罪行为人使用暴力手段进行犯罪活动，造成或者可能造成人民财产、公共财产的重大损失，严重危害公共安全。[1]

（2）危害个人权利与社会安全说。该观点认为，在暴力犯罪中，行为人使用暴力或者以暴力相威胁，危害他人人身安全、财产安全和社会安全。[2]

（3）危害国家、公共与公民安全说。该观点认为，暴力犯罪具有严重的社会危害性，具体表现为危害国家安全、危害公共安全、危害公民的人身安全、危害公私财产的安全。[3]

笔者认为，上述几种观点对暴力犯罪客体的界定都比较狭窄，没有全面概括暴力犯罪所侵犯的社会关系。

（二）暴力犯罪概念界定中亟待解决的问题

从上述各种争论可以看出，对暴力犯罪概念的界定对刑法典的相关规定有一定程度的考虑，但主要是立足于犯罪学，从刑法学理

---

① 参见李文芳、张世勤主编：《暴力犯罪现状与对策》，辽宁人民出版社 1989 年版，第 24 页。

② 参见贺贵初著：《自杀性暴力犯罪》，中国人民公安大学出版社 2003 年版，第 2 页。

③ 参见倪泽仁著：《暴力犯罪刑法适用指导》，中国检察出版社 2006 年版，第 5~6 页。

论展开的分析比较少。目前，在暴力犯罪、暴力、犯罪客体等方面仍然存在激烈的争论，对下列问题还缺乏明确的阐述：

（1）犯罪学与刑法学对暴力犯罪概念的界定有何不同？相互之间能否借鉴？

（2）暴力及暴力犯罪的实质究竟是什么？

（3）如何准确界定与犯罪有关的暴力的含义？如何正确界定暴力犯罪的概念？

笔者认为，刑法典的具体法律条文中对暴力犯罪、暴力都有所规定，刑法学对暴力犯罪、暴力也有一定的研究。虽然暴力犯罪属于犯罪学上重点研究的问题，犯罪学对此进行了长期、较为深入的研究，但是，犯罪学上关于犯罪的概念并不同于刑法学上的犯罪概念，对暴力犯罪概念的界定也是如此。而且，犯罪学对暴力犯罪的研究较多地考虑犯罪发生机制、防治机制，对如何准确认定犯罪及裁量刑罚则有所忽略。因此，暴力犯罪的犯罪学概念难以适应刑法学对暴力犯罪及相关问题研究的实际需要。界定暴力犯罪概念时不能忽视刑法典的具体规定及刑法学的相关论述。在刑法学上有必要准确界定暴力、暴力犯罪的概念，为暴力犯罪的犯罪学研究、暴力犯罪的死刑问题研究提供基本的前提。

二、"暴力"的界定

（一）"暴力"的词语学理解

1. "暴力"的汉语理解

在汉语中，"暴"有多种含义，可以做形容词、动词使用。作形容词时，具体含义为：（1）强大而突然来的，又猛又急的：暴雷；暴病。（2）过分急躁的，容易冲击的：脾气暴躁。（3）凶恶残酷的：凶暴，暴戾恣睢。作动词时，具体含义为：（1）横蹋，损害：自暴自弃，暴殄天物。（2）徒手搏击：暴虎冯河。（3）显露出来：暴露无遗。而"力"也有多种含义，主要有：力气、力量、能力、权势、劳力、控制力、作用力、功劳等。

"暴"与"力"的结合才是暴力，"暴"对"力"起到修饰作用，"力"居于该词语含义的核心。在"暴"的含义中，能够对作为侵害力或者控制力的"力"进行修饰的有："强大而突然来的，又猛又急的"、"凶恶残酷的"、"横蹋，损害"。第一种含义虽然可以用来修饰"力"，但在犯罪活动中所用的"力"，并非就比被作用一方的力量强大，也并非就呈现出"突然"、"猛急"的特征，在此处并不合适。第二种含义也可以修饰"力"，但过于主观化，具有道德、情感评价的色彩，而是否凶恶、残酷则要通过对行为的具体表现及后果来判断。第三种含义具有客观化的特征，表明了行为对外界的影响。因此，笔者认为，这种含义可以修饰暴力中的"力"，具有"压制、控制、侵害"的含义。

"暴力"在词语上的含义主要有：（1）政治学名词，不同政治利益的团体，当不能用和平方法协调彼此的利益时，常会用强制手段以达到自己的目的，称为暴力。（2）泛指侵害他人人身、财产的强暴行为。（3）国家的强制力量。其中能与犯罪相结合的含义，只能是第二种，即侵害他人人身、财产的强暴行为。但是，这样界定暴力犯罪中的暴力，还是显得过于模糊。

其实，暴力是作为一种社会活动或者社会现象而存在的。[①] 因此，其中的"力"也势必已经被使用出来，对具体的人或者物产生了一定的作用或者影响，具有客观化的特征，并非单纯地为某主体所拥有而静态地存在。在"力"的几种含义中，具有这种客观化特征的只有"控制力"与"作用力"。因而"暴力"所指的"力"只能是指侵害力或者作用力。但"作用力"是物理名词，指的是物质之间相互的作用，凡能使物体获得加速度或者发生形变的作用都称为力（force）。在社会科学领域里，这种作用力表现为行为人对他人人身实施的侵害力量，或者为了实施侵害的控制力量。

---

① 暴力是社会学研究的主题之一，同犯罪一样，都属于社会问题。参见 http：//www.wikilib.com/wiki/，社会学项目。

在犯罪活动中，受到影响的是具体的人或者物。非法暴力对他们的影响是法律所否定的。因此，"暴力"指的是人们所运用出来的侵害力或者控制力。

2. "暴力"的英语理解

在英语中，表达"暴"的词语主要有：(1) brutal、cruel；(2) sudden、fierce；(3) spoil、bully、humiliate；(4) hot-tempered 等。表达"力"的词语主要有：(1) effort、physical strength；(2) force、power、strength；(3) ability、capability；(4) power、might、influence；(5) penal servitude、forced labor、(domestic) servant 等。而表达"暴力"的词语则是 force 与 violence。force 主要表达静态意义上的强制力量。而能够成为社会现象的暴力，只能是 violence。英语中对 violence 的解释是：aggressive behavior 与 criminal behavior，即可能或正在引起对人、动物、财物的损害的行为。①能够与表达"暴力"的英文相一致的是 spoil、bully、humiliate 所指的"暴"与 power、might、influence 所指的"力"。这样看来，"暴力"（violence）具有攻击性、侵害性的特征，是对 power of spoiling or humiliating 的具体运用。

综上所述，从汉语来看，"暴力"意指具有"压制、控制、侵害"等客观特征的"侵害力或者控制力"。此时，英语的"violence"也是此意。

（二）"暴力"的法学含义

在暴力犯罪中，"暴力"对"犯罪"具有修饰作用，表明了暴力犯罪的基本特征。但我们还要研究，刑法上的暴力具体何指？这是上述词语学研究方法无法解答的问题，需要结合刑法典的规定与刑法学的相关阐述来研究。

我国现行刑法典共有 30 个条文明确提及"暴力"。其中，刑法典总则中有 2 个条文提及"暴力犯罪"。刑法典分则明文规定

① 参见 http://en.wikilib.com/wiki/Violence。

"暴力"的条文有28个，第278条、第451条与具体犯罪无关。规定"暴力"为犯罪手段的具体犯罪的条文有26个，共涉及31个具体犯罪。另外，刑法典中，还有一些条文并没有明确使用"暴力"这一词汇，但使用了其他表达侵害性或者控制性力量及其运用词汇，如"武装"、"强迫"、"劫"、"暴动"、"持械"等。

刑法典明文规定以"暴力"为手段的犯罪中，"暴力"的含义并不相同，主要有如下三种情况：

（1）对人身实施侵害的攻击行为，如抢劫罪；

（2）既针对人身实施侵害，又针对财物实施破坏的攻击行为，如抗税罪；

（3）仅针对财物实施的攻击行为，如故意毁坏财物罪。

根据具体暴力犯罪的犯罪构成，在暴力攻击被害人时，被害人的反应情况有所不同。在有的犯罪中，对人实施的暴力，是指针对人的身体实施的有形力，足以抑制被害人的反抗，但并不要求事实上抑制了被害人的反抗。而有的犯罪则要求暴力达到了抑制被害人反抗的程度。因此，有论者指出，"暴力"一词在不同的场合具有不同的含义，可分为最广义的暴力、广义的暴力、狭义的暴力、最狭义的暴力。[①] 笔者将具体内容概括为（如表1-1所示）：

表1-1 暴力的含义

分类	含义	程度
最广义的暴力	不法对人或物行使有形力的一切情况	
广义的暴力	不法对人行使有形力，包括针对人的身体	对人身体有强烈的物理影响

① 参见张明楷著：《刑法学》（第2版），法律出版社2003年版，第553页。

续表

分类	含义	程度
狭义的暴力	不法对人的身体行使有形力	不要求达到足以抑制对方反抗的程度
最狭义的暴力	不法对人的身体行使有形力	达到足以抑制对方反抗的程度

如前所述，"暴力"是指具有"压制、控制、侵害"等客观特征的"侵害力或者控制力"。"暴力"在具体的犯罪中得以运用和客观化，成为一种社会现象，不再是静态意义上的力。综合来看，具体犯罪中所指的"暴力"是指针对人的身体或者具体财物实施的具有侵害或者破坏作用的侵害力。但从社会现象的角度来理解，其是作为人的行为活动而存在的。因而暴力其实是指暴力行为活动，即行为人对自身具备的具有侵害或者破坏性质的侵害力或者控制力予以运用，作用于被害人。

英美法律中对暴力的界定也是这样的。具体而言，英美法律的"暴力"包括：（1）针对人身的各种攻击、侵害行为，如 Abuse、Aggravated assault、Assault、Assault and battery、Battery、Domestic violence、Murder、Rape 等。（2）针对财物、动物的各种攻击、侵害行为，如 Cruelty to animals、Property damage 等。[1]

三、暴力犯罪的概念与特征

（一）暴力犯罪概念界定的出发点

1. 从刑法学角度出发界定暴力犯罪的概念

在犯罪学上，有论者指出，暴力犯罪是指以实施暴力行为为其基本特征的犯罪行为，如杀人、伤害、抢劫、爆炸等犯罪。[2] 有论

---

[1] 参见 http://en.wikilib.com/wiki/Violence。
[2] 参见许章润主编：《犯罪学》（第2版），法律出版社2004年版，第94页。

者没有阐述暴力犯罪的概念，仅列出了几种非常具有典型性的暴力犯罪，如杀人、重伤害、抢劫、强奸、绑架、爆炸等，但是，该论者仍然将暴力犯罪区分为严重暴力犯罪与一般暴力犯罪。① 犯罪学上归纳出暴力犯罪这种犯罪类型，目的在于研究这些犯罪的原因、发生规律、惩治措施、预防等问题。因此，犯罪学对暴力犯罪划分了更为具体、细密的类型，如未成年人暴力犯罪、校园暴力、家庭暴力、女性暴力、老年人暴力、性暴力、虐待动物的暴力，等等。显然，犯罪学上对暴力犯罪的研究，扩大到了没有达到犯罪程度的某些暴力现象。囿于主题的限制，笔者在此无意对暴力犯罪的发生原因予以详细阐述，但需要指明的是，人类的暴力有着深刻的心理、生理根源，伴随着人类的发展而长期存在。对我国的暴力犯罪，将其原因归结为腐朽思想、资本主义文化侵蚀或者家庭关系破裂、目无法纪等，② 都有简单化的倾向。犯罪学上较为宽泛地界定暴力犯罪，有利于对其发生、发展、防治的规律进行研究。

但是，刑法学所指的暴力犯罪不同于犯罪学上所讲的暴力犯罪。遗憾的是，刑法理论上对暴力犯罪这一问题的专门研究并不多见，犯罪学上对暴力犯罪的研究则也在相当程度上忽略了刑法理论的相关阐述。其实，刑法典所规定的暴力犯罪，在犯罪论、刑罚论上都是十分重要的问题。从犯罪论的角度讲，暴力犯罪与相对负刑事责任年龄、特殊防卫等问题也紧密相连。在何种性质、何种程度上界定暴力犯罪，也涉及了相对负刑事责任年龄、特殊防卫的适用与完善问题。而从刑罚论的角度看，暴力犯罪的认定关涉剥夺政治权利、假释制度的适用。而且，暴力犯罪也是我国刑事司法活动中常见多发的犯罪类型，占每年所有刑事案件（以一审判决为统计标准）的 35%以上，而被判决的罪犯人数也占每年所有已决犯的

① 参见康树华主编：《犯罪学通论》，北京大学出版社 1996 年版，第 350~351、356 页。

② 参见倪泽仁著：《暴力犯罪刑法适用指导》，中国检察出版社 2006 年版，第 21~30 页。

38%以上。① 对暴力犯罪准确认定、合理量刑也是刑事司法的重要内容之一。况且，如前所述，死刑的限制适用与最终废止在很大程度上也取决于暴力犯罪的死刑减少适用与废止。

所以，从刑法学角度对刑法典规定的暴力犯罪进行研究，不仅能够确定哪些犯罪、何种程度的严重犯罪应该受到刑法的严厉规制，而且对死刑的限制适用与废止也有重要影响。理论上对暴力犯罪概念的界定不能忽视刑法学出发点。

2. 从刑法典的明文规定出发界定暴力犯罪的概念

根据刑法典的具体规定，行为人运用具有侵害或者破坏性质的侵害力的犯罪，有的是针对人的身体，有的是针对物体。

其中，针对人身实施暴力的犯罪，在刑法典总则与分则中都有规定。在刑法典总则中，第20条第3款提及："……行凶、杀人、抢劫、强奸、绑架以及其他严重危及人身安全的暴力犯罪……"；第81条第2款提及："……故意杀人、强奸、抢劫、绑架、放火、爆炸、投放危险物质或者有组织的暴力性犯罪……"这两个法律条文对部分暴力犯罪进行了概括。在刑法典分则中，有的犯罪规定是以暴力为手段，而有的犯罪没有规定暴力手段，但仍属于对人实施暴力之犯罪的范围。具体来说，有如下几种情形：（1）明确规定暴力手段的犯罪，如劫持航空器罪、暴力干涉婚姻自由罪等。（2）"武装"型犯罪，如武装叛乱罪。（3）"强迫"型犯罪，如强迫卖淫罪、强迫他人吸食毒品罪。（4）直接侵犯人的身体（肉体）的犯罪，如故意杀人罪、故意伤害罪、战时自伤罪。（5）可能以不特定人的人身为对象的犯罪，如放火罪、破坏交通设施罪、破坏易燃易爆设备罪、破坏电力设备罪、恐怖活动犯罪。（6）"劫夺"型犯罪，如抢劫枪支、弹药、爆炸物、危险物质罪及劫夺被押解人员罪。

针对物体实施暴力的犯罪，主要有：（1）侵犯他人占有权的

---

① 参见最高人民法院1997年至2006年的工作报告，载中华人民共和国最高人民法院官方网站，http://www.court.gov.cn/work/。

对物暴力犯罪，具体有抢夺罪（第 267 条）、故意毁坏财物罪（第 275 条）、破坏生产经营罪（第 276 条）。（2）侵犯文物管理的对物暴力犯罪，具体指故意毁损文物罪；故意毁损名胜古迹罪（第 324 条）。

既针对人身又针对物体实施暴力的犯罪有：（1）危害公共安全的暴力犯罪，具体有破坏交通工具罪（第 116 条、第 119 条）；破坏交通设施罪（第 117 条、第 119 条）；破坏易燃易爆设备罪、破坏电力设备罪（第 118 条、第 119 条）；破坏广播电视设施、公用电信设施罪（第 124 条）。（2）危害国防安全的暴力犯罪，具体是指破坏武装设备、军事设施、军事通信罪（第 369 条）。

从上述归纳可以看到，刑法典对暴力犯罪已经做出了明确的规定。对暴力犯罪的概念界定有必要考虑这些明确的规定。这样才能准确把握暴力犯罪的法律本质，适应刑事司法的实际需要。

当然，刑法典总则所规定的暴力犯罪具有直接危害人身安全、危害非常严重、法定刑较重的特点，而刑法典分则规定的暴力犯罪在种类上表现的比较广泛，在犯罪的危害严重程度、法定刑的轻重程度上有所不同。那么，如何从刑法典的明文规定出发来界定暴力犯罪的概念呢？笔者认为，应该注意两个问题：

（1）刑法典总则、分则对暴力犯罪的规定出于不同立法意图与目的。刑法典总则更多地考虑如何对严重暴力犯罪做出合理的处罚。刑法典第 20 条第 3 款所提及的是"严重危及人身安全的暴力犯罪"，而第 81 条第 2 款则提及几种具体的暴力犯罪，这两个条文所涉及的暴力犯罪都属于严重暴力犯罪，是从较重的法定刑方面来确定的。而分则则是对所有的暴力犯罪做出明确、全面的规定，对暴力犯罪则规定有轻重不同的法定刑。因此，对暴力犯罪概念的界定就不能纠缠于法定刑轻重。

（2）应结合刑法典总则、分则的相关规定来界定暴力犯罪的概念。刑法典总则的相关条文都没有明示何谓暴力犯罪，但都较多地关注了危及人身安全的暴力犯罪，对不危及人身安全的暴力犯罪则没有特别的关注。从刑法典分则的具体犯罪来看，对财物进行暴力攻击的犯罪与对人身实施暴力攻击的犯罪相比较，种类很少（仅有五个罪名），法定刑稍微低些（抢夺罪法定最高刑较重，为无期徒刑，没有死刑），其不危及人身安全，侵害的强烈程度弱些。① 所以，综合来看，应较多地研究危害人身的暴力犯罪。

（二）暴力犯罪的概念

有论者认为，暴力犯罪的范围应该以刑法的规定为依据，是指刑法分则中明确或者隐含的包括以暴力为手段的犯罪；还要考察暴力犯罪的程度，只有暴力犯罪行为危及人身安全时，才可以确定。而暴力犯罪的程度，可以考虑三个方面：一是具体的罪名，有些犯罪的罪名已经表明暴力性；二是从"是否严重危及人身安全"的威胁来确定犯罪的程度；三是从法定刑来考虑，有些犯罪涉及暴力手段，但法定刑是 3 年以下有期徒刑等轻刑，属于轻微暴力犯罪。② 该观点是比较妥当的，指出了暴力犯罪概念界定的基本思路。但是，该观点主要是为了解决特殊防卫的前提性犯罪问题而做出的论述，对暴力与犯罪之间的关系没有作出更为深刻的说明，对暴力犯罪的概念也没有任何交代。笔者认为，应从如下几个方面入手来界定暴力犯罪的概念。

1. 暴力犯罪中的"暴力"程度如何？

如前所述，在暴力犯罪中，暴力是对人的人身实施的，直接侵犯了人的身体权利。有论者指出，"暴力"是指直接或者借助自然、物理之力量对他人人身的自由权、健康权、生命权施加强力打

---

① 如果对财物进行暴力攻击的犯罪涉及对人身的侵害，就有可能转化为针对人身的暴力犯罪。如刑法典第 267 条第 2 款规定，携带凶器抢夺的，按照抢劫罪处理。刑法典第 269 条规定，犯盗窃、抢夺、诈骗罪，出于各种目的的当场使用暴力或者以暴力相威胁的，按照抢劫罪处理。刑事司法中对此也有规定，如最高人民法院于 2005 年 6 月 8 日发布的《关于审理抢劫、抢夺刑事案件适用法律若干问题的意见》第 4 条、第 11 条的规定。

② 参见高铭暄主编：《刑法专论》（第 2 版），高等教育出版社 2006 年版，第 456 页。

击或者强制行为，暴力的程度不仅包括对他人人身自由、健康或者生命造成损害，也包括尚未对他人人身安全造成损害，但对他人人身形成危险。① 笔者认为，这样的看法是有道理的。不过，暴力的程度不能仅从其危害的后果上看，还要从被害人的反应来考察，即被害人是否被迫放弃了反抗，或者说，暴力行为是否足以抑制被害人的反抗。"足以"是从暴力对被害人施加作用力的角度进行考察分析的。从客观上看，既包括被害人已经失去反抗能力或者放弃反抗的情况，也包括对特定被害人没有作用，但能够使得一般人放弃反抗的情况。所以，对暴力犯罪中"暴力"的理解要结合危及人身安全的程度与抑制被害人反抗的程度两方面来认定。

这也说明，此处的"暴力"与具体犯罪中的"暴力"存在一定的不同。某些具体犯罪中的"暴力"认定标准较低，不要求事实上抑制了被害人的反抗，也不要求具有危害人身安全的性质。如对于抢劫罪，有论者指出，"只要事实证明行为人对他人实施暴力（包括使用拳脚）的目的是使被害人不能或者不敢反抗，以便夺取财物，不论事实上能否抑制或者排除被害人的反抗，一般就构成抢劫罪"。② 在笔者看来，如果过多关注这种严重程度很低、较为轻微的使用暴力的犯罪，在实践中可能产生很大问题，对犯罪人产生不公平的情况，如扩大特殊防卫的范围等。因此，界定暴力犯罪时还要从一般人的立场上考察暴力的程度问题。

2. 暴力犯罪的犯罪手段是否仅限于"暴力"？

换言之，"暴力"是否仅限于前述"暴力"的刑法学含义。刑法典分则明确规定"暴力"为犯罪手段的各种犯罪中，有的还存在其他的犯罪手段，如"胁迫"、"威胁"、"其他方法"等。对此，笔者认为，要分析其他犯罪手段与暴力手段的关系。

---

① 参见黄京平、石磊：《简析我国非暴力犯罪及其死刑立法》，载赵秉志主编：《中国废止死刑之路探索》，中国人民公安大学出版社 2004 年版，第 6 页。

② 参见高铭暄主编：《刑法专论》（第 2 版），高等教育出版社 2006 年版，第 722 页。

在某些犯罪中，其他犯罪手段与暴力手段具有相同的性质，即侵犯被害人的身体，如在抢劫罪中，"胁迫"是指对被害人以立即实施暴力来威胁，其他手段是指施加于被害人身体、使得被害人不能反抗、不知反抗、不敢反抗的方法，如麻醉、灌醉、催眠等。① 这些犯罪中通常将"暴力"与"胁迫或者其他方法（手段）"规定在一起，使得"胁迫或者其他方法"与"暴力"一样具有侵害人身的性质。暴力犯罪不限于直接对被害人的人身实施暴力，也包括以对被害人的人身立即实施暴力或者已经造成法定危险的情况。此时，对"暴力"，应采广义理解，即是指直接或者借助自然、物理之力对他人人身的自由权、健康权、生命权施加强力打击或者强制行为，其范围不仅包括捆绑、拘禁、殴打、伤害、杀害、决水、爆炸等有形力，亦应包括施行催眠、麻醉、用酒灌醉等无形力，而暴力的程度则不仅包括对他人人身自由、健康或者生命造成损害，也包括尚未对他人人身安全造成损害，但对他人人身安全形成危险。②

但是，规定"暴力、威胁"或者"暴力、其他方法"为手段的犯罪中，其他方法并不一定与"暴力"具有同样的性质。"威胁"多是指对被害人实施精神上的强制，③ 具体表现为以对犯罪对象或者亲属进行人身加害、财产损毁、破坏名誉而施加精神强制等。④ 这并不属于暴力犯罪的情形。所以，没有直接侵害被害人身体的手段就不属于暴力手段。

---

① 参见赵秉志主编：《刑法新教程》（第3版），中国人民大学出版社2009年版，第664页。

② 参见赵秉志：《论中国非暴力犯罪死刑的逐步废止》，载《政法论坛》2005年第1期。

③ 参见张明楷著：《刑法学》（第4版），法律出版社2011年版，第870页。

④ 参见赵秉志主编：《刑法新教程》（第3版），中国人民大学出版社2009年版，第698页。

3. 暴力犯罪是使用暴力的犯罪还是表现为暴力的犯罪，或是二者兼备？

根据刑法典分则的规定，有些犯罪是使用暴力侵犯人身的犯罪，如刑法典第121条"劫持航空器罪"。有些犯罪则是直接侵犯人身的犯罪，如刑法典第232条故意杀人罪。还有些犯罪是二者皆备，如刑法典第236条强奸罪、第239条绑架罪等。因此，仅仅注意到"使用暴力"并不足以说明暴力犯罪的本质。这就表明，对暴力犯罪的概念界定，应该弄清楚"暴力"在犯罪构成中的意义与地位。而这主要表现为两种情况：

（1）"暴力"属于犯罪客观方面的内容，是犯罪客观方面的选择性构成要件要素，也是某些犯罪的手段之一。这些犯罪是否属于暴力犯罪的范围，要看行为人是否使用暴力、使用暴力的程度、造成的损害等方面来确定，如抢劫罪即是如此。

（2）犯罪客观方面具有"暴力"的性质，行为人运用具有侵害、控制性质的力量针对人的身体实施侵害或者控制，具有攻击、侵害的特点。这些犯罪中，行为人即便没有使用暴力的手段，但因其行为直接侵犯人的身体，这些犯罪仍然属于暴力犯罪。例如，故意杀人罪中，有时候行为人使用凶器，有时候行为人使用拳脚，有时候则投放危险物质，还有时表现为有义务救助而不救助被害人等。又如，强奸罪中，行为人不管是否使用暴力或者胁迫，行为本身是对被害人性自由权利的侵犯，具有暴力侵犯的本质。对这些犯罪来说，行为人是否使用暴力手段，并不影响这些犯罪作为暴力犯罪的属性。

对此，有论者指出，对暴力犯罪的界定，重要的并不在于刑法分则条文本身是否明文规定以暴力为犯罪构成要件，而在于行为人在实施犯罪时所采取的是否为暴力（包括以暴力相威胁）行为。[①]笔者也赞同这种观点，不过，还有必要进一步阐明暴力的含义。凡

---

① 参见林亚刚：《暴力犯罪的内涵与外延》，载《现代法学》2001年第6期。

直接攻击被害人的身体，侵犯其生命权、健康权、自由权的行为，就是这里的暴力。所以，暴力犯罪既包括了暴力手段危及人身安全的犯罪，也包括具有暴力性质、直接危及人身安全的犯罪。这样也说明，犯罪实行行为并不包含暴力手段的犯罪，以及不以人的身体为行为对象的犯罪，都属于非暴力犯罪。[①] 行为人将自身的力量或者借助自然、物理的力量，施加于被害人的身体（肉体），使之遭受被侵害或者被控制的后果，这就是暴力犯罪。暴力犯罪的实质在于使用强力危及被害人的人身安全（生命、健康、人身自由）。因而不以暴力为犯罪成立必要因素的犯罪，以及不以暴力攻击为本质的犯罪，都不属于暴力犯罪。

4. 暴力犯罪是否包括加重犯的情况？

刑法典第 240 条拐卖妇女、儿童罪，第 318 条组织偷越国（边）境罪，第 321 条运送他人偷越国（边）境罪，第 347 条走私、贩卖、制造、运输毒品罪中，基本犯没有规定暴力犯罪手段，但行为人运用暴力方法的，法定刑升格，按照加重犯处理。那么，这些犯罪能否归入暴力犯罪呢？

笔者认为，刑法典第 240 条拐卖妇女、儿童罪侵犯的是被害人的人身自由权利，行为人的力量往往直接作用于被害人的人身，该罪的犯罪客观方面表现出暴力的性质，属于暴力犯罪的范畴。但其他三种犯罪，刑法典对其基本犯中没有规定"暴力"手段，犯罪客观方面也没有暴力的性质。另外，行为人在实施这些犯罪运用暴力或者威胁等手段时，刑法典规定按照情节加重犯来处理，在整体上对犯罪的本质没有影响，其并不是针对人身安全实施的犯罪。如果行为人造成了被害人重伤、死亡，并查明是出于犯罪故意，则按照数罪并罚（如刑法典第 318 条、第 321 条）或者牵连犯的原则（刑法典第 347 条）处理。因此，这些犯罪并不是暴力犯罪，而是

---

① 参见赵秉志：《论中国非暴力犯罪死刑的逐步废止》，载《政法论坛》2005 年第 1 期。

属于非暴力犯罪的范畴。

5. 暴力犯罪是否均为故意犯罪？

有论者指出，在我国司法实践中发生的暴力犯罪都是由故意构成的，暴力犯罪就是行为人故意以强暴手段，侵害他人的人身与财产，依法应当受到刑罚处罚的行为。[①] 还有论者也指出，暴力犯罪的主观方面为故意，包括直接故意与间接故意。[②] 应该说，这些论断没有错误，但并没有对暴力犯罪为什么是故意犯罪做出任何分析。其实，刑法典规定的一些过失犯罪，如交通肇事罪、过失致人死亡罪，同样也严重危及了人身的安全，行为人在实施特定危害行为时主观上也认识到了自己的行为性质。但是，行为人并非有意识地对被害人施加具有侵害性、控制性的强制力量，伤亡后果的发生往往是行为人不能预见或者轻信能避免的，行为没有呈现出有意的攻击性。刑法典将这些行为犯罪化，其目的并不仅仅在于惩治这些行为，而是赋予相关人员以注意义务，提醒行为人在实施某些行为（如驾驶机动车）时要充分地谨慎与认真。所以，过失造成人身伤亡后果的犯罪不宜归入暴力犯罪之列。

综上所述，刑法学中所讲的暴力犯罪，指的是自然人（或其群体）故意运用或者故意威胁运用具有侵害性或者控制性的强制力量主动攻击被害人，将该力量作用于被害人的身体，危及被害人的人身安全的犯罪。这就在如下几个方面区别于犯罪学上的暴力犯罪概念：（1）排除了对物实施暴力的犯罪，如抢夺罪、故意毁坏财物罪等。（2）危害较为严重，法定刑较重。（3）该概念与假释、特殊防卫、死刑问题、刑罚配置等问题紧密相关，并为后者诸问题的研究提供基本的起点。

---

① 参见叶高峰主编：《中国暴力犯罪对策研究》，法律出版社1998年版，第11~12页。

② 参见倪泽仁著：《暴力犯罪刑法适用指导》，中国检察出版社2006年版，第14页。

四、暴力犯罪的分类

（一）暴力犯罪分类的基本标准

犯罪学上对暴力犯罪采用如下标准予以分类：（1）以侵害对象是人还是物，将暴力犯罪区分为对人的暴力犯罪与对物的暴力犯罪；（2）以危害程度是否严重，将暴力犯罪区分为严重暴力犯罪与一般暴力犯罪，其严重程度的判断依赖于是否采用杀伤性强的凶器或者极端残忍、危险性极大的手段；（3）以侵犯的客体，将暴力犯罪区分为危害人民民主专政的暴力犯罪、危害公共安全的暴力犯罪、危害人身安全的暴力犯罪、危害财产安全的暴力犯罪、危害社会管理秩序的暴力犯罪、危害婚姻家庭的暴力犯罪六种。[①]

刑法学上对暴力犯罪的分类表现在如下几个方面：（1）以犯罪客体为标准，将暴力犯罪区分为危害国家安全的暴力犯罪、危害公共安全的暴力犯罪、危害人身安全的暴力犯罪、危害财产安全的暴力犯罪；（2）犯罪行为标准，即以是否直接实施暴力为标准，将暴力犯罪分为直接使用暴力的暴力犯罪与间接使用暴力的暴力犯罪；（3）以犯罪主体之间的联系为标准，将暴力犯罪区分为个人暴力犯罪、一般共同暴力犯罪、结伙暴力犯罪、有组织共同暴力犯罪；（4）纯正暴力犯罪与不纯正暴力犯罪；（4）以暴力为构成要件的暴力犯罪与以暴力为常见手段的暴力犯罪。[②]

笔者认为，上述各种标准都有一定的道理。其中，侵犯对象、危害程度、侵犯客体是对暴力犯罪进行分类的传统标准，有利于反映暴力犯罪的发展变化与危害情况，能够有的放矢地采取各种措施予以防范。

[①] 参见康树华主编：《犯罪学通论》，北京大学出版社1996年版，第255~257页。

[②] 参见倪泽仁著：《暴力犯罪刑法适用指导》，中国检察出版社2006年版，第19~20页。

但是，犯罪学做出的分类以行为对象是人还是物来区分暴力犯罪，对于本书意义不大，因为本书将暴力犯罪界定为针对人身体实施的暴力攻击犯罪。而以危害程度是否严重为标准的分类，完全从犯罪事实及危害入手，没有考虑法定刑等因素，会造成同一种犯罪有时候属于严重暴力犯罪，而有时候则属于一般暴力犯罪的情形，显得过于随意，不利于司法操作。其按照侵害客体做出的分类，根据的是 1979 年刑法典的规定，有些过时，也并不全面，如没有考虑危害国防安全的暴力犯罪、违反军事职责的暴力犯罪等。

上述从刑法学角度进行的分类中，按照犯罪客体进行的分类也忽视了其他种类的暴力犯罪。按照犯罪行为标准就有些模糊。因为直接的暴力打击与以暴力进行的威胁（胁迫）都是针对人身实施的，在同一种犯罪中可能都会存在，如劫持航空器罪，行为人有可能直接实施暴力打击，而不采用暴力威胁，按照这种标准，劫持航空器罪就不再属于所谓的暴力威胁型的暴力犯罪。按照犯罪主体之间联系做出的分类，更多地具有犯罪学的意义，有利于研究如何防治不同类型的暴力犯罪。另外，该论者没有阐述纯正的暴力犯罪与不纯正的暴力犯罪的分类标准，也没有列出具体的犯罪来说明，很模糊。至于以暴力为构成要件的暴力犯罪与以暴力为常见手段的暴力犯罪，则忽视了暴力犯罪中暴力具有的构成要件意义，因为不管是在以暴力为犯罪构成要件的暴力犯罪中，还是在以暴力为常见手段的暴力犯罪中，暴力都具有犯罪构成的意义，都是成立暴力犯罪所必不可少的。

笔者认为，从刑法学角度研究死刑问题的实际需要出发，可考虑如下几种分类标准：（1）犯罪客体标准。该标准为传统标准，其能够明确各种具体犯罪类型中暴力犯罪的分布情况。（2）暴力的犯罪构成意义。虽然暴力是在暴力犯罪构成中是必不可少的，但其意义并不相同，有的仅是犯罪实行行为的手段之一，而有的就是犯罪的实行行为。作为手段的暴力在造成严重伤亡时，可能与故意杀人罪、故意伤害罪、强奸罪存在牵连关系，或者能转化为故意杀人罪、故意伤害罪、强奸罪。对此，可以按照牵连犯原则或者转化犯来处理这种情况，为削减暴力犯罪死刑罪名做出理论预备。（3）法定刑的轻重。这种分类方式可以将研究重点集中在严重暴力犯罪上，着重研究暴力犯罪死刑适用问题、削减死刑罪名等问题，也为本书的研究提供基本的前提。

（二）暴力犯罪的具体类型

1. 以犯罪客体为标准分类

危害国家安全罪中的暴力犯罪有：武装叛乱、暴乱罪。刑法典对该犯罪规定了"武装"的犯罪手段。这里的"武装"是指"进行叛乱、暴乱的行为人配备有大规模杀伤性、破坏性器械"，"叛乱"、"暴乱"都有利用武装力量与政府合法力量进行武力对抗，包括烧杀抢掠等情形。① 刑法典对之规定了死刑、无期徒刑、10 年以上有期徒刑等法定刑，表明对该类犯罪的严厉打击。所以，这种犯罪可以归之于暴力犯罪。

危害公共安全罪中的暴力犯罪有：（1）放火罪；（2）决水罪；（3）爆炸罪；（4）投放危险物质罪；（5）以危险方法危害公共安全罪；（6）破坏交通工具罪；（7）破坏交通设施罪；（8）破坏易燃易爆设备罪；（9）组织、领导、参加恐怖组织罪；（10）劫持航空器罪；（11）劫持船只、汽车罪；（12）暴力危及飞行安全罪；（13）破坏广播电视设施、公用电信设施罪；（14）抢劫枪支、弹药、爆炸物、危险物质罪；（15）破坏电力设备罪。

破坏社会主义市场经济秩序罪中的暴力犯罪有：（1）抗税罪；（2）强迫交易罪。另外，还要注意，刑法典第 157 条规定，武装掩护走私的，按照第 151 条第 1 款从重处理。那么，从第 151 条至第 156 条规定的走私犯罪是否是暴力犯罪呢？笔者认为，不能认为是暴力犯罪。首先，这些犯罪属于经济犯罪，已是通说。其次，虽

---

① 参见赵秉志主编：《刑法新教程》（第 3 版），中国人民大学出版社 2009 年版，第 454 页。

然武装掩护走私的，法定刑可达无期徒刑、死刑，但是，此处的"武装"并没有"侵害或者控制他人身体"的含义。根据第157条第2款的规定，以暴力、威胁方法抗拒缉私，按照走私犯罪与妨害公务罪数罪并罚；暴力、威胁行为造成被害人伤亡的，则按照故意杀人罪、故意伤害罪来处理。武装掩护走私，如果使用武器抗拒检查，就属于第157条第2款所规定的情形，按照走私犯罪与妨害公务罪来数罪并罚。上述走私犯罪在罪质上并无"侵害性"或者"攻击性"。因此，走私犯罪，即便有武装掩护或者暴力、威胁方法抗拒检查的情况，也不属于暴力犯罪。

侵犯公民人身权利、民主权利罪中的暴力犯罪有：（1）故意杀人罪；（2）故意伤害罪；（3）强奸罪；（4）强制侮辱猥亵妇女罪；（5）非法拘禁罪；（6）绑架罪；（7）拐卖妇女儿童罪；（8）聚众阻碍解救被收买的妇女、儿童罪；（9）强迫劳动罪；（10）非法搜查罪；（11）侮辱罪；（12）刑讯逼供罪；（13）暴力取证罪；（14）虐待被监管人员罪；（15）破坏选举罪；（16）暴力干涉婚姻罪；（17）虐待罪。这几种犯罪都是直接侵害被害人身体的犯罪。

侵犯财产罪中的暴力犯罪有：（1）抢劫罪。刑法典第263条明文规定，抢劫罪的犯罪手段表现为"暴力、胁迫或者其他方法"，理论上也认为抢劫罪的犯罪客体包括被害人的人身安全与财产权利，归入暴力犯罪理所当然。（2）聚众哄抢罪。（3）敲诈勒索罪。该犯罪手段包括使用暴力的情形。

妨害社会管理秩序罪的暴力犯罪有：（1）妨害公务罪；（2）聚众斗殴罪；（3）寻衅滋事罪；（4）妨害作证罪；（5）打击报复证人罪；（6）扰乱法庭秩序罪；（7）破坏监管秩序罪；（8）劫夺被押解人员罪；（9）暴动越狱罪；（10）聚众持械劫狱罪；（11）强迫出卖血液罪；（12）强迫吸食毒品罪；（13）强迫卖淫罪。其中，第（2）、（3）、（5）、（6）种犯罪都包括直接对人身实施强制力攻击的情形，因而应归入暴力犯罪的范围。

危害国防安全罪中的暴力犯罪有：（1）阻碍军人执行职务罪；

（2）破坏武器装备、军事设施、军事通信罪。

军人违反职责罪中的暴力犯罪有：（1）阻碍执行军事职务罪；（2）战时自伤罪；（3）虐待部属罪；（4）战时残害居民、掠夺居民财物罪；（5）虐待俘虏罪。其中，第（2）、（3）、（4）、（5）种具体犯罪都包括直接对人身实施强制力攻击的情形，因而应归入暴力犯罪的范围。

2. 以"暴力"的犯罪构成意义为标准分类

如前所述，刑法典明文规定，"暴力"是有些具体暴力犯罪的犯罪手段。对有些暴力犯罪，刑法典则规定了其他具有攻击性的犯罪手段，如"武装"、"持械"等。这两种犯罪因其犯罪构成中含有暴力犯罪手段，而使得这些犯罪具有侵犯人身安全的本质特征，属于暴力犯罪的范畴。另外，刑法典没有规定某些具体犯罪是否以暴力为手段，但这些犯罪本身就是以具有侵害性或者控制性的力量攻击他人，体现出暴力的本质。因此，暴力犯罪可根据"暴力"在犯罪构成中的意义区分为以下几类：

（1）以暴力为犯罪构成要件的犯罪。具体又分为三种：第一，以"暴力"为唯一犯罪手段的犯罪，如劫持航空器罪、强迫交易罪、妨害作证罪。第二，暴力为犯罪手段之一的暴力犯罪，如强迫劳动罪、非法搜查罪、虐待罪、打击报复证人罪、扰乱法庭秩序罪、强迫吸食毒品罪等。第三，以其他暴力攻击性方法为犯罪手段的犯罪，如武装叛乱罪、破坏交通工具罪、破坏交通设施罪等。根据刑法典的规定，这些犯罪手段有"武装"、"破坏"、"抢劫"、"暴动"、"持械"等。

（2）以暴力攻击为本质的犯罪，如放火罪、故意杀人罪、强奸罪、故意伤害罪等。

3. 以最高法定刑种类来分类

从刑法学视角研究暴力犯罪，应该区分严重程度不同的情况，因为轻微暴力犯罪与严重暴力犯罪对社会的危害不同，法定刑轻重不同，受到的社会关注也有差异。

　　轻微的暴力犯罪或者较轻的暴力犯罪，法定刑比较低，侵害的客体较为单纯，并没有严重危及人身安全或者重大的社会秩序，涉及的刑法理论较为简单，社会关注的程度也比较小。即便造成严重后果的，亦可以在其他方面的刑法理论中予以研究。例如，在抗税罪中，使用暴力导致重伤、死亡的，按照故意伤害罪、故意杀人罪处理。[①] 这在理论上属于牵连犯的问题。

　　严重暴力犯罪严重侵犯他人人身权利，对社会造成了较为严重的危害。社会民众对其反应也比较强烈，刑事法容易对之动用重刑。这表现为两个方面：第一，刑法典第 20 条、第 81 条将杀人、爆炸、抢劫、强奸、绑架规定为典型的严重暴力犯罪。另外，刑法典第 17 条第 2 款将故意杀人、故意伤害致人重伤或者死亡、强奸、抢劫、贩卖毒品、放火、爆炸、投放危险物质罪规定为相对刑事责任年龄的犯罪主体应该负刑事责任的犯罪。而这几种犯罪几乎都是严重危及人身安全的暴力犯罪。第二，我国刑法典中死刑罪名有 55 个。其中，对物实施暴力的犯罪有 4 个，对人实施暴力的犯罪有 24 个，共计 28 个。严重暴力犯罪占死刑罪名的超过 50%。适用死刑的严重暴力犯罪占所有与暴力有关的犯罪的 39.7%。在司法实践中，暴力犯罪案件数量也较多，如 2004 年全国审结刑事一审案件共计 644248 件，其中爆炸、故意杀人、抢劫、强奸、绑架、黑社会性质组织犯罪等严重危及社会治安的案件为 228174 件，占 35.4%。[②] 国家决策机构、司法机关历来都非常重视对严重暴力犯罪的惩治与预防。我国从 20 世纪 80 年代开始的"严打"活动，一直关注严重暴力犯罪，如爆炸罪、故意杀人罪、抢劫罪、绑架

---

　　① 参见 2002 年 11 月 5 日发布的《最高人民法院关于审理偷税抗税刑事案件具体应用法律若干问题的解释》第 6 条。
　　② 参见肖扬：《最高人民法院工作报告》（2004 年），2005 年 3 月 10 日在第十届全国人民代表大会第 3 次会议上发布。百分比系笔者计算出来的。

罪、涉枪犯罪、恐怖活动犯罪等。[①] 在国外刑事司法实践中，也重点关注严重危及人身安全的暴力犯罪，如美国司法部司法统计局在统计暴力犯罪数据时，仅统计了包括 murder，rape，robbery，aggravated assault 等在内的严重暴力犯罪。[②]

所以，暴力犯罪侵害的法益与其受惩罚时被法律限制或者剥夺的法益都是非常重大的，理论与实务都有谨慎对待的必要。

刑法典共规定了 63 种实施暴力的具体犯罪。那么，如何判定刑法上暴力犯罪的严重程度呢？在笔者看来，可以参考刑法典第 81 条第 2 款的规定来确定严重暴力犯罪。刑法典第 81 条第 2 款规定，对判处 10 年以上有期徒刑的暴力犯罪不得假释。这表明立法认为此类犯罪较为严重，有必要予以严厉打击。因此，可以 10 年有期徒刑为界限来判定暴力犯罪的严重程度。凡是法定最高刑为 10 年以上有期徒刑的犯罪归入严重暴力犯罪之列（serious violent crimes）。据统计，这样的犯罪共有 34 个，居所有实施暴力的犯罪的 58%。其他则属于普通暴力犯罪（轻微暴力犯罪与较轻的暴力犯罪）。本书主要关注配置死刑的暴力犯罪（共有 24 种），研究暴力犯罪死刑的限制与废止问题。

第二节　暴力犯罪死刑的规范考察

在古代，死刑是刑罚体系中重要的刑种，常常为统治阶级利用来维持其统治。但是，为维护社会的秩序而消灭他人生命的措施，并非从人类初始就被称为死刑。死刑是与犯罪一起产生的。当某种行为被称为"犯罪"，且以消灭行为人生命的方式惩罚该行为时，死刑便产生了。死刑遂开始深刻地影响人们的社会竞争与生产活

---

① 参见张穹主编：《"严打"政策的理论与实务》，中国检察出版社 2004 年版，目录第 2 页。

② 参见 http：//www. ojp. usdoj. gov/bjs/glance/cv2. htm。

动，并为人们所接受和认同，形成了日益浓厚的死刑文化，直至当下，都不容忽视。

一、暴力犯罪死刑及其适用的历史概览

古代社会的统治者对死刑的立法规定和司法适用并不区分非暴力犯罪与暴力犯罪，后来的历史研究、法律史研究很少关注古代法律中暴力犯罪死刑问题。笔者根据有关著作关于古代暴力犯罪死刑规定和适用的研究来简单概览暴力犯罪死刑的历史演化情况。从历史的情况看，中外历史上各个时期的统治者主要对如下暴力犯罪规定并适用死刑。

1. 武装危害统治的犯罪

作为法律现象，暴力犯罪与死刑是随着人类社会进入阶级社会，国家与法律产生时逐步产生的，如《商君书·画策》云："黄帝内行刀锯。"而最早的死刑，主要适用于来自异族的邦民，主要有"有邦"、"兢兢"、"业业"、"一日"、"二日"等。[1] 例如，黄帝惩罚蚩尤的刑罚就是"一日"——列刑。[2] 有论者指出，刑起于兵，死刑来源于战争。[3] 笔者认为，这种观点是合适的，但并没有说明死刑最初产生时所适用的罪名。按照该论者的思路，战争中的失败者成为胜利者的阶下囚后，要被胜利者按照其王命、法令进行审判，宣布不接受征服或者不服从统治的后果，即要被处死，如同在战场上被击杀一样。由此可见，当时的死刑主要是用于镇压反抗统治的行为或者征服他族。因为反抗统治的行为或者他族反抗征服的行为往往是依赖某种武装力量进行的。所以，死刑最早适用于反抗统治的犯罪。这种反抗统治的犯罪是最为古老的暴力犯罪。

后来，在封建社会的律法中，这种情况逐步演变为适用于谋

---

① 参见蔡枢衡著：《中国刑法史》，中国法制出版社2005年版，第50页。

② 参见蔡枢衡著：《中国刑法史》，中国法制出版社2005年版，第51页。

③ 参见胡健：《中国死刑起源探究》，载《政法论坛》2003年第2期。

逆、反叛的犯罪。即便这些谋逆、反叛不一定有暴力倾向，封建统治者依然适用死刑来予以镇压，有的还连坐犯罪人的亲属等人。例如，《唐律疏议·贼盗》"谋反大逆"条规定：谋反是指"谋危社稷"，谋叛是指"谋背国从伪"；犯有谋反、谋逆者分别要被处以斩刑和绞刑，同时还要株连其家人。

2. 杀人罪

杀人是古老的犯罪现象之一。杀人，在远古时期主要是因为饥荒。饥荒而食物不足时，就会发生捕人而食的情形。[①] 在原始社会里，氏族内实行平均分配，即便食物不足，也会平均分配，不会导致饿死人。但私有制出现，就会导致食物不足，没有土地的人缺乏食物。因此，就会发生财产犯罪，甚至捕人而食的现象。这种情况就被称为"贼"。"贼"同"蟊"，原意是指食禾节的蝗虫，又引申为吃人。因而"贼"字古老而典型的含义是食人。《左传·昭公十四年》："杀人不忌为贼。"随着社会的发展，"食人"的现象逐渐减少，直至消亡。但是，"贼"仍意指杀人，同时也有毁坏尸体的意思。《左传·文公十八年》："毁则为贼。"后来，"贼"专指杀人。李悝《法经》中的《贼篇》、汉律与唐律中《贼律》的贼，都是在这样意义上而言的。[②]

"自从有人类社会，就有谋杀这种罪行；自从有谋杀这种罪行，就有亲属报仇来对这种罪行进行惩罚。""审问罪犯的法庭和规定刑罚的法律，在氏族社会中出现得很晚，但是在政治社会建立以前便已出现。"[③] 可见，从血亲复仇到法庭审判，对杀人的处罚在形式上发生了很大变化，但处罚上仍以消灭行为人的生命为形式。在中国古代，对"贼"的处罚是处死，如《夏书》："昏、墨、

---

① 参见蔡枢衡著：《中国刑法史》，中国法制出版社 2005 年版，第 147 页。
② 参见蔡枢衡著：《中国刑法史》，中国法制出版社 2005 年版，第 148 页。
③ 参见 ［美］路易斯·亨利·摩尔根著：《古代社会》，杨东莼等译，商务印书馆 1997 年版，第 29 页。

贼，杀。皋陶之刑也。"① 后来，这种刑罚制度就保留下来。《法经》规定："杀人者诛，籍其家及其妻氏，杀二人，籍其母氏。"②后来，杀人区分为贼杀、斗杀。贼杀的处罚一般是处死，而斗杀则属于人们之间的斗殴，处罚要轻些。在古代刑法中，只要出现死亡结果的，就认定为杀人，有时候并不区分具体的犯罪主观罪过。③这样一来，除了过失杀人之外，只要出现死亡结果的，就有可能对犯罪人适用死刑。

对于杀人犯罪适用死刑，在古代其他国家中也是如此，如希伯来刑法规定有"治死"。"打人以至打死的，必须把他治死。""要把那故意杀人的人杀了"，"不可以收赎价代替他的命，他必被治死。"印度刑法规定："杀害妇女、儿童和婆罗门的凶手"，"应该将他们处死。"④

3. 强奸罪

随着生育的不断演化，人类逐步形成了禁止族内通婚、乱伦的禁忌观念，这既是避免族内生死斗争的有效方式，更是优生的现实需要。因为反抗异族统治或者反抗异族征服的行为并不是经常发生的，而每个社会群体内部就必然有婚姻活动及其习俗（后来才演变为婚姻制度）。违反婚姻习俗的性交往往在禁止之列，受到严厉的惩罚，如《路史·前纪》卷五有巢氏："实有季子，其性喜淫，昼淫于市，帝怒，放之于西南。"⑤违反这种规范而发生的两性关系，不仅是道德上的重大过错，而且是所有犯罪中最严重的罪行，通常要将行为人处以死刑。在原始社会，杀死乡亲往往可以被集体

---

① 转引自朱绍侯主编：《中国古代治安制度史》，河南大学出版社 1994 年版，第14 页。

② 转引自朱绍侯主编：《中国古代治安制度史》，河南大学出版社 1994 年版，第54 页。

③ 参见蔡枢衡著：《中国刑法史》，中国法制出版社 2005 年版，第 149 页。

④ 参见王立民：《古代东方死刑论》，载《浙江社会科学》2000 年第 2 期。

⑤ 转引自蔡枢衡著：《中国刑法史》，中国法制出版社 2005 年版，第 129 页。

宽容,但违背了禁忌规则绝不会得到宽容。① 所以,有关性交的犯罪是与杀人一样古老的犯罪现象,甚至早于各种反抗统治的罪行。

但后来,从各种记载来看,死刑较少地适用于这种古老的犯罪。当时对违反婚姻习俗的性交活动的惩治,并不区分是否违反被奸淫者的意志。至汉代,《汉律》始出现强奸的词条及惩治的规定。对上述违反婚姻习俗的性交行为,处罚主要体现为流放、口头训诫、鞭扑、囚禁,甚至"刑宫"等。②

后来,对和奸、强奸行为的惩罚逐渐严厉起来。例如,《唐律》规定:普通人和奸,徒一年半;奴与良人和奸,徒二年半;和奸亲属,自徒三年直到绞死。强奸普通人的,比和奸重一级,但强奸亲属的,处绞死。后来,元代对强奸进行分别处理,强奸无夫的妇女的,杖一百七;强奸有夫妇女的,处绞死。三人轮奸的,处死。《明律》又进一步加重,强奸的处绞死。奸十二岁以下幼女的,和同强奸,均处死。这些规定在《清律》中也被继承下来。

4. 强盗罪(抢劫罪)

随性交犯罪之后出现的是有关财产的犯罪。但是,在私有制社会出现初期,对财产的犯罪活动在罪名、刑罚上都不很明确。"直到秦、汉、魏、晋,才出现了应有的盗的概念。"③ 同时,晋代也区分了盗与强盗的不同,如《晋书·刑法志》云:"加威势下手取财谓之强盗。""威"指的是强暴;"势"指的是胁迫,都与暴力有紧密的联系。《说文解字》:"劫,人欲去,以力胁止之也。"在此情况下,公开还是秘密获得财物的占有,都不影响犯罪的成立。对于财产犯罪,在私有制出现的开始,统治者的处罚是很重的,有的甚至适用死刑,如《汉书·胡建传》:"黄帝《李法》:壁垒已定,穿窬不由路,是谓奸人。奸人者杀。"对于抢劫行为,很早的统治

① 参见蒋立山:《从原始禁忌看社会规范的起源——读谢苗诺夫〈婚姻与家庭的起源〉》,载《中外法学》1996年第5期。
② 参见蔡枢衡著:《中国刑法史》,中国法制出版社2005年版,第130页。
③ 参见蔡枢衡著:《中国刑法史》,中国法制出版社2005年版,第133页。

者就对其适用死刑，如《尚书大传》："……劫略夺攘挢虔者，其刑死。"① 后来，对抢劫的犯罪行为处罚也很重，如唐律规定，没有获取财物的，也要处罚；获取财物的，要分情况加重处罚；获取一定财物的，或者没有获取该一定量的财物，但伤人的，绞死；杀人的，斩。在其他古代国家里，对这种犯罪也是适用死刑的，如《汉穆拉比法典》第 22 条规定："自由民犯强盗罪而被捕者，应处死。"②

总体而言，在古代社会里，统治阶层适用死刑的司法状况，表现为如下几个特点：第一，死刑比较广泛地适用于各种暴力犯罪。最严重的犯罪有反叛、谋杀、强奸等，而较为轻微的犯罪则有殴打等。中国唐律规定：凡咒骂祖父母、父母的，要被处以绞刑；殴打了祖父母、父母的，要被处以斩刑；控告祖父母、父母有罪的，要被处以绞刑，等等。古代俄罗斯刑法也规定："杀害主人"、"偷窃中行凶"和"纵火以陷害仇人的"，都"应处以死刑"。③ 第二，死刑适用的法定程序非常严格，但法外适用死刑的情况屡见不鲜。秦朝以前，对于被判处死刑的囚犯，基本上是立即处死。到汉代，规定"秋冬行刑"的制度。后来逐步形成了"录囚"制度。汉唐以来的"录囚"制度发展到明清成为秋审、朝审制度，其死刑复审的性质越来越明显。明清时，把死囚分为"立决"与"监候"两种。除了对死囚的案情进行复审外，在中国古代还确立了死刑复奏制度，即在死刑执行前反复申奏皇帝。死刑复奏制度确立于北魏，隋朝定为三复奏，唐朝定为五复奏，并为历代封建统治者所继承。但是，在法律之外，封建统治者对暴力犯罪适用死刑的情况也非常多，如战国时的凿颠、抽肋；汉时的焚烧；魏晋南北朝的以刀环撞杀、凿顶等。第三，死刑的执行方式非常繁多，死刑执行非常

① 转引自朱绍侯主编：《中国古代治安制度史》，河南大学出版社 1994 年版，第15 页。

② 参见王立民：《古代东方死刑论》，载《浙江社会科学》2000 年第 2 期。

③ 转引自王立民：《古代东方死刑论》，载《浙江社会科学》2000 年第 2 期。

残酷。楔形文字刑法中常见的死刑执行方式是投水、焚烧等；希伯来刑法和伊斯兰刑法中常用的死刑执行方式是用石砍杀和用火烧死等；印度刑法中的死刑执行方式有剥皮、饿死等；俄罗斯刑法中的死刑执行方式分为砍头、绞死、肢解、活埋等。中国刑法中的死刑执行方式也特别多，仅沈家本在《历代刑法考·刑法分考》中经考证的就有磔、斩、绞、弃市、枭首、笞杀、剖心、炮烙、凌迟等。[1] 对此，有论者也指出，"在黑暗的中世纪，窃贼与凶手被处以死刑……犯人经常被当作祭祀的牺牲品被处死，其手段极其残酷和野蛮"。"即使到了基督教义传遍世界的时候，血性的刑罚也没有一点改变，罗马人和他们周围的野蛮民族竞相适用新式的更加令人痛苦的死刑方法。"[2]

二、暴力犯罪死刑及其适用的现实考察

截至 2013 年年底，在所统计的世界上 198 个国家或者地区中，有 98 个国家或者地区完全废止死刑，有 7 个国家废止对普通犯罪的死刑，对军事犯罪保留适用死刑，有 35 个国家或者地区在超过 10 年的时间里没有适用死刑，属于事实上废止死刑的国家或者地区，仅有 58 个国家或者地区保留并适用死刑。[3] 世界上人口超过 1 亿的国家中，保留并适用死刑的还有中国、美国、印度、日本。其中，美国目前有 32 个州没有废止死刑。2015 年 2 月 13 日，宾夕法尼亚州宣布中止死刑的执行。

（一）保留暴力犯罪死刑的国际状况

1. 保留死刑的主要国家

（1）美国。美国联邦最高法院于 1972 年宣布，死刑违反宪法第八修正案，在全国暂停死刑的执行。但在保守派压力与高居不下

---

① 转引自王立民：《古代东方死刑论》，载《浙江社会科学》2000 年第 2 期。

② 参见［英］凯伦·法林顿著：《刑罚的历史》，陈丽红、李臻译，希望出版社 2004 年版，第 9 页。

③ http://www.amnesty.tw/%3Fp%3D1829.

的谋杀犯罪率的现实情况下，最高法院于 1976 年宣布恢复死刑的执行，并且在宪法层面上阐明死刑并不违宪，规定死刑主要适用于谋杀罪。但在司法中，严格限制死刑的适用，在程序上要求法官和陪审团在作出死刑判决时不能漏过任何一个疑点。美国有学者统计，在美国以杀人犯罪被起诉者当中，其被判处死刑的可能性仅为 6%~15%。在实践中，美国还通过司法上诉审程序减少死刑之宣告，如在 1972~1980 年，一审死刑判决在上诉审中被废弃改判率高达 60%；即使在限制死刑适用的今天，其死刑上诉审的改判率也在 30%~45%左右。①

（2）俄罗斯。于 1997 年 1 月 1 日开始生效的俄罗斯联邦刑法典保留了死刑，但是，俄罗斯后来通过很多法令、总统赦免等方式停止、冻结死刑的执行，并且向欧盟允诺不再执行死刑。俄罗斯并没有明确废除死刑，究其原因还在于日益恶化的社会治安形势与增长的恶性犯罪数量。很多人认为，废除死刑就难以控制社会治安环境。② 但是，迄今为止，俄罗斯已有超过 10 年没有适用死刑，成为事实上废止死刑的国家。2009 年 11 月 19 日，俄罗斯联邦宪法法院宣布，延长死刑暂缓执行期直至俄罗斯联邦会议批准废止死刑。在死刑改革之路上，俄罗斯采取的是一种渐进式做法：先限制死刑的立法和司法，然后"冻结"死刑的司法适用，并最终从法律上废止死刑。这种渐进的做法，有利于缓解人们，尤其是普通民众在死刑废止问题上的对立立场，防止因短期内废止死刑可能出现的社会不稳定现象。③

（3）日本。日本刑法典中仍保留有死刑，对 3 种危害国家安全的犯罪与 14 种危害社会、人身的犯罪适用死刑。历年适用死刑

---

① 参见钊作俊：《死刑的司法现状及其展望》，载《河南政法干部管理学院学报》2002 年第 2 期。

② 参见赵微：《俄罗斯死刑适用的近况》，载《政治与法律》2003 年第 3 期。

③ 参见赵秉志、袁彬：《俄罗斯废止死刑及其启示》，载《法制日报》2009 年 12 月 2 日。

的犯罪中,最多的是强盗致死罪,其次是杀人罪。而且,因为恶性案件的存在,使得66%~80%的民众反对废除死刑。但是,从1979年到1984年,平均每年仅执行1件死刑。从1985年到1988年的4年期间也仅执行9件死刑。2002年,日本执行的死刑也只有2件。① 但到了十余年后,日本在2013年并未执行死刑。

(4)印度。印度刑法典也保留了死刑,对战争罪、谋杀罪和抢劫三个罪名适用死刑。但其司法适用也受到严格限制,并呈下降趋势。例如,从1982年到1985年的3年间,总共只执行了35人的死刑,平均每年不到12件;而从1996年到2000年,5年间适用死刑总共才49件,平均每年不到10件。这些都是针对杀人等暴力犯罪的。最后一次执行死刑是在2004年8月14日,因此,在公众的言论和争论中,死刑的宣判往往被看作是一种"少有"的现象,并且几乎很少执行。②

2. 死刑废止颇为反复的主要国家

(1)菲律宾。菲律宾曾于1987年全面废除死刑,成为亚洲第一个废除死刑的国家,但1993年又宣布恢复死刑,很少执行。2003年12月5日,总统阿罗约宣布取消中止死刑执行的决定,原因是国内劫机、绑架等暴力犯罪非常严重。③ 不过,到了2006年6月24日,阿罗约又签署了一项法令,正式宣布菲律宾成为世界又一个废除死刑的国家。其实,即便在阿罗约于2003年12月先不取消中止死刑决定之后,菲律宾也并未执行死刑。④

(2)斯里兰卡。斯里兰卡30年来没有执行死刑,以无期徒刑

---

① 参见刘明祥:《日本死刑制度的现状与我国死刑制度的展望》,载《江海学刊》2004年第5期。

② 参见[印]巴克拉:《印度的死刑——问题与视角》,载赵秉志主编:《刑法论丛》(第13卷),法律出版社2008年版,第57页。

③ 参见维基百科全书网站·死刑,http://zh.wikipedia.org/wiki/%E6%AD%BB%E5%88%91。

④ 参见王银泉编译:《菲律宾宣布废除死刑》,载《青年参考》2006年7月4日。

替代死刑。但其政府于 2004 年 11 月宣布恢复死刑的执行，以震慑日益严重的暴力犯罪，维护社会秩序。① 但实际上，自 1976 年以来，斯里兰卡并未执行过死刑。2015 年 2 月 3 日，迫于国内犯罪形势，司法部部长声称可能要恢复死刑执行，但国内反对声音却比较强烈，因而恢复的可能性比较小。②

3. 恢复死刑执行的国家

在长期没有执行死刑的国家里，有的因为暴力犯罪日益严重而恢复执行死刑，如印度尼西亚从 1991 年至 2003 年的 13 年内没有执行过死刑，但 2004 年 8 月恢复执行，对一名强奸杀人的暴力犯罪人执行了死刑。后来，自 2008 年至 2012 年年底，印度尼西亚几乎没有执行死刑，但自 2013 年却又开始执行死刑。2015 年 1 月 18 日，印度尼西亚处决了 6 名毒品犯罪人，其中，有 5 名是外国人，为此，印度尼西亚还拒绝了巴西、荷兰、澳大利亚等国的外交努力。③

综上所述，我们可以发现，在很多保留死刑或者恢复死刑的国家里，在很大程度上是因为暴力犯罪严重地影响社会治安，才没有最终彻底地废除死刑或者恢复死刑的适用。

（二）全面废除暴力犯罪死刑的国外立法例

封建社会历史上，不少开明的统治者提出减少死刑的适用，以较为人道的方式执行死刑。但是，死刑始终是统治阶级维持统治的有力工具，很长时期都没有人提出废除死刑。直到十二三世纪，在某些欧洲国家，才零星地出现了废止个别犯罪死刑的认识，但均为宗教或者社会上的观点。④ 法律、法学上提出死刑废止论，是在欧洲的 18 世纪中后叶。当时，意大利刑法学家贝卡里亚，在其于

---

① 参见雅虎新闻，http：//cn. news. yahoo. com/041228/346/27ou7. html。

② 参见《斯里兰卡恢复执行死刑》，载《亚太日报》2015 年 2 月 6 日。

③ 参见《印尼枪决外籍毒贩引风波　涉及国家纷纷求情免死》，载《环球时报》2015 年 1 月 19 日。

④ 参见陈瑾昆著：《刑法总则讲义》，中国方正出版社 2004 年版，第 287 页。

1764 年出版的《论犯罪与刑罚》一书中，率先对死刑予以全面抨击，并从理论上系统地提出废除死刑之主张。所以，废止死刑的主张是在封建社会向资本主义社会转型的过程中提出的，并且在资本主义社会里逐步落实的。

最早废止死刑的国家是奥地利，其于 1847 年明确从立法上废止死刑。但后来，又发生变化，以立法保留死刑，直至 1855 年，才最终废除死刑，不再恢复。随后，罗马尼亚、委内瑞拉于 1864 年废止死刑；意大利于 1890 年废除了死刑；荷兰于 1870 年废止死刑；挪威于 1902 年废止死刑。[①] 第一次世界大战前，世界上废除死刑的国家有 20 余个。[②] 死刑废止的潮流在第二次世界大战前因为纳粹主义的泛滥而受到了影响。但是，第二次世界大战之后，西方国家又开始了推动废止死刑的运动。

联合国《公民权利和政治权利国际公约》（1966 年 12 月 26 日通过，1976 年生效）第 6 条规定，不得任意剥夺人的生命，并强调，在未废除死刑的国家，只能对犯有"最严重罪行"的人判处死刑。联合国经济及社会理事会于 1984 年 5 月 25 日批准的《关于保护面临死刑者权利的保护的保障措施》第 1 条规定："在没有废除死刑的国家，只有最严重的罪行可判处死刑，但应理解为死刑的范围只限于对蓄意而结果为害命或其他极端严重的罪行。" 1989 年，联合国又通过了《联合国废除死刑公约》（第二选择议定书），要求每一缔约国应采取一切措施在其管辖范围内废除死刑。1997 年 4 月 3 日，联合国人权委员会在其 1997/12 号决议中敦请所有尚未废除死刑的国家从完全废除死刑着眼，考虑暂停处决。联合国经济与社会委员会秘书长关于死刑的第六个五年报告中指出，毒品犯罪、绑架罪、强奸罪、经济犯罪、职务上的犯罪、宗教犯罪等不属

---

① 参见陈瑾昆著：《刑法总则讲义》，中国方正出版社 2004 年版，第 287 页。

② 参见唐祥珍：《死刑的历史演变》，载《镇江高专学报》1998 年第 1 期。

于适用死刑的最严重犯罪。① 《欧洲人权公约》有关全面废除死刑的第 13 款也从 2003 年 7 月 1 日起正式生效，在和平时期禁止极刑的第 6 条款进一步扩大到战争时期。也就是说，欧洲理事会 45 个成员国从即日起无论是在和平时期或战争时期均不能对犯人判处极刑。

（三）中国暴力犯罪死刑的基本状况

清朝末年，在沈家本主持下，贯彻死刑唯一论，对清朝的刑律进行修订，制定颁布《大清新刑律》。该法典被视为中国首部现代刑法典。虽然该刑法典适用时间不长，保留了死刑，但对死刑的执行方式进行了重大改革。此后，中国各个时代的刑法典中都保留了死刑。新中国成立后，因为各种原因，很长时间内都没有颁布刑法典。在各种单行刑法中仍保留有死刑，如 1951 年《惩治反革命条例》、《妨害国家货币治罪暂行条例》，1952 年《惩治贪污条例》等。对于杀人、强奸、爆炸等犯罪，也适用死刑，但有时缺乏法律上的明文规定，很多时候是依据"惩办与宽大相结合"的刑事政策精神。②

1. 暴力犯罪死刑的立法状况

（1）刑法典中的暴力犯罪死刑罪名。

1979 年刑法典规定了 28 个死刑罪名：反革命罪中有 15 个，占总数的 50% 以上；危害公共安全罪中有 8 个，侵犯公民人身权利、民主权利罪中有 3 个，侵犯财产罪中有 2 个。其中，反革命罪中的死刑罪名基本上是备而不用。在普通刑事案件中，死刑适用较多的罪名是杀人、放火、强奸、抢劫等罪名。在上述死刑罪名中，暴力犯罪有 21 个，占总数的 75%。后来，全国人大常委会又颁布

---

① 参见邱兴隆：《国际人权与死刑——以国际人权为线索的分析兼及中国的应对》，载高铭暄、赵秉志主编：《21 世纪刑法学新问题研讨》，中国人民公安大学出版社 2001 年版，第 374 页。

② 参见高铭暄：《略谈我国的死刑立法及其发展趋势》，载赵秉志主编：《中国废止死刑之路探索》，中国人民公安大学出版社 2004 年版，第 15 页。

了一系列单行刑法，也规定有死刑。其中，1983 年颁布的《关于严惩严重危害社会治安的犯罪分子的决定》对 10 个犯罪规定了死刑，其中有 5 个犯罪为暴力犯罪；1992 年颁布的《关于惩治劫持航空器犯罪分子的决定》中专门规定劫持航空器罪，并且对其配置了死刑。至 1997 年 9 月，我国刑法中共有 71 个死刑罪名，暴力犯罪有 29 个，占 42.6%。[①]

　　1997 年刑法典的修订是在"严打"的背景下进行的，"严厉惩治严重刑事案件"的重刑主义思想影响到了刑法典的修订，死刑罪名在数量上并没有大幅的减少。根据统计，刑法典规定的暴力犯罪罪名有 63 种。其中，最高法定刑为无期徒刑、无期徒刑或者死刑的共有 29 种，最高法定刑为 15 年有期徒刑、10 年有期徒刑的分别有 5 种、7 种。另外，在刑法典规定的 55 个死刑罪名中，暴力犯罪死刑罪名有 24 个（具体罪名如表 1-2 所示），占 34%。

---

　　① 1979 年刑法典规定的暴力犯罪死刑罪名有：1. 反革命罪：（1）持械聚众叛乱罪；（2）聚众劫狱罪；（3）组织越狱罪；（4）反革命杀人罪；（5）反革命伤人罪。2. 危害公共安全罪：（1）放火罪；（2）决水罪；（3）爆炸罪；（4）投毒罪；（5）以其他危险方法危害公共安全罪；（6）破坏交通工具罪；（7）破坏交通设备罪；（8）破坏易燃易爆设备罪。3. 侵犯公民人身权利、民主权利罪：（1）故意杀人罪；（2）强奸妇女罪；（3）奸淫幼女罪。4. 侵犯财产罪：抢劫罪。1997 年刑法典生效前颁布的单行刑法中，暴力犯罪死刑罪名有：1.《惩治军人违反职责罪暂行条例》：（1）破坏武器装备罪；（2）破坏军事设施罪；（3）阻碍执行军务罪；（4）掠夺、残害无辜居民罪。2.《关于严惩严重危害社会治安的犯罪分子的决定》：（1）故意重伤罪；（2）拐卖人口罪；（3）引诱、容留、强迫妇女卖淫罪。3.《关于严惩拐卖、绑架妇女、儿童的犯罪分子的决定》：（1）拐卖妇女儿童罪；（2）绑架妇女儿童罪；（3）绑架勒索罪。4.《关于严禁卖淫嫖娼的决定》：强迫他人卖淫罪。5.《关于惩治劫持航空器犯罪分子的决定》：劫持航空器罪。

表 1-2 1997 年刑法典规定的暴力犯罪死刑罪名

法定刑	具体规定	罪名与相应刑法条文
死刑	可以判处死刑	第 104 条：武装叛乱、暴乱罪
	处死刑	第 121 条：劫持航空器罪；第 239 条：绑架罪；第 240 条：拐卖妇女、儿童罪；第 317 条：暴动越狱罪、聚众持械劫狱罪
无期徒刑、死刑	处无期徒刑或者死刑	第 358 条：强迫卖淫罪；第 426 条：阻碍执行军事职务罪①
有期徒刑、无期徒刑、死刑	处 10 年以上有期徒刑、无期徒刑或者死刑	第 115 条：放火、决水、爆炸、投放危险物质以危险方法危害公共安全罪；第 119 条：破坏交通工具、破坏交通设施、破坏易燃易爆设备、破坏电力设备罪；第 127 条：抢劫枪支、弹药、爆炸物、危险物质罪；第 234 条：故意伤害罪；第 236 条：强奸罪；第 263 条：抢劫罪；第 369 条：破坏武器装备、军事设施、军事通信罪；第 446 条：战时残害居民、掠夺居民财物罪
	死刑、无期徒刑或者 10 年以上有期徒刑	第 232 条：故意杀人罪

（2）从不同犯罪类型的角度看暴力犯罪死刑罪名。

---

① 全国人大常委会于 2014 年 10 月 27 日首次审议《刑法修正案（九）（草案）》，该草案第 45 条删去刑法典第 426 条中的死刑，即废止"阻碍执行军事职务罪"的死刑。《刑法修正案（九）（草案）》，载中国人大，http://www.npc.gov.cn/npc/lfzt/rlys/2014-11/03/content_ 1885122. htm。因该草案尚未生效，本书仍将"阻碍执行军事职务罪"计算到配置有死刑的暴力犯罪中。对此，下文不再赘述。

刑法典在规定犯罪时，将具有一定社会危害程度的行为确定为基本的犯罪行为，然后再在此基础上对比该基本行为或者较轻或者较重的同种性质行为情形而规定不同的法定刑。理论上将前者称为基本的构成事实（Grundtatbestande），符合基本构成的犯罪即为基本犯；将后者称为变态的构成事实（Abwandlung des Grundtatbestande）。① 加重犯是在基本犯基础上符合较重的构成事实的犯罪情形。加重犯所符合的加重构成具有相对独立性。②

另外，刑法典关于具体犯罪的规定中，还存在一种特别的加重犯，即就加重情节规定了加重犯之后，又在加重犯的基础上规定了特别加重的情节及更重的法定刑。③ 例如，刑法典第234条，规定有故意杀人罪的基本犯，致人重伤的加重犯，另外还规定了具有致人死亡或者以特别残忍手段致人重伤造成严重残疾之情节的法定刑又升一格的加重犯。有的国家刑法立法中，在加重犯的基础上再次加重的情况也同样存在，如俄罗斯联邦刑法典第131条，规定有法定刑为3年以上6年以下剥夺自由的强奸罪基本犯，然后规定了法定刑4年以上10年以下剥夺自由的强奸罪加重犯，接着又规定了8年以上15年以下剥夺自由的又高一级的加重犯。笔者认为，这种情形可称之为"加重的加重犯"。④ 原因有二：第一，相对于有论者所提出的"特别的加重犯"的称谓，加重的加重犯更为准确，能够表明在加重犯的基础上升格法定刑，对更为严重的情形进行处

---

① 参见韩玉蓉：《论台湾"刑法"中的加重犯》，载正义网，http：//www.jcrb.com/zyw/n343/ca288462.htm。

② 参见周光权、卢宇蓉：《犯罪加重构成基本问题研究》，载《法律科学》2001年第5期。

③ 参见张明楷著：《刑法学》（第2版），法律出版社2003年版，第118页。

④ 笔者之所以在此不研究减轻犯、减轻的减轻犯（如第347条），是因为如果刑法典没有对某个犯罪的基本犯配置死刑，那么，其减轻犯、减轻的减轻犯更不可能配置死刑。而且，我国刑法典所规定的暴力犯罪中，仅故意杀人罪存在减轻犯，与死刑也毫无瓜葛。因此，减轻犯、减轻的减轻犯对暴力犯罪死刑问题的研究并无太大意义，笔者在此省略不论。

罚的实际情况。第二，在加重的加重犯的基础上再次规定加重的立法例，就难以看到了。因此，"加重的加重犯"能够概括刑法典的实际规定。

根据死刑配置的不同犯罪构成情况，我国刑法典有对暴力犯罪配置死刑的情况表现在如下三个方面（具体罪名如表1-3所示）：第一，暴力犯罪基本犯配置死刑，这样的暴力犯罪死刑罪名有2种；第二，暴力犯罪加重犯配置死刑，这样的暴力犯罪死刑罪名情形最多，共有16种罪名，占所有暴力犯罪死刑罪名的2/3；第三，暴力犯罪加重的加重犯配置死刑，这样的罪名有6种。

表1-3　暴力犯罪死刑罪名的犯罪构成类型

犯罪构成类型	具体暴力犯罪死刑罪名
基本犯	第127条：抢劫枪支、弹药、爆炸物、危险物质罪；第232条：故意杀人罪
加重犯	第104条：武装叛乱、暴乱罪；第115条：放火罪、决水罪、爆炸罪、投放危险物质罪、以危险方法危害公共安全罪；第119条：破坏交通工具罪、破坏交通设施罪、破坏易燃易爆设备罪、破坏电力设备罪；第121条：劫持航空器罪；第236条：强奸罪；第239条：绑架罪；第263条：抢劫罪；第317条：暴动越狱罪、聚众持械劫狱罪
加重的加重犯	第234条：故意伤害罪；第240条：拐卖妇女、儿童罪；第358条：强迫卖淫罪；第369条：破坏武器装备、军事设施、军事通信罪；第426条：阻碍执行军事职务罪；第446条：战时残害居民、掠夺居民财物罪

（3）从法定刑类型的角度来看暴力犯罪死刑罪名。

暴力犯罪所配置之死刑主要表现为如下三种情况（具体罪名如表1-4所示）：第一，法定刑为死刑与其他刑种，需根据案件情形来选处死刑，这种情形有18种暴力犯罪死刑罪名；第二，法定刑为死刑，但为"可以判处死刑"，这种情形只有1种暴力犯罪死刑罪名；第三，法定刑为死刑，系（应当）"判处死刑"，即绝对适用死刑，这种情形有5种暴力犯罪死刑罪名。

表1-4 暴力犯罪死刑罪名的法定刑类型

法定刑类型	具体暴力犯罪死刑罪名
选处死刑	第115条：放火罪、决水罪、爆炸罪、投放危险物质罪、以危险方法危害公共安全罪；第119条：破坏交通工具罪、破坏交通设施罪、破坏易燃易爆设备罪、破坏电力设备罪；第127条：抢劫枪支、弹药、爆炸物、危险物质罪；第232条：故意杀人罪；第234条：故意伤害罪；第236条：强奸罪；第263条：抢劫罪；第358条：强迫卖淫罪；第369条：破坏武器装备、军事设施、军事通信罪；第426条：阻碍执行军事职务罪；第446条：战时残害居民、掠夺居民财物罪
可处死刑	第104条：武装叛乱、暴乱罪
当处死刑	第121条：劫持航空器罪；第239条：绑架罪；第240条：拐卖妇女、儿童罪；第317条：暴动越狱罪、聚众持械劫狱罪

2. 暴力犯罪死刑的司法适用

暴力犯罪也是死刑适用的主要对象。这一点从有关机关下放死刑核准权的法律文件中就可以看出来。1979年刑法典尚未生效，第五届全国人大常委会第十三次会议即于1979年11月作出决定：在1980年内，对杀人、强奸、抢劫、放火等严重危害社会治安的现行刑事犯罪分子判处死刑案件的核准权，由最高人民法院授权给省、自治区、直辖市高级人民法院行使。后来，为了适应"严打"需要，1981年6月10日，全国人大常委会《关于死刑案件核准问题的决定》第1条规定："在一九八一年至一九八三年内，对犯有杀人、抢劫、强奸、爆炸、放火、投毒、决水和破坏交通、电力等设备的罪行，由省、自治区、直辖市高级人民法院终审判决死刑的，或者中级人民法院一审判决死刑，被告人不上诉，经高级人民法院核准的，以及高级人民法院一审判决死刑，被告人不上诉的，都不必报最高人民法院核准。"1983年9月2日全国人大常委会又修改《中华人民共和国人民法院组织法》第13条对死刑核准权作了重大改变："死刑案件除由最高人民法院判决的以外，应当报请最高人民法院核准。杀人、强奸、抢劫、爆炸以及其他严重危害公共安全和社会治安判处死刑的案件的核准权，最高人民法院在必要的时候，得授权省、自治区、直辖市的高级人民法院行使。"直到2005年，最高人民法院才在《第二个五年司法改革纲要》中提出收回死刑的核准权。

随着社会的发展，严重刑事案件日益增多，国家在从1983年至1997年的17年时间里开展了两次"严打"活动：第一次是从1983年9月至1987年1月；第二次是从1996年4月至1997年年初。每次严厉打击的重点对象都是严重刑事犯罪，其中，杀人、抢劫、强奸、绑架勒索、爆炸等犯罪均为打击对象。遗憾的是，"严打"并没有带来严重刑事犯罪案件的下降。反而严重刑事犯罪案件后来大幅上升，从1984年51万件发展到1999年的161.3万件。1997年刑法典生效后，以公安机关为主导，从2001年4月开始，我国又进行"严打"活动，即第三次"严打"活动。这次"严打"活动将带黑社会性质的团伙犯罪、流氓恶势力犯罪、爆炸及杀人、抢劫、绑架等严重暴力犯罪和盗窃等严重影响群众安全的多发性犯罪作为重点打击对象。① 而"伴随着每一次严打运动，全国都会掀起一个死刑适用高潮，尤其是以1983年严打为甚"。"死刑的广泛适用，正是严打的必然产物。"② 所以，在"严打"中，暴

---

① 参见张穹主编：《"严打"政策的理论与实务》，中国检察出版社2002年版，第22页。

② 陈兴良：《中国死刑的当代命运》，载《中外法学》2005年第5期。

力犯罪适用死刑的条件可能有所降低。

从我国的死刑适用情况看，20 世纪 80 年代初，死刑适用掌握较严，适用数量较少，死刑的最后手段性体现的较好；其后，死刑的适用随着死刑立法的扩张和恶性犯罪的上升而数量增多，有的审判机关甚至把宣告死刑的多少作为"严打"中严惩犯罪的一个标准，似乎判的比以前少，就没有贯彻严打方针，从而导致死刑宣告越来越多。甚至有些一审法院在"严打"时只严不宽，担心被扣上严打不力的帽子，违心地宣告了一些死刑，如某省某地区中院，在某年"严打"时宣告的死刑在二审时被改判、发还重审率高达43%；个别地方甚至将杀人捕人的定额，作为考察地方政法机关工作业绩的重要指标，导致实际上判处死刑人数以惊人的速度增长。① 在某地区，某年因犯故意杀人罪被宣告死刑的比例高达48.99%。但是，自 2007 年 1 月 1 日死刑复核权收回最高人民法院后，我国适用死刑（立即执行）的罪犯人数有显著的下降，且被判处死刑缓期执行的罪犯人数都高于被判处死刑立即执行的罪犯人数。②

综上所述，与废除或限制死刑的国际趋势相比较，我国暴力犯罪的死刑罪名也较多。司法上适用标准有时候并不严格，导致死刑适用的绝对数量较大，但暴力犯罪率没有显著变化。这就需要从理论与实践角度对暴力犯罪及其死刑问题进行深刻的反思与研究。

---

① 参见钊作俊：《死刑的司法现状及其展望》，载《河南政法干部管理学院学报》2002 年第 2 期。

② 参见赵秉志、阴建峰、黄晓亮：《积极理性推动死刑制度改革》，载《法制日报》2015 年 2 月 5 日。

第二章 暴力犯罪死刑限制适用的宏观研讨

在短时间内无法对刑法典进行大幅度修正的情况下，刑事司法减少、限制死刑的适用，无疑有利于实现废止死刑的最终目标。[①]近年来，对死刑适用条件、死刑案件量刑标准以及死刑案件证据运用等问题的研究，逐渐热烈。但是，如前所述，与刑事司法的现实需要相比较，对暴力犯罪死刑及其适用问题的专门研究还是太少。人们对暴力犯罪死刑适用还存在一些不合理、不理性的认识。而且，最高司法机关尚未对死刑案件的统一量刑标准颁布专门的司法解释。有关暴力犯罪死刑适用方面的刑法解释也是尚付阙如。显然，这无法体现对生命权的应有尊重，不利于在刑事司法中限制适用死刑。因此，有必要对暴力犯罪死刑适用的宏观认识问题与具体量刑标准进行深入的分析，以期深入考虑暴力犯罪应否适用死刑。

第一节 暴力犯罪死刑适用的观念澄清

人们的观念引导着他们的行为，因而观念是错误还是正确，对人有着非常重大的影响，其中包括对政策、政策解读的影响。而就暴力犯罪死刑适用而言，对错误死刑观念的澄清，尤为重要。

[①] 参见沈德咏：《我国刑法对死刑应当确立"限制适用"原则——兼谈刑法的死刑政策导向》，载《中国法学》1995 年第 5 期。

一、走出暴力犯罪适用死刑价值的认识误区

长期以来，对"杀人者死"的解释，主要是侧重于哲学、伦理的层面。洛克认为，对杀人犯处以死刑，是自然法原则，"谁使人流血的，人亦必使他流血"。黑格尔指出："刑法被认为包含犯人自己的权利，所以处罚他，正是尊重他是有理性的生命体。如果不从犯人的行为中去寻求刑法的概念和尺度，他就得不到这种尊重。如果单单把犯人看作应使之变得无害的有害动物，或者以儆戒和矫正为刑法的目的，他就更得不到这种尊重。"① 这些论述深刻地从价值层面说明了暴力犯罪何以适用死刑，指出了暴力犯罪适用死刑的正义性。

就社会民众的层面上讲，暴力犯罪（杀人）适用死刑，也成为如同"欠债还钱"式的铁律，因为任何一种具有合法性的法律，其立法的总意图就是公正原则，即善有善报，恶有恶报。② 上述价值观念集中体现为"杀人偿命（杀人者死）"。"杀人偿命"是指故意非法剥夺他人生命的人，也应该被剥夺生命。但是，"杀人偿命"是否是正义实现的必要途径？对严重暴力犯罪，不适用死刑不足以实现正义吗？其实，在笔者看来，"杀人偿命"更多地反映出人们内心的复仇观念，并非正义的真谛。

首先，刑罚具有报应与预防的双重目的，报应反映出个人的正义，而预防反映出社会的正义。③ 预防又分为一般预防与特殊预防。"杀人偿命"将剥夺杀人者的生命作为对其杀人行为的否定形式，也以杀人来否定杀人，仍是报复、复仇观念的反映。因此，对

---

① 参见马克昌主编：《近代西方刑法学说史略》，中国检察出版社 1996 年版，第 13 页、第 137 页。

② 参见肖余恨：《舆论同情杀人犯王斌余是危险信号》，载《中国青年报》2005 年 9 月 9 日。

③ 参见陈兴良著：《刑法哲学》，中国政法大学出版社 1992 年版，第 5 页、第 353 页。

杀人等暴力犯罪适用死刑，就过多地将报复、复仇涵盖到法律报应之中，仅仅充分地实现了个人正义。剥夺杀人者的生命，虽能够警戒他人，具有一般预防的效果，但是，将杀人者处以死刑，仅实现了刑罚的惩罚、安抚、对社会的教育、鼓励、保护功能，却谈不上对犯罪人的教育、改造、感化等功能，也谈不上预防其以后的犯罪，只能说是部分地实现了社会的正义。因此，"杀人偿命"并没有具备完全的法律公正价值。

其次，"杀人偿命"提倡的是"以恶治恶"、"以暴制暴"。"善"的实现能否不运用"恶"的手段？"必要的恶"对该问题提供了解决思路，也使得"以暴制暴"站得住脚。但是，多大范围的恶才是必要的？何种严厉程度的恶才是必要的？剥夺生命是否是必要的恶？对犯罪人的尊重是否必须以剥夺其生命为必要的否定形式？这些都是千古以来尚未得到解决的问题。因此，"杀人偿命"的正义价值并没有得到充分的论证。人类长期以来对暴力犯罪适用死刑，很大程度上是暴力攻击生物本能与社会文化强化能力相互作用的结果。

最后，从社会学上讲，"杀人者死"并非促进合作与信任的良好方式。"杀人者死"实现的个人正义反映出对个人背叛（不合作）行为的否定与惩罚，其实现的社会正义反映出社会秩序中的强制机制。社会秩序来源于三大力量：强制、互惠、习俗。强制依赖于国家的力量，因为国家有"为秩序而秩序"的本能。[①] 但是，秩序不是依赖单纯的强制（包括必要的暴力）实现的，而是依赖于合理的、有强制作为后盾支持的社会制度。秩序能够促进个人之间的合作。但是，如果将不合作的人杀死，谈何促进合作呢？

所以，笔者认为，针对暴力犯罪适用死刑，只能说是"杀人偿命（杀人者死）"这种报应观念的某种体现，并非完全地实现了法律的正义，可能忽视如何建立社会成员之间的合作机制，存在

---

① 参见郑也夫著：《信任论》，中国广播电视出版社 2001 年版，第 115~118 页。

法律正义价值的认识误区，有必要予以破除。

二、改变暴力犯罪适用死刑的错误目的

1. "不适用死刑不足以平民愤"

在过去的半个世纪里，针对杀人犯罪案件，我国各级法院的刑事司法文书曾经非常频繁地运用过"不杀不足以平民愤"这样的语词，以论证对犯罪人应适用死刑立即执行。可以看出，在相当长的时期里，"民愤"成为影响暴力犯罪适用死刑的重要因素。但是，考虑民愤来判决、执行死刑，法律上的依据何在？是否符合刑法的原则与精神？这样的问题很少引起人们的思考。

"民愤"是普通民众针对暴力犯罪及其犯罪人所产生的、要求对其严厉惩处的愤恨心理，反映出普通民众对暴力犯罪案件的关注。在我国，对于暴力犯罪及犯罪人的民愤主要表现为如下几种形式：

（1）被害方的联名书或不断上访活动。暴力犯罪侵害被害人后，要求对罪犯处以严厉的刑罚，就成为被害方最迫切的愿望。如果被害人死亡或者受到极其严重的损害，被害方就希望对罪犯适用死刑。他们会在案件审判中通过各种方式表达出来。如果司法人员没有按照其愿望审理案件，判处他们所期望的刑罚，他们就会认为审判不公，不断地上访，形成对司法部门的压力。

（2）新闻媒体的倾向性新闻报道。暴力犯罪发生后，新闻媒体以此为重大新闻事件，全面地报道案件的情况，并且，因被害人的伤亡情况而表现出倾向性的情绪，甚至呼吁司法机关严惩罪犯，伸张正义。这要比被害方具有更强的社会影响力，在社会上激起普通民众对暴力犯罪的愤慨，形成对司法机关更为强大的压力。

（3）网络站点或者 BBS 上网民的言论。网络的迅速发展与其便利性，为人们表达自己的意见提供了广泛、快捷的平台。暴力犯罪发生后，某些网站就会做出报道，而网民也会在论坛（BBS）、博客（BLOG）等处发表意见，形成对罪犯适用严厉刑罚甚至死刑

的鲜明观念。

（4）民众茶余饭后的街谈巷议。这种形式比较传统，也很普遍，但其影响力不亚于上述三种。街谈巷议也是传播暴力犯罪事件以及被害方仇恨情绪的重要渠道，在一定程度上影响着民众对司法机关司法权威的相信。

为什么在审判暴力犯罪案件时司法机关会考虑民愤呢？大概是因为这样几种原因：

（1）为了寻求裁判与执行的群众支持，求得司法效果与社会效果的统一，如新中国成立初期毛泽东主席就适用死刑时也指出，对于危害极其严重，民愤也很大的反革命罪犯，可适用死刑。①

（2）维护民众对国家司法权威的基本信任，避免民众形成司法不公正的错误印象。

（3）在社会上形成有罪必罚，重罪重罚的法律观念，不给某些潜在犯罪人留下严重犯罪可轻罚的错误认识。

（4）充分安抚暴力犯罪的被害方，平息其内心的仇恨，防止其向暴力犯罪的罪犯及其家属实施直接的复仇，或者向社会其他公众实施侵害。

（5）习惯的力量也是原因之一，长期以来考虑乃至依据民愤来适用死刑，司法机关也就形成了惯性，甚至是惰性，对暴力犯罪往往不由自主地考虑民愤因素。

但是，"民愤"有其显著的局限性，表现在如下几个方面：

（1）片面性。暴力犯罪发生后，被害人及其亲属受到严重侵害，情感受到严重刺激，情绪非常激动，复仇心理决定其希望立即对犯罪人施以报复。这种情绪扩散到社会上，就产生对暴力犯罪及其犯罪人的仇恨情绪，具有很强的片面性。

（2）随意性。对暴力犯罪案件，普通民众关注的是被害人受到何种程度的损害，犯罪人是谁，该受到何种处罚。换言之，普通

---

① 转引自高格：《毛泽东的死刑思想》，载《法律科学》1995年第6期。

民众关注的是案件侦破、犯罪人受到处罚的结果，对于侦破、审理的程序往往并不给予应有的关心，甚至对犯罪人是谁、如何对犯罪人处罚产生先入为主的观念，认为司法机关不这么做就是非正义的。有论者指出，"就一个具体案件而言，民意是相当情绪化和非理性的。如果法官完全顺从民意，便可能出现对一个社会中少数派的不宽容，走向多数人的暴政"。①

（3）模糊性。被害方对暴力犯罪的报应或者报复要求，看似非常明确，其实具有模糊性，往往只考虑对罪犯的惩处，不考虑具体犯罪的原因、罪犯自身的特殊情况，甚至忽略被害人可能存在的过错。某些新闻媒体对此进行报道时，也容易以偏概全，突出被害人受到伤害的严重情况，激发民众的愤慨情绪，吸引民众对案件予以关注，形成暴力犯罪必须严惩的舆论，而对罪犯的个人情况、死刑是否必须适用等问题不作考量，甚至有意忽略，形成除了严惩罪犯的要求较为明确外其他都很模糊的所谓民愤。

（4）非法性。对暴力犯罪案件适用死刑考虑民愤，缺乏明确的法律依据。罪责刑相适应的原则要求，刑罚的轻重，应当与犯罪分子所犯罪行和承担的刑事责任相适应。刑法典第 61 条规定，对于犯罪分子决定刑罚的时候，应当根据犯罪的事实、犯罪的性质、情节和对于社会的危害程度，依照本法的有关规定判处。民愤不属于犯罪构成的任何一个方面，与犯罪事实、犯罪性质、犯罪情节均无关系。犯罪后，社会危害已经出现，成为既成事实，民愤只是对这种危害的社会反应，并不能改变，因而民愤对犯罪的社会危害也毫无影响。理论上通常所认为的酌定量刑情节中并未包含民愤。②所以，民愤既没有法律依据，更无理论根据。

---

① 参见贺卫方：《以直抱怨》，载《南方周末》1998 年 8 月 28 日。
② 很多著作论述酌定量刑情节时均未谈及民愤。也有论者指出，民愤并非量刑情节。因此，适用死刑考虑民愤并无理论基础。参见高铭暄主编：《刑法学原理》（第 3卷），中国人民大学出版社 1994 年版，第 557 页；赵秉志主编：《刑法新教程》（第 3版），中国人民大学出版社 2009 年版，第 361~362 页。

民愤是社会对暴力犯罪的一种主观反应，而司法本身也是对暴力犯罪的社会反应，且有国家力量的支持。社会发展中，司法惩处能替代血亲复仇、同态复仇，反映出司法活动中人类的理性，比简单的民愤科学、合理得多。适用死刑时，过多考虑民愤就会严重损害司法力量，导致不良后果的发生，主要体现为如下几点：

（1）混淆民众与司法对犯罪的不同反应，促动司法仅关注民愤而忽视应有的程序，忽视对犯罪嫌疑人合法权利的保护，甚至急功近利，忽略必要的诉讼证明而获取案件的结果。

（2）为非司法力量介入司法活动创造机会，显示出对司法权威及其力量的不信任，抹杀司法本身应有的独立地位，不利于司法机关独立展开司法活动，影响司法公正的实现。

（3）很多时候，民愤还会将司法推至尴尬与无奈的地位，导致错案的发生。近来媒体揭露的"湖北佘祥林案件"中，因被害方的愤恨，导致社会民众的强烈反应，地方党政机关为维护社会稳定而介入司法程序，召开个案协调会，司法机关屈从民愤的力量，忽视必要的司法证明活动，仓促定案，导致冤假错案的发生。[①]

所以，司法对民愤应该保持冷静，不仅不能在司法文书中直接以民愤作为定罪量刑的依据，而且还应远离民愤，对民愤进行正确的引导。

2. "不适用死刑不足以威慑犯罪分子"

对暴力犯罪适用死刑，使得故意侵犯他人生命健康的犯罪人同样遭受生命的被剥夺，对潜在的犯罪人有着一定的震慑力。这就是形成"杀一儆百"死刑观念的基础。新中国成立后，"杀一儆百"的司法观念没有被摒弃，仍被继承下来。例如，有论者认为，毛泽东同志曾经指出，杀人、抢劫、强奸、爆炸等严重刑事犯罪活动仍在不断发生，对罪大恶极的反革命分子和杀人犯等严重犯罪分子，

---

① 参见陈卫东：《"佘祥林案"的程序法分析》，载《中外法学》2005 年第 5 期。

不判处死刑，就不能震慑犯罪。[1] 还有人认为，判处死刑也是一种必不可少的教育手段。

"杀一儆百"是指杀一个人而使许多人引以为戒，不再触犯有关的规定。从客观上看，"杀一儆百"反映出死刑作为刑罚的基本功能。死刑是我国刑法典规定的基本刑罚种类，具备刑罚的基本功能，即教育功能与震慑犯罪的功能。因此，"杀一"具有"儆百"的客观效果，在一定程度上能起到一般预防的作用，震慑社会上的不安定分子，防止这些人以身试法，危害社会。但是，从主观上看，"杀一儆百"则反映出司法适用死刑的主观功利性。在很多情况下，为了震慑不安定分子、潜在的犯罪人，刑事司法对暴力犯罪适用死刑，以"杀一"作为"儆百"的手段，"儆百"成为"杀一"的目的。笔者认为，"杀一儆百"是对暴力犯罪适用死刑的错误刑事司法观念，在刑事司法实践中有着很大的弊端。

首先，"杀一儆百"混淆乃至替代了死刑适用的条件。本来，对暴力犯罪人能否适用死刑，关键还是要看犯罪本身是否符合适用死刑的条件，即判断罪行是否极其严重，犯罪人主观恶性是否非常强烈，人身危险性是否非常大。但是，在"杀一儆百"观念的影响下，司法者很可能仅考虑犯罪罪行极其严重的情况，而对犯罪人的主观恶性、人身危险性是否符合死刑适用条件不做深入的考察，甚至对犯罪主观恶性不强或者人身危险性不大的情况适用死刑。"杀一儆百"的观念容易严重冲击严格死刑适用的观念，导致死刑适用条件不合适地被放宽。

其次，"杀一儆百"易导致死刑的滥用。为了震慑犯罪人而适用死刑，就会以一般预防来指导死刑的适用，从而将适用死刑的目的放在努力降低严重犯罪率方面，不再考虑是否应该适用死刑、犯罪为何而发生等问题，将复杂的社会问题用简单的国家暴力手段来

---

[1]　参见王名湖：《坚持以毛泽东人民民主专政死刑观指导死刑立法与司法》，载《法学评论》1994 年第 1 期。

处理。这势必形成恶性循环：死刑适用—暴力犯罪增多—适用更多死刑—暴力犯罪更多。结果是死刑过多适用，暴力犯罪形势依然不容乐观。

再次，"杀一儆百"忽视了人们恐惧死刑的极限。"杀一儆百"能够发挥作用所需要的基本条件是：人们对死亡还有畏惧，生命的欲望处于压倒性地位。但是，正如前一章所分析，人类具有基本的生物本能。在生存的压力或者冲动欲望的支配下，有些人甚至愿意以自己的生命为代价来实施暴力攻击，如很多变态犯罪的行为人并不畏惧失去生命。罗伯斯比尔也曾指出，对于被不可遏制的私欲所驱使的人来说，死亡远不是最强有力的笼头。私欲强烈的人才认为，死亡可能会达到私欲的目的。① 一旦有人不再有对生命的畏惧，"杀一儆百"就不能发挥作用，难以震慑潜在犯罪人。② 死刑对于暴力犯罪的威慑是有限度的。

最后，"杀一儆百"是以犯罪人及其权益作为堵截其他人违法犯罪的手段，有片面强调死刑一般预防效果之嫌。犯罪嫌疑人不管是否真正成立犯罪，都不应作为服务其他目的的手段而存在。犯罪人成立犯罪，是应该得到刑事制裁，应该受到教育，认罪服法，在客观上能够起到警示社会的作用，但不能成为教育他人的手段。"杀一儆百"有意将犯罪人作为教育社会的手段，超越刑事司法本来的意义。这样一来，刑事司法就容易沦为震慑犯罪的工具，不再是维护社会正义的必要手段。犯罪嫌疑人合法权益更是得不到应有的重视和保护，埋下冤假错案发生的祸根。因此，"儆百"成为刑事司法的目的，就会遮蔽司法公正的目标。

所以，我们应该更新在暴力犯罪适用死刑方面的司法观念，改变"杀一儆百"的含义。刑事司法绝对不能为了充分震慑潜在犯

---

① 参见［法］罗伯斯比尔著：《革命法制和审判》，赵涵舆译，商务印书馆1965年版，1979年重庆第2次印，第72页。
② 参见贾宇：《中国死刑必将走向废止》，载《法学》2003年第4期。

罪人而对犯罪人适用死刑，"杀一儆百"不能干扰死刑适用的严格条件，更不能替代死刑适用的条件。相反，从死刑的功能与价值上看，"儆百"应该仅是"杀一"的附随效果，"杀一"仅是"儆百"机制中的一个环节，还应该努力从其他方面来完善"儆百"社会机制。

3. "不适用死刑不足以维护社会秩序"

"治乱世用重典"，以重刑威慑阻遏犯罪的思想，早在我国春秋战国时期就已经被法家一派奉为预防犯罪、治理国家的最好方式。新中国成立后的相当长时间内，还有人认为，刑事案件、恶性案件大幅上升，是因为对犯罪分子打击不严、不快，判得太轻。只有严厉打击犯罪分子，才能保持安定团结的局面，因而有必要"杀一些人"。这种认识导致在从 1983 年开始的"严打"活动中死刑备受推崇，适用规模膨胀。因为"严打"活动主要针对严重暴力犯罪，造成严重暴力犯罪适用死刑较多。有些地方甚至出现了滥用死刑的现象。①

在严重刑事案件呈现增长趋势的情况下，"重刑治世"、"死刑治世"的观念显然是片面的。因为暴力犯罪的发生有着深刻的社会经济因素、犯罪人生理与心理原因。不考虑这些因素而采用"镇压"手段，只能是对犯罪的简单报复，治标不治本。其实，我国改革开放乃至发展经济过程中发生暴力犯罪，是非常正常的。因为社会矛盾不再体现为阶级斗争，而是体现为落后的生产力与人们日益增长的物质文化需要之间的矛盾。人们的欲求更多地转向经济需要、物质享受，为财物等物质、文化利益进行各种竞争活动。再加上人本身的复杂性，这种竞争突破社会规范的限制，采用人类最原始的方式，也是非常有可能的。因此，我国正处于经济发展、社会转型的时期，社会文化、法律制度还难以有效疏导社会矛盾，因

---

① 参见黄华平、花林广：《论"严打"中死刑的合理控制》，载《中国人民公安大学学报》2002 年第 2 期。

物质竞争发生违反法律的暴力犯罪也是在所难免的。暴力犯罪反映出社会矛盾在个人关系上的激化。"犯罪人只是忠实地执行了社会发展所产生的矛盾交给他的任务，只是社会发展的产物之一，只是把社会发展的要求付诸实施为具体的行为，以激化或者解决社会本身的相应矛盾。"① 如果不认真分析其中反映的社会矛盾、社会问题，而是从"重刑"、"死刑"上着手，那么，只能短暂地威慑潜在犯罪人，不具备长期效应。

而且，动辄使用死刑，可能造成适用死刑条件的宽泛化，使得死刑适用的标准一而再，再而三地降低，必然导致死刑的滥用，也造成"小法益—严酷刑"的错误对应关系，形成人人自危的局面。为了维护社会秩序而适用死刑，不顾及犯罪原因与犯罪人的合法权益，很可能突破潜在犯罪人畏惧死亡的限度，使得犯罪人对犯罪与死刑之间的成本换算更为简单化，更有可能铤而走险，严重暴力犯罪更有可能发生，形成恶性循环。治安形势不会根本性好转，反而日益严峻；犯罪势头并没有因此而获得良好的遏制，反而日趋高涨。另外，为了社会稳定、维护社会秩序而适用死刑，同样具有"杀一儆百"的某些弊端，如以适用死刑作为维护社会秩序的手段，颠覆了死刑适用本身的司法正义价值。

历史经验也已经证明，"治乱世用重典"的做法并不能带来社会的稳定，反而是"越重越乱"，实行"重刑治世"的朝代都以覆灭而告终，如秦朝、元朝、明朝等。相反，实行轻刑、减少死刑的适用，并不必然导致社会治安的混乱，如汉朝的"文景之治"、唐朝"贞观之治"、"开元盛世"等，唐朝贞观年间某些年份适用死刑不超过60人。② 对此，孟子曰："民无恒产，斯无恒心，既无恒心，放辟邪侈，救死不赡，奚暇礼义。"实行良好的社会经济政

---

① 转引自黄华平、花林广：《论"严打"中死刑的合理控制》，载《中国人民公安大学学报》2002年第2期。

② 参见陈兴良：《中国死刑的当代命运》，载《中外法学》2005年第5期。

策，保障人民丰衣足食，安居乐业；实行良好的社会文化政策，弘扬道德，实施法治，合理化解社会矛盾和个人矛盾，才能减少暴力犯罪的发生，维护社会的安定，促进社会的繁荣。德国著名刑法学家李斯特也曾指出，"最好的社会政策就是最好的刑事政策，"好的刑事政策和行刑政策（包括良好的社会政策）甚至比最好的刑罚还要有效。① 任何刑事政策必须在良好的社会政策实施的环境下才能发挥积极作用。因此，死刑不是治理社会治安的灵丹妙药，"只靠打击并不能解决根本问题"。②

三、走出暴力犯罪适用死刑数据的认识误区

有论者认为，我国人口基数非常大，是世界上人口数量最多的国家，暴力犯罪的比例也会比较大，再加上其他死刑罪名，因此，我国判决与执行死刑的数量也必然最大。③ 这种看法是有待商榷的。

生命权是公民最基本的权利，是法律上应该尊重的最重要的法益。国家或者政府的存在应该保护公民的生命权，而非随意侵犯公民的生命权。④ 虽然加害人对他人的生命、健康、自由权利没有充分的尊重，但是，这并不表明加害人的上述权利，尤其是生命权就不应该得到足够的重视与尊重。否则，对加害人较多地适用生命刑，就会反映出国家如同加害人一样，对生命没有足够、充分的重视与尊重，并不利于社会上养成尊重、爱护生命的现代文明观念。另外，也有论者指出，死刑执行情况极不透明，这与国际实践不

① 参见马克昌主编：《近代西方刑法学说史略》，中国检察出版社1996年版，第188页。
② 邓小平著：《邓小平文选》（第3卷），人民出版社1993年版，第89页。
③ 转引自陈泽宪主编：《死刑——中外关注的焦点》，中国人民公安大学出版社2005年版，第3页。
④ 参见朱本欣：《生命权刑法保护的基本原则》，载《法制日报》2005年1月14日。

符，不利于我国对死刑犯的实证研究，也不利于我国的国际形象。这一点经常被国际社会的某些人或机构作为指责我国人权记录的把柄。因此，有关机构应定期公布每年判处死刑及实际死刑执行情况，同时应大力宣传死刑废除对我国人民和社会的正面意义，降低我国公众普遍存在的对死刑判决有效性的心理预期，营造有助于废除死刑的法治和社会舆论氛围。①

所以，对于社会治安，国家应该尽可能地少用死刑，采取其他的措施来防范犯罪的发生。不能因为人口多，暴力犯罪率可能较大，而对限制、减少死刑的观念有所放松。

第二节　暴力犯罪死刑限制适用政策的宪法分析

刑事法理论对中国内地死刑制度较少从宪法的角度进行深入的探讨和分析，少数阐述也主要围绕死刑的废止问题展开，探讨死刑是否违宪的根本性问题，对暴力犯罪死刑限制适用之政策的探讨则着墨不多。而死刑限制问题涉及国家立法权和司法权在死刑上的限缩，与中国内地人权事业的进步、刑事法治的发展有着不可分割的联系，有着极为重要的理论价值和实践意义，有必要给予深刻的研讨。

一、中国内地死刑限制政策的演进路线

（一）限制死刑政策的萌芽与起始

毛泽东关于死刑的有关论述，对新中国成立之后相当长时期里中国内地的死刑政策有着重要的影响。毛泽东肯定死刑的作用，坚决主张绝不废除死刑，不过，也强调，杀人要少，坚持少杀，严禁乱杀，死刑适用于"有血债或者其他重大罪行非杀不能平民愤

---

① 参见王水明、王春萍：《当代国际死刑发展趋势及其对我国的启示》，载《法学杂志》2011年第8期。

者"，对于其他有应杀之罪者，缓期二年执行，强迫劳动，以观后效。① 有论者认为，毛泽东死刑思想的精髓，一言以蔽之，就是"少杀慎杀"，且新中国成立之后向着法治语境下的"死刑"递进。② 笔者赞同这种观点，国家在当时也是尽可能将死刑适用纳入法律的轨道，尽管当时还不具有现在意义上的法治概念，但目的也是为了给予司法人员以量刑的标准。对于这一点，我们还可以从第一届全国人民代表大会于 1957 年 7 月 15 日通过的《关于死刑案件由最高人民法院判决或者核准的决定》看得出来。该决定强调，一切死刑案件，都由最高人民法院来判决或者核准。

更难能可贵的是，党和国家在当时都强调死刑的立法规定和司法适用要符合宪法的规定和精神。《中华人民共和国惩治反革命条例》第 1 条就明确地指出该条例的制定根据是《中国人民政治协商会议共同纲领》第 7 条，而在当时《共同纲领》是决定当时基本政治和法律制度的纲领性文件，具有临时宪法的地位。③ 在该条例的起草说明中，彭真专门指出，该条例的制定是对《共同纲领》第 7 条"镇压与宽大相结合"政策的贯彻。④ 从这个意义上看，党和国家在当时主张，对犯罪人不能一味地宽大无边，该适用死刑的要坚决适用死刑，但死刑要用于确实罪大恶极的犯罪人。这充分体现了毛泽东关于"少杀慎杀"的阐述，在死刑适用过程中充分地贯彻了"镇压与宽大相结合"的刑事政策，换言之，在"镇压与宽大相结合"政策的范畴内考虑如何准确地把握"少杀、慎杀"的死刑政策，在一定意义上将死刑适用政策直接置于宪法的范畴

① 毛泽东：《关于镇压反革命》，载《毛泽东文集》（第 6 卷），人民出版社 1999 年版，第 122 页。

② 参见赵秉志著：《死刑改革探索》，法律出版社 2006 年版，第 57 页。

③ 参见马岭：《〈共同纲领〉的纲领性和宪法性》，载《政法论坛》2010 年第 1 期。

④ 彭真：《关于镇压反革命活动和惩治反革命条例问题的报告》，载高铭暄、赵秉志编：《新中国刑法立法文献资料总览》，中国人民公安大学出版社 1998 年版，第 104 页。

内。后来，第一届全国人民代表大会于 1954 年 9 月 20 日通过了《中华人民共和国宪法》第 19 条与上述《共同纲领》第 7 条在内容上基本一致，党和国家在死刑政策上也保持了前后的同一性，如毛泽东就指出，"今后社会上的镇反，要少捉少杀"，内部清查反革命，则是"一个不杀，大部不捉"。① 不过，在笔者看来，当时乃至此后很长一段时期，党和国家只是强调"杀人要少，不要太多"，即有限度地适用死刑，尽管是在宪法的范围内阐述的，但并没有明确地提出限制死刑适用的问题，充其量是中国内地死刑限制政策的初始和萌芽。

（二）死刑限制政策的出现与疏远

作为中华人民共和国成立之后的首部刑法典，1979 年刑法典第 43 条至第 47 条规定了死刑制度，同时在刑法典分则中以 19 个条文规定了 28 个死刑罪名。对此立法过程，彭真指出，中国应尽量减少死刑适用，贯彻少杀的方针，避免发生不可挽救的冤案、假案、错案。② 有论者也认为，1979 年刑法典将死刑适用于罪大恶极的犯罪，规定死刑的犯罪在犯罪手段上都具有破坏性或者暴力性，且刑法典没有规定绝对死刑的法定刑，鲜明地反映了"慎用死刑"的立法思想。③ 理论上一般也认为，中国内地的死刑政策其实就是在保留死刑的前提下严格限制其适用。④ 据此，笔者认为，1979 年刑法典所规定的死刑制度很好地贯彻了该刑法典第 1 条所确立的惩办与宽大相结合刑事政策，在一定意义上看，该立法规定是根据惩

---

① 毛泽东：《论十大关系》，载《毛泽东文集》（第 7 卷），人民出版社 1999 年版，第 37 页。

② 彭真：《关于七个法律草案的说明》，载高铭暄、赵秉志编：《新中国刑法立法文献资料总览》，中国人民公安大学出版社 1998 年版，第 558 页。

③ 参见赵秉志著：《死刑改革探索》，法律出版社 2006 年版，第 16 页。

④ 参见赵秉志、吴振兴主编：《刑法学通论》，高等教育出版社 1993 年版，第 557 页。

办与宽大相结合的刑事政策贯彻落实"少杀、慎杀"的死刑政策。①

不过，上述立法很快就受到其他刑事法立法活动的冲击和影响。全国人大常委会于 1981 年 6 月 10 日通过了《关于死刑案件核准问题的决定》，将特定犯罪的死刑核准权从最高人民法院下放到各个高级人民法院。通过刑事实体法增加死刑罪名、扩张死刑适用的立法举措也不断出现。具体表现为：（1）截至 1997 年 9 月，刑法典和单行刑法所规定的死刑罪名达到 71 个，在刑法中所占的比例大幅度提高；（2）有关的单行刑法增加了根据"加重情节"对犯罪人加重处罚，乃至判处死刑的规定，在一定程度上违反了罪刑法定的原则。而在刑事司法中，死刑的适用缺乏统一的标准，不少地方的司法机关对死刑适用的标准把握得很宽松。因而不管是在立法还是司法中，都出现了重刑化和崇尚死刑的倾向。对此，有论者认为，中国内地死刑政策由"少杀、慎杀"转向为"对严重刑事犯罪分子注重适用死刑"，在一定程度上实际地强化了死刑，司法中甚至出现了滥用死刑的情况。② 显然，这个时期中国内地死刑司法适用本身脱离了惩办与宽大相结合刑事政策的约束，也背离了"少杀、慎杀"的死刑政策。

（三）死刑限制政策的苏醒与回归

客观而言，1997 年刑法典将 1997 年 9 月之前刑法典和各种单行刑法所确立的死刑进行了统一的梳理和整合，罪名数量有所减少，死刑适用标准也变得更为严格，不适用死刑的对象也有所扩大。但是，也有论者认为，1997 年刑法对经济犯罪、职务犯罪等规定了较多的死刑；死刑罪名虽有调整，但选择性死刑罪名的增加其实使得死刑罪名数量增加，绝对死刑的存在也将死刑罪名削减的

---

① 参见高铭暄、王作富主编：《新中国刑法的理论与实践》，河北人民出版社 1988 年版，第 58 页。

② 参见胡云腾著：《死刑通论》，中国政法大学出版社 1995 年版，第 170 页。

意义几乎抵消殆尽；因而很难乐观地认为 1997 年刑法在死刑上有很明显的克制或收敛，很难得出其很好地贯彻了"少杀"政策这一结论。① 这一点似乎在死刑核准权的问题上表现得更为明显。虽然 1997 年刑法典第 48 条第 2 款规定，死刑除最高人民法院判决的以外，都应当报请最高人民法院核准，但在此后将近 10 年的时间里，部分案件的死刑核准权依然下放到高级人民法院。在司法实践中，死刑的适用也缺乏统一的标准，死刑滥用的情况还时有发生。因而在笔者看来，即便是 1997 年刑法典在减少和限制死刑方面颇有进展，但"少杀、慎杀"的死刑政策贯彻得并不是很好，该政策仍处于复苏的状态。

上述境况随着宽严相济刑事政策被提出并被定位为基本刑事政策而得到改变。社会发展的自身要求使得宽严相济刑事政策浮出水面，并日益强大，逐步取代惩办与宽大相结合的刑事政策而成为中国内地刑事法律中基本的刑事政策。② 但是，在宽严相济刑事政策被提出的初期，对于该政策与死刑政策的关系，不管是刑事法理论界，还是实务界，当时均没有予以阐明。例如，于 2007 年 1 月 15 日发布的《最高人民检察院关于在检察工作中贯彻宽严相济刑事司法政策的若干意见》对死刑适用问题根本就没有明确的规定。当时，即便是最高司法机关有关死刑的文件，对宽严相济刑事政策与死刑限制适用之间的关系也没有予以明确。于 2006 年 12 月 28 日发布的《最高人民法院关于统一行使死刑案件核准权有关问题的决定》，就没有提及宽严相济刑事政策的指导问题。不过，参与该决定制定的有关人员却认为，死刑核准权收归最高人民法院统一

---

① 参见郭理蓉：《中国内地死刑政策现状评析》，载赵秉志主编：《刑法论丛》（第 13 卷），法律出版社 2006 年版，第 232 页。

② 参见赵秉志：《宽严相济的刑事政策与刑法解释关系论》，载《河南政法管理干部学院学报》2008 年第 2 期。

行使这一死刑的司法改革举措，就是对宽严相济刑事政策的具体贯彻。① 遗憾的是，该论者并没有对此作进一步的展开。在此情况下，是刑事法学者从理论上对此作了突破。赵秉志教授率先在研究中指出，应充分地发挥刑事司法限制死刑的功能，特别是应努力挖掘死刑缓期执行制度之限制乃至基本搁置死刑的巨大价值，贯彻宽严相济的刑事政策。② 此后，愈来愈多的学者立足于宽严相济的刑事政策分析如何实现"少杀、慎杀"的死刑政策，逐步地认同宽严相济的基本刑事政策能够在司法实践中发挥限制死刑适用之功能的观点。

二、暴力犯罪死刑限制政策的宪法基础

从上述分析，可以看出，不同于新中国成立初期国家制定之《惩治反革命条例》等单行刑法，1979 年刑法典第 1 条所确立的惩办与宽大相结合刑事政策并不能从宪法中得到直接的根据，1978 年宪法第 18 条确立的政策依然是镇压与宽大相结合的刑事政策，而 1982 年刑法对中国内地基本刑事政策则不再提及；而不同于前述单行刑法和 1979 年刑法典，1997 年刑法典第 1 条对基本刑事政策同样也没有提及，中国内地宪法及其历次修正均没有对死刑制度作出直接的规定或者回应，更遑论对死刑限制政策有所反应了。这样似乎给我们造成一种印象：死刑限制政策缺乏必要的宪法基础。在笔者看来，中国内地并不缺乏死刑限制的宪法基础，而是缺乏对死刑限制之宪法基础的深入分析。

（一）死刑限制政策的法治基础

第九届全国人民代表大会第二次会议于 1999 年 3 月 15 日通过了《宪法修正案》，在宪法的第 5 条增加一款，即"中华人民共和

---

① 《死刑核准权如期收回　最高法院要求充分运用死缓》，载《第一财经日报》2006 年 12 月 29 日。

② 参见赵秉志：《宽严相济刑事政策视野中的中国刑事司法》，载《南昌大学学报（人文社会科学版）》2007 年第 1 期。

国实行依法治国，建设社会主义法治国家"。其实，早在一年多之前，"建设社会主义法治国家"的认识就已经作为一项基本政策，被中国共产党在 1997 年 9 月召开第十五次全国代表大会时确立为治国方略。依法治国作为基本国策，对有中国特色社会主义的发展和进步有着极为重要的意义，标志着党和国家已经充分地注意到将国家权力的运行纳入法律的轨道，在宪法和法律的范围内调整国家权力与公民权利的关系，符合近现代实质法治的精髓。[①] 不过，我们必须注意到，为宪法所确立的法治原则，并非高高在上远离人们世俗生活的神物，恰恰相反，法治比过去更为紧密地与社会生活发生着联系，影响着社会生活中的各个主体。"从方略与路径的层面来看，依法治国就是以宪法和法律来规定政治共同体内各种主体之间的相互关系，把各种主体之间的相互关系、交往方式都通过法律表现出来，"[②] 将国家权力对公民权利的行使、公民权利对国家权力的反应都纳入法律的渠道内。但是，总体来说，宪法及其所确立的法治原则更多地是对国家权力的规范和约束，使国家权力能够在法治的轨道上理性地运作，从而保障公民权利，服务于公民权利。[③]

那么，在依法治国的宏观理念之下，国家的刑事立法和司法权力也应该受到约束，而其中的国家死刑立法权和司法权自然也不能例外。不过，当前从宪法角度研究死刑问题的有关论述来看，学者们很少从法治的原则来分析死刑限制适用的问题。至于出现这种情况的原因，在笔者看来，可能是因为 1997 年刑法典已经明确地规定了罪刑法定原则，刑法典总则所规定的死刑制度以及分则规定具

---

① 参见邓联繁：《依宪法治国：依法治国之精义》，载《武汉大学学报（哲学社会科学版）》2004 年第 5 期。

② 喻中：《作为政治的法治：社会主义法治理念的政治解释》，载《烟台大学学报（哲学社会科学版）》2012 年第 3 期。

③ 参见邓联繁：《依宪法治国：依法治国之精义》，载《武汉大学学报（哲学社会科学版）》2004 年第 5 期。

体犯罪之死刑法定刑的规定，都符合罪刑法定原则中明确性和确定性的要求，从法治原则角度分析死刑限制问题，似乎是画蛇添足。但是，如此理解是不对的。如前所述，国家主动地通过宪法确立法治原则，显示出权力的自我约束。这种对本身权力的自我约束当然是全方位的，而不能有所选择地适用于某些方面。那么，对于国家的死刑权来说，自然不能有所例外。因而对社会关系的调整，国家应尽可能不动用刑罚手段；对于各种要予以犯罪化的危害行为，国家立法机关应尽可能不规定死刑；在规定死刑的情况下，对于具体的案件，司法机关尽可能不适用死刑，即坚持"可杀可不杀的坚决不杀"，而这符合刑法谦抑性价值的要求。[①] 而对于刑法谦抑性价值，有论者指出，这是法治社会的基本要求。[②] 在这种情况下，立足于刑法谦抑性价值来分析国家尽可能少地适用死刑的问题，符合法治原则。换言之，主张死刑限制适用的政策，在当前乃至此后的背景下，具备必要的法治基础。

（二）死刑限制政策的人权基础

中国内地对人权的认识经历了一个复杂的过程，但实际上自1990 年以来对人权就给予了肯定和保障的态度。[③] 第十届全国人民代表大会第二次会议于 2004 年 3 月 14 日通过《宪法修正案》，在宪法第 33 条增加一款，即"国家尊重和保障人权"。使得人权保障上升为宪法原则，成为中国内地各项制度制定的出发点和实施的落脚点，也为刑事法界从宪法的角度分析死刑存废问题提供了直接的规范根据。应该说，这本身是符合人权的主旨和意蕴的，如《欧洲人权公约》关于废除死刑的第 6 号议定书就是从人权的角度

---

① 参见陈兴良著：《刑法的价值构造》，中国政法大学出版社 1998 年版，第 353 页。

② 参见韩德明：《刑法谦抑性：新自由主义法学语境中的考察》，载《江苏警官学院学报》2004 年第 3 期。

③ 喻中：《修宪的中国语境：关于四个宪法修正案的实证研究》，载《理论与改革》2010 年第 4 期。

要求欧盟成员国全面废止死刑，法国于 1985 年 12 月 31 日批准了该文件，彻底完成了废止死刑的立法。人权显然已经成为人们认识死刑并选择一定死刑政策的最有力根据。①

但是，对死刑是否违背人权的问题，不同的论者在研讨中得出了两种截然对立的结论，主张废止死刑的人提出了肯定的看法，而主张保留死刑的人则得出否定的结论。有论者明确地认为，宪法国家行使死刑权不产生侵犯人权的问题，因为：（1）国家权力的产生有其合法性，因而作为国家权力派生的一种刑罚权，死刑权也有合法性，合法性来源于人民的同意；（2）生命权不具有绝对的性质；（3）国际公约没有绝对地主张废止死刑。② 不能否认论者的分析有一定的道理。即便是当今某些保留死刑的国家（如韩国），从宪法的层面上也同样认为死刑不属于残虐的刑罚，没有侵犯人权，不违背人道。③ 笔者无意否定这些分析本身的合理性，但是，不能不指出的是，这些分析缺乏一种发展的眼光，在分析上完全是站在某个时间节点上局限于一定的时期来分析死刑与人权的关系，使得分析本身缺乏一种开放性的态度。在此，我们可以对比一下美国最高法院就死刑所作的判决。美国针对死刑作出了数个判决。在1972 年判决中，仅有两名法官（Brennan、Stewart）认为死刑"否定了人类的尊严"，"弃绝了人道的观念"，其他人则认为无法证明该刑罚的功效，且存在不公平适用的情形，因而死刑是"残酷且不寻常的刑罚"；后来 1976 年判决借助上述适用的正当程序问题，根据各州死刑制度改革而认为死刑适用基本上是按照正当程序进行的，进而认为死刑不违宪，同时，又确立了"成熟进步社会演进的适当标准（evolving standards of decency）"来考察死刑是否

---

① 参见赵秉志主编：《死刑改革研究报告》，法律出版社 2007 年版，第 216 页。

② 参见陈永鸿：《一个理论的误区：死刑侵犯人权——从宪法学的角度看待死刑问题》，载《法学评论》2006 年第 6 期。

③ 参见赵炳宣：《实质性死刑废除困于希望与绝望之间——韩国死刑问题分析》，载《法学杂志》2011 年第 5 期。

"残酷且不寻常的刑罚"，① 从而又保留了一种开放性，但除了提出不同意见书的 Brennan 法官指出死刑有损人类尊严外，其余均对死刑与生命权绝对性、人格尊严的关系没有作出任何分析。从其2002 年判决、2005 年判决来看，美国最高法院依据上述开放性标准来考察死刑是否属于"残酷且不寻常的刑罚"而应废除，其实，所主张的是"不符合正当程序的死刑有违于宪法"，采用了渐进式的死刑废止策略。

笔者认为，上述开放性、渐进性的死刑人权观是可取的，其没有武断地立足一时的情况认定死刑本身对人权的背离或者侵犯性质，而是从发展变化的角度认为通过人民人权观念的不断改进和提高来逐渐地否定死刑存在的正当性。结合中国内地的情况，根据中国内地当前保留死刑的政策，没有必要在死刑是否侵犯人权、生命权是否有绝对性的问题上作过多的纠缠，相反，绕过这个问题，承认该问题随着社会的发展和文明程度的提高而会得到妥善的解决，不失为明智之举。但应当注意，这种思路其实还是将死刑问题置于人权的视野中，限制国家的死刑权，在现行刑法典规定之死刑制度的基础上，在立法上减少将死刑作为法定刑的罪名的数量，在司法上不断地将死刑适用的标准予以严格化，才符合保障人权的宪法精神，也是促进中国内地人权事业发展、全方位保障人权的必要举措，因而死刑限制政策符合保障人权的宪法精神，具备了基本的人权基础。

三、死刑限制政策实现的宪法路径

从宪法的角度分析死刑限制政策的正当根据，有助于将死刑限制政策纳入宪法研究的视野中，为该政策寻求更为坚实的基础。但是，这并不意味着问题的结束。对于死刑限制政策如何实现，我们

---

① 参见王玉叶著：《欧美死刑论述》，台湾元照出版有限公司 2010 年版，第 122~123 页。

还需要继续在宪法的范围内寻找恰当的路径。对此，笔者认为，该路径应当定位于国家死刑权的限制运用。

更好地规范和监督国家权力，是建设社会主义法治国家的重要方面。① 可见，与人治不同的就是，国家权力受到法律的约束和限制。正是从这个意义上看，法治的内涵在于限制国家的权力。那么，很自然地，刑事法治的内涵即在于限制国家的刑事权力。作为刑事权力内容之一的死刑权，当然地属于被限制的对象。根据刑事法的特点，对死刑权的限制，既有程序上的限制，又有实体上的限制。

第一，从死刑适用的程序限制来看，主要涉及三个方面，即死刑核准权的统一行使、死刑案件证据规则的建立和完善、死刑案件律师辩护权的充分保障。令人欣慰的是，这三个方面的工作在目前都进展良好。2007 年 1 月 1 日，根据新修订的《人民法院组织法》，最高人民法院统一行使对死刑案件的核准权；时隔三年之后，最高人民法院、最高人民检察院、公安部、国家安全部、司法部于 2010 年 6 月 13 日联合发布了《关于办理死刑案件审查判断证据若干问题的规定》，初步建立起死刑案件证据规则，对于司法机关严格依法适用死刑提供了明确的依据。同时，还应该看到，死刑案件律师有效辩护的重要性与缺乏有效辩护的保障机制及无效辩护的现实之巨大反差，使得完善中国内地死刑案件律师有效辩护制度成为亟待解决的问题。有论者指出，实现死刑案件律师有效辩护需要推进死刑案件独立量刑程序的规范化，明确死刑无效辩护的标准，实行死刑辩护律师资格的认定制，确立死刑无效辩护的惩戒及司法救济机制。② 如果说前两者是国家主动地对死刑权予以限制，那么，死刑案件律师有效辩护却是从外部对国家死刑适用的权力进

---

① 参见王家福：《进一步推进依法治国基本方略实施》，载《法学研究》2007 年第 4 期。

② 参见韩红兴、刘传高：《论死刑案件的律师有效辩护制度》，载《法学杂志》2011 年第 10 期。

行限制，通过公民权利与国家死刑权力形成对立与对抗，使得后者时刻注意自身对死刑权的运用处于法律的轨道内，符合法律的要求。

第二，不同于死刑权的程序性限制，死刑权的实体性限制在很大程度上依赖于国家的主动限制。国家对自身死刑权的主动限制，包括两个方面：一是对死刑立法权的限制，即国家不增加配置死刑作为法定刑的罪名，相反，还要限制和不断地减少配置死刑作为法定刑之罪名的数量。在这个方面，目前国家做得比较好，自1999年以来，全国人大常委会多次修正刑法，但从未增加死刑罪名，2011年2月25日通过的《刑法修正案（八）》还削减了13种死刑罪名，使得这13种犯罪不再配置有死刑，这一举措体现了国家在限制死刑权上的主动性，具有非常积极的意义。二是对死刑适用标准统一化的关注和实现。死刑适用标准统一化涉及死刑司法权的实现，因而在较长期以来受到国家最高司法机关的关注。对此，有论者作了充分的论述，指出，实现死刑适用标准的统一化，是死刑核准权收回最高人民法院之后，切实限制和减少死刑的重要措施之一。该措施有利于维护死刑适用的公正性。死刑适用标准的统一化主要包括对死刑适用标准的一致性认识，以及对死刑裁量情节的总结和归纳。最高人民法院在死刑适用标准统一化进程中起着主导作用。[①] 果然，最高人民法院在2011年5月24日发布了《人民法院年度工作报告（2010年）》，其中强调"严格掌握和统一死刑适用标准，确保死刑只适用于极少数罪行极其严重的犯罪分子"，充分地体现出限制死刑适用的精神，而这自然也是国家的主动自我限制。

第三，国家从刑事实体法和程序法的角度限制死刑权，不管是自身积极主动，还是因受到公民权利约束而被动，都脱离不了对死

---

① 参见赵秉志、黄晓亮：《论死刑适用标准的统一化问题——以限制死刑适用为立场》，载《政治与法律》2008年第11期。

刑权与人权之间的平衡与协调。生命权是人权的基础性内容，没有了生命权，其他任何权利都会失去存在的前提。因而和死刑权一样，都是针对人的生命。不同的是，生命权考虑如何维持和保障公民的生命，而死刑权则考虑如何依法剥夺犯罪人的生命。在人权的背景之下，死刑权对犯罪人生命权的依法剥夺，有否正当根据以及以何为界限，无疑成为法律界所关注的重要问题。① 可见，这与生命权有无绝对性的问题紧密相关联。而法律界对生命权有无绝对性的问题存在各种不同的认识，争议比较大。有些否定论者认为，生命权并无绝对性，因为宪法、法律对生命权已经作出了种种限制。② 在笔者看来，该否定论的逻辑是错误的，生命具有自然属性，因而使得生命权也具与生俱来的性质，国家对生命权的限制乃至剥夺并不改变这种属性，因而我们不能否定生命权的绝对性，相反，需要特别考量的问题是，国家根据什么、如何限制乃至剥夺公民的生命权。通常来说，国家是基于公共利益而限制乃至剥夺公民的生命权。那么，维护公共利益的实际需求与对生命权的限制或者剥夺之间，保持什么样的比例，才是适当的呢？这就涉及宪法比例原则对于死刑权的实际意义。对此，笔者初步认为，基于维护公共利益的实际需求而限制乃至剥夺公民的生命权，必须具备相应的必要性和可行性，而从相反的角度看，若不限制或者剥夺公民的生命权，并不妨害对公共利益和秩序的维护，那么，就可不适用死刑。这既是对死刑立法的要求，又是对死刑司法适用的限制。立足于刑事实体法的角度看，这显然超越了罪责刑相适应原则的内涵范畴而具备更为坚实的宪法基础。

总之，不管是从立法上看，还是从司法上说，死刑本身涉及了两方面利益，即一方面涉及国家保护社会秩序的权力运用，另一方

① 参见赵雪纲：《从生命权角度看死刑存废之争》，载《环球法律评论》2004 年第 3 期。

② 参见陈永鸿：《一个理论的误区：死刑侵犯人权——从宪法学角度看待死刑问题》，载《法学评论》2006 年第 6 期。

面与人权的保障和实现有关。这二者在国家死刑权的运用中产生互动关系，相互影响和作用，揭示出死刑问题的一体两面。因而在中国内地当前刑事法治不断进步的情况下，从宪法的角度探讨死刑限制问题，就有着非常积极的意义，即跳出刑事法的视野限制，从国家死刑权应受到约束、国家死刑权适用符合比例原则的角度，寻找死刑限制政策的正当根据和实现路径，将死刑问题合理地纳入宪法的视野中予以审视，尽可能地防止死刑政策因为国家政治形势变迁而发生过大的变化，更要避免不同历史时期刑事政策变动对死刑限制政策的冲击和影响，从而从死刑适用的角度限制国家权力的随意扩张，在根本上确立保障人权的法律观念。

四、关于"慎重适用死刑"政策的内涵阐释与内容实现

在我国当前的死刑政策中，"慎用死刑"是其中重要的方面。[①]在相当长的时期，"慎用死刑"被作为"少杀"的内容之一而得到一定的阐述。[②]国家决策领导层对"慎重适用死刑"的问题也很重视。2005 年 3 月 19 日，温家宝总理在全国人大会议期间的记者招待会上明确指出，现阶段中国虽不会废止死刑，但要用各种制度保障死刑适用的慎重与公正。[③]2007 年 1 月 1 日起，死刑核准权统一收归最高人民法院，最高司法机关也在此后颁布了数项有关死刑适用的司法解释。这都充分体现出国家对死刑适用的慎重性态度。但是，关于"慎重适用死刑"在我国死刑政策中的具体地位和意义、与死刑政策中"少杀、可杀可不杀"的内容有何关系等问题，不管是刑事法实务界还是理论界，都鲜有专门和深入的研究。这不能

---

① 我国的死刑政策表述为"少杀慎杀，可杀可不杀的不杀"。参见赵秉志著：《死刑改革探索》，法律出版社 2006 年版，第 57 页。

② 参见高铭暄、马克昌主编：《刑法学》（第 3 版），高等教育出版社、北京大学出版社 2007 年版，第 258 页。

③ 参见《温家宝总理记者招待会答中外记者全文》，载新华网，http：//news. xinhuanet. com/newscenter/2005-03/14/content_ 2696724. htm。

适应现实情况的需要。随着我国社会的发展，死刑变革观念不断深入人心，具体暴力犯罪刑事案件死刑适用或者不适用的妥当性，越来越成为社会公众关心的话题，甚至成为其衡量司法公信力以及国家权威的重要标尺。如何正确对待社会公众有关死刑的态度并根据"慎用死刑"的政策予以合理的引导，对于"最大限度激发社会活力、最大限度增加和谐因素、最大限度减少不和谐因素"有着重要的意义。况且，暴力犯罪死刑适用本身作为国家司法活动的重要内容，在协调社会关系、规范社会行为、解决社会问题、化解社会矛盾、促进社会公正的过程中发挥着相当关键的作用。①

（一）"慎用死刑"政策的内涵

简单地看，"慎用死刑"就是对暴力犯罪人慎重地适用死刑。但是，这种简单化的理解并不能完全和准确地揭示"慎用死刑"的内涵。"慎用死刑"政策强调的是暴力犯罪死刑适用司法活动的慎重性。笔者认为，该政策的内涵包括了如下几个方面的内容：

首先，"慎用死刑"是对司法机关提出的具体要求。死刑适用的主体是国家司法机关，具体而言是依照刑事诉讼法的规定对死刑案件具有管辖权的人民法院，即中级以上的各级人民法院。从程序法的角度看，只有中级以上人民法院才能够对可能判处死刑、无期徒刑的案件进行管辖。如果案件中所有犯罪人都不足以判处死刑或者无期徒刑，那么，中级以上人民法院就没有必要进行管辖。对于最高人民法院来说，对一审判处死刑之案件的具体管辖更要慎重。如果不是在全国范围内引起重大争议、死刑适用关乎国家的安定团结，那么最高人民法院就不宜直接受理一审可能判处死刑的案件，否则，就无法解决被适用死刑之被告人的上诉问题，侵犯被告人的合法权益。更重要的是，在具体适用死刑时，人民法院作为适用主体而应该从刑事实体法和程序法的角度具备并保持谨慎的态度。

---

① 如受虐人群杀人案件的死刑适用，就涉及社会矛盾的化解。参见张磊、余金：《受虐人群杀人案件的死刑司法控制研究》，载《法学杂志》2010 年第 3 期。

其次，"慎用死刑"政策的贯彻要考虑准确理解和把握死刑适用的标准。"慎用死刑"政策是死刑适用政策的一个重要方面。而死刑之适用，首先所要考虑的即是犯罪人的罪行是否符合刑法典第48条第1款所规定之死刑适用标准。只有犯罪人"罪行极其严重"，才能对其适用死刑；只要存在"不是必须立即执行"的情形，就应该对犯罪人适用死刑缓期两年执行而非死刑立即执行。脱离了死刑适用的标准，就谈不上死刑适用问题，进而也谈不上"慎用死刑"政策的贯彻问题。关于"罪行极其严重"，可以从犯罪性质、犯罪行为导致之社会危害性的程度、犯罪人的主观恶性以及犯罪人的人身危险性四个方面来理解，其中尤其需要注意的是上述后三个方面要素之间存在内在联系，即犯罪人基于很大的主观恶性产生了强烈的犯罪意志，实施了性质严重的危害行为，造成了极其严重社会危害。① 在对"罪行极其严重"以及"不是必须立即执行"进行判断时，人民法院应当具备足够慎重的态度。从司法实践的情况看，在对有关被告人不适用死刑时，需要对自首、立功、坦白、积极赔偿和真诚悔罪等从宽情节予以准确地认定。②

再次，"慎用死刑"政策的实现包括了正反两个方面的思考。一般情况下，"慎用死刑"政策更多地强调人民法院对犯罪人适用死刑应保持高度的慎重性态度，但其实，该政策同样也强调，人民法院应当慎重地根据法律的规定和案件的情况，做出对犯罪人不适用死刑的判断。同时，"慎重适用死刑"的政策也包含了选择哪一种死刑执行方式的慎重性，即既要慎重选择死刑立即执行的方式，又要慎重选择死刑缓期二年执行。简而言之，适用死刑要慎重，不适用死刑也要慎重；适用死刑立即执行要慎重，适用死刑缓期二年执行也要慎重。在这样的情况下，因为死刑适用具备应有的公开

---

① 参见赵秉志、黄晓亮：《论犯罪死刑适用标准的统一化问题》，载《政治与法律》2009年第11期。

② 参见赵微、牟永和：《死刑裁量应介入非理性因素的考量》，载《法学杂志》2010年第1期。

性，因而人民法院要注意接受社会公众从法理到情理等方面的检验，是否适用死刑以及选择哪一种死刑执行方式都要根据刑事法、司法解释的明确规定结合案件的犯罪情节进行充分和全面的论证，做到"言之有据、判之有理"，死刑适用的慎重性在人民法院的司法活动中具备法律根据、法理根据、事实根据，不能单纯地因为死刑适用的数量问题而决定适用死刑或者不适用死刑。

最后，"慎用死刑"政策要求考虑死刑适用之法律效果与社会效果的统一。在死刑案件中，即便犯罪人被判处死刑立即执行，其也应当承担对被害人或者被害方的民事法律责任；加害方对被害方承担真诚致歉的道义和情感责任；国家对该刑事纠纷的解决还要满足民众对社会安全机制的需求心理。因而即便犯罪人被判处死刑立即执行乃至具体执行，或者被判处死刑缓期执行而被投入监狱，也并不等于案件中各方的矛盾和冲突完全消失了。对于这些矛盾和冲突，法律的处理（犯罪人被定罪，被判处死刑）仅仅是国家以社会的名义给予处理的方式之一。国家的处理活动未必能够对这些矛盾和冲突予以彻底和全面的解决。因而死刑适用本身其实并不是问题的关键，问题的关键在于化解和消化已经存在的社会冲突以及其中可能存在的社会矛盾。人民法院显然有必要在准确适用法律的情况下认真地考虑和衡量适用死刑以及死刑执行方式对于缓解或者化解社会冲突、社会矛盾的具体作用和意义，不能草率地做出决定，在必要的情况下可借助于行政机关等其他的社会力量。

（二）"慎用死刑"政策的价值

"慎用死刑"在刑事法实践中具有重大的价值，既表现在对我国刑事立法的发展和进步有着积极的影响，又表现为对刑事司法活动的明确指导。但是，长期以来，人们似乎形成一个印象："慎杀"的提法主要适用于非和平时期。究其原因，可能是因为对"慎杀"甚为强调的毛泽东主席主要是在非和平时期提出并积极倡导、推行该政策的。① 但实际上，该政策对于和平时期的刑事法律活动也必然发挥重大作用，如充分体现"慎杀"政策的死刑缓期二年执行制度已经成为我国刑法典规定之死刑制度的不可分割的部分。不过，对"慎用死刑"政策的价值与意义，刑事法界未作过深入的分析。

分析"慎用死刑"政策的意义，从前提上看，应当注意对其与"少杀"、"减少死刑适用"等政策进行必要的界分。尽管关于我国死刑政策的表述将"少杀"与"慎杀"紧密地联系在一起，但是，二者的含义并不相同。"少杀"是指少用死刑，尽可能不用死刑。对此，可从如下几个方面来理解：（1）所指的时间点主要表现为适用死刑的当时社会环境之下，并不包括与其他时间点的比较，不需要参考以前死刑适用情况考虑"少杀"问题，也不需要为了未来削减死刑适用数量而在当前控制死刑适用。简言之，立足当时来严格控制死刑适用。（2）"少杀"在内涵上自然包括了绝对不能滥用死刑，不能搞死刑适用扩大化的意思，也就是说，不能为了政治、经济或者其他需要而放宽掌握死刑适用的标准。因而"少杀"政策自然包括了对严格掌握死刑适用标准的强调和重视。（3）立足于死刑适用当时的社会环境情况来看，死刑适用（尤其是死刑立即执行）的数量应该控制在一定的范围内，被适用死刑的犯罪人在整体上属于适用死刑当时被刑事制裁的犯罪人中的少数（甚至是极少数）。（4）与"少杀"政策联系比较紧密的是"可杀可不杀的不杀"这个方面的内容，即立足于严格控制死刑之"少杀"政策，对那些罪行达到了死刑适用标准，但不执行死刑在效果上优于执行死刑的犯罪人尽可能不选择适用死刑立即执行，从而将死刑适用于犯罪的少数人。从这个层面上看，"可杀可不杀的不杀"政策适用的对象也是罪行达到死刑适用标准的犯罪人，其所强调的"不杀"更多地是指不选择适用死刑立即执行。然而，在

---

① 　参见赵秉志著：《死刑改革探索》，法律出版社 2006 年版，第 56 页。

笔者看来,"减少死刑适用"政策在内涵上完全有别于"少杀"政策。"减少死刑适用"的含义包括如下几个方面的内容:(1)更多地包含从纵向比较的层面要求死刑适用数量减少的意思,即与此前一段时期(如一年或者几个月等)死刑适用数量相比较,当下的死刑适用(尤其是死刑立即执行)数量应该有所下降,而非上升,而且,从未来的角度看,当前的死刑适用数量成为将来死刑适用数量的参考标尺,未来死刑适用在数量上要低于当前的死刑适用。也就是说,死刑适用的数量要呈现出递减的趋势。(2)"减少死刑适用"政策更具有积极的意义,即要求死刑适用数量不断减少,能为逐步地废止死刑创造比较好的社会条件,使得死刑的削减能够增强社会可接受性。从这个层面上看,"减少死刑适用"对于贯彻和实现严格控制死刑适用显然具有直接和关键的作用。(3)因"减少死刑适用"政策面临着死刑适用数量递减的难题而在实现上颇具压力,需要从多个方面采取措施实现"减少死刑适用"这一政策。其中,首先而且也是容易考虑和采取的措施就是"严格把握死刑适用的标准",而这同样也是"慎用死刑"政策所强调的。

显然,不管是实现"少杀"政策,还是切实地减少死刑适用,都离不开"慎杀"政策的落实。首先,"慎杀"是实现"少杀"、"减少死刑"政策的重要途径之一。如前所述,"慎杀"既是指谨慎地适用死刑,又是指谨慎地适用死刑立即执行。不管是立足于当前适用死刑的状况来分析,还是以过去、现在、未来之时间点死刑适用的视角来看,都能起到"少杀"或者"减少死刑"的效果。因为按照"慎杀"政策的要求,准确地理解以及严格地把握死刑适用标准,能够达到对某些犯罪人不适用死刑的目的。其次,"慎杀"包括了不适用死刑的谨慎性,无碍于"少杀"或者"减少死刑"政策的实现。"慎杀"政策要求司法人员在不适用死刑时也保持足够和充分的慎重性。如果暴力犯罪行为人的罪行符合刑法典第48条第1款所规定的死刑适用条件,那么,对其不适用死刑,反而违背了刑法所规定的基本原则,对刑事法治造成严重的冲击和破坏。在这样的情况下，即便实现了"少杀"或者"减少死刑"的目的，在刑事法治上也没有积极的意义，相反，可能会冲击社会的基本价值观念。更何况，"慎用死刑"其实较多地强调了对死刑适用标准的准确理解与合理把握，更多地是对死刑适用（包括选择适用死刑立即执行）的限制。最后，但并非不重要的是，不同于"少杀"或者"减少死刑"政策，"慎杀"讲到了死刑适用的质量问题。适用死刑，或者不适用死刑，以及选择死刑立即执行或者死刑缓期执行，都要求必须严格按照刑法典关于死刑制度的规定来操作。只有对适用死刑保持慎重的态度，才能够保障死刑适用的准确性与不适用死刑的合理性。如果不讲求死刑适用或者不适用的案件质量问题，"少杀"或者"减少死刑"就失去了存在的基础。不该用死刑而用死刑，自然是对"少杀"或者"减少死刑"的直接违背；该用死刑而不用死刑，则从根本上与宽严相济的基本刑事政策相背离，表面上看是实现了"少杀"或者"减少死刑"政策，但实际上损害了"少杀"或者"减少死刑"政策所处的刑事法治基础。简而言之，离开了"慎用死刑"，即便实现"少杀"或者"减少死刑"的目的，也并不能真正地达到其应有的效果，即无法获得社会公众的认可，如当前争论极为热烈的李昌奎故意杀人案即是如此。

（三）"慎用死刑"政策的实现

"慎用死刑"政策对于司法实践中暴力犯罪死刑案件的质量具有直接的制约意义。只有在保障并提高死刑案件质量的情况下，才谈得上"少杀"或者"减少死刑"的问题。因而不管是在刑事法理论上还是在刑事司法实践上，都应该重视并强调死刑适用慎重性对于限制死刑的积极意义。研究死刑适用慎重性的实现问题也更具有实践的价值。

1. 死刑适用的"重要性"和"谨慎性"

笔者认为，对死刑适用的慎重性，可从以下两个方面来理解和适用：

一是死刑适用的重要性。死刑是极刑，其适用关乎罪犯的生死存亡，因而死刑的适用要求司法机关对死刑案件有充分的重视，将死刑的适用确确实实地当作重要的司法工作，绝对不能有任何轻视的态度。首先，司法机关要充分重视处理死刑案件的工作人员的业务素质，不能让尚未达到一定政治和法律素质的人员从事死刑案件的处理活动。其次，司法机关应当树立同时严格遵守有关死刑适用之实体法和程序法规定的司法观念，避免"重实体、轻程序"的思维，重视从实体与程序两个方面推进死刑的适用活动。最后，办理案件的司法人员确立死刑适用的严肃性观念，并将此观念予以普及，弱化民众的死刑报应观，并积极地引导社会公众对具体案件是否适用死刑的分析和讨论，形成对具体案件是否适用死刑以及某些犯罪死刑应否废止的共识。

二是死刑适用的谨慎性。谨慎地对待死刑案件，要求司法工作人员必须全面地审视死刑案件本身，对各种犯罪情节都要有全面的了解，所有据以定案和量刑的犯罪情节都是经过充分证据证明、排除一切合理怀疑的事实本身，既积极关注可用于判处死刑的量刑情节，又不放过可能存在的揭示犯罪人刑事责任程度较轻的量刑情节。在判处死刑以及选择死刑执行方式时，具体办案人员应当慎之又慎，进行反复的考虑和周密的论证，所作的判断应当以案件本身为基础。在犯罪人的罪行是否符合刑法典第 48 条第 1 款之规定的判断上，办案人员应有独立的认识，对于适用或者不适用死刑的上级指示或者民众意识，应以冷静的态度对待，既不能曲意迎合，全盘接受，又不能置若罔闻，不予理会。另外，不容忽视的是，死刑适用的谨慎观来源于司法人员对死刑案件所应持有的重视态度。司法人员越是重视死刑的适用，也就越谨慎对待案件的证据和证明问题以及案外的社会因素。而这种谨慎的态度反过来也表明了其重视性程度如何。但是，并非有重视态度，就一定有谨慎态度，二者没有互生关系，都要依靠司法工作人员的自觉和社会公众不可少的监督。

2. 法律层面和社会层面的"慎用死刑"

从法律的层面上考虑慎用死刑的问题，自然少不了对死刑适用之实体标准与证据、证明标准的分析。具体需要注意如下问题：（1）应当结合具体暴力犯罪案件中与可能适用死刑之犯罪人有关的所有犯罪情节进行全面、综合和整体的衡量，充分考虑贯彻罪责刑相适应原则的要求，务必对判处死刑的犯罪实现罚当其罪，将死刑适用于最严重的罪行。① （2）关于"不是必须立即执行"的考量，应当充分重视犯罪人的整体刑事责任程度，既要从其实施犯罪的主观恶性大小、犯罪意志强弱、犯罪动机或者目的是否卑劣等主观因素进行审视，又要从其客观行为所造成的社会危害程度大小、手段是否残忍等方面进行分析。相对而言，此时要特别注意对犯罪人的刑事责任进行综合的考量。（3）最高司法机关就死刑案件和普通刑事案件颁布了相关的证据和证明规定，司法机关在处理死刑案件时必须严格地予以遵守。

但是，死刑适用活动也是在特定的社会环境中进行的，以社会的眼光看，死刑适用不单单是国家对犯罪人进行谴责和惩处，预防其他犯罪人，还是解决罪犯与国家的矛盾、罪犯与被害方的矛盾的活动，因而也是解决社会冲突的一种形式。既然如此，对死刑适用就不能单纯地从法律的角度进行分析和评价，还要考虑死刑适用对于协调社会关系、规范社会行为、解决社会问题、化解社会矛盾、促进社会公正、应对社会风险、保持社会稳定的实际作用。当然，这里必须明确，关于死刑适用的实体法和程序法规定却是对犯罪人判处死刑的基本依据。在考虑化解社会矛盾、解决社会问题的情况下，可以根据实际情况考虑对犯罪人不适用死刑，或者不选择死刑立即执行；但反过来，不能为了化解社会矛盾、解决社会问题而突破刑事法本身的规定而对犯罪人适用死刑，或者选择死刑立即执

---

① 参见［爱］威廉·夏巴斯：《"最严重的犯罪"和死刑的强制适用》，付强译，载《法学杂志》2011年第6期。

行。其中，关键的问题是在符合死刑适用条件的情况下如何选择死刑执行方式。而这难免会在法律专业人员和社会普通民众之间产生较大的分歧，进而体现为关于如何实现司法公正的争论。对此，笔者认为，在恪守刑事法规定的情况下，应当全面和深入地考察犯罪人的主观恶性、犯罪手段、犯罪后果以及犯罪发生的缘由、犯罪人的悔罪与忏悔态度等因素，具体而言，可对适用死刑的犯罪罪名进行分类，对不同类别犯罪适用死刑的具体情节进行综合，分析某一种犯罪情节在对某种具体犯罪选择死刑立即执行中的分量（权值），① 然后在具体案件中对不同犯罪情节的权值进行计算，根据最后的综合值状况选择具体的死刑执行方式。总之，应当以立体、综合的思维来把握具体犯罪的死刑适用。

第三节　暴力犯罪死刑适用的标准与情节

近年来，随着国家刑事法治建设的不断进步，以及刑法理论界对死刑问题的深入研究，不管是刑事法理论界还是实务界，都很重视对限制死刑政策的贯彻，在死刑问题上逐渐形成了严格限制和不断减少死刑适用、为远期废止死刑创造条件的主流认识。② 而如何在刑法立法和司法上切实地限制和减少死刑，也就成为刑法理论界和实务界所共同关注并积极推进的重大问题。在此方面，最为突出的莫过于死刑复核权的全面回收，即最高人民法院于 2007 年 1 月 1 日起收回下放给高级人民法院、解放军军事法院的部分案件死刑核准权，恢复对死刑立即执行案件统一行使核准权。此后一年的司

---

① 有学者对该问题做了初步的探讨。参见赵秉志、彭新林：《论民事赔偿与死刑的限制适用》，载《中国法学》2010 年第 5 期。

② 参见赵秉志主编：《死刑改革研究报告》，法律出版社 2007 年版，第 199 页。

法实践也证明了该项举措的有效性。[1] 然而，限制和减少死刑的措施，并不限于回收死刑核准权，而是需要从多方面入手采取多种措施。[2] 其中，值得关注的是，刑法界对暴力犯罪死刑适用标准缺乏专门、统一的探讨。而在刑事司法实务中，统一死刑适用的刑事实体法标准，对死刑的限制适用具有极为重要的基础性意义。但是，不管是司法实务部门还是刑法理论界，对此关注的程度都还很不够，亟须研究。

一、暴力犯罪死刑适用标准的确定

（一）死刑适用条件的理解

刑法典第 48 条第 1 款规定，死刑只适用于罪行极其严重的犯罪分子。"罪行极其严重"即为死刑适用的条件。但是，如何正确理解"罪行极其严重"，刑事理论与实务上都还存在争议，主要有客观说、主客观统一说、主客观与人身危险性说、最高法定刑为死刑的罪行说、国际公约标准说等几种观点。

1. 客观说

该观点认为，"罪行极其严重"强调的就是犯罪行为的客观方面，如有学者提出，"罪行"也就是指犯罪行为，落脚点是行为，而行为是犯罪客观方面的内容。因此，"罪行极其严重"这一规定给我们的感觉是它重视的是客观行为及其实害，忽视或者说并不强调行为人的主观恶性。将"罪行极其严重"解释为包括主、客观方面的内容似乎有些牵强。[3] 另有学者指出，仅从语言逻辑规则就

---

① 参见肖扬：《最高人民法院工作报告——2008 年 3 月 10 日在第十一届全国人民代表大会第一次会议上》，载中华人民共和国中央人民政府网，http://www.gov.cn/2008lh/content_ 926191. htm。

② 参见樊崇义、叶肖华：《死刑的实体与程序控制》，载《中国司法》2007 年第10 期。

③ 参见张文、刘艳红：《〈公民权利和政治权利国际公约〉对中国死刑立法的影响》，载《中国青年政治学院学报》2000 年第 2 期。

可以看出,"罪大恶极"与"罪行极其严重"的内涵是有显著区别的:前者同时强调犯罪行为的客观危害和行为人的主观恶性与人身危险性两个方面,后者则只强调客观上的犯罪行为及其危害社会的后果这一个方面。[①]

笔者认为,这种观点有些片面。犯罪活动本身表现出犯罪主观意志与客观行为两个方面的内容及其关系,也体现了犯罪人的人格特征。在裁量刑罚时,仅考虑犯罪的客观方面,显然是不够的。我们不能因为刑法典的规定有疏漏,就放弃必要的合理解释。

2. 主客观相统一说

该观点认为,"罪行极其严重"应当从主观和客观两个方面进行理解,即犯罪行为客观上具有极其严重的客观危害性,犯罪人在主观上具有极其严重的主观罪过性。这种观点受到了较为广泛的赞同。

有学者反对将"罪行"仅理解为客观行为及危害后果,其具体指出,"罪行"意味着行为已经构成犯罪,而犯罪是一个主客观相统一的范畴,所以,认为"罪行"是一个纯客观的概念是说不通的。"罪行极其严重"可以从主观和客观两个方面加以考察。首先,从主观方面看,极其严重的罪行意味着行为人所实施的都是性质特别严重的故意犯罪;其次,极其严重的罪行意味着行为所造成的危害后果特别严重。[②] 也有学者表达了相同的观点,认为"罪行极其严重",应当从主客观两方面判断,即犯罪行为在客观方面具有极其严重的社会危害性,犯罪人在主观方面具有极其严重的主观恶性。其含义仍应当从罪大与恶极两个方面加以把握,罪大是指犯罪行为及其后果极其严重,给社会造成的损失特别巨大,它体现犯罪的客观危害的一面,是社会对犯罪危害行为和危害后果的一种客

[①] 参见肖中华、周军:《如何理解"罪行极其严重"》,载《人民司法》1999 年第 11 期;赵秉志主编:《刑罚总论问题探索》,法律出版社 2003 年版,第 153 页。

[②] 高铭暄:《中国死刑的立法控制》,载赵秉志主编:《刑法评论》(第 8 卷),法律出版社 2005 年版,第 3 页。

观的评价；恶极，是指犯罪分子的主观恶性和人身危险性特别大，通常表现为犯罪分子蓄意实施严重罪行，犯罪态度坚决、良知丧尽、不思悔改、极端藐视法制秩序和社会基本准则等，是社会对犯罪的一种主观心理评价。[①]

在笔者看来，这种观点是比较妥当的，如实反映出死刑适用属于刑罚裁量制度的基本内容的实际情况，死刑的适用势必要受制于刑罚裁量制度。而刑罚裁量是考虑犯罪主客观情况的过程，是对罪责刑相适应原则的具体落实。

3. 主客观与人身危险性说

该种观点认为，"罪行极其严重"不仅说明犯罪行为在客观方面具有极其严重的社会危害性，犯罪人在主观方面具有极其严重的主观罪过性，而且其人身危险性也极大。其中，犯罪人的人身危险性是"罪行极其严重"的评判标准。[②]

这种观点以犯罪人的人身危险性作为适用死刑的主要评判标准。这样是不妥的，因为人身危险性是抽象的概念，一旦离开客观危害、主观罪过，就难以准确地予以确定。而且，"罪行极其严重"的准确含义应该是包括犯罪的社会危害、犯罪人的主观恶性、犯罪人身危险性三个方面的判断，对犯罪人是否适用死刑应有综合性的判断，用其中任何一个方面作为最终评判标准都是不合适的。

4. 最高法定刑为死刑的罪行说

另有学者通过划分法定刑的不同档次从形式上来理解"罪行极其严重"。其根据法定刑的上限即法定最高刑，将全部罪行划分为罪行轻微、罪行较轻、罪行一般、罪行严重、罪行特别严重和罪行极其严重六个不同的轻重等级，并认为所谓"罪行极其严重"，是指行为人的行为构成法定最高刑为死刑的罪行。[③]

---

① 参见陈兴良著：《刑法疏议》，中国人民公安大学出版社 1997 年版，第 139~140 页；贾宇：《中国死刑必将走向废止》，载《法学》2003 年第 4 期。

② 参见刘家琛主编：《当代刑罚价值研究》，法律出版社 2003 年版，第 603 页。

③ 参见赵廷光：《论死刑的正确适用》，载《中国刑事法杂志》2003 年第 3 期。

应该说，这种观点有一定的新意，但却颠倒了先后关系。"罪行极其严重"表明犯罪情况达到了适用死刑的程度，对其做出判断的目的是判定可否适用死刑。犯罪行为是否构成法定最高刑为死刑的罪行，还要依赖于对犯罪人的罪行是否极其严重的判断。因此，该种观点并没有为"罪行极其严重"提供必要的评判标准。

5. 国际公约标准说

还有学者从我国死刑适用条件与国际公约相关规定的协调的角度，论述了罪行极其严重的含义。该学者认为，从中国刑法分则众多可适用死刑的故意犯罪的具体规定来看，所谓"极其严重的罪行"的范围，显然比联合国《关于保护面对死刑的人的权利的保障措施》第1条对"最严重的犯罪"解释的范围，要更宽一些。所谓"极其严重的罪行"并不局限于"具有极其严重的后果"。因此，犯罪情节极其严重（如某些危害公共安全罪）、犯罪数额极其巨大（如某些经济犯罪）、犯罪手段极其残忍（如某些侵犯人身权利罪）、犯罪客体极其重要（如某些危害国家安全罪）的故意犯罪，与犯罪结果极其严重的故意犯罪一样，都可能被认为属于"极其严重的罪行"之范围。从严格限制死刑适用的立场出发，中国刑法在界定"极其严重的罪行"时，至少应当严格遵守《关于保护面对死刑的人的权利的保障措施》对"最严重的犯罪"的解释的最低标准，将那些不具有极其严重后果的故意犯罪，排除在适用死刑的范围之外。例如，对那些犯罪数额特别巨大但尚未造成极其严重后果的经济犯罪，不适用死刑。①

这种论述是非常有道理的，指出了对"罪行极其严重"予以理解的思路，有利于与国际趋势接轨。但是，其并没有阐明"罪行极其严重"的含义，过于抽象，不利于实际操作。

6. 小结

对"罪行极其严重"的理解与适用，涉及死刑的具体适用，

---

① 参见陈泽宪：《论严格限制死刑适用》，载《法学》2003年第4期。

属于刑罚裁量的内容，应该在罪责刑相适应原则的指导下，结合刑罚裁量的具体规定，做出合理的阐释。尽管由于立法技术的原因，"罪行极其严重"在字面意义上只不过是指犯罪行为的客观危害一个方面，但在刑法理论与司法实践中，仍应当站在贯彻"坚持少杀、防止错杀"的死刑政策之高度，对死刑的适用条件作限制解释（对"罪行极其严重"一词则属扩大解释），即人民法院在量刑时，一方面应当根据犯罪分子的社会危害行为和后果去确定是否应当判处死刑，另一方面也应考察犯罪分子的主观恶性和人身危险性。①

（二）影响暴力犯罪死刑适用标准确定的原则与因素

1. 确定暴力犯罪死刑适用标准的指导思想

暴力犯罪侵犯被害人的生命、健康、自由权利，使得被害人能够遭受到对其身体的强烈攻击，因此，也会在被害人或者其亲属的感情上留下深刻的烙印，刺激被害方产生较为深刻的仇恨情绪，也容易引起社会的共鸣。同时，暴力犯罪也体现出某地区某时期个人对社会规范的遵守状况，反映出社会治安状况。社会的各个层面对暴力犯罪的反映略有不同。被害方希望通过适用死刑来报复犯罪人；执政者希望通过严厉的惩罚措施来震慑犯罪，维护社会治安；普通公众希望坏人得到惩处，社会正义得以维护，潜在犯罪人不敢以身试法。这些因素都容易导致社会各阶层迷信死刑，支持对暴力犯罪适用死刑，如社会普通民众都有"民愤"、"杀一儆百"、"重刑治世"这样的犯罪惩处与预防观念。这种情况反映出社会各个阶层对死刑的非理性态度，造成我国刑法典中死刑罪名过多、暴力犯罪死刑罪名过多的情况，也容易形成对司法实务适用死刑的广泛认同，同时对司法机关产生严厉适用刑罚、较多适用死刑的舆论压力、政治压力，导致较大范围地适用死刑。由此可见，在我国的社会文化与制度中，对暴力犯罪的惩罚，缺乏丰富多样的刑事制裁措

---

① 参见赵秉志主编：《刑罚总论问题探索》，法律出版社 2003 年版，第 153 页。

施，对暴力犯罪的被害人及其亲属的补偿，司法救济手段还是比较单一，缺乏多种多样、综合发挥作用的社会安抚措施。

但是，暴力犯罪反映出人类内在的攻击本能，有着深刻的生物学、社会学原因，受到社会环境等因素的严重影响。而刑罚、死刑只是社会对暴力犯罪所做出的反映之一，也是社会不得已采取的惩罚措施。对于暴力犯罪，较多地适用死刑，并不能消除实际存在的社会矛盾，掩盖实际存在的社会问题，冲淡人们对社会制度、社会文化的深刻反思与建构，最终也无法有效遏止暴力犯罪的发生，反而继续培养、强化人们的暴力心理，为暴力犯罪的长期存在埋下祸根。并非所有的暴力犯罪都是严重威胁人类生存的犯罪。对并不严重威胁人类生存的犯罪适用死刑，反而从另一方面又侵害了人类的生存。对于暴力犯罪，社会各个阶层应该从国家政治经济制度、社会文化与体制、个人生存发展实际状况等方面去考虑发生、发展的规律，努力消除暴力犯罪发生的不利条件，而不是寄期望于死刑。所以，对暴力犯罪适用死刑，要保持冷静的态度，注意对死刑的有限性地把握，克服对暴力犯罪的本能性依赖，限制死刑的适用。这就需要严格把握对暴力犯罪适用死刑的标准。

2. 确定暴力犯罪适用死刑标准的因素

如前所述，死刑适用的条件是"罪行极其严重"。对于暴力犯罪而言，是否适用死刑也不例外。刑法典分则条文有关具体暴力犯罪的条文规定了死刑适用的具体情节。另外，刑法典第61条规定了刑罚裁量的基本原则。因此，对暴力犯罪如何适用死刑，应结合该暴力犯罪的具体犯罪构成要件，根据该暴力犯罪的事实、犯罪的性质、情节和对于社会的危害程度，考虑各种犯罪情节的具体作用，进行综合性的判断。

首先，从刑罚裁量的基本原理出发来分析暴力犯罪应否适用死刑。具体暴力犯罪的犯罪构成及法定刑，为该犯罪的刑罚裁量提供了基本的幅度。根据刑法典第61条的规定，对于犯罪人是否适用死刑，应当根据犯罪的事实、犯罪的性质、情节和对于社会的危害程度来判断应否适用死刑。不过，犯罪事实、犯罪性质、犯罪情节、犯罪危害四项内容并非判断应否适用死刑的并列因素。犯罪是否严重，依赖于犯罪性质是否严重、犯罪危害是否很大，而犯罪性质、犯罪危害也是对犯罪的整体评价，具体如何量定还是要看犯罪事实与犯罪情节。犯罪事实是刑事诉讼证明的基本结论，既包含符合具体暴力犯罪的法定构成条件的各个要素，也包含说明犯罪轻重情况的要素。因此，能够说明犯罪性质、犯罪危害的要素都要从犯罪事实中去寻找。哪些犯罪事实能够说明犯罪性质、哪些犯罪事实能够说明犯罪危害呢？这就要依赖于对犯罪情节的判断。定罪情节能够说明犯罪是否成立，也说明犯罪的性质与犯罪危害；量刑情节则说明犯罪的危害。所以，对暴力犯罪能否适用死刑，主要集中于对犯罪情节的考察。

其次，从暴力犯罪的定罪情节，即暴力犯罪的犯罪构成要件出发来分析暴力犯罪应否适用死刑。在规定有死刑的 24 种具体暴力犯罪中，仅有两个罪名对其基本犯罪构成的犯罪情形规定死刑的法定最高刑，即抢劫枪支、弹药、爆炸物、危险物质罪和故意杀人罪。其他 22 个暴力犯罪罪名都是对加重犯的犯罪情形规定死刑作为法定最高刑。其中，对情节加重犯规定死刑作为法定最高刑的罪名有 5 个，对结果加重犯规定死刑作为法定最高刑的罪名有 11 种，对同时有情节、结果加重犯规定死刑作为法定最高刑的罪名有 6 种。另外，以死刑为加重犯法定最高刑的暴力犯罪罪名中，劫持航空器罪、绑架罪的结果加重犯适用绝对的死刑。这样一来，暴力犯罪如何适用死刑，就分为三种情况：（1）对于劫持航空器罪、绑架罪，只要出现加重的结果，就要适用死刑，应否适用死刑依赖于加重的犯罪构成是否具备。（2）对抢劫枪支、弹药、爆炸物、危险物质罪、故意杀人罪，犯罪行为成立犯罪后，应否适用死刑，还要依赖于对犯罪整体情况的分析判断。（3）对于除上述四种犯罪之外的其他暴力犯罪，不仅要具备基本犯的犯罪构成，还要具备加重的犯罪构成，才有应否适用死刑的判断问题。在死刑为绝对法定刑情况下，犯罪的加重构成不仅有指引犯罪认定的功能，还有指引直接裁量适用死刑的功能。而在其他情况下，犯罪构成具有指引犯罪认定的功能，但对是否适用死刑，则只有间接的作用，即初步划定量刑的幅度，而是否适用死刑，还要对案件进行综合的判断。

最后，从暴力犯罪的量刑情节入手来分析暴力犯罪应否适用死刑。对于具体犯罪行为，确定具体的罪名后，该犯罪的犯罪构成也指明了应该适用的量刑幅度。如果具体暴力犯罪不属于法定刑为绝对死刑的暴力犯罪之结果加重犯，就要在具体暴力犯罪的构成（基本犯或者加重犯）之下，判断犯罪是否属于"罪行极其严重"。

3. 暴力犯罪死刑适用的确定方法

关于如何认定"罪行极其严重"，主要有三种分析方法：

（1）主客观统一分析法。有论者指出，从客观危害和主观恶性两方面从严把握。只有当行为人不仅实施了客观危害极端严重的犯罪，而且犯罪人具有极其强烈而顽固的与社会对抗的心理态度，再犯的可能性十分明显，且屡教不改、不堪改造，即犯罪的性质极其严重、犯罪情节极其严重、犯罪人的人身危险性极其严重三者统一，才能认为是"罪行极其严重"，进而考虑死刑的适用。[1]

（2）宏观分析与具体分析相结合。有学者认为：首先应当明确"罪行极其严重"是适用死刑的宏观标准，应当从犯罪性质、情节、危害后果、行为人的主观恶性等方面综合进行分析判断。其次将"罪行极其严重"的抽象规定与具体标准相结合，从刑法的总则性规定和刑法分则对具体犯罪的规定综合作出具体分析。[2]

（3）分析归纳法。有学者认为，应当在对全国的不同地区、不同时期、不同性质的犯罪行为、同种性质犯罪的不同个案、共同犯罪中的不同被告人的罪行进行比较后，只有社会危害最为严重

---

① 参见冯卫国：《死刑裁量若干问题探讨》，载《杭州商学院学报》2003 年第 5 期。

② 参见朱丽欣：《理性呼唤与死刑适用》，载《国家检察官学院学报》2003 年第 11 期。

的，才能认定为"罪行极其严重"。①

第一种观点所指出的思路是较为妥当的。因为对各种量刑情节的判断同样要做到主客观相一致，即从客观危害与主观恶性两方面来把握犯罪事实。但是，如果从综合分析的角度看，在已经完成犯罪性质的评价之后，就应该进行量刑方面的评价活动。如果再谈论犯罪性质、犯罪情节，那么就颠倒了评价的次序，显得有些混乱。第二种观点的分析思路有一定道理，但并没有提出明确的认定标准，难以把握。第三种观点虽然具有实证的特色，但实际上需要对全国各地、各时期适用死刑，以及关于"罪行极其严重"的各种认识进行长期、大量分析、归纳，才能得出相应的结论，在我国当前司法条件下显然不宜操作。

二、暴力犯罪死刑适用标准的统一化问题

实现死刑适用标准的统一化，是死刑核准权收回最高人民法院之后，切实限制和减少死刑的重要措施之一。该措施有利于维护死刑适用的公正性。死刑适用标准的统一化主要包括对死刑适用标准的一致性认识，以及对死刑裁量情节的总结和归纳。最高人民法院在死刑适用标准统一化进程中起着主导作用。

（一）死刑适用标准统一化问题的来源

死刑适用标准的统一化，并不是在死刑核准权收回最高人民法院之后才产生的。实际上，在新中国法制建设过程中，尤其是1979年制定新中国首部刑法典后，它都是理论和司法上的重要问题。从1980年开始，最高人民法院根据刑法典和刑事诉讼法典的规定所独享的死刑案件核准权，根据一些法律和司法解释的规定，部分下放给高级人民法院、解放军军事法院行使。而该项措施所造成的后果之一，便是死刑适用标准不尽统一，加剧了已存在的死刑

---

①　参见范登峰：《对我国死刑适用标准的反思和重构》，载《西南政法大学学报》2004年第6期。

适用标准不统一的现实问题。在部分案件的死刑核准权下放给高级人民法院行使的 27 年间，刑事法理论界和实务界从多个方面和角度研究死刑核准权下放的优劣得失，普遍认为部分死刑核准权的下放导致了死刑适用数量的大幅度上升，因而有着很大弊端。① 刑事法理论界和实务界对死刑核准权下放给予了非常大的关注，而死刑适用标准的统一化却没有得到关注和重视。

以乐观的态度来看，即便是下放死刑核准权，如果对死刑适用的各种问题作出明确的规定，包括统一死刑适用标准、制定死刑案件的证明标准和证据体系等，那么，应该可以缩小各省区在适用死刑时把握死刑适用标准的差距，大体上保障死刑适用的平等性。但是，遗憾的是，在二十多年来，不仅国家立法机关没有对死刑的适用规定统一、具体的标准，也没有在 1997 年修订刑法典时增强死刑适用标准的可操作性；而且最高司法机关除了在对具体犯罪的司法认定作解释时规定其死刑适用的数额、数量或者其他情节外，一直也没有规定死刑适用的统一标准；刑法理论界则多关注刑法典所规定的死刑适用标准的理论分析，而在相当程度上忽视了死刑适用标准的统一化问题。

近年来，死刑适用标准的统一问题受到了最高司法机关的高度关注。在 2005 年 10 月 26 日，最高人民法院在其工作改革纲要中指出，"贯彻罪刑相适应原则，制定故意杀人、抢劫、故意伤害、毒品等犯罪适用死刑的指导意见，确保死刑正确适用"。② 这项改革措施其实就包含了统一死刑适用标准的基本思想。时任最高人民法院院长肖扬大法官在第五次全国刑事审判工作会议上也指出，严格控制和慎重适用死刑，就是要严格掌握和统一死刑适用的标准，

---

① 参见卢建平：《死刑核准权收回的实质意义》，载赵秉志主编：《刑法论丛》（第 11 卷），法律出版社 2007 年版，第 229~237 页。
② 参见最高人民法院 2005 年 10 月 26 日发布的《人民法院第二个五年改革纲要》。

确保死刑只适用于极少数罪行极其严重的犯罪分子。① 最高人民法院对包括统一死刑适用标准在内的死刑改革诸问题非常重视，并努力予以落实，如选拔优秀人才充实审判力量，连续举办两期全国刑事审判法官培训班；利用多种形式指导地方各级人民法院统一思想认识和死刑适用政策等。② 而且，最高人民法院 2007 年起收回死刑核准权之举措，也为统一死刑适用标准提供了基本的前提条件。不过，当死刑核准权收回后，如何采取措施统一死刑适用标准就成为迫在眉睫的工作。遗憾的是，在死刑核准权收回之后的一年多时间里，最高人民法院仅对死刑案件的审理工作出台了一件司法解释，且主要是针对有关死刑案件核准的程序问题的。③ 对于如何统一死刑适用的标准，最高人民法院至今尚未出台司法解释或其他相关工作文件给予必要的规定和说明。这显然无法适应我国当前死刑核准权收回，死刑限制与减少正处关键时期的现实需要，因而很有必要对该问题给予深入和充分的研讨。

在理论上看，死刑适用标准统一化能否成为一个独立的问题，取决于其对当前中国限制和减少适用死刑之现实需要的实际意义。如何准确、合理地阐释刑法典所规定的死刑适用标准，本身就是个见仁见智的问题。在复杂的刑事司法活动中，不同的法院、不同的法官在不同的司法环境、工作场合对不同的案件是否适用死刑势必会或多或少地产生差异。在缺乏关于死刑适用标准的统一认识的情况下，上述差异可能演变成巨大的沟壑，不仅导致相同或者近似的案件在是否适用死刑上大相径庭，而且也造成死刑适用的泛滥。当

---

① 参见肖扬：《要求严格掌握和统一死刑适用标准》，载《法制日报》2006 年 11 月 9 日第 1 版。

② 参见肖扬：《最高人民法院工作报告——2007 年 3 月 13 日在第十届全国人民代表大会第五次会议上》，载中华人民共和国中央人民政府网，http：//www.gov.cn/2007lh/content_ 556959. htm#。

③ 该司法解释即《最高人民法院关于复核死刑案件若干问题的规定》（2007 年 2 月 27 日发布）。

然，更需要分析的是，在死刑核准权收回最高人民法院的情况下，死刑适用标准是否已经水到渠成地统一化了呢？在此情况下，死刑适用标准统一化是否已经成为不言自明的问题呢？在我们看来，这两个问题的答案都是否定的。虽然最高人民法院收回了死刑核准权，但中级人民法院和高级人民法院仍有权力对一审死刑案件予以管辖，换言之，中级人民法院和高级人民法院仍有权力适用死刑，最高人民法院只不过是在最后对具体案件死刑适用把关，这无法避免中级人民法院或者高级人民法院在死刑案件一审、二审时对死刑适用标准认识和掌握的差异性。即便是在最高人民法院内部，由于死刑案件的核准工作由多个刑事审判庭负责，具体进行该项工作的刑事审判法官有二百多名，不同法官对案件是否符合死刑适用标准不可能有完全一致的认识，而审委会又不可能对每一件死刑核准案件进行讨论，因而同样难以祛除对死刑适用标准的混乱认识。

可见，最高人民法院采取措施统一死刑适用标准，消除上述认识差异和分歧，不仅能使一审和二审程序对本来不必适用死刑立即执行的案件作出恰当处理，减轻死刑核准的压力，从而保障在一审和二审程序中死刑适用的妥当性，而且也能使死刑的核准保持内在的一致性，避免出现落差。总之，死刑适用标准统一化意味着，对于相同或者近似的刑事案件，司法机关将会在死刑适用上有着基本相同的态度，避免对明显不该适用死刑的犯罪人适用死刑，也避免对情况近似的犯罪人适用不同的死刑执行方式，从而提高死刑案件的审理质量，使得死刑适用与案件本身的实际情况保持基本的一致性，保障在死刑适用上的平等性，在根本上限制和减少死刑的适用。

（二）死刑适用标准统一化的基本内涵

正确理解和界定死刑适用标准统一化的内涵，乃是统一死刑适用标准的基本前提。需要辨明的是，死刑适用标准的解释与死刑适用标准的统一化是两个不同的问题。死刑适用标准的统一化，主要是指要统一司法机关对死刑适用标准的理解与把握。这就需要纠正不同司法机关对刑法典所规定的死刑适用标准不恰当的看法和分歧，区分和甄别对死刑适用标准的不同认识，保留和坚持其准确、合理的理解。而这就离不开对死刑适用标准的合理、准确理解。换言之，统一化的过程就是去伪存真，去粗存精，以合理的认识替代不正确的看法，使得死刑适用标准更为明确、妥当和具体，更具可操作性。因而死刑适用标准的统一化是建立在对刑法典所规定的死刑适用标准予以正确理解的基础上的。而且，如何对死刑适用标准予以准确、合理的认识，属死刑适用标准统一化的基本内容。不过，对死刑适用标准的正确理解并不能替代死刑适用标准的统一化。前者的关键是如何对刑法典简单规定的死刑适用标准予以符合法律精神的阐释，而后者的中心则在于如何统一对死刑适用标准的认识和运用。尽管很多学者认为，可以通过对刑法典所规定的死刑适用标准予以严格解释的方式来限制死刑的适用，[①] 但是，对死刑适用标准的刑法解释却并不能自然地将死刑适用的标准予以统一化。因此，死刑适用标准统一化是死刑适用方面的一个独立问题，在对死刑适用标准准确理解的基础上，还需要做好其他多方面的工作，如司法机关对死刑具体适用情况的调查、归纳和总结等。

在此方面，对同样保留和适用死刑的某些国家的相关经验，应给予必要的重视。首先，美国将死刑置于宪法的视野中严格规定死刑适用的规则，在宪政层次上对待死刑，并通过宪法解释统一死刑适用标准。美国最高法院要求"死刑适用必须具有合宪性的外观表征"，而该原则又具体化为司法过程中适用死刑的三个标准，即"限制擅断风险"、"个体化裁量"、"比例原则"。其中，尤其需要特别注意的是"比例原则"。根据该原则，适用死刑必须符合罪行标准和犯罪人标准。前者是指适用死刑的罪行必须是最极端恶劣的，而后者则是指犯罪人不存在未成年人、智力缺陷、年老或者没

---

① 参见张明楷：《刑法学者如何为削减死刑做贡献》，载《当代法学》2005 年第 1 期。

有犯罪故意等阻却事由。在司法实践中，评价罪刑是否符合比例原则的惯常做法是，把一个案件的罪与刑同本司法辖区或者其他司法辖区中其他相同案件或相似案件的罪与刑进行比较，以此尽可能在全国范围内保证案件判决的一致性，确保无论案件在哪里审都会得到相同的处理。① 正如有论者所指出，这体现出美国最高法院对死刑量刑方面的统一性要求。② 其次，日本和韩国在死刑适用标准的统一化方面也曾有所作为。日本最高裁判所在 1983 年以判例规定了死刑适用的基准，即死刑的选择适用，应综合考察犯行的罪质、动机、样态、杀害手段方法的执拗性、残虐性、结果的重大性（特别是被害者人数）、遗族（被害人家属）的被害感情、社会性影响及犯人的年龄、前科、犯行后的情状等各种情况，只有在罪责重大，无论从罪刑均衡还是从一般预防的视角看都不得不适用极刑时，才允许适用死刑。③ 与此类似，韩国的大法院（最高法院）于 1996 年之后也是在其案件判决中对适用死刑的情况作了明示。④ 由此可见，在美国、日本、韩国，最高司法机关采用解释或判例的形式对死刑适用标准的统一化予以阐明，使之具有较强的可操作性，并赋予了一定的法律效力，对下级法院有一定的约束力。不过，美国最高法院采用了明确规定的方式，具有一定的概括性；而具有成文法传统的日本和韩国却对此没有做出规定，而是通过判例或者案例的形式予以明确，所针对的内容更多的是死刑裁量的情节。

尽管说最高司法机关明确规定在适用死刑时所考虑的量刑情节，有助于统一法院对死刑适用标准的把握，但是，这种模式仍然

---

① 参见于佳佳：《论美国的死刑情节及对中国的启示》，载陈兴良主编：《刑事法评论》（第 21 卷），中国政法大学出版社 2007 年版，第 194 页。

② 参见虞平：《美国死刑量刑制度的统一性与个别性的协调》，载《法学》2007年第 11 期。

③ 参见李洁：《中日死刑比较研究概说》，载《吉林公安高等专科学校学报》2008 年第 1 期。

④ 参见［韩］许一泰：《韩国死刑制度的过去、现在和未来》，载赵秉志主编：《刑法论丛》（第 13 卷），法律出版社 2008 年版，第 45 页。

没有对死刑适用标准本身该如何作出统一的理解给予必要的说明。在时代发生变化、严重犯罪的态势不同以往时，司法机关根据新的实际情况对犯罪人适用死刑，使得死刑裁量情节发生变化，而最高司法机关所作的概括难以及时更新，不能适应司法机关适用死刑的客观需要，司法机关原来对死刑适用标准的统一认识和把握不复存在。[①]与此相比，美国最高法院却是以宪法解释的形式，将认识和把握死刑适用标准之相关因素予以具体化，并明确地作出阐述。即便随着社会发展，犯罪态势更为复杂化，出现了新的影响死刑适用的情节，由于统一的死刑适用标准已经存在，就不会冲击司法机关对死刑适用标准的一致性认识。而且，也可以根据已经存在的统一的死刑适用标准，来分析新出现的犯罪情节如何对死刑适用发挥作用，进而确定该情节是否属死刑适用时必须考虑的量刑情节。因此，从这个角度说，死刑适用标准的统一化与死刑裁量情节的统一化同样也是两个完全不同的问题。

根据上述分析，可以看到，死刑适用标准的统一化依赖于死刑适用标准的准确、合理阐释，又为归纳和总结死刑裁量情节提供了基本的考察标准。不过，在上述国家里，不管是通过宪法解释的形式明确死刑适用规则，还是在案例或者判例中归纳和总结死刑裁量的情节，秉承并贯彻特定死刑观念的最高法院都起到了主导作用。而不管是最高法院所作的解释还是其所确定的判例或者案例，都具备法律效力，从而对下级有权适用死刑的法院起到了约束和监督作用。该措施的基本目的即是尽可能限制死刑的适用。就中国而言，死刑的限制和减少不仅符合国家长期以来的死刑政策，也契合了当下国家刑事法治建设的基本要求。而且，中国的最高司法机关在刑事司法中一直起着非常积极的作用，经常就有关问题发布相关的司

_____

① 这种情况在当今日本刑事司法活动中已经出现。参见［日］川本哲郎：《日本死刑制度的现状》，论者于 2008 年 5 月 19 日在北京师范大学刑事法律科学研究院"促进死刑改革"系列论坛第 23 期所作的讲演。

法解释，因而可采用上述美国模式来统一死刑适用标准。因此，在中国，死刑适用标准的统一化是指在最高人民法院的主导下，根据限制和减少死刑适用的基本刑事法治精神，对刑法典所规定的死刑适用标准予以严格的解释，阐明认定死刑适用标准的各种因素，并据此归纳和总结出适用死刑的量刑情节，尽可能明确各种类型犯罪之死刑适用规则的司法活动。

（三）死刑适用标准统一化的具体路径

死刑适用标准的统一化要在最高人民法院的主导下实施，对于其中很多复杂的问题，都需要予以深入的理论探讨。考虑到司法实务的特征，死刑适用标准的统一化应该遵循从抽象到具体的原则，即对死刑适用标准的认识不仅要在抽象的层次上统一化，而且也要在应用的层次上具体化。据此，我们认为，死刑适用标准统一化可从如下几个方面入手。

1. 死刑适用标准的一致化

对死刑适用标准的一致化认识，是死刑适用标准统一化的首要问题，也是核心问题。而这离不开对刑法典第 48 条第 1 款所规定的"罪行极其严重"这一死刑适用标准的准确、合理解释。对刑法典所规定的死刑适用标准，可从如下几个要素入手进行分析：（1）具体犯罪的性质。这是判断具体犯罪是否符合"罪行极其严重"的第一个因素，其实也是综合性的要素，因为犯罪性质本身就是对整个犯罪活动本质和其他特征的总结与概括。在此方面，一般会考虑犯罪侵犯了何种法益，是以暴力手段还是以非暴力手段侵犯该法益等问题。（2）犯罪的客观危害——对社会危害极其严重。就暴力犯罪而言，主要是指造成被害人死亡或者肉体的惨重伤害，出现了法律规定的可能适用死刑的犯罪结果。（3）犯罪人的主观恶性——残酷恶劣。在暴力犯罪中，行为人主动恶意攻击被害人，意图残忍地对待被害人，使被害人遭受极大的痛苦。（4）犯罪人的人身危险性——强烈、顽固地对抗社会。犯罪人对社会的敌意非常强烈，在犯罪后不悔罪，对遭受自己侵害的被害人及其亲属毫无歉意，因而不易对其进行教育改造。需要指出的是，适用死刑时，上述几个方面的要素缺一不可。而且，后三个方面的要素存在内在联系，即犯罪人的人身危险性本身就比较大，常抱有对社会的强烈敌意，并因此而产生实施严重犯罪，侵犯国家、社会或者个人的法益的直接犯罪故意，在此罪过支配下实施犯罪行为，造成极其严重的社会危害，且毫无悔改之意。① 除了上述因素，对暴力犯罪适用死刑时，不应该也不需要考虑其他因素。如学者认为，在适用死刑时，应注意克服以下几个问题：第一，唯后果论；第二，唯数额论；第三，唯民愤论。② 这是妥当的。

2. 死刑适用标准的情节具体化

认定"罪行极其严重"的基本要素及其内在联系是死刑司法适用的具体化标准，但是，在司法实践中，必须面对与解决这样的问题：如何判断具体犯罪中"罪行极其严重"所包含的三个基本要素及其内在联系？这就需要对刑事犯罪案件存在的各种犯罪情节进行全面和综合的分析。③ 从这个角度来说，死刑适用标准统一化离不开对死刑裁量情节的归纳和总结。换言之，只有将认定"罪行极其严重"的基本要素通过量刑情节予以具体化，才能使得上述关于死刑适用标准的一致性认识更具有可操作性。

具体来说，死刑适用的量刑情节主要有如下几种：（1）犯罪主体的情节。这主要有犯罪人年龄、犯罪人特定身份、犯罪人精神状况、犯罪人生理状况、共同犯罪人等因素。（2）犯罪主观情节。具体有犯罪动机、犯罪目的、犯罪意志产生的急缓（是激情犯罪还是预谋犯罪）、犯罪意志的强弱（是否有挽回损失的措施、心态）等，这些都是考虑限制死刑适用的酌定因素。（3）犯罪客观

---

① 参见黄晓亮著：《暴力犯罪死刑问题研究》，中国人民公安大学出版社2008年版，第107~108页。

② 参见胡云腾等：《论死刑适用兼论死刑复核程序的完善》，载《人民司法》2004年第2期。

③ 参见张明楷著：《刑法学》（第3版），法律出版社2007年版，第415页。

情节。主要有犯罪停止形态、犯罪工具、犯罪手段、犯罪结果、犯罪对象、犯罪场合、犯罪次数、附随行为、犯罪客观影响等情形。（4）犯罪附随情况，主要有国外受过处罚、犯罪原因、再犯与累犯、自首与立功等情形。通常而言，在司法实务中，最为重视的主要是犯罪手段是否极为残忍、犯罪后果是否极其严重、犯罪人悔改态度等。

对于上述量刑情节，在考虑是否符合死刑适用标准时，应该注意如下两个重要问题：第一，死刑适用的对象不应仅仅被理解为犯有"极其严重罪行"的人，而是犯有"极其严重的罪行"且具有该种犯罪最严重情节的人。即使是极其严重的犯罪，如果不是具有最严重情节，也不应判处死刑（包括死缓）。① 第二，在具体犯罪案件中，不同量刑情节可能有着不同的功能，即有的量刑情节功能是限制死刑适用（如被害人过错），而有的量刑情节则是选择适用死刑的考虑因素，如犯罪人有严重暴力犯罪的前科等。对此，理论上一般认为，同向趋轻情节并存时，应该先减轻，后从轻；同向趋重情节并存时，不能升格法定刑加重处罚；逆向情节并存时，则要先从严，再从宽。② 在适用死刑时，也可先适用从重从严情节，再适用从宽减轻情节，对犯罪人尽可能不适用死刑立即执行。不过，具体该如何操作，还是需要最高司法机关通过司法解释予以明确。

（四）死刑适用标准的犯罪类型化

尽管统一司法机关对死刑适用标准的认识，并明确规定适用死刑时所要考虑的量刑情节，会有助于司法机关针对具体犯罪准确地适用死刑，但是，刑法典分则条文中规定有死刑的具体犯罪，毕竟有不同的性质和特征，表现罪行极其严重的量刑情节会有很大的不同。因而对于不同类型的犯罪，结合其犯罪的具体特点和现实情

① 参见赵秉志著：《死刑改革探索》，法律出版社 2006 年版，第 35 页。
② 参见李洁：《定罪量刑情节若干问题研究》，载《北华大学学报（社会科学版）》2001 年第 1 期。

况，不仅将适用死刑的标准统一化，将量刑情节予以具体化，而且尽可能阐明不同类型犯罪适用死刑的条件，显然会使得死刑适用更具可操作性，并有助于充分贯彻罪刑法定的基本原则。

其实，最高人民法院在过去的司法解释工作中，也曾根据具体犯罪的不同类型、其犯罪构成的实际情况以及发生的现实环境，明确规定其适用死刑的条件。其中，有些是针对某一方面的刑事审判工作，[①] 而有的是在有关具体犯罪之司法适用的司法解释中予以明确的。[②] 不过，这些举措缺乏一定的系统性。尽管最高人民法院在其发布的《人民法院第二个五年改革纲要》中已经指出要制定故意杀人罪、抢劫罪、故意伤害罪、毒品犯罪等犯罪适用死刑的指导意见，但是，从现在的情况看，该项工作尚待加强，应有意识、有计划地调查、总结和研究不同类型死刑犯罪的死刑适用规则。在此方面，我们认为，应该注意从如下几个方面考虑：（1）区分暴力犯罪与非暴力犯罪。行为人是否以暴力方式实施犯罪，对犯罪本身有着根本性的影响，直接决定了犯罪的危害状况。对暴力犯罪适用死刑，显然比对非暴力犯罪适用死刑更具合理性。[③] 因此，应分别总结和归纳暴力犯罪与非暴力犯罪适用死刑的不同条件、量刑情节以及具体规则。（2）对于暴力犯罪，应该区分熟人之间的暴力犯罪与非熟人之间的暴力犯罪。即便是都造成了被害人死亡，加害人与被害人之间的社会关系亲疏状况也会使得犯罪呈现出不同的严重程度。在司法实践中，应该予以区分，并研究熟人之间暴力犯罪与非熟人之间暴力犯罪在适用死刑上的不同之处。（3）对于非暴力

① 例如，最高人民法院在 1999 年 10 月 27 日发布的《全国法院维护农村稳定刑事审判工作座谈会纪要》，就对因婚姻家庭、邻里纠纷等民间矛盾发生的故意杀人犯罪案件的死刑适用问题作了简单的规定。
② 例如，最高人民法院、最高人民检察院、公安部于 2007 年 12 月 18 日发布了《办理毒品犯罪案件适用法律若干问题的意见》。
③ 参见叶希善：《通过犯罪分层控制死刑》，载《中国人民公安大学学报》2007 年第 1 期。

犯罪，应该区分毒品犯罪与贪利性犯罪。毒品犯罪和其他贪利性犯罪在社会危害性上有着不同的表现。毒品犯罪的危害最为直观地表现为所涉毒品的数量，而贪利性犯罪的危害最为直观地体现为所涉财物的价值数额。但是，如果仅根据数量或者数额来认定某个具体犯罪罪行极其严重，似乎过于轻率。因此，很有必要研究除数量或者数额之外的认定毒品犯罪或者贪利性犯罪案件罪行极其严重的因素。例如，毒品流入社会后对社会造成的不良影响、贪利性犯罪对社会的直接危害等。

三、暴力犯罪死刑适用的情节与影响因素

刑法典总则第 48 条第 1 款所规定的死刑适用标准，具有宏观的性质，对于具体暴力犯罪是否适用死刑，其实取决于行为人所实施的具体犯罪中是否存在刑法典分则罪刑条文所规定的特定犯罪情节。这些情节即是暴力犯罪死刑适用的犯罪情节。同时，在现实生活中，除了犯罪情节外，犯罪活动所处的社会环境等因素也会影响到死刑的适用活动。因而考虑如何针对暴力犯罪限制适用死刑，需要对这些情节和影响因素进行全面的总结和考量。

（一）法律影响因素：犯罪情节

1. 犯罪情节对暴力犯罪适用死刑的意义

暴力犯罪的死刑适用问题，须在一定原则的指导下对暴力犯罪的事实情况进行综合的分析。"罪行极其严重"的三个基本要素及其内在联系是暴力犯罪适用死刑的标准，但是，在司法实践中，必须面对与解决这样的问题：如何判断具体的暴力犯罪中的"罪行极其严重"三个基本要素及其内在联系？如前所述，这需要对犯罪情节做出分析。具体来看，犯罪情节的实际作用主要有：

首先，部分定罪情节具有双重功能。定罪情节的作用在于认定犯罪，说明犯罪事实中存在符合犯罪构成要件的事实情形（犯罪构成事实）。那么，定罪情节对量刑的作用是什么呢？理论上主要有两种观点：（1）仅用来定罪。有论者指出，定罪情节与犯罪的

法定刑有必然联系，划定法定刑的基本范围。[1]（2）部分定罪情节兼有量刑的作用。有论者指出，定罪情节决定犯罪法定刑的幅度，是量刑情节起作用的基础。但有些犯罪情节具有双重功能，既有定罪作用，又有量刑作用，具有双重属性，但并非对犯罪的双重评价。[2]对此，笔者认为，第二种观点是比较妥当的。因为决定犯罪的刑事责任程度的，首先就是行为具备的犯罪构成，即犯罪构成事实，其次才是各种量刑情节。而从量上看，刑事责任的程度，是决定是否实际判处和执行刑罚以及实际适用刑罚轻重的标准。[3]刑事责任的程度决定了刑罚的轻重。定罪情节属于犯罪构成内的要素，对刑事责任的程度自然有所影响，划定了某种犯罪所适用的法定刑的基本范围。对于包含有多种刑种或者法定刑幅度较大的犯罪来说，如果没有特殊的量刑情节，那么，对该犯罪刑罚的裁量，就要依赖于某些定罪情节。这样的定罪情节就具有量刑情节的作用，具有双重功能。因此，特定犯罪事实符合犯罪构成后，定罪情节并非就失去作用。

就暴力犯罪而言，在确定法定刑包含有死刑的暴力犯罪基本犯后，还要进一步对该基本犯或者加重犯选择合适的刑罚种类或者某种刑罚的幅度。例如，刑法典第 127 条第 2 款规定的抢劫枪支、弹药、爆炸物、危险物质罪有有期徒刑（10 年以上）、无期徒刑、死刑三种刑罚。对这种犯罪的刑罚进行裁量时，还要考虑定罪情节，看枪支、弹药、爆炸物的具体数量如何。根据不同数量的枪支、弹药、爆炸物决定对不同的犯罪人适用不同的刑罚。此时，枪支、弹药、爆炸物的数量并不因此成为量刑情节，而仍然是定罪情节。我

---

[1]　参见赵廷光：《论定罪剩余的犯罪构成事实转化为量刑情节》，载《湖北警官学院学报》2005 年第 1 期。

[2]　参见李洁：《定罪量刑情节若干问题研究》，载《北华大学学报（社会科学版）》2001 年第 1 期。

[3]　参见赵秉志主编：《刑法新教程》（第 3 版），中国人民大学出版社 2009 年版，第 296~299 页。

们不能说,一支枪、一粒子弹、一支手雷是基本的定罪情节,超过此数量的就是量刑情节。

其次,量刑情节仅具有单一功能。根据其作用的具体对象,量刑情节可以分为基本犯的量刑情节与加重犯的量刑情节。(1)基本犯的量刑情节对基本犯的刑罚裁量起作用,对定罪量刑没有作用。(2)加重犯的量刑情节既决定加重犯的成立,也对该加重犯的刑罚裁量起作用。但是,笔者认为,加重犯的量刑情节并不具有双重功能,也仅具有单一的功能,即指引刑罚裁量的功能。因为加重犯中没有数种犯罪行为,不涉及数罪的处理问题。加重结果、加重情节的出现表明犯罪的刑事责任程度增大,有必要对犯罪予以更为严厉的处罚。虽然人们以加重构成来说明加重犯成立的条件,但是,加重情节、加重结果并不具有认定犯罪是否成立的犯罪构成意义,而是依附于基本犯罪构成要件而存在的,[①] 仅具有量刑的意义。所以,对于法定刑包含有死刑的暴力犯罪而言,是否适用死刑,要在加重犯成立的判断之后,再对加重情节、加重结果进行分析判断。

2. 暴力犯罪适用死刑的具体情节

因为定罪情节属于说明犯罪构成要件的要素,较为明确,所以,笔者在此仅对暴力犯罪适用死刑的量刑情节进行总结。

根据对适用死刑的具体作用,影响暴力犯罪死刑适用的具体犯罪情节可以分为以下几种类型:(1)否定死刑适用的量刑情节。其中,有的是直接否定死刑的适用。有些属于应当从轻、减轻、免除处罚中一种或者几种的量刑情节,间接否定死刑的适用。(2)限制死刑适用的量刑情节。对于属于可以从轻、减轻、免除处罚的量刑情节,司法实践中可以据此考虑不适用死刑,这样也能起到限制死刑适用的作用。对于这种情况,依据有否法定性,可以

---

① 参见赵秉志主编:《刑法新教程》(第3版),中国人民大学出版社2009年版,第271页。

分为法定限制死刑适用的量刑情节与酌定限制死刑适用的量刑情节。（3）允许死刑适用的量刑情节。加重犯中规定的量刑情节允许死刑的适用，属于法定允许适用死刑的量刑情节。还有某些酌定的量刑情节，也在一定程度上促使适用死刑，可概括为酌定允许死刑适用的量刑情节。（4）劫持航空器罪、绑架罪中规定有适用绝对死刑的情形，可归为绝对适用死刑的量刑情节。

从具体内容来看，影响暴力犯罪死刑适用的量刑情节，主要有如下几种：

（1）犯罪主体的情节有犯罪人年龄、犯罪人特定身份、犯罪人精神状况、犯罪人生理状况、共同犯罪人等因素（如表 2-1 所示）。

表 2-1　犯罪主体情节

类型	刑法典条文	内　容	功能
犯罪人年龄	49	犯罪时不满 18 周岁；审判时已满 75 周岁（不包括以特别残忍手段致人死亡的情形）	直接否定
犯罪人精神状况	18-3	尚未完全丧失辨认或控制自己行为能力的精神病人犯罪	法定限制
犯罪人生理状况	19	又聋又哑的人或者盲人犯罪	法定限制
	49-1	审判时怀孕的妇女	直接否定
		犯罪人重大疾病、年老体衰	酌定限制
共同犯罪人	27-1	在共同犯罪中起次要或者辅助作用	间接否定
	28	被胁迫参加犯罪	间接否定
犯罪人身份		国家公职人员；邪教组织、黑社会性质组织、恐怖组织的首要分子	酌定允许

（2）犯罪主观情节有犯罪动机、犯罪目的、犯罪意志产生的急缓（是激情犯罪还是预谋犯罪）、犯罪意志的强弱（是否有挽回损失的措施、心态），这些都是考虑限制死刑适用的酌定因素。

（3）犯罪客观情节，这方面主要有犯罪停止形态、犯罪工具、犯罪手段、犯罪结果、犯罪对象、犯罪场合、犯罪次数、附随行为、犯罪客观影响等情形（如表2-2所示）。

表2-2　犯罪客观情节

类型	刑法典条文	内容	功能
犯罪停止形态	22-1	为了犯罪,准备工具、制造条件	法定限制
	23-1	已经着手实行犯罪,由于犯罪分子意志以外的原因而未得逞	法定限制
	24-1	在犯罪过程中,自动放弃犯罪或者自动有效地防止犯罪结果发生	间接否定
犯罪工具	263	持枪抢劫	允许适用
犯罪手段	236-3	二人以上轮奸的	允许适用
	263	冒充军警人员抢劫	允许适用
	234-2	以特别残忍手段致人重伤造成严重残疾	允许适用
犯罪结果	115-1	致人重伤、死亡或者使公私财产遭受重大损失	允许适用
	119-1	造成严重后果	允许适用
	121	致人重伤、死亡或者使航空器遭受严重破坏	绝对适用
	234-2	致人死亡	允许适用
	236-3	致使被害人重伤、死亡或者造成其他严重后果	允许适用
	239-2	致使被绑架人死亡或者杀害被绑架人	绝对适用
	263	抢劫致人重伤、死亡的	允许适用
	426	致人重伤、死亡	允许适用

续表

类型	刑法典条文	内容	功能
犯罪对象	127-1	盗窃、抢夺国家机关、军警人员、民兵的枪支、弹药、爆炸物	允许适用
	236-3	强奸妇女、幼女多人	允许适用
	263	抢劫银行或者其他金融机构、军用物资或者抢险、救灾、救济物资	允许适用
犯罪场合	236-3	在公共场所当众强奸妇女	允许适用
	263	入户抢劫、在公共交通工具上抢劫	允许适用
犯罪次数	263	多次抢劫	允许适用
犯罪数额	263	抢劫数额巨大	允许适用

需要注意的是，表中"允许适用"的情形均为"选处死刑"。这种情况下，要对暴力犯罪中所出现的上述情形以及犯罪主体、犯罪主观、下述犯罪附随情况进行综合分析，判断是否存在"罪行极其严重"的三要素，最终确定是否适用死刑。

（4）犯罪附随情况，主要有国外处罚、犯罪原因、再犯与累犯、自首与立功等情形（如表2-3所示）。

表2-3 犯罪附随情节

类型	刑法典条文	内容	功能
国外处罚	10	在外国已经受过刑罚处罚	法定限制
犯罪原因	20-2	正当防卫明显超过必要限度造成重大损害	间接否定
	21-2	紧急避险超过必要限度造成不应有的损害	间接否定
前科（再犯）			酌定允许
累犯	65-1		法定允许

类型	刑法典条文	内容	功能
自首	67-1	犯罪以后自动投案,如实供述自己的罪行	法定限制
立功	68	犯罪分子有揭发他人犯罪行为,查证属实的,或者提供重要线索,从而得以侦破其他案件等立功表现	法定限制
坦白	67-3	到案后如实供述自己罪行,避免特别严重结果发生	法定限制
悔罪表现			酌定限制

（5）概括性情节。除了上述适用死刑的情节外,我国刑法典下列关于暴力犯罪的条文中,还规定有适用死刑的概括性情节。根据犯罪构成状况,可以分为两种情况:第一,加重犯中的概括性情节。此时,概括性情节属于量刑情节。此类犯罪有 8 个罪名。第二,加重的加重犯中的概括性情节。此时,概括性情节也属于量刑情节。此类犯罪共有 6 个罪名（如表 2-4 所示）。

表 2-4　规定概括性情节的暴力犯罪死刑罪名

类型	刑法典法条	犯罪	概括性情节	法定刑幅度
加重犯	104/113-1	武装叛乱、暴乱罪	对国家和人民危害特别严重、情节特别恶劣	酌处死刑
	236	强奸罪	情节恶劣	选处死刑
	317-2	暴动越狱罪、聚众持械劫狱罪	情节特别严重	绝对适用死刑

续表

类型	刑法典法条	犯罪	概括性情节	法定刑幅度
加重的加重犯	240	拐卖妇女、儿童罪	情节特别严重	绝对适用死刑
	358-2	强迫卖淫罪	情节特别严重	选处死刑
	426	阻碍执行军事职务罪	其他特别严重情节	选处死刑
	446	战时残害居民罪、战时掠夺居民罪	情节特别严重	选处死刑

3. 暴力犯罪适用死刑之量刑情节的运用

刑法典分则条文中，对暴力犯罪适用死刑的量刑情节，其作用主要有两种，即绝对适用死刑、允许适用死刑。其中，允许适用死刑的，又有"可以判处死刑"与判处有期徒刑、无期徒刑、死刑或者判处无期徒刑、死刑的两种规定方式，前者属于酌处死刑，后者属于选处死刑。刑法典规定的酌处死刑，只有第113条的规定；绝对死刑，有刑法典第121、239条规定的基本犯及第317条第2款规定的加重犯、第240条第2款规定的加重的加重犯。其他全属于选处死刑的情况。

上述各种量刑情节，根据暴力犯罪适用死刑的指导原则，对暴力犯罪适用死刑具有的作用可以分为如下几种情况：

（1）直接否定情节直接否定死刑适用，即刑法典第49条的规定。

（2）间接否定情节否定死刑适用或者死刑的立即执行。这类情节主要有刑法典总则规定的、各种应当从宽处罚的情节。如果某暴力犯罪罪行极其严重，但存在应当从宽情节，对于酌处死刑、选处死刑的规定，应该不适用死刑；对于绝对死刑的规定，应该考虑适用死刑缓期两年执行。

（3）出现法定限制情节时，限制死刑的适用与执行。这样的情节主要是指刑法典总则规定的、各种可以从宽处罚的情节。如果某暴力犯罪罪行极其严重，但存在可以从宽情节，对于酌处死刑的规定，尽量不适用死刑；对于选处死刑、绝对死刑的规定，可以考虑适用死刑缓期两年执行。

（4）出现酌定限制情节，即酌定从宽的情节时，如果暴力犯罪罪行极其严重，可考虑适用死刑缓期两年执行。

（5）出现法定允许情节，即法定从严情节时，如果暴力犯罪罪行极其严重，对于酌处死刑、选处死刑，应判处死刑，同时考虑适用死刑缓期两年执行；对于绝对死刑，应判处死刑。

（6）出现酌定允许情节，即酌定从严情节时，如果暴力犯罪罪行极其严重，对酌处死刑、选处死刑，可以考虑判处死刑，但应考虑适用死刑缓期两年执行；对绝对死刑，应判处死刑。

从上述分析可以看出，刑法典分则规定的量刑情节，表明特定暴力犯罪可能适用死刑；而刑法典总则规定的量刑情节，则直接影响应否、如何适用死刑。

最后，还需要探讨的重要问题是，多种量刑情节同时具备时，对暴力犯罪该如何适用死刑？该问题涉及多种量刑情节同时存在时刑罚适用的问题。同向趋轻情节并存时，应该先减轻，后从轻；同向趋重情节并存时，不能升格法定刑加重处罚；逆向情节并存时，则要先从严，再从宽。[1] 对于上述暴力犯罪适用死刑的量刑情节，则要区分不同情况来对待：

（1）直接否定情节与其他任何情节并存时，都应发挥直接否定情节的作用，否定死刑的适用。

（2）间接否定情节与其他任何情节并存时，仍发挥间接否定情节的作用，对酌处死刑、选处死刑的规定，不适用死刑；对绝对死刑，则考虑适用死刑缓期两年执行。

---

① 参见李洁：《定罪量刑情节若干问题研究》，载《北华大学学报（社会科学版）》2001年第1期；张明楷著：《刑法学》（第2版），法律出版社2003年版，第448页。

（3）法定限制情节与酌定限制、法定允许、酌定允许情节并存时，基于限制、减少死刑的立场，考虑仍适用法定限制情节。

（4）法定允许情节与酌定限制、酌定允许情节并存时，适用法定允许情节。

（5）酌定允许与酌定限制情节并存时，考虑适用酌定限制情节。

（二）非法律影响因素：社会环境因素

对暴力犯罪适用死刑产生影响的因素，除了上述具有刑法条文或者刑法理论依据的各种犯罪情节之外，还有其他一些因素，主要体现为以下几种：

1. 政治需要

对暴力犯罪是否适用死刑，常常受到政治需要的影响。这在人类历史上屡见不鲜。总体来看，主要表现为如下三种情况：（1）维护政权稳定。政权建立初期，为安定社会，对严重威胁社会与政权的暴力犯罪适用死刑。例如，法国大革命期间，著名政治家罗伯斯比尔开始认为死刑是不公正的，对犯罪也是无效的，因而主张废止死刑。但是，1792 年审判国王路易十六时，他坚决主张对其判处死刑。到雅各宾派专政时，罗伯斯比尔更是主张对反革命势力采取恐怖措施，实施必要的死刑。① 又如，太平天国建立初期，颁布的刑律为《天平刑律 62 条》，除了 15 条宣言告诫性的条文外，其他关于等级礼制、生活秩序、军事战斗、信仰教育等方面的犯罪都规定有死刑，死刑执行方式有斩首、五马分尸、点天灯等。② （2）刑事司法协助活动。国家间进行刑事司法协助活动时，要受到"死刑犯不引渡"的制约。因此，如果进行刑事司法协助的犯罪为严重暴力犯罪，请求引渡国就不能对犯罪人适用死刑。这

① 参见［法］罗伯斯比尔著：《革命法制和审判》，赵涵舆译，商务印书馆 1965 年版，1979 年重庆第 2 次印，译序第 5~6 页。
② 参见周新国著：《太平天国刑法研究》，广西人民出版社 1993 年版，第 46~49 页。

样也是一种政治上的考虑。（3）适应选举活动需要。某些国家，政客为了选举获胜，对具体暴力犯罪罪犯适用死刑来维护其政治形象，获得选民的支持。如 2006 年 1 月 13 日，美国加利福尼亚州州长施瓦辛格考虑其连任问题，拒绝赦免 75 岁高龄的谋杀犯威廉姆斯，对其适用死刑。①

2. 民愤

不同的人对暴力犯罪的感受是不同的。被害人或者其亲属对暴力犯罪有着直接的感受，这种感受容易扩散到社会普通民众中，在社会上形成对暴力犯罪的民愤，进而产生对暴力犯罪人适用死刑的社会舆论。如前所述，"民愤"在过去对暴力犯罪适用死刑有着很大的影响。民愤对司法机关常常形成较大的压力，司法机关为平息民愤而容易仓促定案。近年来为媒体曝光的很多冤假错案都反映了该问题。如佘祥林案件、聂树斌案件等。②

3. 社会治安形势

社会治安形势的状况也容易影响到暴力犯罪死刑适用。在社会治安状况恶化，严重刑事案件频发，严重危及民众的人身财产安全时，政治决策者与司法机关也容易依赖死刑，希望通过多判处死刑来严厉打击犯罪。如 1848 年，英国爆发"宪章运动"，再加上暴力派的参与，当时群众集会非常多，社会治安形势急转直下。行政当局颁布《重罪法》，对一些宪章派人士以暴力犯罪罪名适用死刑。又如，我国的"严打"活动也与社会治安状况有所恶化有关。1979 年，我国刑事犯罪案件突破 60 万起，以后连续上升，1981 年达到 89 万起。"严打"活动开始，刑事案件回落至 51 万起。但是，此后刑事案件持续攀升，至 1990 年，达到 221.6 万起，1996 年就开始了第二次"严打"，案件下降到 1997 年的 161.3 万起。

---

① 参见《美加州州长施瓦辛格拒绝赦免高龄死刑犯》，载《北京晨报》2006 年 1 月 13 日第 4 版。

② 参见《从聂树斌到佘祥林：错案昭雪不能寄希望于偶然》，载《北京青年报》2005 年 4 月 8 日。

1999年刑事犯罪案件又突破了200万起大关。2001年第三次"严打"又开始实施。① 所以，当社会治安形势恶化、刑事案件增加时，司法机关容易依赖于适用死刑；而社会形势好转时，司法机关就会对暴力犯罪也比较宽容，较少地适用死刑。

4. 某些国家与境外组织的关注

某国的司法状况也常常会受到其他国家、国际组织的关注。因我国是社会主义国家，又是发展中国家，经济、文化、社会发展状况比发达国家落后，适用死刑的传统观念比较重，使得我国成为世界上判处与执行死刑较多的国家。这种情况受到某些怀有偏见的发达国家、人权组织的指摘。不管这些指摘有无道理，对我国的司法状况毕竟形成了改善与改良的动力，限制与减少死刑适用的司法观念逐步获得认可。这些有利于减少暴力犯罪的死刑适用。

上述四种情况都是宏观社会环境条件，对暴力犯罪是否适用死刑有一定的影响。但是，实践证明，针对暴力犯罪活动是否适用死刑，可适当考虑上述因素，但不宜作为认定犯罪、判处死刑、执行死刑的直接依据。是否适用死刑，必须按照刑事司法程序的要求，对上述因素以犯罪情节、量刑情节的视角进行分析判断，才能恪守法治的要求，防止滥用死刑的恶果出现。

第四节　暴力犯罪死刑适用的指导原则和限制措施

一、暴力犯罪死刑适用的指导原则

（一）确定暴力犯罪死刑适用指导原则的基准

死刑适用原则，是指对犯罪分子依法适用死刑时应当遵循和依

---

① 陈兴良：《中国死刑的当代命运》，载《中外法学》2005年第5期。

据的法则。它是我国死刑政策与我国死刑立法基本精神的体现，是适用死刑始终应当遵循的基本准则。^① 对死刑适用原则的科学论证与合理确定，是对死刑司法正确适用的前提与保证。理论上对暴力犯罪死刑适用原则进行全面、深刻的论述，有利于限制死刑适用的数量，提高死刑案件的质量。

对于如何确定暴力犯罪死刑适用的指导原则，我们应该注意如下三个问题：

1. 关于死刑适用的刑事政策不属于死刑适用的原则

新中国成立初，毛泽东同志就提出，死刑坚决不能废除，但是，要少杀，因为人死不能复生，一旦错误，就难以改正，而且多杀容易引起更多地适用死刑。因此，要谨慎适用死刑。^② 邓小平同志也指出，对于专政手段，必要时要使用，使用要谨慎。^③ 这就形成了"少杀、慎杀"的刑事政策。"少杀、慎杀"的刑事政策要起到具体指导死刑适用的作用，并不能由司法机关审判时直接引用，而是通过成为刑法、刑事诉讼法、刑事执行法的具体规范，演变为关于死刑适用、执行的具体法律规定。就刑法而言，要从立法与司法解释上严格死刑的适用，提高死刑适用的具体标准。

2. 关于死刑适用的刑事诉讼规定不属于死刑适用的原则

有论者提出，适用死刑要准确，要坚持"铁案"原则等。这实际上要求，适用死刑时，严格按照刑事诉讼法关于死刑适用、核准的程序进行，保障被告人的诉讼权利。在死刑案件的侦查、起诉、审判活动中，要进行严格的证明活动，完全达到"事实清楚、证据确实充分"的标准，注意刑事诉讼证据形成封闭、合理的链条，防止因为其他因素对死刑案件应有的严格证明造成冲击与破

---

① 参见马克昌主编：《刑罚通论》，武汉大学出版社1997年版，第453页。

② 参见蔡道通：《毛泽东的死刑观及其现实启示》，载《毛泽东思想研究》2001年第2期。

③ 参见杨积堂：《邓小平刑罚思想初探》，载《宁夏大学学报（人文社会科学版）》2001年第1期。

坏。死刑适用的刑事诉讼规定是对死刑的刑法规范的实现，二者并不能相互混淆。

3. 影响暴力犯罪死刑适用的有关因素并非死刑适用的原则

对于暴力犯罪，社会反应、政治决策、文化传统、国外立法例与判例都是可以参考的材料，但不能直接作为死刑适用的指导原则。因为死刑是刑法典明文规定的刑罚种类之一，其具体的裁量属于刑法典规定的量刑制度的内容，而暴力犯罪的死刑适用问题，则要根据刑法典总则有关死刑裁量的规定与分则具体暴力犯罪的规定来确定。这是罪刑法定原则的基本要求。

所以，暴力犯罪适用死刑的指导原则，应该在刑法、刑法学的范围内予以探讨，要注意从刑法典的直接规定与刑法学的基本理论出发。

（二）暴力犯罪死刑适用的原则

1. 有关争议

围绕着我国暴力犯罪死刑适用应当遵循或者应当确立什么样的原则，在我国刑法学界大致有"一原则说"、"二原则说"、"三原则说"、"四原则说"、"五原则说"、"一般原则与具体原则说"等观点。

一原则说。该观点认为，死刑在治理犯罪上并非万能，一旦滥用，其有限的功能必将被进一步弱化，因此我国刑法应当对死刑确立"限制适用"原则。[①] 根据该原则，有学者认为，在适用死刑时应注意以下几点：（1）必须严格遵守罪刑法定原则，只有对分则条文规定了死刑的犯罪才可能判处死刑；（2）应当把握死刑规定的精神；（3）不得对犯罪的时候不满 18 周岁的人和审判时怀孕的妇女适用死刑；（4）不得违反法定程序适用死刑；（5）不得任意

---

① 沈德咏：《我国刑法对死刑应当确立"限制适用"原则——兼谈刑法的死刑政策导向》，载《中国法学》1995 年第 5 期。

采用死刑执行方法。①

二原则说。该观点认为，在适用死刑的时候，要贯彻两个原则：一是罪刑相适应原则，一定要是罪行特别严重的，才能适用死刑；二是刑罚个别化原则，要考虑到罪犯被判刑后的人身危险性，也就是说他的再犯可能性。②

三原则说。具体来说，又有两种不同的观点。第一，有学者认为，死刑适用须遵循以下三项原则：（1）谦抑性原则，即适用死刑的必需性、最后手段性和迫不得已性；（2）目的性原则，即死刑的适用必须与特殊预防和一般预防相适应；（3）公正性原则，即死刑的适用要与犯罪的客观危害和犯罪人的主观恶性相适应。③

第二，有学者则认为，该三项原则应当是：（1）少杀原则；（2）慎杀原则；（3）必须原则，指死刑只能在预防犯罪或平息民愤所必需的前提下适用。④

四原则说。该观点又有四种不同的认识：

第一，有学者认为死刑适用遵循的四项原则是：（1）必须坚持主观罪过和客观危害相结合的原则；（2）坚持杀人要少的原则；（3）坚持杀人要准的原则；（4）适用死刑要考虑社会影响的原则。⑤

第二，有学者则认为该四项原则应表述为：（1）死刑法定原则；（2）政策指导原则；（3）死刑的目的性原则；（4）死刑的公正性原则。⑥

第三，有学者认为该四项原则应当是：（1）以死刑政策为指

---

① 参见张明楷著：《刑法学》（第2版），法律出版社2003年版，第422~423页。
② 此为姜伟大检察官的观点。参见郎胜、张军、姜伟、陈兴良：《前后左右看死刑——〈刑法〉理论与实践"四人谈"精选》，载《中国律师》2003年第12期。
③ 参见钊作俊著：《死刑限制论》，武汉大学出版社2001年版，第249~256页。
④ 参见马克昌主编：《刑罚通论》，武汉大学出版社1997年版，第453页。
⑤ 参见樊凤林主编：《刑罚通论》，中国政法大学出版社1994年版，第169~170页。
⑥ 参见陈兴良主编：《刑种通论》，人民法院出版社1993年版，第98~100页。

导，以法律规定为准绳原则；（2）纵向稳定原则，即死刑的裁量条件、死刑适用的人数等要保持相对的稳定性，不能忽高忽低、忽宽忽严、忽多忽少、起伏过大；（3）横向平衡原则，即在相同的时期内，死刑适用在各个地区各个方面保持一致，既包括死刑犯罪的社会危害性平衡，又包括法官与法官之间、地区与地区之间的死刑适用平衡；（4）以罪行为基础，适当考虑民愤和社会舆论的原则。①

第四，有学者认为，司法机关在决定是否适用死刑时除了适用一般刑法原则外，还应贯彻和遵循以下4个原则：一是死刑适用应坚持"少杀、慎杀"原则，把该原则同依法从重从快打击犯罪的刑事政策统一起来，立足"少杀、慎杀"，把死刑的适用限制在最小的范围内；二是坚持"铁案"原则，每一个死刑案件必须事实清楚，证据确实充分，要有铁的事实、铁的证据，而且必须从严掌握死刑适用条件，不能任意解释死刑适用的条件和情节；三是坚持平衡适用原则，即死刑的适用在不同时期、不同地区应保持相对稳定和统一，不能忽高忽低，时宽时严，此宽彼严，此高彼低；四是坚持法律效果与社会效果统一的原则，即使符合死刑适用的条件，也不能一律判处死刑，还要考虑死刑判决的社会效果。②

五原则说。该观点认为，死刑适用的五个原则分别为：（1）死刑法定原则；（2）纵向稳定原则；（3）横向平衡原则；（4）社会舆论、民愤服从死刑标准原则；（5）死刑留有余地的司法救济原则。③

一般原则与具体原则说。该观点认为，死刑适用的一般原则是我国刑法确立了"以犯罪事实为根据，以刑事法律为准绳"这一

① 参见胡云腾著：《死刑通论》，中国政法大学出版社1995年版，第16页。
② 参见田立文、张开乐：《死刑司法限制若干问题探讨》，载陈兴良、胡云腾主编：《中国刑法学年会文集（2004年度）·第1卷：死刑问题研究》（下册），中国人民公安大学出版社2004年版，第652~654页。
③ 参见戴志强、李奎海、林乐章：《论死刑适用的限制》，载《人民司法》1998年第9期。

量刑工作的一般原则，而具体原则则是审慎原则、理性对待民愤原则、必要原则和平衡原则（死刑裁量的纵向稳定与死刑裁量的横向协调）。①

从研究的角度来划分，上述观点可以分为两类：第一类观点涉及了死刑适用的刑法实体问题、程序问题、司法观念问题、执行问题，数量比较多，可以说是死刑适用的司法原则。第二类则是在刑法典、刑法学的范畴内探讨暴力犯罪适用死刑原则，上述"二原则说"、"三原则说"的第一种观点都是这种情况。第一类观点过于宽泛，主观随意性大，没有有力的法律依据，难以为司法机关所采纳。而第二种观点则较为具体，也有法律上的依据，但并没有交代提出这些原则的理由，说服力较差。

2. 暴力犯罪适用死刑指导原则的确定

在刑法典、刑法学的范围内确定死刑适用的原则，既能够保证这样的原则具备明确的法律依据，又能使得其具备有力的理论基础，较为容易地获得刑事司法的认同。笔者认为，应从刑法典的基本原则与刑法原理两个方面来确定死刑适用的指导原则。

一方面，刑法典规定的基本原则是对暴力犯罪适用死刑的基本指导原则。罪刑法定、罪责刑相适应、刑法适用平等三大原则是刑法典规定的基本原则，对刑事法律活动具有根本的指导作用，暴力犯罪的死刑适用也不能例外。这体现为暴力犯罪适用死刑的三个原则：

（1）法定原则。暴力犯罪的死刑适用属于刑法典规定的"刑罚的运用"的基本内容，应该受到量刑制度的约束与指导。要根据具体犯罪构成与量刑情节来决定是否符合死刑适用的条件。故而，对于死刑适用的一般条件、具体暴力犯罪适用死刑的法定情节，刑法典应该有明文的规定，不能做出含糊不清的规定。司法解

---

① 参见冯卫国：《死刑裁量若干问题探讨》，载《杭州商学院学报》2003 年第 5 期。

释对"严重"、"特别严重"等概括性词语也要做出合理的阐释，符合国民的预测可能性。

（2）均衡原则。对暴力犯罪的犯罪人适用死刑，要从犯罪罪行的社会危害性、犯罪人的主观恶性、人身危险性、适用死刑的必要性等方面出发，考察死刑的适用是否必要，注意死刑与犯罪、犯罪人人格之间的适应性。适用死刑时要求犯罪人主观恶性大、人身危险性大、社会危害极其严重三大要素同时具备，缺一不可。

（3）平等原则。对于不同犯罪人的同种犯罪，在适用死刑方面应该具有近似性，犯罪危害、主观恶性、人身危险性与死刑适用必要性等方面应该大体相当，不能有太大的落差，体现刑法适用平等原则。因此，虽然不同时期、不同地区对暴力犯罪的感受非常不同，对暴力犯罪适用死刑标准的把握也会有所不同，但是，对于暴力犯罪，死刑适用的标准不能因不同时期、不同地区而有太大的区别，要保持一定的一致性。

另一方面，刑法学所公认的主客观相统一原则、刑罚个别化原则也是暴力犯罪适用死刑的指导原则。主客观相统一原则是指导认定犯罪的基本原则，刑罚个别化则是指考虑犯罪人具体人格状况来适用刑罚。对于暴力犯罪，应该从犯罪的主客观情况、犯罪人的人格状况出发来适用死刑。这体现为暴力犯罪适用死刑的两个指导原则：

（1）公正原则。刑事责任是国家对犯罪行为的否定，对犯罪人的谴责，是对犯罪行为的评价与对犯罪人的评价的统一。死刑的适用是暴力犯罪人刑事责任实现的一种形式。因此，对暴力犯罪人适用死刑，应该注意对犯罪行为与犯罪人的评价保持一致。应适用死刑的暴力犯罪在犯罪人的主观恶性、犯罪危害性、人身危险性方面都表现得非常严重，同时，上述三种属性之间保持了法律上定罪量刑应有的因果关系，即主观恶性与人身危险性很大的人在犯罪罪过的支配下实施了非常严重的暴力犯罪。只有这样，才能有利于实现社会的公正，而不是违背社会的公正。

（2）必要原则。对暴力犯罪是否适用死刑，也应超越犯罪、犯罪人本身的情况，考察适用死刑的必要性、不适用死刑的可行性。关于死刑的必要性，可以从暴力犯罪适用死刑能否达到报应与预防的目的来考察。如果适用死刑只能报应犯罪，但不足以遏制暴力犯罪的势头，就不必过多地对暴力犯罪适用死刑。关于不适用死刑的可行性，可以从两个方面来考察。一方面是犯罪人是否具备改造的条件，能否改恶从善。如果犯罪人具有改造、改善的可能，社会也具备对其改造的条件，可不适用死刑。另一方面是不适用死刑是否对社会不利。这就要考察犯罪人生存对社会有无害处，是否影响社会的安定秩序。如果不适用死刑不会影响社会的稳定，不会破坏社会的治安，社会能够采取其他合理的措施、手段来维护社会安定，平息民众的情绪，就可以不适用死刑。

二、暴力犯罪死刑限制适用措施的初步分析

对暴力犯罪死刑的限制适用，这里主要分析如下几个方面的措施：

1. 提高暴力犯罪适用死刑的法律条件

对于死刑适用条件，1979 年刑法典规定为"罪大恶极"，而1997 年刑法典则规定为"罪行极其严重"，采用法律语言，更为规范。但是，也引起了刑法理论上的不断争论。通说认为，应该从犯罪性质、犯罪后果、犯罪人的主观恶性等方面综合考虑，死刑适用的条件宜界定为"罪行极其严重，主观恶性、人身危险性非常巨大"。① 但是，《公民权利和政治权利国际公约》、《关于保护死刑犯权利的保障措施》等国际法律文件将死刑适用的标准确定为"最严重的罪行"，所谓"最严重的罪行"是指"蓄意实施的致人死亡或者极其严重后果的犯罪"。显然，公约所指的"最严重的罪行"与上述"罪行极其严重"是不同的，我国刑法典的规定使得

---

① 参见赵秉志著：《刑法总则专论》，法律出版社 2004 年版，第 548 页。

适用死刑的罪名范围过大。①

因此，司法机关应对上述"罪行极其严重"予以扩张解释，从犯罪危害、主观恶性、人身危险性等方面来进行界定。这样既不违背罪刑法定的基本原则，又能够弥补刑事立法的不足。就具体的暴力犯罪而言，在"罪行极其严重"的认定上，死刑适用的对象不应仅理解为犯有"极其严重"的犯罪的人，而应是犯有"极其严重"的犯罪且具有该种犯罪最严重法定情节的人。② 在适当的情况下，司法机关可以对常见多发、危害严重、极大威胁民众人身安全的严重暴力犯罪死刑适用条件予以明确的解释，既方便司法操作，又能教育社会，威慑潜在的不稳定分子。

2. 加强死刑缓期执行对死刑立即执行的替代

刑法典第48条第1款后半段规定，对于应当判处死刑的犯罪分子，如果不是必须立即执行的，可以判处死刑同时宣告缓期二年执行。这就是我国首创的死刑缓期执行制度。对此，理论上认为，死刑缓期执行是我国刑法典规定的死刑的执行方式之一，从执行制度上体现出对死刑限制的精神。③ 本来，死刑是以剥夺他人的生命为内容的刑罚。但是，我国所创造的死刑缓期执行"使生命刑这一没有余地的刑种有了余地，使没有等级之分的生命刑有了不同的等级之分"，"起到了生命刑向自由刑过渡的作用"。④ 死刑缓期执行是我国保留死刑情况下保持死刑威慑力，但又减少死刑适用的良好方式，成为刑法上消灭生命与保存生命之间的缓冲区。在死刑这

① 参见卢建平：《死缓制度的刑事政策意义及其扩张》，载陈兴良、胡云腾主编：《中国刑法学年会文集（2004年度）·第1卷：死刑问题研究》（下册），中国人民公安大学出版社2004年版，第721~727页。

② 参见赵秉志：《死刑研究》，载赵秉志主编：《死刑制度之现实考察与完善建言》，中国人民公安大学出版社2006年版，第133页。

③ 参见高铭暄、马克昌主编：《刑法学》，北京大学出版社、高等教育出版社2000年版，第248页。

④ 参见张正新著：《中国死缓制度的理论与实践》，刘家琛作的序言，武汉大学出版社2004年版，第1~2页。

一刑种的范围内，死刑缓期执行使得死刑具有尽可能不消灭犯罪人生命的选择性，也使得死刑立即执行这一消灭犯罪人生命的执行方式具有可替代性。因此，在尚未废止死刑的情形下，死刑缓期执行是对死刑立即执行的良好替代措施，扩大死刑缓期执行的适用有利于从司法上限制、减少暴力犯罪死刑的适用。

首先，依法放宽对死刑缓期执行适用条件的理解。对于"不是必须立即执行"，理论上也存在较大的争议。不少著述总结审判实践经验，具体列举出不是必须立即执行的情形。[①] 我们认为，"不是必须立即执行"是在对犯罪人做出"罪行极其严重"的评价之后，再次对犯罪整体状况进行衡量，就死刑的执行方式作出的选择。"不是必须立即执行"是指犯罪人已经被判处死刑后，不必立即消灭犯罪人的生命。何为"不必立即消灭犯罪人的生命"？该问题可以从首倡死缓制度的毛泽东同志的相关论述中找到答案。毛泽东同志在《论十大关系》中指出，对于某些犯罪人不杀，不是因为没有可杀的罪，而是杀了不利，杀了对社会也没有什么好处。[②] 所以，判处死刑后，"不必立即消灭犯罪人的生命"，并非罪不至死，而是不消灭其生命对社会有利，或者对社会没有什么不利，就可以不杀，保存其生命。"对社会有利，或者对社会没有什么不利"可以从如下几个方面来判断：（1）犯罪行为不是最严重地侵害国家或人民利益，人身危险性不是特别严重的。（2）从政治、外交等方面考虑，需要按照国家的特殊政策（如侨务政策、民族政策、外交政策等）对待的。（3）对国家的科学技术、历史文化的重大发展具有重大的价值与意义。（4）犯罪后有重大立功等对国家与人民有利的表现。（5）不杀不会引起社会的动乱，不会激化社会矛盾，甚至可能有利于缓解社会矛盾。

---

① 参见胡云腾著：《死刑通论》，中国政法大学出版社 1995 年版，第 282~287 页；参见马克昌：《论死刑缓期执行》，载《中国法学》1999 年第 2 期。

② 参见毛泽东著：《毛泽东选集》（第五卷），人民出版社 1977 年版，第 262~267页。

其次，强调任何暴力犯罪死刑案件都应考虑罪犯是否"不是必须立即执行"。根据刑法典第 48 条第 1 款的规定，死刑的执行方式分为死刑立即执行、死刑缓期执行两种。但是，刑法典并没有要求司法机关在适用死刑时必须首先考虑采用死刑缓期执行这种方式，而且，对于死刑缓期执行的方式，也仅是"得用"（可以）。于是，即便存在不是必须立即执行的情况，司法机关有权不选择死刑缓期执行而是采用死刑立即执行。这显然是有违于死刑缓期执行限制杀人、替代死刑立即执行的本意的。有论者明确指出，针对死刑普遍适用死缓，即在不能废止死刑的情况下，可以考虑对所有的死刑犯一律判处死缓，取消"不是必须立即执行"这一条件限制，将死缓作为死刑最基本的、普遍的执行方式，然后才考虑是否适用死刑立即执行。[①] 笔者赞同该观点。最高人民法院可通过司法解释，规定司法机关适用死刑时必须首先考虑有否"不是必须立即执行"的情形，尽可能首先选择死刑缓期执行，将死刑立即执行作为补充方式。

3. 利用现行宪法规定的特赦制度

赦免是刑事责任消灭的方式之一。联合国 1996 年通过的《公民权利和政治权利国际公约》第 6 条第 4 款规定："任何被判处死刑的人应有权要求赦免或减刑。对一切判处死刑的案件均得给予大赦、特赦或减刑。"这一规定一方面赋予被判处死刑者有要求赦免的权利；另一方面责成各缔约国政府给予被判处死刑者赦免的义务。事实上在许多国家和地区，赦免已成为减少死刑适用的重要途径。[②] 就死刑赦免而言，不少论者指出，死刑赦免制度基于人道主义立场，救济法律制度本身的不足，有利于减少和限制死刑的适

---

① 参见卢建平：《死缓制度的刑事政策意义及其扩张》，载陈兴良、胡云腾主编：《中国刑法学年会文集（2004 年度）·第 1 卷：死刑问题研究》（下册），中国人民公安大学出版社 2004 年版，第 721~727 页。

② 参见刘建、赖早兴：《我国死刑制度的激活与完善》，载《现代法学》2004 年第 4 期。

用，也有利于最大限度避免错杀冤案的发生，加强对错案的监督工作；① 而且，死刑赦免制度符合我国一贯的"少杀、慎杀政策"，有利于迎合废止与限制死刑的国际趋势，维护被判刑人的权利，同时也保持死刑本身的威慑力，回避社会舆论的压力。② 即便是适用了死刑，赦免制度也可以用来减少死刑的执行，从而也达到限制死刑的目的。③

我国没有对赦免制度做出全面的规定，仅有特赦的规定。现行宪法第 67 条规定，全国人民代表大会常务委员会有权决定特赦。第 80 条规定，国家主席有权发布特赦令。在司法实践中，1949 年至 1975 年，我国司法中实施过 7 次特赦，主要针对判处死刑缓期执行的罪犯，而非判处死刑立即执行的罪犯。此后几十年时间中，特赦就没有再适用过，成为虚置的一项法律制度，更谈不上发挥限制、减少死刑适用的作用。不过，虽然特赦制度难以在短时期内进行修正，扩展为赦免制度，但还是能够发挥其本身的作用。这需要司法机关较为主动地提出适用特赦制度。目前，可通过司法解释规定犯有暴力犯罪的死刑犯申请特赦的权利、程序，司法机关接到申请后提交全国人大常委会，后者进行研究来决定。适用特赦的情形可包括下列情形：（1）死刑核准期间，罪犯改过自新，深刻悔罪；（2）公众呼吁不杀暴力犯罪的罪犯；（3）从道德角度看，死刑是不公正的；④（4）消灭其生命不利于社会安定发展或者国家重大事项的开展；（5）保留罪犯生命对社会有一定的益处。

---

① 参见竹怀军：《论我国死刑赦免制度的构建》，载《湖南师范大学社会科学学报》2004 年第 5 期。

② 参见阴建峰：《死刑赦免制度建构论略》，载陈兴良、胡云腾主编：《中国刑法学年会文集（2004 年度）·第 1 卷：死刑问题研究》（上册），中国人民公安大学出版社 2004 年版，第 605 页。

③ 参见谢望原：《略论赦免的刑事政策意义》，载《人民司法》2003 年第 9 期。

④ 参见阴建峰：《论我国死刑赦免制度之建构》，载赵秉志主编：《死刑制度之现实考察与完善建言》，中国人民公安大学出版社 2006 年版，第 272 页。

4. 利用现行刑事诉讼法关于死刑核准的规定

刑法典第 48 条以及刑事诉讼法第 235 条都有规定，死刑立即执行案件由最高人民法院核准。但是，在死刑核准问题上，还有很多缺陷，如死刑核准权长期下放、核准程序简单、被告人权利难以保障等。① 其中，关于死刑核准的期限没有做出明确的规定。对此，有论者指出，如果死刑案件不能在合理的时间内审结，不仅影响刑事司法正义目标的实现，而且，影响刑事司法活动的社会效益。② 这样的说法是有道理的。因为刑罚的效果更多地依赖于刑罚的及时性。

不过，笔者认为，刑事诉讼法没有规定死刑核准的期限，容易导致司法机关长时间拖延，违背诉讼效率原则，但是，所核准的案件毕竟属于人命关天的死刑案件，有必要慎重、细致、准确地核准案件。因此，问题的关键不在于在多长时间内做出核准的结论，而在于公正、准确地予以核准，排除死刑案件存在的合理怀疑。如果拘泥于时间的规定，匆忙做出核准，难说是慎重对待死刑案件。因此，刑事诉讼法没有明确规定行使死刑核准的期间，但这不完全是弊端。最高人民法院可不必拘泥具体时间，认真对案件做出审查，以准确核准死刑立即执行。对于特定的案件，如果案件中存在较大的疑问，不必匆忙核准。对于特定暴力犯罪，如果罪犯有不必立即执行死刑的考虑，可延长核准时间，缓解社会压力，疏导民众报应观念，为罪犯留出申请特赦或者再审改判的机会，有利于限制与减少死刑的适用。反而，现实中有些死刑案件匆忙核准，制造出难以恢复的错误，如 1994 年河北聂树斌案等。

---

① 参见陈卫东主编：《刑事诉讼法实施问题调研报告》，中国方正出版社 2001 年版，第 200 页。

② 参见高铭暄、赵秉志、时延安：《死刑核准权收回最高人民法院后制度完善之建议》，载赵秉志主编：《刑事法治研究报告（2004 年卷）》，中国人民公安大学出版社 2005 年版，第 64 页。

第三章 暴力犯罪死刑限制适用的具体展开

具体暴力犯罪的死刑适用，是刑法典总则关于死刑、特定量刑情节的规定与分则关于具体犯罪死刑情节之规定的综合运用活动。在一定意义上，刑法典分则罪刑条文关于具体暴力犯罪之死刑适用情节的规定，是对刑法典总则关于死刑适用标准的具体化，是刑法典总则所规定之有关量刑情节能适用于死刑适用活动的必要基础。具体暴力犯罪的死刑适用，其实就是根据犯罪事实中确实存在的各种量刑情节来判断是否达到死刑适用标准的活动，是个主观评价的过程。因而这也就成为暴力犯罪死刑限制适用的必要环节，乃至主体内容。

第一节 不同类型具体暴力犯罪的死刑限制适用

如前所述，法定刑中包含死刑的具体暴力犯罪共有 24 种。基本犯法定刑中规定死刑的暴力犯罪有两种，即抢劫枪支、弹药、爆炸物、危险物质罪和故意杀人罪，其中，抢劫枪支、弹药、爆炸物、危险物质罪是情节犯。其他均为在加重犯法定刑中规定有死刑的暴力犯罪。根据刑法典分则罪刑条文的规定是否具备明确性，在后一种类型的暴力犯罪中，规定有概括性量刑情节的有 6 种犯罪，规定明确性量刑情节的则有 13 种犯罪。强奸罪加重犯等三种犯罪中，既有概括性量刑情节，又有明确性量刑情节。

一、规定明确性量刑情节之具体暴力犯罪的死刑限制适用

（一）基本犯

1. 故意杀人罪

死刑是故意杀人罪基本犯的法定刑之一。刑法典第232条并没有对故意杀人罪适用死刑的量刑情节作出规定，需要在司法实践中进行具体的分析与把握。但是，这并不表明故意杀人罪属于情节犯。故意杀人罪直接非法侵犯他人的生命权，消灭他人的肉体存在，从犯罪性质上就表明其严重性质，表明该犯罪非常恶劣。[①] 刑法典第232条对故意杀人罪的基本犯所规定的第一个法定刑种即为死刑，不仅表明故意杀人罪重于其他犯罪，而且表明立法对故意杀人罪适用刑罚的态度，即首选死刑。

对于故意杀人罪如何适用死刑，司法实践与刑法理论都有比较充分的论述。不适用死刑的，应考虑如下几种情形：

（1）犯罪发生的原因。对于被害人一方有明显过错，或者对矛盾激化负有突出责任的，一般不应判处死刑。[②] 对于因犯抢劫、强奸、绑架等严重暴力犯罪，因过失或者不注意而引起受害人死亡的，原则上也不应判处死刑。[③]

（2）犯罪主观因素。例如，间接故意实施故意杀人罪的，一般也不应适用死刑。[④]

（3）法定从宽情节。被告人有法定从宽处罚情节的，也不应

[①] 参见钊作俊著：《死刑限制论》，武汉大学出版社2001年版，第116页。

[②] 参见最高人民法院1999年10月27日发布的《全国法院维护农村稳定刑事审判工作座谈会纪要》。

[③] 参见李邦友：《对"杀人者偿命"的质疑》，载陈兴良、胡云腾主编：《中国刑法学年会文集（2004年度）·第1卷：死刑问题研究》（下册），中国人民公安大学出版社2004年版，第792页。

[④] 参见最高人民法院1999年10月27日发布的《全国法院维护农村稳定刑事审判工作座谈会纪要》。

适用死刑。①

（4）对死亡的因果关系。在故意杀人罪中，如果杀人行为与他人死亡之间的因果关系中存在介入因素，虽然该介入因素不能导致因果关系的中断，定罪时要求实施前一杀人行为的行为人对最终死亡结果负责，但量刑时也要考虑介入因素，原则上对犯罪人不判处死刑；在共同犯罪的场合，如果只有共谋而未参与实施犯罪或者在共同犯罪中未经其他共同犯罪人的同意而自行脱离犯罪的，由于犯罪的结果不由其本人实际控制，不应对其适用死刑。②

有论者指出，故意杀人罪适用死刑时，一般要考虑如下因素：故意杀人造成 1 人以上死亡或者造成其他特别严重后果，如虽未造成他人死亡，但致使数人重伤或严重残疾；为实施其他严重犯罪而故意杀人或者故意杀人后再实施其他严重犯罪的；故意杀人虽未造成他人死亡，但手段特别残忍的；采取危险性极大的方法故意杀人，致人死亡或者多人重伤等特别严重后果的；动机卑鄙的故意杀人；多次实施故意杀人，严重危害他人人身安全和社会治安秩序的；因故意杀人被判处过刑罚又犯故意杀人罪，严重危害他人人身安全和社会治安秩序的；故意杀害直系尊亲属，社会影响恶劣或者造成其他严重后果的；故意杀人后而焚毁、肢解尸体的；其他严重危害社会他人人身安全和社会治安秩序的故意杀人。③ 笔者认为，该论者的有些论述不适当地扩大故意杀人罪中死刑的适用，与上述司法解释也不相吻合，不利于限制死刑的适用。

对于故意杀人罪适用死刑的量刑情节，注意从如下几个方面来进行把握：（1）犯罪工具伤害性非常严重，如枪支、弹药、爆炸

---

① 参见最高人民法院 1999 年 10 月 27 日发布的《全国法院维护农村稳定刑事审判工作座谈会纪要》。

② 周光权：《死刑的司法控制》，载陈兴良、胡云腾主编：《中国刑法学年会文集（2004 年度）·第 1 卷：死刑问题研究（下册）》，中国人民公安大学出版社 2004 年版，第 548 页。

③ 参见钊作俊著：《死刑适用论》，人民法院出版社 2003 年版，第 372~373 页。

物、毒药等危险物质。（2）犯罪手段非常残忍、残酷，危险性极大。（3）犯罪结果非常惨重，如死亡1人以上，或者致使数人重伤、严重残疾的。（4）犯罪次数，如多次实施故意杀人。（5）犯罪附随情况，如强奸杀人的，故意杀人后又肢解尸体、毁尸灭迹的。

2. 抢劫枪支、弹药、爆炸物、危险物质罪

1997年刑法典第127条第2款规定了抢劫枪支、弹药、爆炸物罪。全国人大常委会2001年12月29日颁布的《刑法修正案（三）》对该条款作出修正，增加犯罪对象"危险物质"。因此，该罪为抢劫枪支、弹药、爆炸物、危险物质罪。2001年5月16日实施的《最高人民法院关于审理非法制造、买卖、运输枪支、弹药、爆炸物等刑事案件具体应用法律若干问题的解释》没有对该罪的死刑适用问题作出规定。

有论者指出，只有抢劫枪支、弹药、爆炸物、危险物质致人重伤、死亡或者使公私财产受到重大损失，或者具有其他严重情节的，才可以选择适用死刑。要从行为的强度、危害程度、行为对象的种类及其数量、行为环境及它所引起的社会政治与国际影响等后果来具体分析。① 上述司法解释虽然没有对本罪适用死刑的量刑情节作出解释，但是，关于盗窃、抢夺枪支、弹药、爆炸物、危险物质罪等犯罪适用死刑的量刑情节的规定可以提供思路。笔者认为，在本罪适用死刑的量刑情节上，可以考虑如下因素：（1）抢劫行为包含针对人身的攻击，行为导致1人以上死亡、多人重伤或者严重残疾；（2）抢劫国家机关、军警人员、民兵的枪支、弹药、爆炸物；（3）抢劫非军用枪支、各类子弹、炸药、黑火药、发射药、烟火药、雷管、导火索、导爆索等，达到特定数量的（如表3-1所示）；（4）抢劫手榴弹、爆炸装置的；（5）多次实施本罪行为，都未受到刑事追究；（6）实施本罪，同时使用枪支、弹药、爆炸

———————

① 参见钊作俊著：《死刑适用论》，人民法院出版社2003年版，第372~373页。

物、危险物质，造成严重后果，严重危害公共安全，触犯其他犯罪，其他犯罪没有规定死刑的。

表 3-1　抢劫枪支、弹药、爆炸物、危险物质罪
适用死刑的数量型量刑情节

枪支	火药动力非军用枪支	1 支以上
	气体等动力非军用枪支	2 支以上
子弹	军用子弹	10 发以上
	气枪铅弹	500 发以上
	其他非军用子弹	100 发以上
爆炸物	炸药、发射药、黑火药	1000 克以上
	烟火药	3000 克以上
	雷管	30 枚以上
	导火索、导爆索	30 米以上

（二）加重犯

1. 放火罪、决水罪、爆炸罪、投放危险物质罪、以危险方法危害公共安全罪

刑法典第 115 条第 1 款规定放火罪、决水罪、爆炸罪、投放危险物质罪、以危险方法危害公共安全罪等几种犯罪的结果加重犯。适用死刑的条件是"致人重伤、死亡或者使公私财产遭受重大损失"。从司法实践的实际操作来看，[①] 主要是从两方面把握这些量刑情节的：（1）1 人以上重伤、死亡；（2）公私财产遭受重大损失。

一般来说，适用死刑的量刑情节主要有：（1）死伤人数在 3 人以上，同时造成公司财产重大损失；（2）死伤不多，但公私财

---

① 如石家庄靳如超爆炸案、河南杜可平量贩特大投毒案、北京姚某某天安门撞人案等。

产遭受重大损失，犯罪手段残忍，严重危害公共安全；（3）死亡人数在3人以上，重伤人数5人以上。同时，还要考虑犯罪主观恶性、犯罪手段、犯罪工具、对生产生活的破坏程度、造成的间接损失程度等因素。

2. 破坏交通工具罪、破坏交通设施罪、破坏易燃易爆设备罪、破坏电力设备罪

刑法典第119条第1款规定了破坏交通工具罪、破坏交通设施罪、破坏易燃易爆设备罪、破坏电力设备罪等几种犯罪的结果加重犯。根据该规定，适用死刑的条件是"造成严重后果的"。何谓"严重后果"？主要有两种认识：第一种观点将"造成严重后果"认定为"致人重伤、死亡或者使公私财产遭受重大损失"。[①] 第二种观点将其界定为"各种设备设施受到严重损坏，或者致人重伤、死亡或者使公私财产遭受重大损失"。[②] 笔者认为，第一种观点是准确的，因为"各种设备设施受到严重损坏"也属于"使公私财产遭受重大损失"的情形，没有必要单独列出。一般来说，适用死刑的量刑情节主要有：（1）死伤人数在3人以上，同时造成公司财产重大损失；（2）死伤不多，但公私财产遭受重大损失，犯罪手段残忍，严重危害公共安全；（3）死亡人数在3人以上，重伤人数5人以上。同时，还要考虑犯罪主观恶性、犯罪手段、犯罪工具、对生产生活的破坏程度、造成的间接损失程度等因素。

3. 劫持航空器罪

刑法典第121条劫持航空器罪加重犯适用绝对死刑。该量刑情节是"致人重伤、死亡或者使航空器遭受严重破坏"，即1人以上重伤、死亡，既有重伤，又有死亡；航空器也受到严重破坏，功能受到损害，不能正常使用。这种情况下，绝对性地适用死刑。但

---

① 参见鲍遂献、雷东生著：《危害公共安全罪》，中国人民公安大学出版社2003年版，第115、128、138、146页。

② 参见钊作俊著：《死刑适用论》，人民法院出版社2003年版，第219~234页。

是，基于减少、限制死刑适用的立场，也要从犯罪主观恶性、犯罪手段、犯罪工具、对生产生活的破坏程度、造成的间接损失程度等方面予以考虑，判定犯罪人是否属于"死刑缓期两年执行"的情况。

4. 故意伤害罪

对于故意伤害罪的死刑适用，刑法典第234条规定的量刑情节为"致人死亡或者以特别残忍手段致人重伤造成严重残疾"。有关司法解释指出，对于故意伤害致人死亡，手段特别残忍，情节特别恶劣的，才可以判处死刑；对于故意伤害致人重伤，造成严重残疾，只有犯罪手段特别残忍，后果特别严重的，才能考虑适用死刑。[①] 这样就将死刑作为故意杀人罪适用刑罚的最后选择，能够限制死刑的适用。所以，如何判断"手段特别残忍"、"后果特别严重"，关系到对故意伤害罪是否适用死刑。

对于"故意重伤致人死亡"，有论者指出，可从四方面来判断，即行为人在主观上必须具有重伤故意；在客观上应以伤害行为已造成重伤结果为基础，最后导致被害人死亡；"伤害致死"是指被害人的死亡是由重伤行为直接造成的；情节特别严重，表现为动机恶劣卑鄙，手段残忍凶恶。[②] 对于"以特别残忍手段致人重伤造成严重残疾"，有论者指出，可以从三方面来判断，即实施伤害的手段特别残忍，即采取为一般的伤害行为所不使用或者不能被一般社会公众所能容忍的伤害手段；致人重伤，即具备刑法典第95条规定的几种情形之一；造成严重残疾，无法痊愈。[③]

对于"手段特别残忍"，有论者认为，主要表现为以下8种形式：伤害行为持续时间较长；伤害手段使被害人异常痛苦；以强酸毁容，造成被害人极度精神创伤，痛苦终身；以锐利的凶器乱刺或

① 参见最高人民法院1999年10月27日发布的《全国法院维护农村稳定刑事审判工作座谈会纪要》。
② 参见康凤英：《论故意伤害罪的量刑》，载《中国刑事法杂志》2001年第5期。
③ 参见钊作俊著：《死刑适用论》，人民法院出版社2003年版，第375~377页。

者以棍棒等钝器猛砸乱打，或以其他凶狠毒辣手段实施伤害他人行为；以特别阴险或者特别淫秽的手段伤害他人；伤害多人并致多人重伤；多人共同伤害他人，并致被害人重伤或多处重伤；使用武器或者其他手段，如汽车等，实施伤害犯罪。① 笔者认为，这些认识有助于认定"手段特别残忍"，但主观性过强，缺乏统一的标准，有些与犯罪手段实际上没有关系。综合上述各种认识，笔者认为，"残忍"是指犯罪人意图使被害人受到严重痛苦，而被害人也实际上感受到了痛苦。具体可从如下几方面来把握：（1）犯罪主观方面。犯罪人有重伤故意，且企图造成被害人的极大痛苦。（2）犯罪客观表现。行为直接侵害到被害人人身的重要部位，甚至是残害肢体（如挖眼、泼强酸、砍手脚）。（3）犯罪程度。犯罪行为造成被害人痛苦的手段持续时间非常长，或者伤害程度非常大，能够即时造成极大痛苦。（4）犯罪工具。犯罪工具具有很强的杀伤性、破坏性，如枪支、爆炸物、机动车等。（5）社会观念。社会公众也认为该手段难以容忍，甚至具有侮辱性。

因为"手段特别残忍"本来也属于"特别恶劣的情节"，但被立法者明确规定出来。那么，对于"情节特别恶劣"，就要从与被害人死亡有关的多方面来分析，主要有如下几种情况：（1）使用残忍手段使被害人重伤，并以此折磨被害人，使被害人遭受严重痛苦后慢慢死亡。（2）被害人有多人，均是被犯罪人以特别残忍的手段残害，遭受严重痛苦后死亡。（3）被害人与犯罪人有近亲属关系，或者被害人是未成年人，但犯罪人仍以残忍态度对待。

对于"后果特别严重"，则要从与被害人严重残疾有关的几个方面来分析，主要有这样几种情况：（1）被害人的严重残疾是因为其遭受的重伤引起的，被害人在其重伤中就遭受到了非常大的痛苦。（2）严重残疾，是指被害人因为遭受重伤而失去身体大部分功能，不能进行正常生活，如植物人状态、完全精神病状态、四肢

① 参见康凤英：《论故意伤害罪的量刑》，载《中国刑事法杂志》2001年第5期。

瘫痪，或者失去语言能力、呼吸功能严重障碍、严重毁容等。（3）被害人有多人，均是严重残疾。（4）被害人与犯罪人有近亲属关系，或者被害人是未成年人，但犯罪人仍以残忍态度对待。

5. 绑架罪

刑法典第 239 条规定了绑架罪加重犯的绝对死刑，其量刑情节为"致使被绑架人死亡或者杀害被绑架人"。"致使被绑架人死亡"是指绑架行为客观上造成被害人死亡，犯罪人主观上具有过失或间接故意的罪过。"杀害被绑架人"是指以直接故意将被害人杀死，即"撕票"。出现这两种情况的，视为"罪行极其严重"，应当适用死刑。当然，可以根据其他量刑情节来分析可否适用死缓。

6. 抢劫罪

刑法典第 263 条规定的抢劫罪加重犯适用死刑的量刑情节有：（1）特定犯罪场合，即入室抢劫，在公共交通工具上抢劫的；（2）特定犯罪对象，即抢劫银行或者其他金融机构，抢劫军用物资或者抢险、救灾、救济物资的；（3）特定犯罪手段，即持枪抢劫的、冒充军警人员抢劫的；（4）犯罪结果，即抢劫致人重伤、死亡；（5）犯罪次数与犯罪数额，即多次抢劫或者抢劫数额巨大的。具备多种量刑情节时，有论者指出，可选择其一作为定罪情节，其他转化为从重处罚的情节。[1] 笔者认为，这种是错误的。因为这里的规定是抢劫犯成立加重犯的条件，而非抢劫罪的构成要件。它们只具有量刑的意义，并没有任何定罪的意义，视为定罪情节是不对的。而且，不管行为人是具备上述一种量刑情节，还是具备多种量刑情节，都符合加重犯的成立条件，要按照加重犯来处理。当然，具备多种量刑情节的，在量刑上就要比具备一种量刑情节时重些。

那么，对抢劫罪适用死刑的量刑情节应该如何理解？笔者认

---

[1] 参见赵廷光：《论定罪剩余的犯罪构成事实转化为量刑情节》，载《湖北警官学院学报》2005 年第 1 期。

为，应该从抢劫罪侵犯人身权利与侵犯财产权利两个方面来考虑。具备其中一个方面的，只有危害非常严重的，才可适用死刑；同时具备两方面因素，而且都很严重的，可适用死刑。具体情形如下：（1）具备特定犯罪场合、特定犯罪对象、特定犯罪手段等犯罪情节中的一种或多种，同时，犯罪数额巨大的，可适用死刑。[①]（2）抢劫致人重伤、死亡，可以按照故意伤害罪致人重伤、死亡的情形，适用死刑。（3）多次或者长时间实施抢劫，被害人众多，其中多人受到重伤害，同时，犯罪数额巨大。

二、规定概括性量刑情节之暴力犯罪的死刑限制适用

基本犯、加重犯中的"情节严重"、"情节特别严重"，都是暴力犯罪适用死刑的具体条件。有论者指出，对情节犯的认定，应该尽量考虑以权利为本位，以限制刑罚权的适用为原则。[②] 这是有道理的，因为刑罚结构的改革受到世界刑事政策的影响，而世界刑事政策总体上趋向于两极化，即表现为"轻轻重重"。因此，我国有必要坚持轻刑化，同时根据犯罪的严重程度适当地分配刑罚。[③] 而且，对于规定概括性情节的严重暴力犯罪，刑事司法解释也没有规定统一的标准，司法实践中也不易把握，容易放宽死刑适用的条件，扩张死刑的适用。所以，对"情节严重、恶劣"、"情节特别严重"的认识与把握就有必要非常的严格，而不能过于随意。

（一）加重犯

这方面主要有暴力犯罪加重犯，即在刑法典规定的暴力犯罪死刑罪名中，加重犯可适用死刑的量刑情节为"情节特别严重"。这

---

① 参见钊作俊著：《死刑适用论》，人民法院出版社 2002 年版，第 375～377 页。

② 参见李翔：《刑事政策视野中的情节犯研究》，载《中国刑事法杂志》2005 年第 6 期。

③ 参见陈兴良：《刑事政策视野中的刑罚结构调整》，载《法学研究》1998 年第 6 期。"轻轻"是指对轻微犯罪，包括偶犯、初犯、过失犯等主观恶性不重的犯罪，处罚更轻。"重重"是指对严重犯罪更多地、更长期地适用监禁刑。

些犯罪有第 104 条武装叛乱、暴乱罪和第 317 条第 2 款暴动越狱罪、聚众持械劫狱罪。

（1）武装叛乱、暴乱罪。刑法典第 104 条、第 113 条规定，武装叛乱、暴乱罪"对国家和人民危害特别严重、情节特别恶劣的"，可以判处死刑。因此，武装叛乱、暴乱罪是否"罪行极其严重"，主要是从"对国家和人民危害特别严重"与"情节特别恶劣"两个方面来判断。这两方面同时具备的，才能对武装叛乱、暴乱罪适用死刑。

对于"危害特别严重"，可从本罪的手段行为与目的行为造成的结果两方面去理解，即武装行为造成重大的人员伤亡，叛乱、暴乱行为造成某地脱离中华人民共和国中央人民政府的实际控制或者主权范围。对"情节特别恶劣"，就不再从行为后果方面去考虑，而是从前述犯罪主体情节、犯罪主观情节、犯罪客观情节、犯罪附随情节等方面考虑。犯罪主体情节主要有：犯罪主体是国家党政军重要领导和邪教组织、黑社会性质组织、恐怖组织的头子及国外反华力量的头子等。犯罪客观情节主要有：勾结引诱的人非常多、使国家工作人员、军警人员大量参与犯罪活动、与国外反华势力或者武装力量勾结、造成社会动荡或者经济建设受到严重影响、使用伤害性手段强迫他人的等。

（2）暴动越狱罪、聚众持械劫狱罪。刑法典第 317 条第 2 款规定了暴力越狱罪、聚众持械劫狱罪，其基本犯表现为"首要分子与积极参加者"。加重犯的法定刑是绝对死刑，量刑情节是"情节特别严重"。在这两种犯罪的加重犯中，适用死刑的犯罪人同样是首要分子与积极参加者，且必须适用死刑。但是，这里的量刑情节却是概括性情节，需要从多方面来把握。首先，犯罪主体情节主要有：犯罪人具有国家工作人员身份的，或者为邪教组织、黑社会性质组织、恐怖组织的首要分子或者积极参加者。其次，犯罪客观情节主要有：参与人员众多（10 人以上）、抢夺军警人员枪支弹药、造成大量人员伤亡、造成大量被监管人员脱逃、持有枪支弹药或者其他伤害性较强凶器、致使很多犯罪人的司法程序长期不能进行。

(二) 加重的加重犯

1. 拐卖妇女、儿童罪

刑法典第 240 条规定，拐卖妇女、儿童的，处 5 年以上 10 年以下有期徒刑，并处罚金；有特定八种情形之一的，处 10 年以上有期徒刑或者无期徒刑，并处罚金或者没收财产；情节特别严重的，处死刑，并处没收财产。对于拐卖妇女、儿童罪，有论者指出，具备刑法典第 240 条第 1 款规定的八种特定情形之一，并且情节特别严重的，一律适用死刑。① 笔者认为，上述观点是有道理的，但与刑法典的直接规定并不相符合。刑法典对拐卖妇女、儿童罪绝对死刑的规定，表现为 "情节特别严重"，而非 "具备前述情形之一，情节特别严重"。拐卖妇女、儿童罪适用死刑的情形要比八种特定情形更为严重。所以，在八种情形下，情节特别严重的，可适用死刑，但有其他情形，情节特别严重的，也可适用死刑。当然，这些情况不影响拐卖妇女、儿童罪加重的加重犯的成立。

笔者认为，"情节特别严重" 是指下列情形：（1）具备八种特定情形之中的三种以上的；（2）拐卖妇女、儿童人数众多，或者为出卖而绑架妇女、儿童众多的，或者为出卖，偷盗婴幼儿众多，或者将众多妇女、儿童卖到境外，社会危害极其严重的；（3）奸淫 3 名以上被拐卖妇女，或者强迫多名妇女卖淫，或者卖出多名妇女被迫卖淫的；（4）造成被拐卖妇女、儿童 3 名以上重伤、死亡、终身严重残疾，或者造成其亲属多名重伤、死亡、终身严重残疾的；（5）不具有八种特定情形之一，但为实施邪教组织犯罪、黑社会组织犯罪、恐怖组织犯罪或者以人体进行非法实验而拐卖妇女儿童 3 名以上的。

---

① 参见钊作俊著：《死刑适用论》，人民法院出版社 2003 年版，第 395 页。

2. 破坏武器装备、军事设施、军事通信罪

刑法典第 369 条规定，破坏武器装备、军事设施、军事通信的，处 3 年以下有期徒刑、拘役或者管制；破坏重要武器装备、军事设施、军事通信的，处 3 年以上 10 年以下有期徒刑；情节特别严重的，适用 10 年以上有期徒刑、无期徒刑、死刑。全国人大常委会 2005 年 2 月 28 日通过的《刑法修正案（五）》第 3 条规定，该罪"战时从重处罚"。因此，破坏武器装备、军事设施、军事通信罪加重的加重犯才适用死刑。"情节特别严重"属于概括性情节，但尚无立法解释或者司法解释对此作出明确的规定。通常认为，"情节特别严重"是指破坏行为引起了重大军事损失，或者破坏了大量武器装备和军事设施、军事通信等情况。[1] 有论者从犯罪对象为重要的装备、设施以及多次实施犯罪行为、造成重大经济损失、犯本罪后又实施本罪的、造成战斗战役重大失败、造成人员重大伤亡、与敌对分子勾结实施等方面来分析。[2]

其实，该罪规定于"危害国防安全罪"一章中，直接侵犯国防的安全。能否适用死刑，应从犯罪行为对国防安全的危害情况来分析。犯罪行为对国防安全有极大危害的，才能适用死刑。因此，仅仅造成重大经济损失或者再犯等情况，不适宜对罪犯适用死刑。笔者认为，可对如下情节适用死刑：（1）行为严重危害国防的安全，造成敌人顺利侵犯或者可能造成敌人顺利侵犯；（2）严重破坏军事装备、设施，造成战斗力大幅度下降，难以有效恢复；（3）造成我军战斗战役失败，造成人员重大伤亡；（4）在战时实施本罪，严重损害国防安全与军事利益等。

3. 战时残害居民、掠夺军民财物罪

刑法典第 446 条规定，战时残害居民、掠夺军民财物罪的加重

① 参见赵秉志主编：《刑法新教程》（第 3 版），中国人民大学出版社 2009 年版，第 810 页。

② 参见钊作俊著：《死刑适用论》，人民法院出版社 2003 年版，第 472~473 页。

犯的量刑情节是"情节严重",加重的加重犯的量刑情节是"情节特别严重",都属于概括性的量刑情节。

对此,可结合本罪的犯罪构成要件来界定,具体情况主要有:(1)残害行为致使多名居民重伤死亡的,可参考故意杀人罪、故意伤害罪适用死刑的标准。(2)掠夺行为致使多名居民重伤、死亡,可参考故意杀人罪、故意伤害罪适用死刑的标准。(3)多次或者长时间实施掠夺,被害人众多,其中多人受到重伤害、轻伤害,同时,犯罪数额巨大。(4)犯罪行为对军事利益有重大影响,如使战役战斗遭受重大失败、使军队造成重大伤亡或者经济损失等。

另外,也可考虑如下因素:(1)犯罪主体情节,如犯罪人是否重要,如高级军队领导、将领。(2)犯罪客观情节,如使用枪支、弹药、爆炸物、危险物质实施残害、掠夺行为,犯罪对象是老弱病残孕等弱势群体;组织多人多次实施犯罪行为。(3)犯罪附随情节,如对居民还有奸淫行为、侮辱行为等。

三、规定明确性与概括性量刑情节之暴力犯罪的死刑限制适用

(一)加重犯

刑法典第 236 条第 3 款规定了强奸罪的加重犯,其中,适用死刑的法定情节中有一个为概括性情节,其余四个为明确性情节。这些情节只有符合"罪行极其严重"的条件,才能对强奸罪适用死刑。

对于可适用死刑的"情节恶劣",笔者认为,可从如下几个方面来把握:(1)犯罪手段非常恶劣,采用残害性方法长时间奸淫幼女、妇女;(2)强奸同时也具有侮辱性质,给被害人带来非常大的精神刺激;(3)犯罪被害人是老弱、病残、怀孕的妇女;(4)强奸、奸淫作为亲属的女性,严重侵犯亲情关系。

对于其他量刑情节,可适用死刑的情形具体是指:(1)强奸妇女、奸淫幼女 3 名以上,或者多次强奸妇女、奸淫幼女,造成恶劣影响;(2)在公共场所当众强奸妇女 1 名以上,造成恶劣影响;

（3）二人以上轮奸多名妇女、幼女，或者轮奸犯罪的首要分子，造成非常恶劣影响；（4）致使被害人重伤、死亡，即被害人性器官严重损伤，或者造成其他严重伤害，身体残疾，甚至当场死亡，或治疗无效而死亡；① （5）造成其他严重后果，如被害人自杀、精神失常、被害人家属死伤的。

（二）加重的加重犯

1. 强迫卖淫罪

刑法典第 358 条第 2 款规定，有第 1 款情形之一，情节特别严重的，选处死刑。因此，对强迫卖淫罪的加重犯是否处以死刑，需要具备五种特定情形之一与"情节特别严重"两方面因素，缺一不可，即具备特别严重的五种情形之一，具体是指：（1）强迫多名不满 14 周岁的幼女卖淫，给其造成严重精神伤害或者身体重伤的；（2）强迫多人卖淫或者多次强迫他人卖淫，给其造成严重精神伤害或者造成非常恶劣的社会影响；（3）强奸多人后迫使她们卖淫；（4）造成多名被强迫卖淫的人重伤、死亡或者其他严重后果的（终身残疾或者亲属伤亡等）。

2. 阻碍执行军事职务罪

刑法典第 426 条规定，以暴力、威胁方法，阻碍指挥人员或者值班、值勤人员执行职务的，处 5 年以下有期徒刑或者拘役；情节严重的，处 5 年以上有期徒刑；致人重伤、死亡的，或者有其他特别严重情节的，处无期徒刑或者死刑。因此，阻碍执行军事职务，致人重伤、死亡的，或者有其他特别严重情节的，可选处死刑。但是，何种情况下适用死刑呢？笔者认为，要从犯罪人暴力犯罪手段的程度、阻碍执行军事职务引起的后果两方面来判断。从犯罪人暴力犯罪手段的程度看，犯罪人的暴力行为故意杀死多人，或者造成多人重伤、死亡，可参考故意杀人罪、故意伤害罪适用死刑的标

① 参见最高人民法院、最高人民检察院、公安部 1984 年 4 月 26 日发布的《关于当前办理强奸案中具体应用法律的若干问题的解答》。

准，对本罪适用死刑。从阻碍执行军事职务引起的后果方面来看，犯罪行为使我军战役或者战斗遭受重大失败、我军经济价值重大的设施设备损坏、具有重大军事意义的阵地、要地被敌军占领、造成军队伤亡非常惨重等。[①]

第二节　民间矛盾与暴力犯罪死刑的限制适用

犯罪通常是在特定的环境中由特定的因素引发的。民间矛盾就是在某些具体情况下引发犯罪发生的因素之一。对于其所引发的符合死刑适用标准的严重犯罪来说，民间矛盾对死刑的司法适用有何种影响，理论上的分析并不多见。分析该问题，有助于在暴力犯罪案件存在民间矛盾因素的情况下考虑和分析限制死刑适用的合理途径，因而也属于暴力犯罪死刑限制适用的具体问题。

一、民间矛盾的理论定位

（一）民间矛盾的犯罪学意义

民间矛盾是引发犯罪发生的因素之一，但其属于何种类型的犯罪原因，则是有待分析的问题。犯罪学理论对犯罪原因根据一定的标准划分了多种类型。[②] 从所引发之犯罪的不同特征和作用的范围的角度来看，民间矛盾尽管不太可能对某个国家或者地区一定时期内的所有犯罪都具有引发、促成和影响的作用，但却有可能引发某一类型的犯罪（如严重暴力犯罪），也有可能引发某一种具体犯罪（如故意杀人罪），不过，民间矛盾的这种作用使得其既不属于犯罪类型原因，又不属于具体犯罪原因。而从犯罪原因是内在还是外在于犯罪人的视角分析，民间矛盾显然不是个体性的犯罪原因，而且，由于其也发生于特定的环境，特定的环境并不限于家庭或者企

---

① 参见钊作俊著：《死刑适用论》，人民法院出版社 2003 年版，第 517~518 页。

② 参见张远煌主编：《犯罪学》，中国人民大学出版社 2007 年版，第 191~197 页。

业等某个方面，因而也不属于社会性犯罪原因。

那么，究竟该如何从理论上认识民间矛盾的犯罪学性质呢？笔者认为，应从民间矛盾自身的发生原因和构造上入手。民间矛盾是人与人之间的矛盾。民间矛盾之所以发生，自然是因为人们基于自身的利益或者情感需要而各自提出了自己的诉求，不同主体的诉求具有否定关系，即某个人或者某一方实现了自己的利益或者情感诉求，其他人或者另一方就不能实现自己的利益或者情感诉求。在民间矛盾中既存在客观的方面，也存在主观的方面。特定的社会环境（家庭、企业、公共场所等）、主体（人）的具体行为活动就是客观的方面，主体（人）及其人格等心理因素、生理因素以及在矛盾中的具体利益或者情感要求则都是主观的方面。以此来看，民间矛盾显然不属于典型的社会性犯罪原因或者个体性犯罪原因。但是，不能否认的是，民间矛盾确实是一种独立、典型的引发犯罪发生的原因，且包含了主体心理和生理因素、特定社会环境乃至特定自然环境等主客观两方面的因素，在性质上并不属于理论上的犯罪原因类型，也并不是犯罪发生的根源和条件。有论者对此类犯罪原因作了分析，认为可以称为"犯因性因素"。[1] 这个概念对于现有的犯罪原因分类理论有着很强的补充意义，也为类似于民间矛盾这样的犯罪原因找到了理论上的归属。但是，其不足之处也很明显，即犯因性因素的综合性特征以及具体作用使得社会性犯罪原因与个体性犯罪原因的区分、犯罪类型原因和具体犯罪原因的区分都失去了意义。其实，因为犯因性因素综合了引发犯罪的主客观因素，可以说其符合当前关于犯罪原因的基本认识，[2] 其实属于犯罪的具体原因。对于这种犯罪的具体原因，自然可以根据主客观相统一的方

① 参见张远煌主编：《犯罪学》，中国人民大学出版社2007年版，第196页。

② 犯罪原因是一个多质多层次的、综合的、变化的、彼此互为作用的相关系统，它包含有社会因素、心理因素、生理因素、自然环境因素以及文化等多种因素。这诸种因素有机结合而形成一定的罪因结构时，便可能导致某种犯罪现象的发生。参见康树华：《论中国犯罪学研究现状》，载《法学论坛》1997年第3期。

法分析客观因素与犯罪人主观因素之间的相互影响以及它们在形成综合力量后引发、促成、影响犯罪发生的实际作用。

作为一种犯罪的具体原因，民间矛盾自然出现于其引发的犯罪之前，从事后看民间矛盾使得犯罪人处于引发、促成或者影响犯罪人实施犯罪行为的情景之中。换言之，民间矛盾是犯罪人在实施犯罪之前所处的具体情境，亦即有学者所界定的"罪前情境"。[①] 在罪前情境的语境下，可以看出：与他人发生矛盾的犯罪人在当时场合根据自身的主观感受（体验）产生罪过，并支配自己的意志实施危害行为，因而民间矛盾完全具备罪前情境的主要内容，包括作为被害人的民间矛盾另一方是情境中的侵害对象，民间矛盾双方或熟悉或者陌生的特定人际关系以及当时的场合。从罪前情境的角度分析民间矛盾，显然更能突出民间矛盾对具体犯罪发生的引发作用，也避开了难以分类的问题。至于民间矛盾属于哪一种罪前情境，需要根据对民间矛盾具体内容的分析来确定。

总之，民间矛盾属于一种独立的、典型的犯罪具体原因，成为犯罪人在实施犯罪行为之时所处的具体罪前情境，因而也可作为犯罪学上划分特定犯罪类型的一种标准。

（二）民间矛盾的刑法学意义

民间矛盾是引发犯罪发生的因素之一，即犯罪的具体原因之一。因而对民间矛盾之刑法学意义的分析，不能脱离刑事法理论上对犯罪原因的认识。但是，刑法学理论上对犯罪原因与定罪量刑之关系的分析并不多见。而若对民间矛盾从罪前情境的角度看，可以粗略地确定其刑法学意义，如在犯罪学领域，有学者指出，分析影响犯罪的情境因素，有利于具体考察犯罪人的主观恶性和反社会倾向，使罪责刑相适应原则和刑罚个别化原则的贯彻建立在更可观的基础上。[②] 对此，如果从刑事责任评价的角度来看，可以认为，民

---

① 张远煌著：《犯罪学原理》（第2版），法律出版社2008年版，第327页。
② 张远煌著：《犯罪学原理》（第2版），法律出版社2008年版，第327页。

间矛盾作为犯罪具体原因或者罪前情境，也揭示出犯罪人的主观恶性和人身危险性。但是，笔者认为，民间矛盾在刑事实体法理论上的作用不限于此，其也能够反映出特定犯罪的社会危害性程度。具体而言，可以从民间矛盾内容的三个方面来分析：（1）若存在被害人真实承诺，那么，犯罪的社会危害性程度要轻微些；（2）犯罪人与被害人关系非常亲密的犯罪情形，要比犯罪人与被害人关系非常疏远或者陌生的犯罪情形，在社会危害性程度上严重些；（3）特定的犯罪时间、场合在某些情况下也能反映出犯罪的社会危害性程度，如当着孩子的面因口角杀害近亲属的犯罪情形，显然有较重的社会危害性。

　　总体而言，引发具体犯罪发生的民间矛盾能够反映犯罪人和被害人之间的关系以及犯罪人在当时场合下对外界刺激的反应状况，从而能够成为分析犯罪人之主观恶性、人身危险性以及犯罪之社会危害性的依据，因而可以认为属于一种犯罪情节。那么，民间矛盾属于哪一种犯罪情节呢？对此，也可从民间矛盾内容的角度来分析：（1）有学者也在理论上将犯罪发生的环境归类为酌定的犯罪情节（量刑）之一。[①] 但某些犯罪发生环境则属于定罪情节，如"禁渔区"、"禁猎区"分别属于刑法典第 340 条规定之"非法捕捞水产品罪"、第 341 条第 2 款规定的"非法狩猎罪"中的定罪情节。但根据刑法分则有关罪刑条文的规定，在直接以他人人身为侵害对象的具体犯罪中，犯罪时间、场合既不属于定罪情节，又不属于法定的量刑情节。对于民间矛盾引发的侵犯人身的犯罪来说，犯罪时间、场合其实也只能是酌定的量刑情节。（2）刑法典没有规定被害人的过错或者承诺、犯罪人与被害人的关系对犯罪人的刑事责任的影响，因而被害人、被害人与犯罪人之间关系因素也不属于法定的犯罪情节，若对犯罪人的社会危害性确有影响，则可作为酌定的量刑情节。

----

① 参见赵秉志主编：《刑法总论》，中国人民大学出版社 2007 年版，第 483 页。

　　另外，犯罪人之刑事责任的判断，可从犯罪行为的社会客观危害性，犯罪人的主观恶性和人身危险性等方面考虑。[①] 因此，根据民间矛盾对犯罪人是从重处罚还是从轻处罚，就需要考察民间矛盾与具体犯罪行为的社会危害性，犯罪人的主观恶性和人身危险性有何关系。如果根据民间矛盾可以确定犯罪行为造成的社会危害更为严重，犯罪人的主观恶性更为恶劣，犯罪人的人身危险性更强，那么，自然需要考虑对犯罪人从重处罚，相反，可考虑对犯罪人从宽处罚。

（三）民间矛盾的刑事政策意义

　　如果单从行为所造成的危害后果上考察，民间矛盾引发的犯罪与其他因素引发的犯罪可能没有过大的差别。而从犯罪人的主观恶性和人身危险性程度这两个方面分析，民间矛盾引发的犯罪与其他因素引发的犯罪存在很大的不同，主要表现为犯罪人对罪错是否真诚悔罪，被害方是否对犯罪人真正谅解。这样的不同自然会影响到司法机关处理上述不同类型犯罪的实际效果。因此，司法机关对此给予了充分的重视，并确定了处理民间矛盾所引发之犯罪所应采取的依法从宽的刑事政策。于 2007 年 1 月 15 日颁布的《最高人民检察院关于在检察工作中贯彻宽严相济刑事司法政策的若干意见》第 12 条就明确地指出："对因人民内部矛盾引发的轻微刑事案件依法从宽处理。对因亲友、邻里及同学同事之间纠纷引发的轻微刑事案件，要本着'冤家宜解不宜结'的精神，着重从化解矛盾、解决纠纷的角度正确处理……"而最高人民法院于 2010 年 2 月 8 日发布的《关于贯彻宽严相济刑事政策的若干意见》不仅同样主张对民间矛盾引发的犯罪要准确把握和正确适用依法从"宽"的政策要求，而且明确地规定依法从宽的政策适用于所有民间矛盾引发的犯罪，而不限于民间矛盾引发的轻微刑事案件，即"对于因恋爱、婚姻、家庭、邻里纠纷等民间矛盾激化引发的犯罪，因劳动

---

① 参见赵秉志主编：《刑法总论》，中国人民大学出版社 2007 年版，第 58 页。

纠纷、管理失当等原因引发、犯罪动机不属恶劣的犯罪，因被害方过错或者基于义愤引发的或者具有防卫因素的突发性犯罪，应酌情从宽处罚"。可见，引发犯罪发生之民间矛盾所反映的犯罪和犯罪人的态势，已经成为最高司法机关在切实贯彻宽严相济刑事政策过程中的重要考量因素，具体而言，民间矛盾就是司法机关依法从宽处理其所引发之犯罪的基本依据。

二、民间矛盾的构造与概念界定

尽管上述司法文件都提到了民间矛盾，但并没有对其概念作出界定，只是列举了几种最为典型的民间矛盾。这就不能明确揭示其他类型的民间矛盾，难以适应司法实践的全面需要，因而有必要给予理论上的探讨。对于民间矛盾，可以从其构造入手来分析其概念。

首先，民间矛盾的发生情境——民间矛盾发生于民间。所谓民间，其实是指矛盾完全发生于平等民事主体的日常生产、生活中，并不牵连国家事务，与国家的任何公共管理活动也没有联系。矛盾的各方主体都是因为自己特定的日常生产、生活需要才发生冲突、产生矛盾的。若国家工作人员或者军人违反职责，或者普通公民违反国家管理规定而与国家某个机关发生了冲突，不能视为民间的矛盾。因而民间矛盾引发的犯罪在性质上区别于国家工作人员的职务犯罪、军人违反职责的犯罪以及违反国家某些管理规定的犯罪。

其次，民间矛盾的主体——民间矛盾是普通民众之间发生的矛盾。简单地说，民间矛盾是老百姓之间的矛盾。矛盾的存在和冲突的展开，与某一方是否具有国家工作人员身份或者被国家机关委托从事公务并无关系。即便是矛盾的某一方具有国家工作人员的身份，或者被国家机关委托从事公共管理，矛盾也并不是发生于该一方利用身份上的权力或者职责进行管理活动的过程中的，即该一方不是利用其职权与对方展开冲突或者争执的。尽管上述司法文件所列举的几种典型民间矛盾都表现为夫妻、家人、同学、同事等熟人之间的冲突，但我们不能以此推定民间矛盾一定是熟人之间所发生的矛盾。即便是陌生人，也可能在日常的生产、生活中发生冲突、争执，进而导致严重刑事犯罪的发生，如在公共场所因拥挤发生争执而发生冲突，演化成斗殴，造成严重后果，同样也属于民间矛盾引发犯罪的情形。[①] 不过，笔者认为，导致民间矛盾发生的原因既可能是感情纠纷，也可能是生活利益纷争。对于后者，如果不是严重的犯罪行为，即便是一般的违反行政法律法规的活动（卖淫嫖娼、追讨赌债、强乞强讨等），也可将引发的矛盾认为是民间矛盾，不宜随意地认定行为人恶意敌对和报复社会。

再次，民间矛盾与犯罪人罪过——民间矛盾表明主体之间并不存在"你死我活"的"深仇大恨"。换言之，犯罪人在主观上并不具有极其卑劣的主观恶性和极其严重的人身危险性。民众之间发生矛盾纠纷，进而导致犯罪发生，并不是矛盾对犯罪人单方面作用的结果，而是矛盾双方相互影响、刺激，致使悲剧发生。虽不能说被害人有过错，但也应看到被害人同样是矛盾的一方，对矛盾的产生、存在乃至激化也有一定的作用。[②] 因而犯罪人侵害被害人，并不是长期策划、蓄谋已久，而是临时产生歹意（侵害被害人的意图）或者突然受到严重刺激。当然，这并不是说矛盾本身必定是暂时的或者短时间内存在演变的，不能排除犯罪人因为长期的矛盾而产生了侵害意图。在实践中，完全有可能是犯罪人因长期矛盾积压而在某个时候产生了犯罪意图，希望以此解决彼此之间的矛盾，在纠纷中寻求一种解脱（如大义灭亲，杀死长期危害乡里且不服管教的逆子）。因此，民间矛盾引发的犯罪明显区别于非法控制社会的黑社会性质犯罪、恶意危害公共安全的恐怖组织犯罪、危害国

[①] 参见王成全、秦传熙：《民间纠纷引发暴力犯罪之死刑的司法控制》，载《法律适用》2008 年第 3 期。

[②] 参见周刚、毛洁：《如何把握婚姻家庭矛盾引发故意杀人案件死刑的适用》，载最高人民法院网站"典型案例"栏目，http://rmfyb.chinacourt.org/public/detail.php?id=120649，访问时间：2010 年 1 月 20 日。

家或者国防的犯罪以及那些具有仇视和报复社会心理、意图造成极其严重危害的犯罪。但是，我们不能排除下述情况——某些民间矛盾引发的犯罪在性质上也有可能非常恶劣，造成的后果极其严重，犯罪人的主观恶性和人身危险性极其严重，如前几年浙江发生的徐建平杀妻分尸案即是如此，徐建平在与妻子发生口角后发生打斗，将妻子掐死，为掩盖罪行而分尸，构成故意杀人罪，且手段极其残忍，罪行极其严重。

最后，民间矛盾的性质——民间矛盾与人民内部矛盾存在显著差异。人民内部矛盾是政治用语，常用于政治学研究或者国家对政治形势的分析活动。对于犯罪，只要不是犯罪人恶意颠覆国家政权、严重仇视人民的，就仍属于人民内部矛盾。对于属于人民内部矛盾的犯罪，国家自然不会对犯罪人"赶尽杀绝"，而是区分轻重，分别对待。虽然民间矛盾是民众之间存在的冲突或者争执，因而也属于人民内部矛盾，但是，人民内部矛盾在范围上显然大于民间矛盾。在民间矛盾引发的犯罪中，犯罪人一般不会对社会或者某个社会群体或者某个地区具有仇视、报复的心理，相反，只是针对与其发生冲突和矛盾的对方。而且，人民内部矛盾所具有的政治色彩显然表明，不能在刑事法学理论中直接用其来分析民间矛盾。

综合上述分析，民间矛盾只是社会民众之间在日常生产、生活中发生的冲突、争执和纠纷，其引发的犯罪也是矛盾一方通常非预谋地产生犯意，针对另一方实施的侵害行为。认识到这一点，对于妥当地处理民间矛盾引发的犯罪有着重要的启示。

三、民间矛盾与暴力犯罪死刑的限制适用

民间矛盾与其所引发的犯罪之间的内在联系，使其对犯罪的处理活动也必然产生影响。因而对于民间矛盾引发的、罪行极其严重的暴力犯罪，死刑的司法适用也有必要考虑作为犯罪引发因素的民间矛盾。

（一）民间矛盾对死刑适用政策之选择的实际影响

因为处在民间矛盾中的人们之间在实际上并无"你死我活"或者"赶尽杀绝"的"深仇大恨"，民间矛盾引发的犯罪对社会或者某个社会群体也没有根本的危害或者威胁，因而社会上通常并不认为民间矛盾是难以化解的，对民间矛盾引发的犯罪在总体上认为可以宽缓地对待。上述司法文件对民间矛盾引发的犯罪都认为可以用从宽的刑事政策来对待。

不过，在笔者看来，民间矛盾本身也有程度的区别。若被害人对冲突发生也有过错或者责任，双方矛盾较深，对立情绪较重，那就可以判定，犯罪人的主观恶性和人身危险性并不是极其严重，虽然犯罪的罪行本身符合死刑适用的标准，但出于化解矛盾的考虑，也可考虑适用从宽量刑。若犯罪人因很小的矛盾而以残忍手段侵害对方，那么，民间矛盾的存在反而说明犯罪人主观恶性和人身危险性极为严重，对犯罪人不加区别地从宽处理，似乎违背宽严相济的刑事政策和罪责刑相适应原则的要求，相反，若罪行极其严重，符合死刑适用的标准，那就可以考虑从严量刑。因此，在司法实践中，要区分民间矛盾双方的对立情况，分析矛盾双方对激化矛盾、展开争执的实际作用，判断犯罪人的主观恶性和人身危险性，合理选择处理其引发的暴力犯罪的刑事政策：从整体上而言，考虑对民间矛盾引发的暴力犯罪从宽量刑，慎重把握死刑的适用，但也要注意具体问题具体分析，注意矛盾严重程度在引发暴力犯罪发生上的实际作用，注意区别对待，对不宜从宽的情况可以从严处理，考虑死刑的司法适用。民间矛盾是司法机关在对暴力犯罪适用死刑时确定刑事政策的重要考虑依据。

（二）民间矛盾并非衡量犯罪罪行程度的唯一依据

尽管作为引发具体犯罪发生的民间矛盾也是犯罪情节之一，可以作为考虑犯罪人之主观恶性和人身危险性状况的依据，但是，其在任何具体犯罪中都不是孤立地存在的，恰恰相反，与其他犯罪情节并存。其实，在具体刑事案件中，影响犯罪之社会危害性程度与犯罪人主观恶性和人身危险性程度的犯罪情节很多，既有否定死刑适用的犯罪情节，又有限制死刑适用的犯罪情节，还有促使司法人员趋向于适用死刑的犯罪情节（如累犯）和绝对要求适用死刑的犯罪情节。[①] 因此，对具体案件是否适用死刑的衡量，要对所有犯罪情节予以分析，从而确定犯罪是否符合死刑适用标准。这对于民间矛盾引发的暴力犯罪案件来说也不例外。考察犯罪的社会危害性程度、犯罪人的主观恶性和人身危险性，不可能仅仅依赖于对作为犯罪起因的民间矛盾的审视。而对民间矛盾的分析，需要注意如下问题：

第一，客观地分析民间矛盾引发的暴力犯罪的社会危害性程度，既不能一概认为此类犯罪在社会危害程度上较轻，也不能全都认为此类犯罪在性质上非常严重。

第二，注意分析民间矛盾的程度，矛盾双方冲突和对立情绪的强度，从而分析犯罪人的主观恶性和人身危险性。若矛盾一方因为轻微矛盾而严重地侵犯被害人的生命、重大健康，则应确认犯罪人的主观恶性和人身危险性极为严重，而不能仅仅根据犯罪起因是民间矛盾就否定这一点。

第三，结合犯罪的其他情节来分析犯罪人的主观恶性和人身危险性。在某些民间矛盾引发的暴力犯罪中，犯罪人可能动机卑劣，手段残忍，极其严重地侵犯他人的重大健康或者生命，从而表明犯罪人的主观恶性和人身危险性极其严重，尽管其行为是针对特定的对象，而非社会公众或者某个社会群体，但其在客观和主观上的严重程度并不一定亚于非民间矛盾引发的暴力犯罪，同样符合死刑适用标准，因而并非不可以考虑死刑的适用（如前述徐建平杀妻案）。

---

① 参见黄晓亮著：《暴力犯罪死刑问题研究》，中国人民公安大学出版社 2008 年版，第 110 页。

（三）民间矛盾影响其引发之暴力犯罪死刑适用活动的立足点

对民间矛盾所引发的暴力犯罪适用死刑在立足点上与其他类型暴力犯罪的死刑适用活动存在显著的不同，即对民间矛盾引发的暴力犯罪适用死刑，也应该特别注意化解当事人之间的矛盾。既然民间矛盾是人们在普通的日常生产、生活中因为感情或者经济利益发生的冲突，那么，矛盾的双方对矛盾的产生、冲突的进行都有责任。这样的矛盾尽管不影响社会秩序的稳定，但也妨碍了人们本应该享有的和谐生活。不管这些矛盾是否引发了刑事犯罪，通过对矛盾双方的劝解调和，化解他们的对立情绪，维持良好的生活秩序，同样也是维护社会治安的重要内容。因此，对于此类矛盾引发的暴力犯罪，在定罪量刑上就要特别注意化解矛盾，不能在犯罪处理后仍让矛盾存在，更不能加深或者恶化矛盾。那么，就要特别注意不能通过消灭犯罪人的方式来化解矛盾，严格限制和显著减少对因民间矛盾而侵害他人的犯罪人适用死刑。这对于民间矛盾引发之暴力犯罪的死刑适用活动也具有指导意义。民间矛盾引发之暴力犯罪的死刑适用活动应将立足点置于化解当事人的矛盾上。对此，笔者认为可以考虑如下几个方面的问题：

第一，准确认定犯罪人的主观罪过，不能因为当事人间有矛盾就认定犯罪人主观上一定是直接故意，或者认定犯罪人都经过了精心策划的犯罪预谋，当然也不能走到另一个极端，否认个别犯罪人动机卑劣，蓄谋已久的情形。

第二，对犯罪人进行实事求是的教育和训诫，使其认识到自己的罪错，对犯罪从内心深处予以忏悔，对被害人及其家属表现出真诚的歉意，促使犯罪人一方对被害人一方进行积极的赔偿。在犯罪人确实忏悔罪过的情况下可以考虑对其不适用死刑或者不适用死刑立即执行。

第三，不能迁就被害方的复仇情绪，相反，要从"不能冤冤相报"、"冤家宜解不宜结"、"犯罪人的死不能换来被害人的活"等角度进行劝导。在犯罪人一方确实无力赔偿或者赔偿不充分的情况下，可以考虑通过国家补偿、社会捐助等方面对被害人一方进行经济上的抚慰，对被害人一方建议民政等国家机构从心理、生活、生产等各方面进行必要的援助。

总之，民间矛盾属于犯罪起因的一种，但将之称为"罪前情境"更为恰当。不管是在理论上还是在司法上，在处理民间矛盾引发的犯罪中，民间矛盾都是合理选择对处理活动具有指导意义的刑事政策的重要依据。而从刑法学上看，民间矛盾具有犯罪情节的特征，但并非是考察其引发之犯罪的危害性程度与犯罪人主观恶性和人身危险性程度的唯一依据，相反，需要根据所有的犯罪情节分析犯罪是否符合死刑适用标准。当然，在民间矛盾之暴力犯罪的死刑适用上，需要注意将化解矛盾、减少死刑适用作为立足点。

第三节　暴力犯罪死刑适用的法律效果与社会效果问题[①]

相对于其他刑事案件，暴力犯罪死刑案件似乎集中了更多的矛盾和冲突。因主体有所不同，这些矛盾和冲突有着不同的层次：第一层次表现为犯罪人与国家之间的矛盾和冲突，即犯罪人侵犯国家所确定的法律秩序，危害国家的统治权威，对此，马克思曾指出，"犯罪——孤立的个人反对统治关系的斗争"；恩格斯也认为，"蔑视社会秩序最明显最极端的表现就是犯罪"。第二层次表现为犯罪人与社会之间的矛盾和冲突，即犯罪人侵犯了社会秩序，破坏了社会成员所共同遵守并赖以生存发展的秩序价值，国家其实以社会的名义对犯罪人追究刑事责任，主要目的还是维护社会秩序，因而很多死刑案件往往会引起社会公众的热烈关注，使得司法机关在处理

① 北京师范大学法学院 2011 届法律硕士毕业生周建民先生对本部分的研讨和撰写也有贡献，与笔者共同收集资料、确定研究思路和合作撰写相关内容。

上要注意民众的认识和意愿。第三层次表现为在有被害人犯罪的情况下犯罪人与被害人及其家属之间的矛盾，因为被害人的权益受到了直接的侵犯，给被害人及其家属造成了严重的损害，被害人或者家属对犯罪人产生仇恨或者怨恨的心理，而在被害人有过错或者侵害犯罪人或其亲友的情况下就会形成双方互为侵害者和被害人而互有怨怼心理，从而存在直接、强烈的矛盾关系。至于这些矛盾和冲突的具体情况，与死刑案件本身所涉及的具体犯罪有着直接的关系。而根据不同的标准可以对死刑犯罪案件进行不同的划分，从而可以从不同角度认识死刑犯罪案件中的各种矛盾和冲突。依据犯罪的性质和手段，可以区分为暴力犯罪死刑案件（如故意杀人案）和非暴力犯罪死刑案件（如集资诈骗案）；[①] 依据有无直接的被害人，可以区分为有被害人的死刑犯罪案件（如放火案）和无被害人的死刑犯罪案件（如抢劫枪支、弹药、爆炸物案）。相比较而言，在暴力犯罪死刑案件中，尤其是有被害人的暴力犯罪死刑案件中，犯罪人与其他各方之间的矛盾最为突出、剧烈和紧张，对暴力犯罪死刑适用及其效果有着比较深刻的影响。

所以，对于暴力犯罪死刑案件，司法机关不可能仅仅考虑犯罪性质、对犯罪人是否以及如何适用死刑的问题，还必须注意案件中存在哪些层次的矛盾、这些矛盾对案件的法律处理有何影响、对这些矛盾和冲突该如何采取适当的措施进行合理的处理等复杂问题。换言之，对于死刑之法律适用的正确性仅仅是死刑案件处理的一个重要方面，暴力犯罪死刑适用之社会反应、对各种矛盾和冲突的化解作用同样具有重要的地位。而且，暴力犯罪死刑案件中的各种矛盾和冲突对死刑的适用也有直接的影响，甚至说暴力犯罪死刑适用的效果在很大程度上取决于对这些矛盾和冲突的理解、认识和妥当处理。因而法律效果与社会效果的统一问题在暴力犯罪死刑案件中

---

① 黄晓亮著：《暴力犯罪死刑问题研究》，中国人民公安大学出版社 2008 年版，第 20 页。

更具有典型性、代表性和启示性意义。

一、暴力犯罪死刑适用的法律效果

司法机关是否准确、严格地按照刑事法律的规定对犯罪人适用死刑，属于暴力犯罪死刑适用法律效果的问题。法律效果是暴力犯罪死刑适用的根本所在。若司法机关对犯罪人错判死刑或者当适用死刑而未适用，就会直接动摇刑事法律以及司法机关的权威。而暴力犯罪死刑适用的法律效果具体如何，则是一个评价和分析的过程。

(一) 评价因素

对暴力犯罪死刑适用法律效果进行评价，首先要解决从哪些因素入手进行评价的问题。从本质上讲，暴力犯罪死刑适用属于刑罚裁量的内容之一，因而对暴力犯罪死刑适用法律效果的评价，需要从刑罚裁量的角度进行分析。对刑罚裁量之法律效果，需要从如下两个因素入手评价和分析。

1. 正向必要性因素

所谓正向必要性因素，是指对暴力犯罪死刑适用法律效果的考察，需要分析暴力犯罪死刑适用的必要性，即确有必要对犯罪人适用死刑。"不杀不足以平民愤"其实就是暴力犯罪死刑适用之正向必要性的表述。在过去的半个多世纪里，针对杀人犯罪案件，我国各级法院的刑事司法文书曾经非常频繁地运用过"不杀不足以平民愤"这样的语词，以论证对犯罪人应适用死刑立即执行。不过，就目前来看，依据"民愤"来适用死刑，将会产生很多的问题。司法机关对"民愤"应该保持冷静，不仅不能在司法文书中直接以民愤作为定罪量刑的依据，而且还应远离民愤，对民愤进行正确的引导。[①] 在当前的时代背景之下，从正面看，考察暴力犯罪死刑

---

① 参见黄晓亮著：《暴力犯罪死刑问题研究》，中国人民公安大学出版社 2008 年版，第 56 页。

适用的必要性就是强调暴力犯罪死刑适用的慎重性。只有确定暴力犯罪死刑适用确属必要，才能确保暴力犯罪死刑适用的谨慎性。2005 年 3 月 19 日，温家宝总理在记者招待会上明确表示不会废止死刑，但要慎重适用。暴力犯罪死刑适用的慎重性在一定程度上保证了暴力犯罪死刑适用在法律上的合理性，为暴力犯罪死刑适用不随意侵犯犯罪人的人权提供了一种观念上的保障。

实现暴力犯罪死刑适用的慎重性，就需要确定对犯罪人适用死刑是有必要的。因为在现代民主社会，死刑的本质就是报应与预防，因此，关于有必要对犯罪人适用死刑，可以从暴力犯罪死刑适用能否实现对犯罪的报应和暴力犯罪死刑适用能否实现对犯罪的一般预防两个角度进行分析。一方面，对于暴力犯罪死刑适用能否起到报应作用，需要考察的是通过死刑来否定犯罪和谴责犯罪人是否必要。显然，此时往往需要分析犯罪人所侵犯之法益的重要性程度和所造成损失之严重性程度，与剥夺犯罪人生命的必要性程度是否存在内在的一致性。另一方面，对于暴力犯罪死刑适用能否起到一般预防作用，需要考察没有犯罪的社会成员，包括危险分子、不稳定分子、刑事被害人以及其他社会成员在认识到犯罪人被适用死刑之时会否在内心里产生对死刑的畏惧，消除已经产生的犯罪意图或者抑制自己不去产生犯罪意图。因为一般预防是指通过制定、适用和执行刑罚，防止社会上可能犯罪的人走上犯罪道路。其对象不是犯罪人，而是没有犯罪的社会成员。

2. 反向无害性因素

所谓反向无害性因素，是指在考察暴力犯罪死刑适用法律效果之时，需要分析不适用死刑的可能性，即如果对犯罪人不适用死刑，是否会从根本上严重侵犯社会的基本公正价值观念，造成严重或者重大社会不公。在很多时候，司法机关对犯罪人适用死刑，往往需要从反面考虑暴力犯罪死刑适用是否有利于保持法律在社会中至高的权威，从而使得公众能够自觉地按照法律的规则来行事，并为今后处理类似的刑事案件产生良好的仿效作用。例如，2003 年

12 月 20 日，最高人民法院作出〔2003〕刑提字第 5 号刑事判决书，撤销辽宁省高级人民法院〔2002〕辽刑一终字第 152 号刑事附带民事判决中对再审被告人刘涌故意伤害罪的量刑及决定执行的刑罚部分，并认为再审被告人刘涌犯故意伤害罪，判处死刑，剥夺政治权利终身，决定执行死刑，剥夺政治权利终身，并处罚金人民币 1500 万元。该提审的刑事判决书为当时争论纷纭的刘涌黑社会性质组织犯罪案画上了句号，在一定意义上维护了社会的基本公正价值观念。① 如果对犯罪人适用死刑不存在反向无害性因素，就表明了暴力犯罪死刑适用符合现实需要，具备相应的合理性。当然，在此情况下还需要考虑，暴力犯罪死刑适用的反向无害性因素考察是否会给司法过分考虑"民愤"留下危险的漏洞。笔者认为，对此无须担心，因为对暴力犯罪死刑适用法律效果的考察并非要片面地仅从反向无害性因素进行考察，首要和主要的因素是正向的暴力犯罪死刑适用必要性。在对死刑适用法律效果进行考察时必须将这两方面的因素结合起来进行分析，缺一不可。而且，反向无害性因素的功能主要在于弱化暴力犯罪死刑适用的必要性，为限制暴力犯罪死刑适用、更多地彰显刑法的人道主义价值，即对存在暴力犯罪死刑适用之反向无害性因素的案件，尽可能对犯罪人不适用死刑，至少不适用死刑立即执行。

就具体的考察而言，可以从两个方面来进行：一方面，犯罪人是否具备改造的条件，能否改恶从善。如果犯罪人确实具有改造、改善的可能，社会也具备对其改造的条件，可不适用死刑。另一方面，如不适用死刑是否对社会不利。这就要考察犯罪人生存对社会有无害处，是否影响社会的安定秩序。如果不适用死刑不会影响社会的稳定，不会破坏社会的治安，社会能够采取其他合理的措施、手段来维护社会安定，平息民众的情绪，就可以不适用死刑。

---

① 《沈阳"黑道霸主"刘涌被判处死刑》，载新浪新闻，http://news.sina.com.cn/z/liuyongsy/，2010-3-10。

（二）评价标准

阐明需要从哪些因素入手考察暴力犯罪死刑适用的法律效果，解决了基本的路径问题。我们还需要注意的是，暴力犯罪死刑适用效果是否良好，需要看暴力犯罪死刑适用从多大程度上实现了暴力犯罪死刑适用的必要性，死刑案件存在何种程度的弱化暴力犯罪死刑适用的因素。而这就关涉到暴力犯罪死刑适用法律效果的评价标准问题。

1. 罪责刑相适应原则的实现

罪责刑相适应原则的基本含义是：犯多大的罪，就应承担多大的刑事责任，法院亦应判处其相应轻重的刑罚，做到重罪重罚，轻罪轻罚，罚当其罪，罪刑相称；罪轻罪重，应当考虑行为人的犯罪行为本身和其他各种影响刑事责任大小的因素。我国刑法典第5条规定："刑罚的轻重，应当与犯罪分子所犯罪行和承担的刑事责任相适应。"根据这一规定，一方面，刑事立法对各种犯罪的处罚原则规定，对刑罚裁量、刑罚执行制度以及对各种犯罪法定刑的设置，不仅要考虑犯罪的社会客观危害性，而且要考虑行为人的主观恶性和人身危险性。另一方面，在刑事司法中，法官对犯罪分子裁量刑罚，不仅要看犯罪行为及其所造成的危害结果，而且也要看整个犯罪事实包括罪行和罪犯各方面因素综合体现的社会危害性程度，讲求刑罚个别化。在暴力犯罪死刑适用上必须严格遵守罪责刑相适应原则。具体而言，需要根据该原则的规定准确地理解刑法典第48条第1款所规定的暴力犯罪死刑适用条件。

2. 主客观相统一原则的实现

主客观相统一原则不仅是定罪的原则，同样也包括暴力犯罪死刑适用在内的刑罚裁量所应遵循的原则。主客观相统一原则要求符合犯罪主体条件的被告人，在其故意或者过失危害社会的心理支配下，客观上实施了一定的危害社会的行为，对刑法所保护的社会关系构成了严重威胁或已经造成现实的侵害。如果缺少其中主观或者客观任何一个方面的条件，犯罪就不能成立，不能令犯罪嫌疑人、被告人承担刑事责任。在暴力犯罪死刑适用上，需要注意的是对犯罪人适用死刑有促进性影响的犯罪情节，必须系犯罪人在主观上有认识而意志在客观上予以实现的事实情形。例如，有些情况下，行为人在看到被害人遭受疾病、残疾的严重痛苦后，不忍心让病痛继续折磨被害人，为减轻被害人疾病或残疾痛苦而杀人，此时，死刑的适用就需要特别慎重。① 简言之，对于犯罪人适用死刑，需要把人身危险性、反社会性格、犯罪动机等主观因素与犯罪人的客观行为表现联系起来，进行综合的考虑和衡量。

3. 暴力犯罪死刑适用标准的把握

刑法典第48条第1款规定了暴力犯罪死刑适用的标准。对于任何案件来说，从犯罪情节上考量，只有确实存在"罪行极其严重"的情形，才能对犯罪人适用死刑。有无"立即执行"的必要是法定的是否适用死刑立即执行的根本条件。正确理解"罪行极其严重"，是明确暴力犯罪死刑适用主体的关键。有的学者认为，"罪行极其严重"是指犯罪对国家和人民的危害特别严重，罪行是否极其严重，不仅要考察犯罪行为的客观危害，还要考察行为人的主观恶性和人身危险性。② 还有学者提出，所谓"罪行极其严重"，应当是指犯罪性质极其严重、犯罪情节极其严重、犯罪分子主观恶性和人身危险性极其严重。③ 但是，刑事案件案情的千差万别决定了在进行司法活动时必须对案件的具体案情进行具体分析，只有这样才能尽可能地保障适用死刑的判决符合刑法对罪行给予的评价程度。犯罪人的犯罪性质、犯罪情节、主观恶性和人身危险性都应该成为是否对犯罪人判处死刑的考虑因素。笔者认为，对犯罪人适用死刑，应该注意对犯罪行为与犯罪人的评价保持一致。应适用死刑的暴力犯罪在犯罪人的主观恶性、犯罪危害性、人身危险性方面都

① 参见赵秉志主编：《死刑改革研究报告》，法律出版社2006年版，第220页。
② 参见赵秉志主编：《新刑法典的创制》，法律出版社1997年版，第79、81页。
③ 参见马松建著：《死刑司法控制研究》，法律出版社2006年版，第55页。

表现得非常严重，同时，上述三种属性之间保持了法律上定罪量刑应有的因果关系，即主观恶性与人身危险性很大的人在犯罪罪过的支配下实施了非常严重的暴力犯罪。只有这样，才能有利于实现社会的公正，而不是违背社会的公正。

4. 刑罚功能的发挥

刑罚的功能，是指国家制定、适用与执行刑罚对人们可能产生的有利的社会作用。为了达到刑罚的最佳效果，必须充分发挥刑罚的各种机能和效用。① 这对于死刑的适用来说也毫不例外。死刑的适用能否、是否以及如何、多大程度发挥了刑罚功能，直接决定了暴力犯罪死刑适用的实际价值和意义。具体而言，对死刑来说，因为其在内容上是消灭犯罪人的肉体因而不可能实现改造功能，部分实现对犯罪人的威慑功能、教育功能，但却能够全部地实现对犯罪人犯罪能力的剥夺功能，对被害方的安抚功能，对其他犯罪人的威慑功能、教育功能，以及对广大公民同犯罪做斗争的鼓舞和激励功能。对于任何具体适用死刑的个案，都可以从上述角度进行评价。如果不能实现上述刑罚功能，死刑的适用就是值得质疑的。

5. 刑事政策的贯彻

1997年刑法没有对刑事政策再作出规定，但"惩办与宽大相结合"的刑事政策实际上在刑事司法中却受到足够的重视。国家领导决策层逐步提出并强调在法律工作中贯彻宽严相济的刑事政策。2006年10月11日，中共中央在《中共中央关于构建社会主义和谐社会若干重大问题的决定》中明确地提出了宽严相济的刑事司法政策，同时也强调对严重刑事犯罪依法予以严厉打击。最高人民检察院于2007年1月15日发布了《关于在检察工作中贯彻宽严相济刑事司法政策的若干意见》，最高人民法院于2010年2月8日发布了《关于贯彻宽严相济刑事政策的若干意见》，都对宽严相

---

① 参见马克昌等主编：《刑法学全书》，上海科学技术文献出版社1993年版，第668页。

济的刑事政策的贯彻问题做出了明确的规定。而就死刑而言，从宽严相济刑事政策的角度看，有必要对极其严重的刑事犯罪（如故意杀人罪等）严厉地适用死刑，即"保留死刑，严格控制和慎重适用死刑"政策也是宽严相济刑事政策的具体化，对此要准确理解和严格执行。在司法实务中，对于罪行极其严重的犯罪分子，应当判处死刑的，要坚决依法适用死刑（包括死刑立即执行），尤其对于极端仇视国家和社会，以不特定多数人为侵害对象，所犯罪行为特别严重的犯罪人，若是应当重判的人，则要坚定地依法从重判处，对应当适用死刑的人，要坚定地依法适用死刑。当然，也要依法严格控制死刑的适用，保证死刑只适用于极少数罪行极其严重的犯罪人。对于罪行虽然极其严重，但属于依法可不立即执行的犯罪人，就不必判处死刑立即执行。

（三）评价过程

暴力犯罪死刑适用的法律效果如何，是一个经过评价才能得出结论的问题。而评价的过程究竟如何，却要依赖于对评价主体的确定。令人感觉到莫名其妙的是，在各种有关的分析中，法律案件处理之法律效果的评价主体却始终是一个未被给予明确和深入分析的概念。对于暴力犯罪死刑适用而言，法律效果究竟取决于谁的评价，决定了暴力犯罪死刑适用法律效果的具体状况。

1. 评价主体

暴力犯罪死刑适用的过程本身是一个刑事责任评价的过程。刑事责任作为一种法律责任，其内容是犯罪人因其实施犯罪行为而产生的依法承担的刑事法律后果的义务及其应当受到否定的道德和法律评价和谴责。无犯罪则无刑事责任，没有犯罪行为刑事责任无从谈起，行为人实施了犯罪行为，刑事责任业已产生并客观存在，只是国家司法机关还没有开始追究刑事责任。刑事责任与达到犯罪程度之危害行为同时存在，但该犯罪行为之刑事责任性质和程度如何，需要司法机关的认定和评价。司法机关按照法定程序，审理查证以确认行为人是否实施了犯罪，是否应当承担刑事责任、承担何种刑事责任及如何实现刑事责任。就死刑案件而言，司法机关对行为人所实施的危害行为事实进行确认，并根据法律的规定确认与该犯罪行为相一致的刑事责任的性质和程度，即确定行为人所犯的罪行是否属于死刑罪名，是否存在适用死刑的犯罪情节，是否符合暴力犯罪死刑适用的标准，在判处死刑的情况下该采取哪一种死刑执行方式。

但是，暴力犯罪死刑适用法律效果的评价的过程却不同于暴力犯罪死刑适用活动本身，因为这是对刑事责任评价活动的再评价。这种对刑事责任评价活动的再评价，更需要在法律规定的范围内进行。刑事诉讼法将认定事实、适用法律错误作为对刑事案件二审、再审的重要条件。被告人对一审刑事判决享有上诉的权利，对终审刑事判决则享有申诉的权利，检察机关则有权进行抗诉。就死刑案件而言，中级人民法院判处死刑的第一审案件，被告人不上诉，高级人民法院应当予以复核，再报请最高人民法院核准；高级人民法院第一审判处死刑，被告人不上诉，或者第二审判处死刑，也都应当报请最高人民法院核准。而根据 2007 年 2 月 27 日发布的《最高人民法院关于复核死刑案件若干问题的规定》第 2 条的规定，原判认定事实和适用法律是否正确、量刑是否适当、诉讼程序是否合法是最高人民法院是否核准死刑刑事判决的基本根据。可见，对刑事责任评价活动的再评价，刑事法律已经规定了相关的监督机制，以保证各司法机关坚持以事实为根据，以法律为准绳的原则。这种监督是法律的监督，而监督的主体显然是司法机关本身，也就意味着暴力犯罪死刑适用法律效果的评价主体是司法机关本身。这符合法律效果与社会效果统一论提出者的认识。[①] 当然，也有论者认为法律效果的评价主体是法律专业人员。[②]

---

①　参见李国光：《坚持办案的法律效果与社会效果相统一》，载《党建研究》1999 年第 12 期。

②　参见刘岩：《对法律效果与社会效果统一的若干思考》，载《十堰职业技术学院学报》2009 年第 4 期。

笔者不同意上述看法。法律专业人员的范围尽管很广泛，都可以对刑事案件（包括暴力犯罪死刑适用）处理的法律效果进行评价，但是，似乎范围还是有些狭窄。因为从上述分析可以看出评价的活动根本在于是否准确地理解法律的规定，严格地遵守法律的规定。既然如此，凡是能准确地理解法律的规定，严格地按照该规定去分析案件本身，都属于法律效果的评价，即完全可以脱离司法机关及其工作人员，也不限于法律专业人员，而是推广到整个社会，包括所有的社会成员。

2. 评价活动

任何社会成员，只要能准确地理解和严格地遵守刑事法律的规定，都可以对暴力犯罪死刑适用的法律效果进行评价。司法公正是办案法律效果的本质反映。而司法机关在暴力犯罪死刑适用上是否实现了司法公正，最关键的问题就是处理本身是否严格遵守刑事法律的规定。

第一，司法机关是否严格遵守刑事程序法的规定对死刑案件的事实做出了认定。不管是赖以定罪还是据以量刑的犯罪事实，只有经过查证属实的证据按照确实、充分的标准予以证实，才能成为司法机关处理案件的基本前提。此时，司法机关不仅需要严格遵守2010年6月13日最高人民法院、最高人民检察院、公安部、国家安全部、司法部最新联合发布的《关于办理刑事案件排除非法证据若干问题的规定》，而且也要严格遵守上述几个部门同时联合发布的《关于办理死刑案件审查判断证据若干问题的规定》。如果事实认定有误，任何单位和个人都有权利按照法定程序向处理的机关以及相应的法律监督机关提出异议，要求重新对该案件进行处理。

第二，司法机关是否严格按照刑事实体法的规定对犯罪人定罪和判处死刑。在确实认定了犯罪事实的情况下，准确地理解刑法总则条文和刑法分则罪刑条文，将该条文所确定的事实模型与所认定的事实相对比，若完全契合而无差异，自然不存在法律适用错误的问题。这也就是说此时存在刑法解释的问题。而暴力犯罪死刑适用与否更要取决于犯罪人的犯罪行为是否有被判处死刑的该当性，及其所实行的犯罪行为是否为法律规定可以适用死刑的犯罪类型。此时，不管是司法机关或者其他国家机关出于法律监督的需要，还是其他社会成员出于社会观察的心理，只有严格按照刑法典第48条第1款的规定才能对暴力犯罪死刑适用的法律效果进行相应的评价。需要注意，"罪行极其严重"是犯罪的性质极其严重、犯罪的情节极其严重、犯罪分子的人身危险性极其严重的统一。而观察的主要对象就是犯罪人的犯罪情节。犯罪情节极其严重，通常是指犯罪的手段极其残忍或者极其卑劣，造成的后果极其严重等。犯罪分子的人身危险性极其严重，一般是指一贯作恶多端，累判累犯；实施犯罪后态度恶劣，拒不认罪；在羁押期间不服看管，甚至充当牢头狱霸等。根据该暴力犯罪死刑适用标准对暴力犯罪死刑适用进行评价，势必会得出暴力犯罪死刑适用必要且适当，或者暴力犯罪死刑适用无必要而失当的二者择一的结论。得出结论就意味着对暴力犯罪死刑适用是否符合司法公正作出了判断。

第三，不同的评价活动对评价主体的意义不完全相同。尽管不同评价主体在评价暴力犯罪死刑适用法律效果的问题上有共同的追求，即实现司法公正，有效地惩治犯罪，严密地预防犯罪和保护社会，同时尽可能不去侵犯犯罪人的合法权益而保障其人权，但是，不同的主体进行暴力犯罪死刑适用法律效果的评价也有不同的追求。对司法机关而言，该评价是其对自身职能履行情况的自我分析和判断，如果其认为暴力犯罪死刑适用没有实现司法公正，那么，司法的意义就会大打折扣。对社会公众而言，该评价是其关注生存和发展之社会环境、选择有利于自己之社会条件的积极表现，如果他们认为暴力犯罪死刑适用没有实现公正，他们就会怀疑司法的作用，或者也去破坏法律秩序，挑战司法权威，或者放弃对司法的信赖，采取极端措施维护个人利益。

二、暴力犯罪死刑适用的社会效果

暴力犯罪死刑适用的社会效果，是指死刑的立法创立和司法适用在社会上产生的效用和结果,[①] 具体而言，是社会的各个阶层对暴力犯罪死刑适用活动及其对自身影响的认知、感受。仅从主体上看，暴力犯罪死刑适用社会效果的评价无法区别于暴力犯罪死刑适用法律效果的评价。有论者指出，"社会效果"则通常是指社会公众关于司法行为是否公正、合理、妥当的判断结果，判断依据、评价标准具有多元性、不统一性，从整体上看是以非法律专业人员的普遍正义感与一般社会生活经验为基本评价基点。[②] 不过，在笔者看来，暴力犯罪死刑适用社会效果的评价完全可以区分于暴力犯罪死刑适用法律效果的评价，因为评价的因素和标准完全不同，暴力犯罪死刑适用社会效果的评价不会像暴力犯罪死刑适用法律效果的评价那样完全以刑事法律的明确规定作为基本依据在准确理解和严格遵守刑事法律规定的要求下进行评价，相反，其是以刑事法律之外的因素作为依据，根据其他标准进行基本的分析评价。

（一）评价因素

评价因素是暴力犯罪死刑适用社会效果评价区别于暴力犯罪死刑适用法律效果评价的重要方面。对暴力犯罪死刑适用社会效果进行评价，需要站在法律之外从非法律的视角进行评价，至于评价主体是否是法律专业人员在所不论。法律专业人员也完全可以从非法律的角度进行分析评价。

1. 政治因素

对严重犯罪是否适用死刑，常常受到政治需要的影响。这在人类历史上屡见不鲜。总体来看，主要表现为如下三种情况：

---

① 参见钊作俊：《受贿罪暴力犯罪死刑适用社会效果调查研究》，载《政治与法律》2006 年第 4 期。

② 参见刘岩：《对法律效果与社会效果统一的若干思考》，载《十堰职业技术学院学报》2009 年第 4 期。

（1）维护政权稳定。政权建立初期，为安定社会，对严重威胁社会与政权的暴力犯罪适用死刑。例如，法国大革命期间，著名政治家罗伯斯比尔开始认为死刑是不公正的，对犯罪也是无效的，因而主张废止死刑。但是，1792 年审判国王路易十六时，他坚决主张对其判处死刑。到雅各宾派专政时，罗伯斯比尔更是主张对反革命势力采取恐怖措施，实施必要的死刑。① 又如，太平天国建立初期，颁布《天平刑律 62 条》，除了 15 条宣言告诫性的条文外，其他关于等级礼制、生活秩序、军事战斗、信仰教育等方面的犯罪都规定有死刑，死刑执行方式有斩首、五马分尸、点天灯等。②（2）刑事司法协助活动。国家间进行刑事司法协助活动时，要受到"死刑犯不引渡"的制约。因此，如果进行刑事司法协助的犯罪为严重犯罪，请求引渡国就不能对犯罪人适用死刑。这样也是一种政治上的考虑。（3）适应选举活动需要。某些国家，政客为了选举获胜，对罪犯适用死刑来维护其政治形象，获得选民的支持，如 2006 年 1 月 13 日，美国加利福尼亚州州长施瓦辛格考虑其连任问题，拒绝赦免 75 岁高龄的谋杀犯威廉姆斯，对其适用死刑。③

2. 道德因素

不少人认为，犯罪人实施严重暴力犯罪，背离了社会道德准则与秩序，对被害人的生命权利或者其他权利没有予以尊重。犯罪人也就没有权利要求社会珍惜其权利，法律也就不能再偏袒他。对侵犯生命的严重暴力犯罪适用死刑，符合民众的基本道德感情，也符合基本的伦理规范。这些是社会上普通民众关于暴力犯罪死刑的基本观念，如有网友就认为："敬畏生命是相互的，那些敬畏别人生

---

① 参见［法］罗伯斯比尔著：《革命法制和审判》，赵涵舆译，商务印书馆 1965 年版，第 5~6 页。

② 参见周新国著：《太平天国刑法研究》，广西人民出版社 1993 年版，第 46~49 页。

③ 《美加州长施瓦辛格拒绝赦免高龄死刑犯》，载《北京晨报》2006 年 1 月 13 日第 4 版。

命的人的生命才值得我们去尊重。而对于那些视杀人越货为儿戏的人有什么权利要求别人尊重他的生命?"① 从道德报应的角度看,严重犯罪侵犯被害人的法益,是一种恶。对这种恶,道德上要求作恶者承担责任,即"恶有恶报"。消灭作恶者的生命,似乎成为道德评价的必然内容。

3. 情感因素

严重暴力犯罪发生后,被害人因遭受严重侵害或者被害方因失去亲属是在感情上产生巨大的悲痛,社会公众对之产生极大的同情,从而都要求对犯罪人适用死刑。例如,2008 年 12 月 14 日中午,孙伟铭在成都市万年场四方阁酒楼参加亲戚 80 大寿的宴会,席间饮用了大量白酒。下午 4 点多,他驾驶"别克"轿车送走父母后,沿成龙路往龙泉驿区方向行驶。17 时许,孙伟铭驾车行驶至成龙路蓝谷地路口时,从后面撞上了正在正常行驶的一辆"比亚迪"轿车尾部,事故发生后,孙伟铭迅速倒车,从被撞的"比亚迪"车右侧超出,高速驾车往龙泉驿区方向逃逸。至成龙路卓锦城路段时,高速向右侧绕行后又向左侧迅速绕回,越过中心双实线,与相对方向正常行驶的一辆"长安奔奔"轿车猛烈相撞,造成"长安奔奔"车上的 5 名驾乘人员中 4 人死亡(其中 2 人当场死亡,2 人送医院抢救无效死亡,1 人受伤)。随后,孙伟铭所驾车又与一辆"奥拓"车相撞,再与"奥拓"车后的一辆"蒙迪欧"轿车发生擦剐及一辆"QQ"车相撞,直至自己的别克轿车不能动弹。该案件发生后,不管是被害人的家属,还是通过报道知悉案情的网友和社会公众,都认为孙伟铭罪行极其严重,应当适用死刑。2009 年 7 月 23 日,成都市中级人民法院判处孙伟铭死刑,剥夺政治权利终身,当即受到被害方以及不少社会公众的欢迎。可见,对严重犯罪的罪犯适用与执行死刑,是对罪犯的复仇行为,是

---

① 参见人民网-观点·网友留言·21 日精选,http://opinion. people. com. cn/GB/35534/3137031. html。

对罪犯仇恨心理的某种宣泄。这种宣泄仇恨心理的复仇行为是通过司法暴力的方式实现的，自然会影响到社会公众对暴力犯罪死刑适用社会效果的评价。

4. 治安形势因素

社会治安形势的状况也容易影响到暴力犯罪死刑适用。在社会治安状况恶化，严重刑事案件频发，严重危及民众的人身财产安全时，政治决策者与司法机关也容易依赖死刑，希望通过多判处死刑来严厉打击犯罪，如 1848 年，英国爆发"宪章运动"，再加上暴力派的参与，当时群众集会非常多，社会治安形势急转直下。行政当局颁布《重罪法》，对一些宪章派人士以暴力犯罪罪名适用死刑。而在社会形势不好的情况下，社会民众也会希望对犯罪人适用死刑。民众主张对严重犯罪适用死刑主要是基于安全的考虑。作为普通人，公众在危险时刻不由自主地依赖死刑的威慑，希望通过司法机关对严重犯罪适用死刑来预防犯罪的发生，维护广泛的社会安全。例如，我国的"严打"活动在初期受到社会公众的赞同和肯定，因为该措施主要是为了遏制不断恶化的社会治安状况。这种感觉也影响到了司法机关。社会治安形势恶化、刑事案件增加时，司法机关容易依赖于适用死刑；而社会形势好转时，司法机关就会对暴力犯罪比较宽容，较少地适用死刑。

（二）评价标准

暴力犯罪死刑适用法律效果的分析和认识是社会各个阶层对暴力犯罪死刑适用活动进行分析和评价的首先和基本层次，但是，仅有该层次的认识是不够的。因为暴力犯罪死刑适用本身只是作为对刑事纠纷的解决机制之一而出现的，且属于国家通过刑罚适用来解决刑事纠纷，在暴力犯罪死刑适用的结论出现后，加害人与被害人的关系就会重新回到人们的视线中，[1] 人们以国家解决刑事纠纷的

---

[1] 参见何挺著：《现代刑事纠纷及其解决》，中国人民公安大学出版社 2011 年版，第 48 页。

具体结果对被害人及其家属的意义作为重新认识暴力犯罪死刑适用效果的一个对比性因素，采取多种非法律的标准来进行认识。

1. 社会稳定秩序恢复标准

暴力犯罪死刑适用是否有助于恢复以及维护稳定的社会秩序，是人们分析评价暴力犯罪死刑适用之社会效果的重要参考标准。当然，在现实生活中，更多的是人们觉得通过多适用死刑、对严重犯罪人适用死刑立即执行，来实现对犯罪的威慑，维护安全和稳定的社会秩序。应该说这无可厚非，毕竟任何人或者任何群体的存在和发展都需要稳定的社会秩序。民众对死刑的态度实际上取决于其安全的需要。只有在安全需要之外，他们才有对罪犯的同情与怜悯。为了保护自身，他们会认为司法适用死刑是合适的，并无不妥。正是基于此，国家是以法律的名义、以维护秩序与安全的需要来对严重犯罪适用死刑，与严重犯罪中的杀人有着不同的社会意义，存在是否有利于社会整体利益的根本区别。

其实，社会环境的形成与发展是一个复杂、多变的过程，受到政治体制、经济水平、社会文化等多种因素的制约。因此，社会环境是人类生存的包含着政治、经济、文化、卫生等诸多因素的外部环境。死刑对社会环境的具体影响，是一个难以准确测定的系数，单纯依赖理性推演并不完全准确。某些废止死刑的国家与地区也具有良好的社会治安状况。例如，我国的香港与澳门地区，早已废止死刑，但并没有沦为犯罪的天堂，严重暴力犯罪并没有太大的攀升，反而社会更加文明。某些保留死刑的国家也会具有良好的社会环境，如新加坡，立法上规定有死刑，其刑事司法也适用与执行死刑，其社会安定，种群和谐。因此，尽可能使得暴力犯罪死刑适用有助于维护社会稳定，显然是社会各个阶层必然的考虑。具体而言，社会成员认为暴力犯罪死刑适用能维护社会稳定，对于社会稳定秩序本身就是有积极意义的，因为他们相信法律的力量，将对外在侵害的防护交给国家而非擅自动用武力，从而使得社会秩序不是处在各种明显或者潜在的武力威胁中。

2. 社会道德情感恢复标准

在各种复杂因素的作用下，严重犯罪难以避免，甚至常常发生，非常残忍地侵害被害人的生命与健康。社会中并没有产生完全阻止严重犯罪发生的防范机制，不管社会管理者采取何种措施，严重犯罪都难以根绝。社会管理者为了获得民众的广泛支持，对这种民众对于严重犯罪的反感态度非常看重，采用民众能够看得到的方式来满足民众的安全心理需求。而在满足安全感与同情死刑犯之间，民众更容易倒向前者，对于严厉打击严重犯罪的措施非常支持。在同情罪犯的同时，民众并不觉得死刑没有必要。如果有的话，他们唯一感到的是对罪犯的惋惜，即罪犯本来能够自我发展，但走上了犯罪道路，遭受死刑。相反，如果司法机关对他们所认为应该适用死刑的情形没有适用死刑，民众在道德情感上就很难接受，容易提出质疑的意见。

换言之，民众希望刑事司法活动既要履行遵循优良道德的义务，又要完成维护和弘扬良好风尚的任务。民众认为，刑事司法活动绝不能出于对地域或部门利益的追求，也不能为了粉饰政绩而作秀，更不可以屈从干扰司法的力量，而必须以社会公平正义为目标，坚守法律面前人人平等原则，使该受惩处的违法犯罪行为与该得保护的合理合法权益均各得其所。其实，在刑事法的视野中不仅要分析国民对法律约束的预测可能性，还要强调国民对法律约束效果的期盼心理。国民不仅期望法律约束自己的行为，还要约束他人的行为，能够为解决自己与他人之间现实或者可能的纠纷提供有利、有力的途径。因为每个社会成员都是潜在或者现实的求法者，需要用法律来维护个人的权益。人们据此依法律进行活动，使静态的法律成为动态的法律，使法律的存在严禁为法律的过程。求法者进行法律活动的目的在于尽可能地维护利益，毕竟，对求法者自身来说，纠纷的解决、利益的维护或补偿才是最重要的。在进行法律活动时，求法者依据既成事实、现有法律、法律过程及有关人员等各种情况，对能否维护自身利益在内心予以预测和考虑。也就是说，社会各个阶层对暴力犯罪死刑适用从非法律的角度进行衡量分析，都不是无的放矢，而是尽可能地结合自己的利益状况，以充分地维护个人的利益。而这使得社会各个阶层，尤其是民众在暴力犯罪死刑适用社会效果的认识上具备强烈的道德情感因素，以此作为标准进行分析和衡量。

（三）评价过程

暴力犯罪死刑适用社会效果评价的不同具体主体，就会进行不同的社会效果评价活动，主要有如下几种：

1. 领导评价

国家主权也就表现为对国民的主权；统治权表现为对国家及其国民的主宰权。国家对公民适用死刑的权力，来源于国家对统治范围内社会群体的主宰，本来就是暴力的表现形式。这种对死刑正当性的政治性分析有助于分析现实生活中人们将对严重犯罪人适用死刑的内在心理需求寄希望于手中握有权力的领导的现象，因为人们不仅仅认为，领导，尤其是国家领导是代表国家和社会处理犯罪现象的，而且认为他们手中的权力能够实现他们的意志，如果问题的解决都能得到领导的支持，自然就会非常的顺利。在这样的情况下，民众的这种潜在心理其实催生了某些领导对死刑案件发表意见或者横加干预的自信心态。领导也认为自己代表社会行使权力，因而对有关犯罪人适用死刑的个人意见也是代表了社会民众的心声，是正确的，从而形成了暴力犯罪死刑适用社会效果的领导评价。有效地协调处理政治需求、社会舆论在案件中暴力犯罪死刑适用问题是领导评价个案暴力犯罪死刑适用是否取得了良好的社会效果的首要标准。领导认为，较好的适用能够有利于社会的稳定与发展，相反，如果适用不当将会降低法律的权威，进而有损执政者的合法性根基和统治权威。而很多人在暴力犯罪死刑适用社会效果的评价上也习惯于听取领导的看法和意见，甚至将领导的认识和看法作为最终的评价标准。

2. 媒体评价

在对暴力犯罪死刑适用社会效果进行评价的社会力量中，媒体是一个比较奇怪的主体，因为他们一方面要彰显自身"无冕之王"的价值，认为"新闻独立"体现出社会的"良心"，而另一方面也迫于各种现实情形而在对社会事件的报道和舆论引导上产生自身的利益诉求，所产生的意见并不那么客观和中立。因此，对死刑的适用，媒体的评价并非完全中允。所以，笔者认为，我们必须冷静地看待媒体在审视暴力犯罪死刑适用社会效果问题上的冲动和偏激。现代媒体的运作模式导致了媒体以吸引读者为终极目标，这就难免会造成媒体容易片面报道，并发表极端言论误导公众的困境。媒体的报道容易断章取义，不能还原案件原貌，进而误导公众。观之于案件是否应该适用死刑的问题上，媒体的期待容易导致其发出片面极端的声音。不难理解，媒体对个案中是否使用死刑的期待更多地着眼于个案的公正与否、是否契合公众的朴素的正义观，而缺少法律人从法律视角的理性分析。这一点我们从河北聂树斌案件就可以看出。最初，聂树斌被当地司法机关以强奸杀人的罪名逮捕，当时的新闻媒体做了广泛报道，认为司法机关为民除害，对严重暴力犯罪分子有充分的威慑力。但是，时隔近二十年后，现在的新闻媒体却积极地分析聂树斌不是杀人凶手，批评司法机关曾经的草率。同样是新闻媒体，视角却发生了重大的变化。笔者认为，根本的原因就在于媒体并未秉持独立的视角，满足于对当下时事的报道。

3. 被害方评价

被害方在刑事纠纷中是被侵害的对象。但是，近代刑事法律制度的设计对被害方重视不够。被害人或者其家属除了作为重要的指控犯罪人的证据来源之外几乎没有任何作用，定罪量刑乃至暴力犯罪死刑适用似乎都不需要考虑被害人或者其家属的意见和感受。对被害人或者其家属来说，即使加害人受到了刑罚的制裁，因犯罪所受到的损害得到了赔偿，他们仍处在困惑之中。因而在刑事纠纷及其处理中，被害人的角色并未发生根本变化。其对国家代替自己解决刑事纠纷本身就是无奈的，对犯罪人定罪量刑之结果的主张更是缺乏充分的力量支持。因而不同的被害人或者其家属对暴力犯罪死刑适用有着完全不同的认识。例如，2005 年 2 月 3 日晚上，张某在一家舞厅给一个从深圳工作回来的朋友接风，张某和朋友看到一个男青年骚扰一个漂亮姑娘，强行要她电话，便上前制止。没多久，这个男青年叫上了 4 个人，围住了他们。5 个男青年追打着张某和他的朋友，张某从厕所逃到楼道，可最终也没逃过，这群人残忍地对他刺了 8 刀，他倒在了血泊中，当场死亡。事后，张某的母亲看到，王某，从小就被离异的父母抛弃，是奶奶捡垃圾拉扯大的，经过复杂的过程，张某的母亲原谅了杀人凶手。① 但在另外一个案件中，情况就很不一样。2009 年 7 月 23 日上午 9 时，在成都市中级人民法院，能容纳上百人的大法庭充满着一派哀伤的气氛，二十多名受害者家属更是早早地来到了法庭，静候宣判。张某和金某的父母双亲都因为孙伟铭的"疯狂"行为永远离开了这个鲜活的世界，因而他们两人都愤怒地表示："我们已经打定主意了，如果法院不判他死刑，我们一定会上诉，一定上诉！"可以看到，被害人或者其家属对暴力犯罪死刑适用的感受和认识带有很强的情绪性、非理性。而且，不可否认，被害人或者其亲属对严重犯罪有着直接的感受，这种感受容易扩散到社会普通民众中，在社会上形成对严重犯罪的民愤，进而产生对严重刑事犯罪人适用死刑的社会舆论。

4. 舆论评价

对暴力犯罪死刑适用，民众的声音历来都很重要。在不同的时期，暴力犯罪死刑适用社会效果的民意有着不同的表现形式，如在非网络时代，街谈巷议就是最主要的表现形式；在网络时代，网民的发帖顶帖就逐步占据主流。对于发生的严重刑事案件，如果没有

---

① 《儿子见义勇为遇害　母亲谅解年轻凶手》，载《中国青年报》2011 年 3 月 23 日。

适用死刑，社会舆论就处于急迫的心理中，即自然而然地产生尽快侦破案件、抓获罪犯的迫切心情。社会民众也会忽视诉讼活动是否严格依法进行，片面地关注案件是否迅速侦破这一结果。"人们只想尽快抓到一个，不管什么人替被害人偿命，哪怕是只替罪羊呢。"[①] 案件侦破的结果性期待往往成为压倒一切的要求，使得司法机关偏离法律程序的严格规定去寻求符合社会民众期待的侦破结果，如佘祥林冤案中，正是所谓的被害人的娘家家属无端怀疑佘祥林，并以各种方式向司法机关施加压力，中级人民法院又担心放纵犯罪，才对其判处了死刑。后来，虽然湖北省高级人民法院发现案件疑点，发回重审，但所谓的被害人的亲属又联名上书，不断上访，要求对佘执行死刑。审判的司法人员迫于压力，但又担心错杀，才没有对佘执行死刑。显然，在很多时候，社会往往过度期待为被害人伸张冤情。

总之，还需要指出的是，上述对暴力犯罪死刑适用社会效果的评价，并非各自孤立地进行。相反，它们之间相互作用，相互影响，共同地形成我们所处之当前社会的死刑文化。需要注意的是，上述所得出的评价结果很可能都各自有失偏颇，因为任何刑事案件的案情都不是一个可割裂开的片段，而仅对片段进行评价所得出的结果很难说是全面正确的。

三、暴力犯罪死刑适用之社会效果与法律效果的统一

司法机关重视从法律上处理案件的社会效果，并不是突然出现的话题。根据笔者查找的资料，早在 1991 年 3 月 8 日，最高人民检察院就在其发布的《关于贯彻落实中共中央、国务院及全国人大常委会〈关于加强社会治安综合治理的决定〉的通知》中指出，"充分发挥检察建议作用，努力扩大办案的社会效果"。多年之后的 1999 年，最高人民法院在其于 11 月 29 日发布的《全国民事案

---

① 参见胡佳编著：《美国八大名案》，作家出版社 2005 年版，第 25 页。

件审判质量工作座谈会纪要》中指出，"在审理新类型民事案件时，要注重探索，讲求社会效果"。随后，时任最高人民法院副院长的李国光也提出"坚持办案的法律效果与社会效果的统一"。自此之后，最高司法机关都将"法律效果与社会效果相统一"作为处理各类案件的重要指导思想。不管是最高人民法院院长还是最高人民检察院检察长，都曾在此后多年向全国人民代表大会所做的年度报告中强调办理案件遵循了法律效果与社会效果相统一的原则。对此，理论上既有肯定和赞同的看法，也有质疑和否定的认识。即便如此，在暴力犯罪死刑适用方面同样存在法律效果与社会效果相统一的问题。最高人民法院刑三庭于 2011 年 4 月 4 日，结合审判实践指出，在审判故意杀人、伤害及黑社会性质组织犯罪三类案件的过程中贯彻宽严相济刑事政策，应当注重法律效果与社会效果的统一。① 在这样的情况下，过分地质疑和否定法律效果与社会效果相统一的原则已经毫无意义。我们应该做的是，肯定其积极意义，但注意研究相统一的合理途径，防止出现动摇损害刑事法治基础的不良倾向和严重后果。

（一）统一的必要性

暴力犯罪死刑适用法律效果倾向于法律的证明，侧重于法律条文的准确适用，保证刑罚的适用符合刑法的基本原则。社会效果则以化解矛盾、维护社会稳定、维护国家利益、维护社会公平正义等为主要内容，倾向于法律价值的实现，侧重于司法目的的实现。二者所针对的都是刑事纠纷，即刑事被害人与加害人之间、行为人与社会之间由于利益、情感等方面的原因并通过犯罪这一特殊的外在形式表现出来的不协调关系。尽管在刑事纠纷中，犯罪人与被害人或者社会之间的纠纷在司法机关介入后因国家承担了刑事纠纷的解决责任，但是，犯罪人与被害人或者社会之间的纠纷、冲突或者矛

---

① 《审判故意杀人、伤害及黑社会性质组织犯罪案件要注重法律效果与社会效果统一》，载新华网，2011 年 4 月 4 日。

盾关系并不完全归于消解，相反，尽管在国家解决刑事纠纷之后可能仍然存在某些矛盾关系。法律处理对这些矛盾关系绝对不能罔顾和容忍。

对于死刑案件尤其是如此。即便犯罪人被判处死刑立即执行，其也应当承担对被害人或者被害方的民事法律责任；加害方对被害方承担真诚致歉的道义和情感责任；国家对该刑事纠纷的解决还要满足民众对社会安全机制的需求心理。因而即便犯罪人被判处死刑立即执行乃至具体执行，或者被判处死刑缓期执行而被投入监狱，也并不等于案件中各方的矛盾和冲突完全消失了。对于这些矛盾和冲突，法律的处理（犯罪人被定罪，被判处死刑）仅仅是国家以社会的名义给予处理的方式之一。国家的处理活动未必能够对这些矛盾和冲突予以彻底和全面的解决。法律效果与社会效果能否相统一，却并不是在法律效果达成的情况下还需要对社会效果本身的强调和追求。社会效果是在处理刑事纠纷的刑事法治手段之外提出更为丰富的内容，即全面和彻底地解决刑事纠纷，不留下潜在的矛盾和隐患。

因此，我们完全可以理解，最高司法机关非常重视和充分强调法律效果与社会效果相统一。在 2007 年 1 月 15 日发布的《最高人民检察院关于在检察工作中贯彻宽严相济刑事司法政策的若干意见》认为，贯彻宽严相济的刑事司法政策，应当做到法律效果与社会效果的有机统一，以有利于维护稳定，化解矛盾，减少对抗，促进和谐。而最高人民法院在 2011 年 2 月 8 日发布的《关于贯彻宽严相济刑事政策的若干意见》明确指出，贯彻宽严相济刑事政策，必须严格依法进行，维护法律的统一和权威，确保良好的法律效果。同时，必须充分考虑案件的处理是否有利于赢得广大人民群众的支持和社会稳定，是否有利于瓦解犯罪，化解矛盾，是否有利于罪犯的教育改造和回归社会，是否有利于减少社会对抗，促进社会和谐，争取更好的社会效果。可以看出，两个最高司法机关强调法律效果与社会效果相统一的根本着眼点以及最终的归宿都是社会矛盾的化解，社会对抗的减少，社会和谐的实现。对此，我们可以看出，法律效果与社会效果相统一具有如下三种内在根据：（1）政治学根据。以政治学的视角看，化解社会矛盾，维持社会的稳定，才能维护政权的稳固。对法律问题从社会效果上予以审视，正是考虑对社会矛盾和冲突的化解。其实，任何法律问题归根结底都是社会问题，对于社会问题的态度和处理措施往往反映出国家及其具体工作机构在社会管理上的水平和能力。前段时间突尼斯发生政变，导火索却只不过是一名失业大学生摆摊设点被执法人员粗暴处理的偶然事件。可见，国家对社会问题的态度和处理水平直接决定了国家政权的稳固。（2）社会学根据。法律案件，包括刑事犯罪案件，不管具体内容如何，也不管对犯罪人的处罚是否极端到判处死刑，从社会学上看都属于社会矛盾和冲突，存在不同人、不同群体之间利益的纠纷或者个人与公共利益的纠纷，对这种法律视野中的社会纠纷或者冲突进行解决，自然也是社会学所关注的内容。从社会学上看，对上述法律视野中社会纠纷或者冲突的解决，在社会秩序的意义上反映出社会差别、社会歧视以及具体社会冲突的现实价值，从而为人们加强彼此信任、强制性合作提供思路。① 在暴力犯罪死刑适用的问题上，社会学思路可以考察暴力犯罪死刑适用之社会舆论是否反映出特定的社会矛盾，反映出该社会矛盾解决的紧迫感。（3）法学根据。国家对刑事纠纷的处理与当事人对刑事纠纷的处理有着不同的认识。当事人处理刑事纠纷，往往着眼于自身的利益，而国家的处理既要考虑对犯罪的报应和预防，又要考虑对犯罪人的教育改造，通过强制手段使得犯罪人成为正常守法的社会成员。如果不能使犯罪人改过自新，国家对刑事纠纷的处理也不会得到社会公众的承认。即便完全在法律的视野中考察，法律效果与社会效果相统一也是迫切的。从这个意义上说，对于犯罪性质认定

---

① 参见〔美〕唐·布莱克著：《社会学视野中的司法》，郭星华等译，法律出版社 2002 年，第 111 页。

没有错误的情况，如果刑罚的裁量有误，如不应适用死刑立即执行而适用了死刑立即执行，那么，同样无法达到积极的社会效果。因此，刑罚目的的实现和刑罚功能的发挥，要求在必备法律效果的情况下必须注意该效果的具体社会环境和条件，进而注意考察社会效果。

结合具体情况来看，是否统一的衡量标准根据死刑案件有无被害人而略有区别：（1）对于有被害人的死刑犯罪案件，犯罪人及其家属服从刑事处理，积极或者至少不抗拒刑事判决的执行，被害人或者其家属也肯定和接受刑事处理结论，不再采取极端的措施或者手段让司法机关按照自己所设想的方式处罚犯罪人，也不会认为法律无用，不会再在遭遇侵害时将个人采取极端措施予以防卫，与犯罪人及其家属之间不至于产生"你死我活"的仇怨心理；（2）对于无被害人的犯罪来说，对犯罪人适用或者不适用死刑能为社会民众所理解和接受，民众不会认为死刑的是否适用违反了正常的道德感情，不会觉得在不适用死刑的情形下自己实施相似的犯罪活动是合理的或者并不会受到严重的刑事处罚。

（二）统一的途径

最高司法机关之所以一再强调法律效果与社会效果相统一原则的重要意义，强调司法机关办理案件需要严格实现法律效果与社会效果的统一，除了因为法律效果与社会效果相统一原则具备前述各种根据，在理论和实践上具有重要意义之外，还因为两种效果的统一并不容易，相反，在现实司法实践中存在两者相冲突的现实状况。例如，2006 年 4 月 21 日，许霆利用 ATM 机故障漏洞，分别取款 17.5 万元和 1.8 万元。事发后，许霆潜逃一年落网，2007 年 12 月由广州市中级人民法院一审被判处无期徒刑。2008 年 2 月 22 日，案件被广东省高级人民法院发回重审；3 月 31 日，许霆被以盗窃罪判处 5 年有期徒刑。4 月 9 日，许霆提起上诉。5 月 22 日，终审维持原判。该案件在当时被炒得沸沸扬扬。对于一审的刑事判决，社会舆论认为所判处的无期徒刑过重；对于后来重审的 5 年有期徒刑，也有人认为刑罚过轻。① 该案件成为近年来司法机关处理刑事案件法律效果与社会效果相统一经历了曲折过程的典型。显然，只有弄清楚案件之法律效果与社会效果的冲突情况，才能找出二者相统一的合理途径。

1. 法律效果与社会效果的冲突

根据冲突的表现形式，可以区分为消极冲突和积极冲突。在很多情况下，如果没有实现暴力犯罪死刑适用的法律效果，那么，其社会效果自然也不会达到。从这个意义看，法律效果与社会效果之间存在消极的冲突。例如，1999 年 5 月 8 日，河南省商丘市赵楼村有村民在挖井时发现一具高度腐烂的无头、膝关节以下缺失的无名尸体，公安机关未经严格审查遂把该村村民赵作海作为重大嫌疑人于 5 月 9 日刑事拘留。1999 年 5 月 10 日至 6 月 18 日，赵作海被迫做了 9 次有罪供述。2002 年 10 月 22 日，商丘市人民检察院以被告人赵作海犯故意杀人罪向商丘市中级人民法院提起公诉。2002 年 12 月 5 日，商丘中院作出一审刑事判决，以故意杀人罪判处被告人赵作海死刑，缓期二年执行，剥夺政治权利终身。河南省高级人民法院经复核，于 2003 年 2 月 13 日作出裁定，核准商丘市中级人民法院的上述刑事判决。但是，2010 年 4 月 30 日，上述案件的被害人赵振晌回到赵楼村。2010 年 5 月 9 日，河南省高级人民法院召开新闻发布会，认定赵作海故意杀人案系一起错案，宣告赵作海无罪，予以国家刑事赔偿，同时启动责任追究机制。此时，只有准确地理解和适用刑事法律条文，才能实现暴力犯罪死刑适用的法律效果，进而为实现社会效果创造前提条件。相对而言，暴力犯罪死刑适用法律效果与社会效果的处理至少在思路上简单和容易一些。

暴力犯罪死刑适用法律效果与社会效果的积极冲突主要表现为

---

① 参见赵秉志主编：《中国疑难刑事名案法理研究·许霆案件的法理争鸣》，北京大学出版社 2008 年版，第 10 页。

司法机关虽然准确地适用了刑事法律，但暴力犯罪死刑适用活动的结论却未被广泛接受，反而社会上的某些认识冲击和影响暴力犯罪死刑适用活动的结论。具体而言，有如下几种情况：（1）"领导司法"。某些党政领导或者司法机关领导对暴力犯罪死刑适用活动的结论有不同认识，直接以权力的形式干预刑事司法，要求改动暴力犯罪死刑适用的结论，或者要求判处犯罪人死刑（尤其是死刑立即执行），或者要求不能判处犯罪人死刑（立即执行）。例如，2002年7月12日，犯罪人董某的律师朱某认为董某的案件情况存在问题，不至于被判处死刑立即执行，遂立即上京找到最高人民法院法官李某，李某通过电话形式在死刑犯被处决前4分钟要求中止执行，受到社会舆论的好评。① 但这种法律程序之外干预司法办案的情况却并不合适，有"领导司法"之嫌。（2）"媒体司法"。案件发生后或者暴力犯罪死刑适用的结论发布后，媒体往往给予了充分的关注，分析案件或者暴力犯罪死刑适用中可能的问题，寻找热点而予以广泛报道，引起社会公众的关注，从而对案件的处理或者暴力犯罪死刑适用活动产生一定的影响。例如，1997年8月24日发生的张金柱交通肇事致死案，张金柱案被央视焦点访谈等主流媒体曝光后，引起群情愤怒，民意哗然。最终，张金柱被判处死刑立即执行，法院在判决书中就有"不杀不足以平民愤"之说。张金柱被执行死刑后，法学界对于本案到底应定交通肇事罪还是故意杀人罪存在争议。连张金柱也在被执行死刑前认为"是舆论媒体害了我"。② （3）"被害方司法"。案件发生，被害人或者其家属作为受害方，处在重大的悲痛之中，因而对犯罪人也有很重的愤恨心理，加上亲人死不能复生的痛苦，往往希望司法机关对犯罪人适用死刑立即执行，而且通过媒体或者其他途径在社会上广为宣传，从

---

① 《"行刑前4分钟枪下留人"演绎我国司法史奇迹》，载《华商报》2002年7月15日。

② 参见王锋：《舆论监督与公民权利的保护》，载新华网，www.xinhuanet.com，2003年5月27日。

而形成有利于自己的舆论，迫使司法机关对犯罪人适用死刑。近来媒体揭露的"湖北佘祥林案件"中，因被害方的愤恨，导致社会民众的强烈反应，地方党政机关为维护社会稳定而介入司法程序，召开个案协调会，司法机关屈从民愤的力量，忽视必要的司法证明活动，仓促定案，导致冤假错案的发生。① 上述三种所谓的"司法力量"往往不是单一地在社会上发挥作用，而是合在一起，形成最终所谓的"舆论司法"影响人们对暴力犯罪死刑适用活动的正确和冷静认识。

当然，笔者并不是说上述各种评价形式一定导致不良的暴力犯罪死刑适用社会效果认识。在某些情况下，上述评价形式也可能促使司法机关在准确地适用死刑之外，毕竟，暴力犯罪死刑适用法律效果之所以引起了社会公众或者被害方的质疑和否定，根本上在于暴力犯罪死刑适用活动的结论本身并没有起到化解社会矛盾的作用，或者未能有效地维持社会公众内心传统的道德感情。

2. 冲突的解决

如果暴力犯罪死刑适用的法律效果已经达到，但社会各个阶层对死刑的具体适用却不认可，社会矛盾似乎没有化解，那么，应当采取何种措施来处理呢？这个问题自然最为重要，也是本书的落脚点。对此，笔者认为可以从如下几个方面来认识：

（1）暴力犯罪死刑适用法律效果优先。我们必须毫不动摇地坚持暴力犯罪死刑适用的法律效果优先的原则。对于死刑犯罪案件，必须注意，暴力犯罪死刑适用是否符合社会对法治的基本要求。刑事司法活动与其他司法活动的不同之处就在于它可以剥夺犯罪人的各种权利，甚至生命。所以，在暴力犯罪死刑适用时，刑事司法活动本身符合法律规定是最基本的要求。因为法律作为具有普遍约束力的社会规范，它的普遍约束力来源于公众对法治的信仰和追求，法律规范的内容体现出来的是公众对不同行为给予的不同评

---

① 参见陈卫东：《"佘祥林案"的程序法分析》，载《中外法学》2005 年第 5 期。

价，是最接近于一般观念的客观标准，在司法实践中，超越法律规范甚至不按法律规范进行裁判又能取得良好的社会效果的实例是非常罕见的。

（2）暴力犯罪死刑适用法律效果有限。对此，前文作了广泛和深入的分析。简言之，我们必须认识到，刑事纠纷或者刑事性社会冲突在性质上本身属于社会矛盾冲突，而包括暴力犯罪死刑适用在内的法律适用活动本身却只是解决的社会手段之一，因而很可能难以完全地解决社会冲突和纠纷、化解社会矛盾，从而使得暴力犯罪死刑适用的法律效果有一定的局限性。

（3）暴力犯罪死刑适用社会效果实现的综合性。既然法律适用是解决刑事纠纷或者刑事性社会冲突的手段之一，那么，对刑事纠纷或者刑事性社会冲突的解决，就有必要采取综合的方式来进行。普通民众之所以肯定和接受死刑，是因为对严重犯罪及其死刑有着非常复杂的认识，具体有"杀人者死"的报应观念、"杀一儆百"的威慑观念、"除恶务尽"的防范观念、"防止有恃无恐"的敬畏观念、"防止罪犯报复"的安全观念。民众主张对某种严重犯罪或者对某个犯罪人适用，在很大程度上主要是基于对自身安全的考虑。而实际上，稳定的社会制度、完善的社会福利、健康的社会文化往往会引导人们摆脱通过犯罪追求物质利益的非法意图。即使发生严重暴力犯罪，人们也相信能够通过现有社会机制来消除犯罪，惩罚犯罪人，不必一定要诉诸死刑。因此，在社会安全通过社会自身的各种机制得以保障时，我们能够引导支持死刑的民意，减少民众在观念上对死刑的依赖。

综上所述，暴力犯罪死刑适用的法律效果与社会效果的评价因素和标准完全不同，对后者的评价并不需要完全以刑事法律的明确规定作为基本依据，也不需要在准确理解和严格遵守刑事法律规定的要求下进行评价，相反，后者是以刑事法律之外的因素作为依据并根据其他标准进行基本的分析评价。在二者相统一的问题上，必须注意民意的价值和作用，对于民意进行有效的疏导，为实现暴力犯罪死刑适用的社会效果以及为暴力犯罪死刑适用社会效果的正确评价创造条件。对于暴力犯罪死刑适用社会效果的实现，每个社会成员不宜总是将自身置于评价主体的地位，相反，还要积极考虑暴力犯罪死刑适用在其他社会机制综合作用下对于化解矛盾的实际作用，尽可能在其他社会机制的综合作用下充分认识不适用死刑的必要性和可行性，冷静地认识暴力犯罪死刑适用本身的局限性，从而限制其适用。

第四章 暴力犯罪死刑观的反思与批判

刑法典关于暴力犯罪及其死刑的规定，是关于反秩序行为以及对该反秩序行为予以规制的一种社会性认识。这样的认识也反映出我国的死刑文化与民众对暴力犯罪及其死刑的看法。而我国死刑文化与民众的死刑观念源远流长，影响广泛。司法实务机关针对暴力犯罪适用死刑，立法机关削减死刑罪名，学者研究死刑限制与废止，都要考虑民众针对暴力犯罪的死刑观念。科学而又理性地分析和看待我国死刑文化和民众对暴力犯罪死刑的观念，是我国进行死刑制度改革、促进刑事法治进步的必要前提，而以文明、合理的暴力犯罪死刑观念引导死刑民意，则是死刑制度改革的必要内容。其中，当然的内容是对各种死刑存废观念进行分析和批判。因为对死刑，包括暴力犯罪死刑的存废依据，长期以来有着激烈的争论，但这些针锋相对的争论往往是就事论事，缺乏必要的逻辑联系与统一的思维根据。①

第一节 暴力犯罪死刑报应观的多维分析

最严重的暴力犯罪表现为杀人犯罪，而死刑也较多地适用于杀人犯罪。因此，"杀人者死"体现出暴力犯罪与死刑之间的最简单对应关系。笔者将主要通过对"杀人者死"的分析来追溯暴力犯罪之死刑的根源，并从社会学、生物学角度分析暴力犯罪死刑报应观的社会文化认可问题。

---

① 参见钊作俊著：《死刑限制论》，武汉大学出版社 2001 年版，第 50~53 页。

一、从杀人到死刑的历史演变

死刑是消灭犯罪人的生命，本身也是杀人。可以说，这与杀人犯罪有着相同的内容。在人类发展历史中，杀人有两种情况，第一种是群体性的杀人，第二种是个体性的杀人。当群体性杀人用于惩罚个体性杀人时，作为刑罚种类之一的死刑便产生了。

（一）远古时期的杀人现象

1. 群体性杀人

对于群体性的杀人，从目前的各种研究成果来看，大致有如下两种原因：（1）与人类的原始信仰有关，人类进行祭祀，可能就要杀戮。原始社会生产力低下，人们认识能力也非常落后，将生存、发展等寄托于外界自然或者死去的人，为表示恭敬与诚意，换来安全与足食，就要供奉祭品。而最高规格的祭品，便是献上"首"。"首"为人的头部，是象形字，金文字形，上面是头发和头皮，用以表示头盖；下面是眼睛，用以代表面部。去掉"首"，即为"道"（杀人）。而开始所杀者是氏族或者部落的首领。所以，有首领即有道，也指有可以追随者，引申为有"（道）路"。凡祭祀均杀掉首领，并不符合氏族的生存利益，于是后来演变为杀掉首领之子、杀掉氏族普通成员、杀掉俘虏，直至为了祭祀去其他氏族杀人获取头颅（猎头）。这种情况至今在非洲、南美洲的一些原始落后部落中还存在。我国 1956 年之前，云南省西盟、澜沧、孟连等县的佤族还有猎头献祭的风俗。① （2）随着人类的发展，因争夺资源，人类社会中不同群体（氏族、部落、部落联盟）等之间发生战争，在战争中杀死敌人、擒获俘虏等。此时，"杀（殺）"的社会现象出现。杀，甲骨文字形，在人（乂）的下方做上一个被剁的记号（木），表示杀。"剁"就意味着有工具，所以，杀音从

---

① 参见佚名：《鬼仔岭考察记略》，载永州旅游网，http：//www.llly.cn/Article/lyzn/youji/200512/20051204150824.html。

"殳"，即人拿着兵器（殳）砍人。

这两种原因都反映了远古时代人类社会的生存、生活状况，很可能同时存在远古时代的人类社会生活中。二者也有紧密的联系：（1）不同氏族之间发生争斗后，被俘虏的人开始是被杀死，作为祭品献给胜利部落的图腾。当然，一些违反氏族内部规范的人，也往往被杀死用来献祭。①（2）某些氏族甚至为献祭而攻击其他氏族的人，从而又引发战争、争斗，制造更大规模的杀人。

随着人类社会的发展，生产力提高后，对劳动力的需求增大，俘虏有可能被留下，开始是被收养，后来演变为奴隶。而同时，不同氏族或部落之间的争斗（战争）成为常事，"杀（殺）"的含义便留下来。战争中的俘虏成为奴隶，并在必要时被杀死，用以献祭，如殷墟甲骨文中有大量关于人祭的记载。

2. 个体性杀人

在人类发展初始阶段，个体性的杀人主要表现为发生饥荒而食物不足时捕人而食的情形。当时，这种现象叫做"贼（蠿）"，即某些野蛮的人像蝗虫吃庄稼一样将人吃掉。② 其实，在上述祭祀杀人活动中，人被杀死献祭后，剩余的肉并非扔掉，而是由本氏族的人吃掉，如在俄罗斯，考古学家在一个远古人聚居区挖掘出的动物骨头中夹杂着人骨，证明远古人类确有吃人的习俗。③ 这反映出来远古时代人吃人现象的确实存在。这逐步演变为不因祭祀而人食人的现象。但是，随意杀人、吃人是违反氏族、部落或者部落联盟风俗或者习惯的，也成为人类最古老的犯罪。"自从有人类社会，就

---

① 参见蒋立山：《从原始禁忌看社会规范的起源——读谢苗诺夫〈婚姻与家庭的起源〉》，载《中外法学》1996 年第 5 期。

② 参见蔡枢衡著：《中国刑法史》，中国法制出版社 2005 年版，第 147 页。

③ 参见风来：《发现之旅：人类远古的食人行为源自进化的需要》，载新浪网，http：//cul. sina. com. cn/r/2005-02-03/110221. html。

有谋杀这种罪行。"① 犯罪在人类社会发展初期主要表现为杀人。

(二) 杀人犯罪死刑的产生

1. 作为刑罚的死刑产生

随着人类社会的发展，氏族或者部落之间的相互攻击增多，而部落联盟的出现则加剧了攻伐征战。力量强大的部落联盟往往以首领的名义攻击其他氏族、部落或者部落联盟，如《史记·帝本纪》云："蚩尤作乱，不用帝命。"对反抗者与不遵守军令的人或者势力，就要予以处罚，如《尚书·甘誓》："用命，赏于祖；弗用命，戮于社，予则孥戮汝。"

同时，统治的观念越来越强，氏族或者部落联盟中首领越来越要求成员遵守其命令，对其成员的约束也加大了，对付其他敌对势力的方法也逐渐运用到本氏族或者部落成员身上，如《商君书·画策》记载："黄帝内行刀锯。"对违反氏族或者部落规定行为，逐渐称为"罪 (辠)"，而对"罪"则要以刑处罚之，即用对付敌人的方式来对付。所以，史学界一致认为："刑起于兵。"罪原来由巫师处罚的，后来逐步由统治者来管理。② 《尚书·大禹谟》中说大禹要求皋陶制作刑罚，来维持统治，即"明于五刑，以弼五教"。刑罚逐步成为统治者维持统治的有力工具。而上述祭祀、战争中杀人的手段也就演变为刑罚，即死刑。刑罚意义上的死刑产生时，并非用于杀人罪，而是战争犯罪，适用于败敌与违令的军士。但是，这里的战争犯罪包括了武装叛乱。所以，死刑最初适用的暴力犯罪是武装叛乱犯罪。

2. 死刑适用于杀人犯罪

在远古时期，对于个体性杀人，社会群体并没有介入干涉，而是由被害人的亲属来处理的。"自从有谋杀这种罪行，就有亲属报

---

① 参见［美］路易斯·亨利·摩尔根著：《古代社会》，杨东莼等译，商务印书馆1997年版，第29页。

② 参见蔡枢衡著：《中国刑法史》，中国法制出版社2005年版，第45页。

仇来对这种罪行进行惩罚。"① 这是典型的"血亲同态复仇"。血族复仇与血亲复仇的原始习惯对劳动力的毁灭，成为生产力发展的障碍。"由于同态复仇的主体是个人，复仇的范围、对象与程度很难得到应有的控制，况且血族复仇与血亲复仇的残余尚存，劳动力的保护难以有效地实现，因而产生了以公共的、统一的方式复仇的要求。"② 因此，对个体性杀人，逐步由氏族进行处理。杀人如果发生在氏族之间，杀人一方则主要采取道歉与赠送厚礼的方式来补救，请求被害方的原谅。否则，被害方就有权采取同态复仇的方式，找出杀人者，并将其杀死。③ 氏族是有义务对杀人的人予以处理的。

经过相当的时期后，死刑才适用于杀人的群体内成员。将死刑用于处理本族内部民众的纠纷，首先是在少数民族社会群体中出现的。邦民（苗人）贼杀为罪，大约起于神农末或者黄帝初期，至少不晚于蚩尤作乱时期。刑罚是处死，包括火烤、熟食、割碎和列刑。华夏族甚至以此为由对苗人进行军事攻击。但后来，邦人（夏族）开始引起苗人的刑罚，大禹治水后，方对本族人的杀人行为也处以死刑。不过，此时的死刑并非杀人后将行为人再杀死，而是考虑具体杀人原因而设置的等价性的处置手段。《舜典》记载："眚灾肆赦，怙终贼刑。"据蔡枢衡先生观点，这是指当时对杀人而食现象的处理：因为灾荒或者复仇而吃人的，并不处罚；故意杀人并吃人的、一次杀食 3 人以上的，就要判处死刑（剐）。这里就基本肯定了故意杀人后将犯罪处死的基本报应观念，而脱离了单纯的报复。

---

① 参见［美］路易斯·亨利·摩尔根著：《古代社会》，杨东莼等译，商务印书馆 1997 年版，第 29 页。

② 参见胡云腾著：《存与废——死刑基本理论研究》，中国检察出版社 2000 年版，第 48 页。

③ 参见倪泽仁著：《暴力犯罪刑法适用指导》，中国检察出版社 2006 年版，第 22 页。

至此，故意杀人者被处死的基本观念建立起来，也成为古人对暴力犯罪及其处罚的基本认识。如果考虑当时私有制产生、商品交换出现的社会现实，可以说，死刑是与先民的等价意识和社会公正观念相适应的，死刑在报复时代最终以同害、同态报复手段的面目出现，是基于原始商品交换而生的原始的等价观念和朴素的公正观念的折射。①

综上所述，死刑产生于群体性的杀人活动，如氏族中的祭祀、氏族之间的争战。而暴力犯罪适用死刑则起源于争战中对敌对力量的杀戮。杀人虽然古老，但只有个体性的杀人才可能成为一种犯罪。群体性杀人活动成为对个体性杀人行为的处罚手段，则是随死刑适用对象的变化而出现的，即从适用于敌人（叛乱者）逐步演进到适用于本族（邦人）。

二、杀人与死刑的生物学解读

（一）问题的提出

人类社会初期，不管是个体性的杀人（食人），还是群体性的杀人（祭祀、攻伐），都反映了人对同种的杀戮，但还没有具备法律的意义。在阶级社会产生过程中，武装叛乱或者杀人逐步被认为是犯罪，统治者对这些犯罪处以消灭生命的死刑。这种人类同种杀戮活动开始具有法律的意义。当然，严重暴力犯罪与死刑都反映出人类同种杀戮的本质，这一点没有随着社会的发展、文明的演进而有所变化。时至今日，世界上各个国家不可避免地存在各种暴力犯罪，恐怖犯罪的幽灵四处游荡。死刑仍为不少民众所迷信，为不少政治家所运用。

于是，我们就无法回避这样的问题：人类同种之间为什么要消灭对方的生命？为解答该问题，人类很早就开始进行研究，但大多是从理性分析的角度出发的。直到19世纪中后期，随着自然科学

---

① 参见胡健：《中国死刑起源探究》，载《政法论坛》2003年第2期。

的蓬勃发展，研究活动才超越了纯粹哲学、道德的范畴，人们逐步重视以生物学、人类学的视角与防范进行分析研究。最早的理论是意大利犯罪学家龙布罗梭提出的"天生犯罪人论"。龙布罗梭认为，隔代遗传、返祖现象是导致人犯罪的原因，有些人犯罪是必然的，受到其遗传基因或者变异基因的影响。[①] 这种思想将人们对犯罪的思考转移到了生物学因素上，开始启发人们去发现人的生物学、生理学因素对犯罪的影响。加罗法洛仍沿袭龙布罗梭的思想，区分犯罪类型，在自然犯，尤其是凶杀犯、暴力犯罪的原因问题上，仔细考察犯罪人的生物学因素对犯罪发生的作用。菲利也认为，犯罪人的人类学因素是其犯罪的首要条件，犯罪人的人类学因素是其犯罪三大原因之一。李斯特则将自然原因也归结到社会因素中，认为犯罪原因有个人原因、社会环境两种。[②] 到 20 世纪 70 年代，随着社会生物学的产生，人们对人类暴力及犯罪的解释更多地从社会生物学角度出发。

（二）杀人的生物学解读

1. 暴力攻击的生物学基础

各种生物对外界环境的反应是不一样的。植物的反应表现为不可逆转的生长，很难主动发生空间上的位置变化。而动物则不然，其反应有着复杂的、完善的神经结构主导，并能够进行可逆转的、可重复的快速运动。低等动物的神经表现为神经网，高等动物的神经表现为神经系统。就大多数较为高等的动物而言，其运动是通过其内在的肌肉扩张与收缩来完成的，即在神经系统的指挥下，肌肉发生扩张与收缩，进而引发肢体的运动，这被称为动物的活动能力。在动物的世界里，各种动物的活动首先主要地表现为对植物与其他动物的捕杀与食用，以维持生命的存在与延续，也形成自然界

---

① 参见马克昌主编：《近代西方刑法学说史略》，中国检察出版社 1996 年版，第 148～152 页。

② 参见马克昌主编：《近代西方刑法学说史略》，中国检察出版社 1996 年版，第 168 页。

的"生物链"。捕食者的运动力量被称为捕食（攻击），而被捕食者的能力被称为逃生，都具有利用自身强烈肢体运动的特点。

对于动物而言，具有四种本能：食、性、逃跑与攻击。[①] 攻击就表现为某生物对其他生物个体的侵害。然而，因为生存资源的问题，同种生物之间的攻击也非常激烈，甚至远远超过对异种生物的攻击。物种内部的竞争，就是自然选择的过程。同种生物之间的攻击表现为对性与领地（食物）的争夺，这表现为两点：第一，对失败同种成年生物的杀戮；第二，对同种婴幼生物的杀食（包括自己的幼子）。群体性程度越强，群体中争夺首领地位的攻击就越厉害，这反映为对"领地"的争夺。[②] 在生存资源比较丰富的情况下，这种争夺与杀戮就具有"仪式性"，即并非真的将对方杀死，结束其生命，失败一方只要退出竞争，即可保留生命。同种生物如果都有自己的领地，很少发生相互的攻击。即便发生攻击，攻击的仪式性也非常强。最嗜杀的狼，恰恰有最好的抑制能力，从不向同类真正地实施武力。[③]

人类作为自然世界的一部分，运用自身的智慧与力量征服地球上其他动植物种群，成为地球上最有力的统治者。但是，人类的力量与运用该种力量的智慧并没有消失，反而有力地促进着人类的生存与发展，更多地对人类自身产生影响。因此，从生物学角度看，人类没有抛弃作为高等生物的基本习性。

人类有着多种复杂的欲望与需求。美国著名心理学家马斯洛提出"人类五个层次的需要理论"，指出人类除了生理需要之外，还有安全、社交、尊重与自我实现的需要。著名生物学家阿德雷指出，人类的心理秩序有三种：安全、刺激与认同。在社会生活中，这些心理需要往往涉及人与人之间的关系，表现为某个人对其他社

① 参见郑也夫著：《生物学阅读札记》，中国青年出版社2004年版，第89页。
② 参见郑也夫著：《信任论》，中国广播电视出版社2001年版，第77~81页。
③ 参见郑也夫著：《生物学阅读札记》，中国青年出版社2004年版，第100页。

会个体的某种心理态度，如嫉妒、仇恨、羡慕、尊重、模仿等。人类即便在生理需求得以满足的情况下也会超越性、食的需要，对其他同种进行攻击，甚至要消灭对方的存在，并从这种杀戮性攻击中获得快感。

这种心理态度与其需要一样，会逐步在社会生活中客观化。人类实现自己需要的基本手段就是运用自己的认知能力与身体的生物力量。超出本能需要的占有欲望往往鼓动人类进行非常激烈的攻击。人的生物力量成为最主要的手段。不过，人的活动受到高级神经系统的支配，被称为是行为。人攻击与逃跑的习性也表现在各种行为中。

而且，在实现欲望与需求的过程中，目的与结果的重要性远远超过手段的正当性，手段服务于目的的实现与结果的获得。之所以如此，是因为：（1）人类是最厉害的杂食性动物，繁衍与生存能力很强，对社会资源的欲求也非常强烈，常常超出实际的需求去进行占有；（2）人类能够将自身的生物力量与智力结合，产生出色的攻击能力与破坏能力；（3）人类的合作精神比较强，引发敌对意识也非常强。[1]

综上所述，为争夺食物、性乃至"领地"的占有，人类会不断攻击同种个体，这与普通动物没有太大区别。但是，人类超出生理需求，满足自己的占有欲望或者虚荣心，而实施暴力攻击，同样也反映出人类对自身生物力量的依赖，反映出人类具有不可抹杀的生物属性。那么，能否说有的人有暴力基因，容易导致暴力或者暴力犯罪呢？大量的研究也表明很多暴力犯罪确实与行为人身体内部的特定基因或者大脑的某些病变有关。[2] 但是，时至今日，还没有直接的生物学、病理学研究结论能说明，某些人犯罪就是因为有特

① 参见郑也夫著：《信任论》，中国广播电视出版社2001年版，第86~89页。
② 参见耿文秀著：《为什么打架：暴力与攻击》，上海科学技术出版社2002年版，第29、80页。

殊的基因或者病变。很多情况下，某人实施暴力犯罪，往往是其内部特定基因在外界诸多因素综合作用下导致的。生物学因素只是其中的基础性因素。

2. 暴力攻击的生理学基础

人的肢体活动同样表现为肌肉的扩张与收缩，而扩张与收缩的能量来源于储存在肌肉组织细胞中的三磷酸腺苷（ATP）。ATP 分解，就会放出能量，供给肌肉活动的需要。而能量如何释放与攻击，肢体如何进行活动，都是由其神经系统所控制与指挥的。人的功能性调节表现为三类：神经调节（nervous regulation）、体液调节、自身调节，后两者属于生理功能的调节，而前者则比较积极，是对外界的主动反应。神经调节的机制表现为：

感受器 → 传入神经纤维 → 反射中枢 → 传出神经纤维 → 效应器
（接受刺激）（传导冲动） （分析综合）（传导冲动） （作出反应）

上述反射分为两种：非条件反射与条件反射，前者表现为对环境的基本适应，而后者则是对环境的主动反应。但是，上述效应器并非是被动、消极的，而是有积极作用的，即能够通过自身活动向感受器发回反馈信息，调整反射中枢的活动。条件反射扩展了机体对外界复杂环境的适应范围，使机体能够识别还在远方的刺激物的性质，预先做出不同的反应。因而人体对外界的反应表现为人对外界进行自我调节活动。

相应地，暴力活动也体现出人类的条件反射，是一种条件反射的客观化外在表现。而在神经系统的层面上，人的反应则是表现为人的情绪、感情。在人脑中，对情绪（感情）起到确认作用的是杏仁核（下皮质的一部分）与额叶。其中，杏仁核的作用是主要的、直接的；额叶的作用是间接的。杏仁核感受到外界刺激后，直接传到大脑皮层，这是直接途径。间接途径表现为下视丘接受刺激，传送荷尔蒙讯息到身体以产生生理的改变，如肌肉收缩、血压上升、心跳加快等，然后又回馈到大脑的感觉皮质区，再将讯息送到额叶，额叶把这些生理改变解释为"情绪"。但是，情绪还很低级，人所拥有的一定认知因素也会起作用，即对这种模糊的情绪形态加以分析、解释，最终确定该情绪体验，[①] 形成感情。然后，大脑皮层进一步对该情绪进行加工，形成计划与方案。这都是额叶起决定作用的。最后，再将这些感知通过神经元发布到神经末梢，指挥具体的行为活动。

在此方面，暴力的发生源自两种神经调节：（1）经过情绪感知后决策采取暴力反应，大脑将决策传输到神经末梢，刺激肢体的肌肉进行有目的的扩张与紧缩。（2）原始近道反应，即在遭遇应激时，本应强化的大脑皮质中枢的信息通道被强烈情绪所淹没，低级的情绪激起大脑皮层做出迅速的反应。在前者情况下，行为人决定采取暴力行为，并且进行详细的策划。在后者情况下，神经中枢做出的迅速反应立即驱动肌肉迅速扩张与收缩，引发肢体的巨大动作，将力量施加于他人，引发暴力攻击的发生。因此，暴力反映出人的基本生理功能，成为人生存活动的必要机能，而暴力攻击、犯罪也具有一定的必然性。

（三）暴力控制机制的生物学基础及文化意义

动物具有自我维持秩序的能力，也是其生存本能之一。生物学研究发现，较低等的动物（如蚂蚁、蜜蜂等），其群体内部有严密的纪律，甚至也有专门维持秩序的个体（如同人类社会中的警察）。对于违反种群内部规则的个体，这些动物就依赖其本能来认定事实的存在，并采取一定的处罚手段。例如，蜂群中，专职秩序的蜜蜂会通过辨别蜂卵的气味来辨别是否为蜂王所产，再决定是否将该卵毁掉，将随意产卵的蜜蜂杀死。蜂王也会将本群体内部可能替代自己的雌性蜜蜂幼虫杀死。[②] 较高等的动物，尤其是哺乳动

---

① 参见伍棠棣主编：《心理学》，人民教育出版社 2003 年版，第 200 页。

② 参见杨孝文：《昆虫世界也有警察维持秩序》，载《北京科技报》2005 年 3 月 20 日。

物，群体生存时内部都有头领和警察。例如，猴群内不仅有头猴，而且还有专门维持秩序的猴。[①] 所以，在一般的动物联合体中，会遵从首领的意志建立一定的秩序。虽然会发生头领的更替，即已经脱离幼年时代的动物相互冲突或有可能发生冲突，但总会出现一方对另一方占优势，另一方被迫服从的局面。这就是人们常提到的动物之间的统制——服从关系。新的秩序很快就会建立起来。

人类也不例外，在群体内存在基本的统制关系，并且衍生出基本的规则，当然，这要比普通生物之间在性、食物、领地上的争斗更为复杂。这些复杂规则最初表现为原始社会的禁忌与后世社会的各种法律法令，对违反者的处罚也往往是处死。[②] 当然，人类也认识到了"同种杀戮"现象的存在，从维持种群生存的实际利益出发，也有进行自我控制的实际需要，即努力维持其人类社会内部的基本秩序与稳定。

所以，人类自身的生物力量随着人类的存在而存在，并且得以发展，人类对其的运用也是永恒的。当人受到外界的不良刺激时，其内在的、从原始祖先那里已传来的生物力量便就要随着其心理意志被释放出来。当这种力量在人用来攻击同种时，就被视为"暴力"。这种"暴力"在社会文化的视野中有着不同的价值。违反了群体生存及其规则（秩序）的暴力是被否定的，而否定的形式也往往是暴力的，如消灭生命（死刑）、残害身体（肉刑）、强迫离开群体（流放）、剥夺身体自由（监禁）、强制劳动（徒刑）。或者至少在实现上以暴力为后盾，如强制缴纳金钱（罚金等）。

在文化的视野里，个人违反规则对其他人的暴力攻击，往往被视为犯罪；而社会（国家）对该行为人的暴力攻击，则被视为刑罚。这二者都是在一定的需要的支配下进行的。个人暴力，往往以

---

① 参见《研究显示猴群内有警察维持秩序促交流》，载 http://msn. ynet. com/
view. jsp？oid＝7539811。

② 参见蒋立山：《从原始禁忌看社会规范的起源——读谢苗诺夫〈婚姻与家庭的起源〉》，载《中外法学》1996 年第 5 期。

个体的实际需要为目的，如食物、性、自我实现等；社会暴力则要实现群体的安全、发展。所以，在法律意义上，可将"暴力"分为：作为犯罪的暴力与作为刑罚的暴力。这二者都反映出人类对自身同种的暴力攻击，而消灭对方生命的杀人（杀人罪与死刑）则反映出这种暴力攻击的激烈与严重程度，也反映出人类对待同种的残酷屠戮。因此，死刑与杀人一样，都是人类运用其生物力量进行暴力攻击的极端形式，都有着深刻的生物学基础。

三、暴力犯罪死刑的社会学解读

（一）群体暴力

1. 群体暴力的产生

不管是在人类进化、发展初始阶段，还是在文明发达的现代社会，人类个体与群体的暴力攻击随着人类的生理本能而存在。当然，如同其他动物群体一样，人类对这种暴力攻击有着清醒的认识，试图发展各种制度、规范予以规制。这种规范与规制有着强制力量的背景。"现在的教科书把原始社会描绘成一个所有成员共同生活、劳动的，没有阶级、没有压迫的平等互助的社会。但如果认为人类的原始社会始终是这种情形，或者说人类在一开始就是这种情形，那就错了。"[①] 人类是怎样摆脱自然界的，也就是怎样进入社会的。在人类最初从自然界跨进社会时，虽然没有我们后来在文明社会中所看到的阶级对立和阶级斗争，但存在的却是另一种斗争——赤裸裸的本能斗争。此时的生存斗争都表现为直接攻击人身的严重暴力。在人类的生存斗争中，个体一直处于群体之中，但是，群体的大小是变化发展的。初始时期，如同猴群一样，人类处于家庭式的群体里。但后来，家庭式的群体难以应付自然的力量，不同的家庭因为生存、通婚等需要而结合起来。在这样较大的群体

---

① 蒋立山：《从原始禁忌看社会规范的起源——读谢苗诺夫〈婚姻与家庭的起源〉》，载《中外法学》1996 年第 5 期。

里，由于每个个体的身体力量并不相同，作为相互格斗或强力的结果，就出现了压制与服从的关系。身体力量强大的人处于种群内部的首领地位，其他的人就要接受这种统制关系。"经过一再重复，这种关系就会发展成一种强烈的习惯。"① 于是，头人就出现了。蔡枢衡先生指出，由于人群相互之间捕人杀食、掠夺为婚、食人复仇等斗争，头人又演变为对敌斗争的先锋与统帅。② 群体、头人的形成，一方面表明人类之间相互依赖的加强，另一方面也表明生存中群体暴力的逐步出现，如《孝经·钩命决》记载："三皇设言而民不违。"因此，群体性暴力是在群体首领的指挥下实施的。

2. 群体暴力产生的社会合作基础

如同其他动物一样，人类从很早开始就必须进行合作。合作也是动物本能之一，在生物学中被称为"利他"。③ 对人类而言，进行合作是有利于生存的。有论者甚至指出，人类对合作的兴趣，在人脑的发展阶段上要早于竞争关系。④ "灵长类社群的首先特征是合作。""群体的所有成员都积极地发展和维护互动交往。"⑤ 合作使得群体中高等级地位的个体并不是力量最大的个体，而是能够操纵其他成员取得最大支持的成员。人类群体发展的过程也就是人类合作进化的过程，人类的群体反映出人类合作活动的进化与发展。

人类的合作就是要尽可能减少内部的直接暴力攻击，保存每个个体的存在，同时做到一致对外。随着人类种群生存规模的扩大，直至氏族出现，人类的合作成为复杂的社会现象。人类的合作更多地表现为非亲缘性质的合作，远远超越了动物种群内部的亲族性利

① 参见［美］D. A. 德斯伯里著：《比较心理学》，金光华译，台湾亚洲出版社1987年版，第207页。

② 参见蔡枢衡著：《中国刑法史》，中国法制出版社2005年版，第40~41页。

③ 参见郑也夫著：《信任论》，中国广播电视出版社2001年版，第22~26页。

④ 参见汪丁丁、罗卫东、叶航：《人类合作秩序的起源与演化》，载《社会科学战线》2005年第4期。

⑤ 耿文秀著：《为什么打架：暴力与攻击》，上海科学技术出版社2002年版，第110页。

他，具有强制互惠的性质，即"强互惠（Strong Reciprocity）"。强互惠的社会属性使得社会内对不合作的惩罚成为成员的共同要求，从而具有稳固的社会基础。

人类清楚地认识到了暴力的危害与合作的价值。不同于其他动物的是，人类不再简单地利用本能来抑制暴力，促进合作，而是设置各种制度来促进相互之间的合作，形成有力的对外暴力。人类的合作成为人之为人的基本原因，也导致社会化成为可能。这些最后促成社会的形成。在这样的社会中，杀人就是最为极端的竞争关系，也是最为极端的破坏一般性合作的形式。社会对合作的天然需要决定必须对这样的竞争形式进行规范。杀人者被认为是不愿意进行社会合作的人，那么，对这种背叛的处理最初就表现为处死。死刑成为维持社会合作的极端形式。这种维持社会合作的极端形式是群体性暴力支持的。所以，杀人与死刑反映出人类社会形成与发展过程中所存在的斗争与合作关系。

（二）群体暴力的政治意义

随着人类的发展，统制关系逐步演进为统治关系。统治者对死刑的运用逐渐娴熟。对杀人者，被害方逐步丧失复仇的权利。处理杀人者成为统治者的权力。对杀人者处以死刑，使得死刑从统治者那里获取了更多的政治意义。一方面，统治者对该权力是否行使、是否公平地行使，往往影响到该统治者的权威，如秦末刘邦就因"约法三章"而广受拥护，"杀人者死"是其中的主要内容。任何稳定、繁荣的社会都与统治者能够公平地行使死刑权力有极大关系。适用死刑后，社会的治安也会出现短暂的稳定，犯罪率出现短暂的下降。另一方面，死刑成为统治者维持统治的有力手段。死刑是将人的生命予以消灭，能够表达出对犯人的最大仇恨，也能够消除犯人的现实威胁。统治者往往将其仇敌作为罪犯处死，减轻了对统治权威的挑战。因而死刑具有一定的政治效果。"乱世用重典"也容易成为强权统治者治世的圭臬。

而且，这也造成了统治者对死刑的迷信，主要表现为两个方面：一是死刑的执行方式多样化，尽可能地增加犯人的痛苦，并在使受刑人痛苦方面制造差距；二是死刑扩大适用，各种犯罪不管是否威胁人的生命安全，只要具有统治者主观认识的危险与对其权威的挑战，就有可能被配置死刑，甚至被法外适用死刑。统治者只要认为死刑能够有效消除上述危险以及对统治权威的挑战，就会大肆适用死刑，如 1764 年，意大利刑事法学家贝卡里亚首次提出了废除死刑的话题，但认为，一个公民如果其生存威胁国家的自由，或者政治制度的稳定，仍可将其处死。① 在目前世界上废除死刑的国家里，还有 11 个国家对军事犯罪适用死刑。在保留死刑的国家中，死刑更多地被适用于暴力犯罪。依赖死刑来震慑犯罪，成为这些国家的基本司法现实，也反映出这些国家为维持社会治安对死刑手段的依赖。

四、"杀人者死"观念的生物学本源与社会认可

将杀人者也杀死，对于被害人的家属来说，这是基本的复仇观念，是"血亲复仇"的直接体现。对于统治者来说，更高的意义在于维护社会的治安，保持良好的社会秩序，保护社会的基本存在。但是，对于既非被害人亲属，也非统治阶层的普通社会成员来说，"杀人者死"是社会成员对杀人者处罚的基本认识。这种观念是如何产生，又是如何在社会观念中获得认可呢？

（一）"杀人者死"观念的产生

远古时代人杀人的情形比较多。首先，杀人与吃人在远古时代蒙昧阶段是非常普遍的。平时吃被俘获的敌人，遇到饥荒的时候，就连自己的朋友和亲属也会被吃掉。这种风气仍残存在美洲土著当中，不仅低级野蛮社会的部落有这种情况，而且，那些处于中级野

---

① 参见［意］贝卡里亚著：《论犯罪与刑罚》，黄风译，中国大百科全书出版社 1993 年版，第 45 页。

蛮社会的部落，如易洛魁人和阿兹特克人等，也是如此。① 另外，在北京周口店发现的许多猿人颅骨上，很多都有用棍棒或锋利石器暴力击打的痕迹。其次，因为性需要的竞争也会发生杀人的情形。在原始人在向直立行走转变过程中，机体发生较大变化，不可避免地增加雌性成员怀孕和生育时的困难，造成女子死亡率增长，使成年雄性的数量大大超过了成年雌性，对雌性的竞争就变得非常激烈，雄性个体之间发生殊死的争斗在所难免。② 因此，远古社会里，因为性与食物的需要，人（尤其是强壮的男子）之间发生攻击是很常见的。

可以推知的是，蒙昧时期对性进行争夺时产生的杀人，不仅发生在非亲属之间，也有可能发生在亲属之间。而亲属间为后代繁衍而发生的杀人不会产生太多的复仇现象。而复仇行为多是因为非亲属间的杀人活动。对杀人者的复仇，主要是对因食物、群落之间争战发生的杀人进行报复。而这些主要依赖于被害人的亲属。有被害人亲属中强壮的人来对杀人者施以报复，即血亲复仇。但为什么要报复呢？答案很简单，因为人类像其他动物一样，具有报复的本能。著名生物学家威尔逊曾指出："人类有一种强烈的本能，面对外部威胁，他们会因仇恨而做出丧失理智的反应，其敌对情绪会逐渐升级，终于战胜外来威胁，以确保自身安全。"③ 动物的报复本能是其攻击本能的侧面，也是其拓展或维护生存空间的表现。

人类在此方面与动物没有太大区别，反映出人类基因内在的利己性。④ 内在利己属性导致基因势必对不利于自己存在的外界反应

---

① 参见［美］路易斯·亨利·摩尔根著：《古代社会》，杨东莼等译，商务印书馆 1997 年版。

② 参见蒋立山：《从原始禁忌看社会规范的起源——读谢苗诺夫〈婚姻与家庭的起源〉》，载《中外法学》1996 年第 5 期。

③ 参见［美］爱德华·威尔逊著：《论人性》，方展画、周丹译，浙江教育出版社 2001 年版，第 107 页。

④ 参见周顺波、段正坤：《社会生物学视野中的人》，载《中国地质大学学报（社会科学版）》2004 年第 2 期。

做出抗拒的反应。体现在人的生物层次上，人类因为生存与感情的需要利用自己的生物力量进行反击和抗拒。后来，复仇观念不断加重，复仇既是对杀人者的惩罚，也是氏族保存的需要，因为对氏族成员的侵害，也就是对氏族的侵害，复仇成为一种防护力量。但是，报复作为攻击的另一种形式，很容易引起恶性循环，更大地威胁人类的生存。因此，人类生存群体不断扩大，部落、部落联盟逐渐出现，相互之间对杀人而食的现象进行规范，产生了复仇的习俗，即同态复仇。同态复仇将攻击与反攻击控制在非常有限的范围内，集中体现为"杀人者死"，从而避免了血亲复仇的弊端，使得被害方能够获得补偿，杀人方能够继续保存，防止发生大的流血冲突。对于部落来说，为避免不必要的麻烦，就逐步禁止对其他的部落人杀而食，关于杀人、吃人的禁忌也逐渐形成。"不得恶意杀人"的禁忌产生后，对部落所有成员都有约束力，也成为后来司法（刑罚）产生的起点。[①] 不过，还需要指出的是，人类这种复仇的本能并未随着人类文明发展而消失，相反，某些部分逐步演化为"私力救济"的能力，获得理论的承认，在社会生活中发挥着一定的作用。[②]

（二）"杀人者死"观念的社会认可

人类社会的规模和生活状态不可能停留在部落、部落联盟的层次上，而是逐步表现为复杂的合作系统。"社会"逐步出现。不管是在部落还是在部落联盟、社会中，最为常见的是个体与个体之间的合作，但更为关键的却是个体与群体之间的合作。个体与群体之间的合作主要表现为个体对群体生活规则的遵守与执行。个体之间的合作对个体的益处能够为个体直接感受到，个体很少有破坏合作的背叛行为。但是，个体对群体的合作有时候很难让个体感受到直

---

① 参见〔美〕理查德·A.波斯纳著：《法律与文学》，李国庆译，中国政法大学出版社 2002 年版，第 63 页。

② 参见徐昕：《为什么私力救济》，载《中国法学》2003 年第 6 期。

接的利益。"杀人者死"成为群体规则后，个体未必完全理解。但是，某人将群体中的另一个人杀死，不仅侵犯了被害人的生命存在，更是对群体的利益造成了破坏，不仅减少了劳动力，而且破坏了个体合作机制。

对于破坏群体合作、破坏合作机制的情况，与案件无关的人也会采取否定的态度，甚至采取一定的惩罚措施，如"路见不平"。这就是社会学家所说的"强互惠"，也是"利他惩罚（Altruistic Punishment）"，为了维护共同的合作秩序而采取的措施。① 伦理学家则认为，人类的道德具有生物基础。在任何物种的基因进化过程中，形塑本能的主要成分是高到足以判断和控制动态关系产生的紧张的智能。智能水平允许复杂的心智发展情形延续到未来。据目前的了解，这种情形只发生在人类身上，并有可能存在于和人类最接近的猿身上。② 但是，人类道德得以形成与发展，却依赖于人类的合作。"道德本能的首要起源是合作和背叛之间的动态关系。"③ 于是，在人类的进化史中，为达成合作而产生的道德情感逐步具有人类基因的意义。

在生物学家看来，人类的利他惩罚心理来自一定的生理基础。在解剖学上，中脑也叫哺乳动物脑。中脑系统对人和其他高等动物来说，是主管情感的脑区。对高等动物来说，启动这类行为的机制是由中脑系统的尾核和壳核来执行的。中脑所激发出来的行为主要是情感型的行为。人类因此具有自激励机制。强互惠行为依赖于这种自激励机制，做出这种行为时，中脑的这个部位就会被激活，而且行为的强弱应该与其活跃程度正相关。从古人类学和进化论的角

---

① 参见萨缪·鲍尔斯、赫伯斯·金迪斯：《强互惠行为的演化：非亲缘人群中的合作》，载美国《理论生物学》2004 年第 2 期。
② 参见［美］爱德华·O. 威尔逊：《道德的生物学基础》，小磊译，载北大法律信息网。
③ 参见［美］爱德华·O. 威尔逊：《道德的生物学基础》，小磊译，载北大法律信息网。

度看，中脑脑区在哺乳动物的时候就已经形成。人类的大脑皮层是在后来的长期进化中逐步形成的，覆盖在中脑系统上面。① 因此，人们观念中的强互惠或利他惩罚心理并非人类的纯粹生理机能（小脑支配），也不是大脑所支配的理性思维机能，而是由中脑所支配的感情。这样看来，人类对与自己无关的破坏合作的行为具有天生的否定与惩罚态度。

因此，对于杀人这种极端破坏（群体）合作的行为，与杀人案件无关的普通人也会产生予以惩罚的基本心理诉求。这种心理诉求一方面成为社会心理的基本内容，另一方面也是同情情感的来源。这些共同构成社会正义观念的一部分内容。需要指出的是，对于杀人者如何进行惩罚，却并不是与案件无关的普通人所密切关注的内容。其实，当杀人者死成为被害人亲属或者统治者惯常做法时，普通人也会接受这种观念。所以，杀人者死的观念获得社会认可，逐步成为社会正义观念，既有人类的生理、生物学基础，又有信任与合作的社会机制，还有社会心理强化的作用。

第二节 暴力犯罪死刑报应观的反思与批判

对暴力犯罪，尤其是严重暴力犯罪，从立法上规定死刑，是古今中外刑事立法的重要通例，具有非常深厚的社会文化基础。时至今日，普通民众仍认为，对故意杀人等严重暴力犯罪应适用死刑。② 反对暴力犯罪死刑废止的各种主张，在很大程度上都是以暴力犯罪死刑报应观为基础，且主要是在死刑废止论出现后逐渐地出现的。但是，遗憾的是，其并不存在系统性的论述，也缺乏应有的理性，存在较多的认识误区，因而有必要给予反思和批判。

---

① 参见［瑞士］恩斯特·费尔等：《利他惩罚的神经基础》，胡芸译，载美国《科学》2004 年第 8 期。

② 参见康均心著：《理想与现实——中国死刑制度报告》，中国人民公安大学出版社 2005 年版，第 55~64 页。

一、对暴力犯罪死刑适用对象的认识误区

1. "暴力犯罪适用与无辜者无关"

对暴力犯罪的罪犯适用死刑，人们往往认为罪犯"罪有应得"，很少人会考虑到暴力犯罪死刑会殃及无辜。相反，他们认为暴力犯罪适用死刑，与无辜者无关。支持死刑存置的主张甚至认为，死刑适用的司法程序非常严格慎重，侦查严明，审判周详，判决执行前又有核准制度，即便出错也有改正的余地，不会伤及无辜。① 在笔者看来，这种认识是错误的。

首先，没有完美无误的司法程序。罪犯与无辜者并非有天壤之别，他们同样是国家的公民。只不过罪犯是被认定有罪的国家公民。虽然二者在法律权利上有所不同，但这种不同是由司法程序制造出来的。司法通过特定程序认定犯罪，限制罪犯的法定权利。认定犯罪是经过司法诉讼证明的结果。作为一种认识活动，司法诉讼证明也并非完美无缺。人类尚没有产生一种完全不会产生错误的司法程序。对严重暴力犯罪的审理，不管是"纠问式"还是"审问式"都有可能出现错误的死刑判决。例如，自 1973 年至 2002 年，美国当局已经确认 200 多名囚犯被错判，其中，99 名是死囚犯。至少有 23 名被误判的罪犯已被执行死刑。② 之所以出现死刑的误判，在英美法系国家刑事司法制度中，目击证人的失误是司法误判的主因，这与司法证据开示制度中过度依赖目击证人的做法有关。而在大陆法系国家，往往与警察的刑讯逼供、作假、误导性排查等有较大关系。虽然法律设计了不服法院判决可以进行上诉或审诉等司法补救途径，但这并不能保证所有的误判得到纠正。另外，与刑事被告的辩护力度也有一定关系。这类刑事被告所获得的辩护资源

---

① 参见钊作俊著：《死刑限制论》，武汉大学出版社 2001 年版，第 42 页。
② 参见国务院新闻办公室：《2002 年美国的人权纪录》，载新华网，www.xinhuanet.com。

无法与控方所拥有的资源优势相抗衡。中国是发展中国家，死刑的误判更是严重。① 从这个意义上说，误判是免不了的事。②

其次，社会往往过度期待为被害人伸张冤情。严重暴力犯罪发生后，社会上很容易产生对犯罪的仇恨与对被害的同情。不管是社会民众，还是司法机关，乃至案件发生当地的行政机关，都自然而然地产生尽快侦破案件、抓获罪犯的迫切心情。社会民众或者新闻媒体对案件往往非常关注，因社会治安恶化、民众安全受影响而希望司法机关尽快惩治罪犯，对司法机关形成强大的舆论压力。而政府或者地方领导也会受到感染，从政治利益出发要求司法机关抓获罪犯，对司法机关形成强大的政治压力，甚至违法地介入司法程序中。在这些社会压力作用下，对案件是否侦破、何时侦破的社会心理诉求甚至超出对案件严格依法侦查与诉讼的合法要求。"人们只想尽快抓到一个，不管什么人替被害人偿命，哪怕是只替罪羊呢。"③ 案件侦破的结果性期待往往成为压倒一切的要求，使得司法机关偏离法律程序的严格规定去寻求符合社会民众期待的侦破结果，而社会民众也会忽视诉讼活动是否严格依法进行，片面地关注案件是否迅速侦破这一结果。这些就埋下冤假错案发生的根源，更容易对暴力犯罪错误适用死刑，如佘祥林冤案中，正是所谓的被害人的娘家家属无端怀疑佘祥林，并以各种方式向司法机关施加压力，中级法院又担心放纵犯罪，才判处了死刑。后来，虽然湖北省高级人民法院发现案件疑点，发回重审，但所谓的被害人的亲属又联名上书，不断上访，要求对佘执行死刑。审判的司法人员迫于压力，但又担心错杀，才没有对佘执行死刑。

所以，对于暴力犯罪死刑是否因某种原因而冤枉无辜者，答案显然是肯定的。暴力犯罪死刑并非与无辜者毫无关系。司法中错判

---

① 参见冯军：《死刑、犯罪人与敌人》，载《中外法学》2005 年第 5 期。

② 参见石渝：《美国怎样纠正"佘祥林案"》，载《世界知识》2005 年 6 月 22 日。

③ 参见胡佳著：《美国八大名案》，作家出版社 2005 年版，第 25 页。

误杀在所难免。对于暴力犯罪，"如果人们接受了死刑，就意味着必然会有无辜者要为他们从来没有犯过的罪行而担负责任"。① 从无辜者的角度看，死刑是对被错误认定为罪犯的人施加的最为毁灭性的打击。

2. "对暴力犯罪适用死刑，与旁观者无关"

很多时候，人们认为，"对暴力犯罪适用死刑，与旁观者无关"，因而支持暴力犯罪死刑的存在和适用。对暴力犯罪适用的死刑，过去大多是公开执行的，如中国古代的弃市、凌迟等，法国大革命时期的断头台。后来，死刑在执行方式上经历了从公开到秘密的转变。但是，个别地方还有公开执行死刑的做法。其实，暴力犯罪适用与执行死刑，不管有无公开执行死刑，对社会公众都有一定的负面影响。

首先，以法律的形式否定人的生命价值。对于个人来说，最重要、最基本的价值就是其生命。没有了生命，公民的身体健康权、财产权以及其他政治权利都将失去依托。而对人的尊重，首要的就是对其生命的尊重。在严重暴力犯罪中，罪犯通过其犯罪行为强烈地否定了被害人的生命权利；而在刑法中，死刑则以法律的形式也否定了罪犯的生命权利。如果说罪犯没有对被害人表现出基本的尊重，那么，也可以说法律也没有对罪犯表现出最基本的尊重。非法的杀人与合法的杀人并没有太多的不同，同样是对人的最高价值进行彻底的否定。这样就很难在社会文化中形成互相尊重、尊重彼此生命的价值观念，导致某些人不惜生命铤而走险实施严重暴力犯罪的恶劣后果。

其次，强化社会复仇心理。一个人的生命结束，亲友会表现出悲痛。如果该被害人是被他人杀死，亲友就会对杀人者表现出非理性的仇恨心理。其实，这种心理来源于人类的天然倾向，即用非理智的仇恨对外来的威胁做出反应，并使敌意逐渐升级去征服威胁，

———————
① 参见秀琴：《死刑是否合理，美国再起争议》，载《工人日报》2005 年 11 月 26 日。

以确保自己的广泛安全。① 在任何社会，统治者都要通过各种社会机制对仇恨心理进行疏导。而死刑则是疏导方式之一。但是，法律认同严重暴力犯罪的死刑，就是承认可以通过消灭罪犯生命来为被害人复仇。这就确认了"杀人偿命"这一社会观念，进一步强化人们非理性的复仇心理。另外，杀人者一方并不因杀人者有罪错而愿意失去作为亲友的杀人者。死刑在疏导被害方仇恨心理的同时，又埋下了原来杀人者一方的仇恨心理。杀人者一方在失去亲友后与被害方之间又形成了紧张的敌对关系。

所以，我们无法否认严重暴力犯罪死刑对旁观者、社会公众的消极作用。在司法对暴力犯罪适用、执行死刑后，社会公众往往忽视犯罪发生的深层原因，认为社会问题能够通过对暴力犯罪的严厉惩治而得以解决，并不从自身来思考如何消除犯罪的因素，使得社会公众失去对社会问题、犯罪现象的积极反省动力，缺乏对社会问题的敏感。

二、对暴力犯罪死刑刑事价值的认识误区

1. "对暴力犯罪适用死刑，才能安抚被害方"

复仇是人的本能之一。"仇"的本意是"雠"，即同伴、匹偶。所谓的寻仇，其实就是寻找配偶或者同伴。被害人遭受严重暴力犯罪的侵犯，失去生命，其亲属表现出悲痛，对杀人者表现出仇恨，都是人类正常的情感反应。而这种反应就从"寻仇"这一希望恢复与同伴关系的活动演化成对杀人者的攻击行为。死刑存置论者也认为，只有对严重暴力犯罪的罪犯判处死刑，才能抚慰被害人或者被害人的家属。笔者认为，这样的看法既不符合历史事实，也不符合人类文明发展的趋势。

首先，站在"攻击侵害"的意义上来理解"报仇"是不够的。

---

① 参见［美］爱德华·奥斯本·威尔逊著：《新的综合：社会生物学》，阳河清编译，四川人民出版社 1985 年版，第 28 页。

其实，"雠"是象形字，表现的是双方面对面谈判的情况。在被害人被杀死，被害人的亲属失去同伴、匹偶后，被害人的亲属就向杀人者一方去"寻找"同伴、匹偶，而这种"寻找"是通过对话方式进行的。因此，在远古时代，杀人事件发生后，被害方想到的并非是直接找杀人者算账，直接将杀人者杀死，而是到杀人者一方（亲属或者所属氏族）"讨要说法"。而双方有责任使这件事情得以调解，而不是直接采取杀死杀人者的极端手段。杀人者一方会赔偿相当价值的礼物并道歉，并且提出辩解的理由或者减轻处罚的要求。如果调解没有达成，被害方会挑选自己的成员来追踪杀人者，找到后将该杀人者处死。① 在一些发展比较缓慢的民族中，也有这种情形，如 1949 年之前，凉山彝族奴隶社会对杀人的处理方式有：（1）被害方强令杀人者自杀；（2）由家族族长调解，改赔命价；（3）从家族开除；（4）将杀人者杀死。处死杀人者也只是处理方式之一。② 再如，日耳曼人在公元初就开始意识到复仇的破坏性，复仇为赎罪金所替代，甚至法律禁止复仇，由赎罪金来替代。③ 所以，消灭杀人者的生命，并非抚慰被害方的唯一方式，而是万不得已之下的最后措施。

其次，人类能够约束自身的仇恨心理及其攻击本能，并非对之只能放任自流。对严重暴力犯罪的罪犯适用与执行死刑，是对罪犯的复仇行为，是对罪犯仇恨心理的某种宣泄。这种宣泄仇恨心理的复仇行为是通过司法暴力的方式实现的，但同样表现出人类进行攻击的本性。除了不得已的国家战争之外，司法暴力有着强大的力量与各种社会工具来约束、制止、惩罚各种暴力犯罪。而对个人实施杀戮，进行攻击，进行这种力量明显不均衡的国家与个人之间的战

① 参见 [美] 路易斯·亨利·摩尔根著：《古代社会》，杨东莼等译，商务印书馆 1997 年版，第 29 页。

② 参见杨怀英主编：《凉山彝族奴隶社会法律制度研究》，四川民族出版社 1994 年版，第 62~65 页。

③ 参见由嵘著：《日耳曼法简介》，法律出版社 1987 年版，第 77~78 页。

争，其必要性显然是有待深刻考虑的。司法暴力对罪犯个人的攻击有否必要以消灭其生命为形式呢？答案自然是否定的。因为暴力行为的学习规则能够为那些忠实地执行这种策略的人带来生物学上的好处。但是，我们已不再是以矛箭和石斧就能解决争端的原始人类，这些规则已经过时。① 进行暴力的攻击并不能带来社会普遍的利他，消灭杀人者的做法未必能给被害方带来有利其生存的生物学便利，有时候也难以充分安抚被害方失去亲属的悲痛。例如，被美国加利福尼亚州州长施瓦辛格拒绝赦免的死刑犯威廉姆斯曾指出："用死亡来威胁我，并不意味着他们从此可以结束痛苦。虽然我希望他们死去的亲人能从墓地中爬出来，回到温馨的家里，但这一切不可能。我同情他们，也同情每一个失去亲人的家庭。但是，我的死亡并不能结束他人的痛苦。"② 即便从宗教道德来看，单纯的复仇并不可取，"不需要更多的流血、更多的牺牲来证明生命的神圣性"。③

实际上，现代司法对死刑的认可与适用，并非完全是为了安抚被害人，甚至根本不是为了安抚被害人。例如，日本尽管没有废除死刑，但近年来每年执行死刑数量不超过 5 人。美国 2013 年全国执行死刑仅 39 人。而这两个国家发生的杀人、强奸等犯罪案件则远远超出该数字。有学者认为，故意杀人本身在法律上并不必然受到死刑的处罚，它只是死刑惩罚的必要条件，而不是充分条件。④

① 参见［美］爱德华·奥斯本·威尔逊著：《新的综合：社会生物学》，阳河清编译，四川人民出版社 1985 年版，第 28 页。

② 参见《美加州州长施瓦辛格拒绝赦免高龄死刑犯》，载《北京晨报》2006 年 1 月 13 日第 4 版。

③ 参见邱兴隆主编：《比较刑法》（第一卷·死刑专号），中国检察出版社 2001 年版，第 607 页。

④ 参见［美］白瑞根：《美国死刑概况》，2006 年 2 月 25 日在北京师范大学刑事法律科学研究院的讲演。

甚至有学者认为，死刑仅仅具有象征的意义。① 这样看来，对严重暴力犯罪适用死刑，并非完全出于对被害人安抚的考虑，而是由其他方面的考虑决定的。死刑并非是安抚被害人的唯一方式。

2. "对暴力犯罪适用死刑，符合伦理规范的要求"

死刑存置论认为，犯罪人实施严重暴力犯罪，背离了社会道德准则与秩序，对被害人的生命权利或者其他权利没有予以尊重。犯罪人也就没有权利要求社会珍惜其权利，法律也就不能再偏袒他。对侵犯生命的严重暴力犯罪适用死刑，符合民众的基本道德感情，也符合基本的伦理规范。这些是社会上普通民众关于暴力犯罪死刑的基本观念。例如，有网友就认为："敬畏生命是相互的，那些敬畏别人生命的人的生命才值得我们去尊重。而对于那些视杀人越货为儿戏的人有什么权利要求别人尊重他的生命?"② 在笔者看来，上述认识并不恰当。

一方面，社会道德与伦理不能以消灭被评价者的生命为形式来进行评价活动。道德评价活动有两个路径：理性主义与情感主义。近代以来，在休谟的推动下，情感主义的道德评价备受推崇。但是，人们只能在一定的社会历史条件下进行道德评价，只能从他本身所处的经济地位出发来理解道德关系。③ 道德评价活动并非单纯的情感宣泄，还有理性的成分。因此，道德评价是一种认识活动。一般认为，道德评价，即道德意识对社会实际存在的各种现象所作的赞扬或谴责，通过这种赞扬或谴责来判明行为，判明个人的性格特点和社会生活方式是否与固定的道德相一致。④ 道德评价又是一

---

① 参见邱兴隆主编：《比较刑法》（第一卷·死刑专号），中国检察出版社2001年版，第6页。

② 参见人民网-观点·网友留言·21日精选，http://opinion.people.com.cn/GB/35534/3137031.html。

③ 参见黄济鳌：《休谟道德评价理论研究》，载《现代哲学》2003年第1期。

④ 参见彭印中：《道德责任与道德评价刍议》，载《齐齐哈尔师范学院学报》1997年第3期。

种客观存在的精神力量，主要是通过对行为进行否定、对行为人进行谴责与非难来发挥作用。是否消灭作恶者的生命，并非道德评价的必然内容。从道德上看，严重暴力犯罪侵犯被害人的法益，是一种恶。对这种恶，道德上要求作恶者承担责任，即"恶有恶报"。但是，道德评价对责任的划分，仅仅是有所恶报，即作恶者遭受痛苦，并没有说非要消灭作恶者的生命不可。因此，消灭严重暴力犯罪的罪犯，并非对罪犯进行道德评价的必然内容。

另一方面，暴力犯罪的罪犯并不因其犯罪而失去作为人与公民的基本权利。从道德上看，严重暴力犯罪的罪犯实施了恶行，成为道德上所认为的"恶人"。从道德报应的观念，对"恶人"要有所报应。在不同的情况下，人们对报应的期望是不同的，而道德与伦理往往强化人们的报应观念。然而，报应观念要予以落实，最终还有依赖于社会机制本身，需要一个公正合理的社会运行机制。① 这种报应并不是表现为直接的报复，而是通过第三者或者第三方的力量来实施的。第三者多表现为社会的统治阶层。统治阶层对"恶人"予以处置，施以酷刑，不仅出于善恶对立的强烈道德义愤，而且还往往出于统治者用严刑峻法强化统治的政治需要。② 但是，这不能改变罪犯为人之同类的本质。对同类进行杀戮并不符合人类自身的道义。近代以来，尊重罪犯，以普通人的态度看待罪犯的观念逐渐加强。人们开始反省并批评折磨与杀戮同类的残忍行为。最早可追溯至1215年的英国《大宪章》。此后，1688年英国《民权法》、1789年法国《人权宣言》、1791年《美国宪法》都否定了酷刑主义。联合国1987年通过的《禁止酷刑和其他残忍、不人道或有辱人格的待遇或处罚公约》，规定对罪犯禁止适用酷刑。所以，对严重暴力犯罪的罪犯，仍应尊重其作为人与公民的基本权利。

① 参见魏长领：《因果报应与道德信仰》，载《郑州大学学报（哲学社会科学版）》2004年第2期。

② 参见高鸿钧：《法律成长的精神向度》，载《环球法律评论》2003年冬季号。

从反面看，虽然严重暴力犯罪的罪犯没有敬畏被害人的生命，没有尊重被害人的基本权利，但如果采用同样不敬畏、不尊重的方式来对待罪犯，就从表面上认同不敬畏他人生命、不尊重他人基本权利的做法，从整体上否定了敬畏生命、尊重基本权利的重要意义，实际上与敬畏生命、尊重基本权利的伦理规范相违背。

3. "对暴力犯罪适用死刑，符合责任理论的要求"

刑事古典学派认为，犯罪是行为人基于其自由意志的选择。康德明确提出责任原则。他认为，人具有选择行为的自由意志，竟避善而从恶而犯罪，从道义的立场上，就不能不对行为负责任。黑格尔则进一步认为，犯罪是对人的自由意志的存在造成了损害。杀人犯罪侵犯的是生命这一人的定在的整体范围，依据等价原则，应该剥夺罪犯的生命。黑格尔承认，对杀人者处以死刑，是同态的报应。[①] 从责任理论出发，死刑存置论认为，对严重暴力犯罪适用死刑，是对罪犯个人的合理归责。笔者认为，这种认识是不妥当的。

一方面，刑事理论研究已经表明，人的意志并非是绝对自由，而是受制于具体社会环境的相对自由。文艺复兴运动后，欧洲国家思想界非常重视人的价值，将人置于非常高的地位，同时也赋予了人以充分的自由。刑事古典学派认为，犯罪受到行为人自由意志的支配，犯罪是行为人自由意志的选择，行为人应对其犯罪行为负全面的责任。但是，随着刑事实证学派的出现，这种观念却被彻底否定，犯罪是由人的生物学因素、社会环境等因素决定的，并不是行为人意志的自由选择，没有理由从道义上对犯罪进行非难。直至20世纪30年代，德国刑法学家麦兹格才综合上述两种认识，在规范责任论的基础上提出非难可能性的问题，主张在追究刑事责任时也要考虑行为人的人格。[②] 这也说明，在特定社会环境中，人具有

---

① 参见马克昌主编：《近代西方刑法学说史略》，中国检察出版社1996年版，第92~137页。

② 参见马克昌主编：《近代西方刑法学说史略》，中国检察出版社1996年版，第239~240页。

相对的意志自由，人的意志受到社会环境因素的影响。严重暴力犯罪并非完全是犯罪人自由意志支配之下的产物。

另一方面，对严重暴力犯罪，无法实现绝对的等价报应，作为刑罚的报应只能是相对的等价报应。黑格尔明确提出，对犯罪的报应不是同态复仇、等量报复，但其对杀人犯罪却保留了同态报应的认识。直至 20 世纪初，刑事古典学派还坚持对犯罪的报应立场，否认预防等功利主义考虑。这里所说的报应观念，不管是道义责任论，还是法律责任论，都坚持了等价报应的立场。但是，对犯罪人处以剥夺自由的刑罚，与其侵犯人身、财产的犯罪之间究竟有何种等价性？如果从等价性上考虑严重暴力犯罪的刑罚，那么，杀一人与杀多人在刑罚上应该如何区分呢？其实，刑罚剥夺的法益与罪犯侵犯的法益是否等价，是个虚幻的假命题。法律不可能让罪犯感受到其犯罪给他人所带来的同种的痛苦，只能通过让罪犯感受到其他类型的痛苦来实现报应。侵犯的法益与法律剥夺的法益之间的等价性很大程度上是观念性的，不可能像商品那样以社会必要劳动来进行精确地衡量。另外，商品的价值是通过交换来确定的，而刑罚的报应价值则是通过罪责刑相适应原则要求的刑罚等级性来确定的。刑罚对罪犯的报应，需要反映出罪刑相适应的要求，即严重暴力犯罪就要适用严厉的刑罚，罪犯要遭受到比普通犯罪的刑罚更重一些的痛苦。邱兴隆教授也指出，报应并不要求死刑的必然存在。[1]

所以，如果从责任理论出发，实现对犯罪的报应诉求，要求罪犯承担法律的非难与谴责，死刑并非报应与责任的最好形式，也不是必然的形式。恰恰相反，完全可以通过其他形式的刑罚（法律的痛苦）来追究罪犯的刑事责任。

---

[1] 参见邱兴隆主编：《比较刑法》（第一卷·死刑专号），中国检察出版社 2001 年版，第 7 页。

三、对暴力犯罪死刑适用其他因素的认识误区

1. "对暴力犯罪适用死刑，具有深厚的民意基础"

暴力犯罪直接侵犯他人的人身权利，威胁人们的生命与健康权利，容易激起人们的恐惧与不安。因此，对暴力犯罪，人们要比对其他犯罪更有强烈的恐惧与反感，希望对暴力犯罪采取严厉的惩罚措施。而死刑就是其中的重要选择。对暴力犯罪适用死刑，在很多国家与地区都有较高的支持率。在保留死刑的国家，对暴力犯罪适用死刑的支持率远远高于反对死刑的支持率，如我国第一次关于死刑的调查（1995 年）表明，有 95%的被调查者支持死刑；2003 年网易关于死刑的调查表明，有 83.3%的被调查者反对废除死刑。①2004 年贾宇教授关于死刑的调查表明，有 74%~82%的被调查大学生主张保留死刑；不管是作为被害人的亲属，还是作为杀人者的亲属，都有 60%以上的被调查者认为不应该废除死刑。② 死刑存置论者认为，强大的民意基础表明，不应该废除暴力犯罪的死刑。

其实，社会民众对暴力犯罪及其死刑有着非常复杂的认识，主要包括如下几个方面：（1）"杀人者死"的报应观念；（2）"杀一儆百"的威慑观念；（3）"除恶务尽"的防范观念；（4）"防止有恃无恐"的敬畏观念；（5）"防止罪犯报复"的安全观念。③ 从这些观念出发，民众反对废止暴力犯罪的死刑。因此，民意反映的是社会对暴力犯罪及其死刑的态度，并没有提出关于死刑存置的新根据。从上述各种观念看，民众反对废止暴力犯罪死刑主要是基于安全的考虑。作为普通人，公众如同历史上很多时候的统治者一样，

---

① 转引自陈兴良：《中国死刑的当代命运》，载《中外法学》2005 年第 5 期。

② 参见贾宇：《对 1873 名中国大学生死刑观的问卷调查报告》，载陈泽宪主编：《死刑——中外关注的焦点》，中国人民公安大学出版社 2005 年版，第 251~252 页。

③ 这是笔者对民众关于死刑发言的总结与归纳。具体请参见国内主要网站（如天涯社区网，www.tianya.cn；网易网，www.163.com；新浪网，www.sina.com.cn 等）关于死刑的调查以及网民的发言。

在危险时刻不由自主地依赖死刑的威慑，希望通过对暴力犯罪适用死刑来预防暴力犯罪的发生，维护广泛的社会安全。从这个层面上讲，公众之所以依赖死刑，是因为缺乏有效的社会机制来维护普遍的安全。美国加利福尼亚州进行的一项民意调查表明，虽然有82%的人支持死刑，但在与不得假释的终身监禁加赔偿（罪犯在狱中的部分劳动所得偿付给谋杀案受害者的家属）与死刑相比较时，支持死刑的人数降为26%。[①] 所以，公众对死刑的诉求，很大程度上表现出对社会安全的需求。

对于支持暴力犯罪死刑的民意，需要客观的分析和正确的引导。稳定的社会制度、完善的社会福利、健康的社会文化往往会引导人们摆脱通过犯罪追求物质利益的非法意图。即使发生严重暴力犯罪，人们也相信能够通过现有社会机制来消除犯罪，惩罚犯罪人，不必一定要诉诸死刑。因此，在社会安全通过社会自身的各种机制得以保障时，我们能够引导支持死刑的民意，减少民众在观念上对死刑的依赖。

2. "对暴力犯罪适用死刑，符合刑罚经济的要求"

将暴力犯罪的罪犯予以囚禁，确实需要牢固的监狱、基本的食宿条件、医疗与教育费用、良好的管理队伍等，国家要付出较大的经济成本。而执行死刑，经济成本相对较低。甚至有人认为，"只有价值几便士的电、一根绳索、一粒子弹就可以便宜地将犯罪人消除"。[②] 这样就可以将大量的财政力量投入教育等公益事业中，不必花大量的钱去养活那些难以改造、对社会毫无益处的罪犯。因此，死刑存置论认为，对暴力犯罪适用死刑，符合刑罚经济的要求，能够节省国家经济负担。笔者认为，这种观点是有待商榷的。

一方面，罪犯的生命具有人类的最高价值，单纯考虑刑罚的净

① 参见喻贵英：《析美国公众对死刑的意向抉择》，载《河北法学》1998 年第 4 期。

② See Lois G. , A Rape to Punish, W. W. Norton & Company, New York, 1994. p. 115.

成本，是对生命价值的完全否定，与司法实际情况也不符合。认为死刑符合刑罚经济要求的主张，往往对犯罪人的生命价值忽略不计，仅仅计算执行死刑时短短几个小时的花费。这种观念显然与当今世界确定反酷刑基本思想是背道而驰的，对人的生命具有最高价值属性的观念也直接予以否定。

与此同时，还有人认为废除死刑会导致监狱人满为患，增加政府经济负担。其实，即便是保留死刑的国家，每年执行的死刑犯也是屈指可数。据统计，2013年全世界保留死刑的国家（不包括中国）共执行死刑犯778人，分别来自22个国家。对于22个国家来说，这些死刑犯的囚禁管理费用并非巨大的难以承受的经济开支。在保留死刑的日本，多年来不再执行死刑，同样在2013年也没有死刑的执行，显然，将这些罪犯囚禁起来，并没有过多地增加现有的罪犯囚禁成本。

另一方面，罪犯并非对社会一无是处，能够通过某种形式来对社会发挥益处，甚至能够超越其对社会造成的各种损失。大部分严重暴力犯罪的罪犯具有正常的劳动能力，其中还有一部分具有科研、艺术、文化、经济等的特殊能力。将这些罪犯处死，虽然符合犯罪报应的观念，但并不一定具有最低的社会经济成本。相反，不对这些人处以死刑，可以在剥夺自由的情况下使其发挥自身的长处，创造出特殊的经济、文化、科技价值，反而有利于社会的发展。例如，美国加州州长施瓦辛格拒绝赦免的死刑犯威廉姆斯，在死刑判决上诉过程中幡然悔悟，口述完成了9部小说，成功感化了曾误入歧途的成千上万名不良青年和帮派分子改邪归正，威廉姆斯曾五度获得诺贝尔和平奖提名、四度获得诺贝尔文学奖提名。2005年12月13日凌晨其被执行死刑。

第三节 暴力犯罪死刑废止论的反思

关于死刑废止的理论认识，最早可追溯至16世纪初的英国著

名思想家托马斯·莫尔，其在著作《乌托邦》中指出，应该废止
窃盗罪的死刑。① 18世纪中期，意大利思想家贝卡里亚明确提出废
止死刑的主张，并以故意杀人犯罪的死刑为例予以充分论证，开启
了死刑存废理论的争议，产生了重大影响，在数百年里得到了多方
的回应与支持，逐步在世界范围内形成废止死刑的立法与司法运
动，推动很多国家或者地区从立法上或者事实上废止死刑。不过，
关于暴力犯罪死刑废止的理由和根据，并不完全针对暴力犯罪死刑
报应观，从多方面来阐述，客观而言，存在较多的疏漏和欠缺，在
此一并予以反思，从而促进暴力犯罪死刑废止理论的合理化。

一、对暴力犯罪死刑存在根据的认识误区

（一）"死刑是践踏人权的、不人道的、残酷的刑罚"

1. 死刑的残酷性

最初的刑罚就是针对人的肉体实施的。例如，三皇五帝时期，
对违反风俗习惯的行为以扑和枳，即对人的身体实施打击。正式的
刑罚产生，不管是"刑"，还是"罚（罸）"，都与以刀具割刺人
的肉体有关，如《商君书·画策》："黄帝内行刀锯"。② 至春秋战
国时期，乃至秦朝初年，刑罚还是主要表现为墨（黥）、劓（劓）、
宫、大辟。后来，到封建社会，五刑演化为笞、杖、徒、流、死，
其中笞、杖、死还是针对人的肉体。这些刑罚基本上都是以造成罪
犯最大的痛苦来实施的，可以说是非常残酷的刑罚。

中外古代统治者采用多种多样的方式来执行死刑，如"斩"、
"焙"、"烹"、"脯"、"活埋"、"车裂"、"磬"、"定杀（溺死）"、
"绞"、"断舌"、"凌迟"等，不一而足。其中，最为出名的莫过
于欧洲国家的"断头台"与中国的"凌迟"。因此，就死刑来说，

① 参见［日］团藤重光著：《死刑废止论》，林彦辰译，台湾商鼎文化出版社
1997年版，第120~125页。
② 参见蔡枢衡著：《中国刑法史》，中国法制出版社2005年版，第49~52页。

司法者不仅要消灭罪犯的肉体，还要尽可能多地采用多种方式，以增加罪犯的肉体疼痛，体现出死刑的"可分性"。①

随着社会文明的进步，死刑执行的残酷性逐渐不被认可，甚至让人感到难以容忍，反对司法机关野蛮地折磨罪犯。② 但是，本意是为了减少痛苦的某些执行方式，也难免给罪犯带来除了死亡之外的肉体痛苦，如美国于 1890 年 8 月开始采用电椅执行死刑，第一位死刑犯经过了很长时间才死亡。如果电流过后，罪犯没有死亡，其就会感到极大的疼痛。"2200 伏的强大电流 30 秒内通过死刑犯的身体。电流把人的内脏器官都烧焦，往往合上电闸后，被捆绑在皮带里的受刑者尸体猛地向前倒下。"③ 也曾发生过罪犯头上冒火的情形。

目前，世界上广泛采取的死刑执行方式有绞刑（如新加坡）、枪决（如中国）、毒气室（如美国）、注射毒药（如中国）。这些死刑执行方式，并非能完全消除死刑犯的痛苦，如毒气室，罪犯并不是马上死亡。在毒气扩散时，罪犯身体会出现剧烈震动，感到窒息和精神痛苦。再如枪决，很多时候发生罪犯没有死亡，需要再次或者多次枪射，才能处死罪犯。④ 很多专家认为，这并非符合人道主义的死刑执行方法。⑤ 又如绞刑，需要根据罪犯的体重来设置绳索、绞刑架等，并不能保证罪犯立即死亡，罪犯能够感受到痛苦。即便是普遍认为痛苦最小的注射方式，也并不是没有争议的。因为

---

① 参见许发民：《论中国死刑制度的历史演变》，载陈兴良、胡云腾主编：《中国刑法学年会文集（2004 年度）·第 1 卷：死刑问题研究》（上册），中国人民公安大学出版社 2004 年版，第 43 页。

② 参见〔英〕凯琳·法林顿著：《刑罚的历史》，陈丽红、李臻译，希望出版社 2004 年版，第 1 页。

③ 参见钟荷：《最没人性的刑罚，美国电椅揭秘》，载《北京法制报》2005 年 9 月 16 日。

④ 参见潘军著：《死刑报告》，人民文学出版社 2004 年版，第 63 页。

⑤ 参见〔法〕马丁·莫内斯蒂埃著：《人类死刑大观》，袁筱一等译，漓江出版社 2000 年版，第 150 页。

麻醉剂可能对部分罪犯不能起效，罪犯如果挣扎，毒药就会进入动脉或者肌肉组织，带来巨大的痛苦。毒药剂量不足，或者过早见效，就会使后来的毒药变稠，堵塞静脉，延缓死亡，造成痛苦。①

死刑是消灭人的生命，但除了肉体的痛苦之外，死刑也给罪犯带来巨大的精神痛苦。因为保存生命，害怕死亡，是人的本性之一。被判决死刑后，罪犯就要等待死刑的执行时间。"在等待已知要来临的死亡时，是心理意义上的无法量度的漫长煎熬。对于死刑犯来说，死亡是他临终前的咒语，是一把在他心灵上不断拉动的利锯，恐惧和痛楚被无限地放大了。也因此，死刑犯在等待死亡的过程中，付出了比他所犯罪恶还要大几千倍的折磨。"② 而在知道执行死刑的时间后，成千上万的罪犯都痛苦万分，忐忑不安。③

所以，死刑并不因为具有法律的外衣而不再是人类自我杀戮的表现。直到目前，没有哪一种死刑执行方式能完全消除对罪犯的肉体痛苦，且都不能消除对罪犯在精神上造成的折磨与恐惧。简言之，死刑确实具有残酷、残忍的性质。因此，死刑废止论认为，死刑严重践踏人权，违背人道精神。④

2. 死刑存置论的反驳及评析

对于死刑违背人道的看法，死刑存置论是从两个方面来反驳的：（1）现代社会，司法采用尽可能小痛苦的方式来执行死刑，且并不公开行刑。（2）严重暴力犯罪是对被害人的不人道，而死刑则是对这种不人道的否定，是对社会全体的人道。⑤

笔者认为，上述反驳并不是无懈可击的。首先，如同前述，死

① 参见何铁强：《中国死刑告别血腥》，载《视点》2001年第11期。
② 居扬：《重刑犯》，载《黑镜头》编辑部：《黑镜头·最后的震撼中国的不朽影像》，花山文艺出版社2005年版，第2页。
③ 参见［英］凯琳·法林顿著：《刑罚的历史》，陈丽红、李臻译，希望出版社2004年版，第125页。
④ 参见陈瑾昆著：《刑法总则讲义》，中国方正出版社2004年版，第287页。此著作于1934年初版。
⑤ 参见钊作俊著：《死刑限制论》，武汉大学出版社2001年版，第35页。

刑不仅直接消灭罪犯的肉体，而且也给其带来肉体上的疼痛与精神上的恐惧，现代社会的死刑执行方式并不能完全消除这一点，其残忍的性质不容否定。

其次，认为死刑是对社会全体的人道，是对社会全体人权的保护，[①] 实际上系死刑威慑论的观点，因为死刑只是对罪犯的事后处理，罪犯一旦被宣布有罪并被判处死刑，就处于强大的国家司法暴力的压制之下，成为相对意义上的弱者，并不具有对社会的威胁性。死刑的存在只是表明，侵犯他人生命的人也会遭受生命被剥夺的后果。这种观点只不过是希望通过适用死刑来维护社会秩序，防止严重暴力犯罪的重新发生。

最后，这种认识背离了人道、人道主义本身的内涵。在人道主义看来，人是社会的最高价值。"对于任何人，不管他多么坏，对他的坏、他给予社会和他人的损害，固然应予相应的惩罚，应把他当作坏人看；但首先应因其是人，是最高价值而爱他、善待他、把他当人看。"[②] 人道是针对所有人而言的，并不区分所谓的罪犯或非罪犯。司法作为一种社会力量，如果从人道立场上观察，并不能以消灭人的肉体为人道主义实现的途径，而是将野蛮的和半野蛮的人改造成人。[③] 所以，为了对社会全体的人道、为了保护社会全体的人权，来否定罪犯的人权，否定对罪犯的人道，并不是人道的表现。

3. 死刑违反人道论的弱点

首先，忽视死刑的刑罚本质。刑罚作为一种恶害，具有使

---

①　国内学者对死刑不人道的批驳都是通过这种方式进行的。参见侯国云：《死刑存废的理论根据及其评价》，载陈兴良、胡云腾主编：《中国刑法学年会文集（2004年度）·第1卷：死刑问题研究》（上册），中国人民公安大学出版社2004年版，第279页。

②　王海明著：《公正　平等　人道——社会治理的道德原则体系》，北京大学出版社2000年版，第125页。

③　参见罗国杰主编：《人道主义思想论库》，华夏出版社1993年版，第448页。

人痛苦的本质属性。边沁曾指出，每种刑罚都具有五种恶的性质：
（1）强制；（2）刑罚的执行造成的痛苦；（3）使违法者遭受的恐
惧之苦；（4）错误控告之恶；（5）衍生之恶，刑罚的恶果多少会
发生在受制裁的父母或朋友身上。[①] 费尔巴哈则指出，刑罚是因为
实施了权力侵害由国家所加用刑法予以威吓的感性的恶害。而黑格
尔指出，刑罚是对犯罪这一暴力强制的暴力强制。因此，犯罪是一
种恶害，刑罚也是一种恶害，但又是一种必要的恶害。死刑是直接
针对人的生命进行的，势必会造成肉体的痛苦与精神的恐惧。无期
徒刑也具有这种痛苦属性，因其使罪犯长期与社会相分离，罪犯遭
受到了痛苦，甚至可能在死刑之上。[②] 所以，作为刑罚的一种，死
刑势必具有使罪犯痛苦的属性，这不足以支持死刑的废止。

其次，切断了犯罪与刑罚之间的联系。被害人的人权和犯罪行
为人的人权应是同等重要。杀死被害人与杀死罪犯在毁灭生命这方
面并没有太大不同，如何有效地对这种情形做出反应，是社会的难
题。严重暴力犯罪使得被害人遭受极大的痛苦，其生命、重大健康
或者自由受到严重的侵犯，也是对被害人的残忍与不人道。因此，
问题的关键在于：罪犯对被害人施以残忍侵害，法律有否必要对罪
犯也施以残忍的侵害。对严重暴力犯罪的报应以何种形式为必要？
不管答案如何，如果片面地、过度地强调死刑本身违背人道，就会
形成被害人的权利似乎不重要的错觉，使得罪犯侵犯的残忍性似乎
可忽略不计。死刑违背人道论没有就该问题做出分析，在一定程度
上切断了犯罪遭受刑罚之间的联系，为死刑存置论留下了攻击与批
驳的口实。

最后，忽视影响死刑适用的多种因素。如前所述，现代司法适
用死刑，并非完全基于报应犯罪的需要。荷兰法学家格老秀斯曾指

---

① 参见〔英〕边沁著：《立法理论——刑法典原理》，孙力等译，中国人民公安
大学出版社 1993 年版，第 67 页。
② 参见陈瑾昆著：《刑法总则讲义》，中国方正出版社 2004 年版，第 288 页。此
著作于 1934 年初版。

出，惩罚的目的就是使一个罪犯变成一个好人。后来，龙勃罗梭、加罗法洛、菲利都主张社会防卫理论。李斯特则提出了目的刑论的概念，并且主张对罪犯的改善。因此，刑罚虽然是对犯罪予以报应，但也要立足于社会的防卫与罪犯的改善。① 司法者并不会单纯从报应的角度对所有的严重暴力犯罪考虑适用死刑，而是从多方面予以考虑。

所以，死刑违背人道论实际上要揭示的问题是：残酷对待罪犯，能否达到报应罪犯与防卫社会、改善罪犯的良好统一？

（二）对死刑存在根据的其他认识误区

1. "国家用法律手段剥夺任何人的生命都是不正当的"

国家有否权力消灭严重暴力犯罪罪犯的生命，也是死刑存废的争论焦点之一。死刑废止论认为，国家没有权力消灭罪犯的生命，死刑因此是不正当的。死刑废止论曾从社会契约论、法律工具论的角度对该问题进行分析。依据前者，死刑废止论认为，个人没有将生命权利以社会契约形式让渡给国家；依据后者，死刑废止论认为，死刑是专制统治者维护的工具，对革命进步力量具有很强的镇压能力。死刑存置论对之予以反驳：建立国家时，个人已经将生命权让渡给国家；革命力量也能够利用死刑来反击专制者的进攻。②

社会契约论的思想强调的生命权利的自然属性，过于唯心主义，难以从实践角度予以充分论证。从该角度出发，不管是否定还是肯定死刑制度，都难免力不从心。而法律工具论则认为死刑具有工具属性，是否应该废除取决于对革命进步力量是否有利，其无法说明死刑存废的本质问题。

其实，死刑是阶级、阶级斗争的产物，是统治者镇压被统治者反抗统治关系的极端手段。自从国家产生后，国家及其法律就具有对国民的管理权力，包括对作为罪犯的国民适用死刑的权力。而不

---

① 参见马克昌：《论刑罚的本质》，载《法学评论》1995 年第 5 期。

② 参见钊作俊著：《死刑限制论》，武汉大学出版社 2001 年版，第 31~43 页。

同时期，国家的主权却由不同的社会集团掌握并行使。因此，在国家政治的层面上，死刑的正当性问题涉及两个问题：国家如何取得对其成员的生杀予夺大权？某个统治集团如何获得对国家的主权，从而能够对被统治者行使统治权？社会契约论企图对第一个问题做出解答，法律工具论试图对第二个问题做出解答，都没有全面地考虑问题。笔者认为，这两个问题其实是一个问题。在国家诞生之初，问题表现为谁能够主宰社会群体。国家建立、国家观念形成后，才产生谁能够主宰国家的问题，只要主宰国家，就意味着主宰社会群体。在人类社会历史中，不管是对社会群体能否主宰，还是对某个国家能否主宰，往往取决于暴力斗争是否胜利。而暴力斗争的胜利，也就使主宰权获得了正当性，如第二次世界大战期间，法西斯国家也在其占领地建立法庭，对反抗其侵略活动的当地军民进行审判，并判处死刑。第二次世界大战结束后，反法西斯联盟国家建立了纽伦堡军事法庭、东京远东军事法庭，对第二次世界大战战犯进行审判，并对罪恶严重的战犯判处死刑。在现代社会里，尽管国家主权变更的暴力色彩不断淡化，共和（选举）制为国家政权的变化提供了稳定的保障，但是，国家对国民、社会群体的主宰权却没有淡化，反而有所加强。统治集团对国家主权的掌握也并不因此而减弱。

国家对公民适用死刑的权力，来源于国家对统治范围内社会群体的主宰，本来就是暴力的表现形式。国家主权也就表现为对国民的主权；统治权表现为对国家及其国民的主宰权。可以说，是国家这种政治形式使得死刑获得政治上的正当性，而国家是现代社会存在与发展的基本形态。死刑是否正当在很大程度上取决于统治集团对国家主权的认识，如1966年的《公民权利和政治权利国际公约》第6条第1项规定："人人有固有的生命权。这个权利应受法律保护。不得任意剥夺任何人的生命。"也接着便在第2项就说明："在未废除死刑的国家，判处死刑只能是作为对最严重的罪行的惩罚……"这样的情况在《美洲人权公约》、《欧洲人权公约》

等国际人权公约中也有体现，反映出国家统治阶层在死刑是否正当问题上的矛盾态度。因此，死刑是否正当，其实依赖于统治者是否视其为必要的统治手段。我们无法从否定统治阶级统治权、国家主权正当性的理论中否定死刑本身的合法性，进而也无法否定死刑本身的正当性及其存在。

2. "死刑毫无价值"

死刑消灭严重暴力犯罪罪犯的肉体。很多时候，死刑的较多适用并不必然能够带来严重暴力犯罪的减少。相反，减少死刑的执行，并不一定导致严重暴力犯罪的增加，相反，有可能降低严重暴力犯罪率，如美国从 1998 年以来，处死的死刑犯 100 多人，2013 年仅执行死刑 39 人，而其严重暴力犯罪率从 1994 年之后呈现下降趋势。这样一来，从表面看，死刑的适用对严重暴力犯罪的发生率没有明显的作用。对此，有论者认为，死刑是零价值的刑罚。有论者认为，主张死刑实际上是转移公众的注意力，将死刑作为解决社会问题的办法，让人们忽视对社会问题的深刻关注。死刑又具有负价值。[①] 甚至有论者指出，死刑仅仅具有虚幻的价值，是人们在预防犯罪、实体价值缺位情况下对其报应、预防价值的迷信。[②]

笔者不能认同死刑零价值或者死刑虚幻价值的观点。死刑对严重的暴力犯罪有一定的震慑作用，能够在一定程度上利用威胁生命的方法来防止严重暴力犯罪的发生。但死刑的司法适用并不能避免错误的执行，在一定程度上也强化了人们的复仇情绪。所以，死刑作为一种刑罚，也是一把双刃剑，势必具有刑罚的两面性。对此，我们不能用其有利的一面来否定其不利的一面，进而主张其应该长存。相反，以其不利的一面来否定有利的一面，进而否定其完全的存在，也是一种非此即彼的单向思维方式，同样不具有令人信服的

---

① 参见康均心：《刑法价值的根源》，载《国家检察官学院学报》1997 年第 3 期。
② 参见周详：《死刑的虚幻价值与死刑问题的基本立场》，载陈兴良、胡云腾主编：《中国刑法学年会文集（2004 年度）·第 1 卷：死刑问题研究》（上册），中国人民公安大学出版社 2004 年版，第 194 页。

力量。真正应该考虑的是，死刑对于严重暴力犯罪的报应价值、特殊预防价值与其威慑价值、保护社会的价值，究竟哪一种更大些？

其实，在承认死刑各种弊端的情况下，死刑的存在也能够起到疏导民意的作用。例如，1949 年以来，各个历史时期的党和国家领导人都没有否定死刑，但都主张慎重适用死刑，减少死刑的适用。再如，美国废除死刑后于 1976 年恢复，其官方认为："大多数公民仍通过自由选举出的州和联邦官员来支持对最严重和恶劣的罪行施加死刑，这表现在大多数州的法律和联邦法律中。"① 很多政党领袖或者候选人也担心被认为"对犯罪软弱"而不主张废除死刑。政府在法律中保留死刑，就反映出民间对死刑的观念，但又主张减少死刑的适用，既符合民众对严重暴力犯罪予以严厉打击的期望，又巧妙地通过减少死刑适用来避免过多杀人，努力使社会趋向宽容与文明。所以，保留死刑，但限制与减少死刑的适用，能够逐步疏导民间对死刑的依赖与迷信。这也表明，死刑具有一定的政治价值，能以其存在来维护社会心理的稳定。承认这一点，反而有利于减少民众对死刑的依赖，扩大死刑废止论的影响，逐步创造废止死刑的社会文化环境。

二、对暴力犯罪死刑适用效果的认识误区

（一）"死刑引起旁观者的怜悯"

1. 民众对死刑的两种心理

过去，统治者为了加强死刑的威慑作用，一般都以残酷的手段公开执行死刑。因而在大部分人眼里，死刑等酷刑已成为一种表演。死刑的执行容易引起旁观者对死刑犯的怜悯。② 即便没有旁观

---

① 参见 2000 年美国对联合国第 6 次 5 年一度的死刑调查中的答复，载［英］罗吉尔·胡德著：《死刑的全球考察》，刘仁文、周振杰译，中国人民公安大学出版社 2005 年版，第 120 页。

② 参见［意］贝卡里亚著：《论犯罪与刑罚》，黄风译，中国大百科全书出版社 1993 年版，第 47 页。

死刑的执行，有些人在得知死刑已经执行，某人被处死后，也会感到难以言说的沉重与压抑。[①] 对于极其严重的暴力犯罪，罪犯被处死也往往会引发人们的思考，如药家鑫被执行死刑后，就有人发出"药家鑫死刑是否值得大快人心"这样的质疑，对药家鑫及其家人的同情不言而喻。其实，对死刑犯的怜悯与同情，不仅仅是在执行阶段发生的情感，甚至在其他诉讼阶段也会发生。例如，《红与黑》中讲到，陪审团研究于连的犯罪行为时，"没有一个女人离开座位，好几个男人眼里噙着泪"。即使在宣判结束，检察官却并不感到轻松，而法官则眼含泪花。[②] 据《资治通鉴·第一百九十四卷》记载，唐朝时，太宗李世民对死刑犯怀有怜悯之情，放他们回家探亲，并在约定的时间回到监狱。在现代的欧洲国家，国家官员在签署对死刑犯执行死刑的命令时，也难免遭受心灵上的折磨，产生强烈的负疚感，如1970年法国总统蓬皮杜，1976年法国总统德斯坦。[③] 人在自己的同类遭受屠戮时，心灵上势必会受到震撼，引发同情感。旁观者或者民众对死刑犯的怜悯，成为死刑废止论的重要理由之一。

在承认民众对死刑犯的怜悯情感的同时，我们不能否认民众对死刑的执行却有着一种好奇、乃至猎奇的态度。人类历史上很多死刑的执行都是公开进行的，如中国古代的弃市、凌迟，法国的断头台，都有非常多的围观者。12世纪，英国在执行死刑后将死者的头颅放在寺庙的横木或者大桥的塔楼上，当地的居民将原始的望远镜出租给来观光的旅人，这些人可以清楚地看到死刑犯头颅的样子。断头台在引入法国之前就被广泛运用，甚至被16世纪中叶的

---

① 参见陆萍著：《一个政法女记者的手记》，上海人民美术出版社1996年版，第3页。

② 参见［法］司汤达著：《红与黑》，郝运译，上海译文出版社1986年版，第200页。

③ 参见［法］罗贝尔·巴丹戴尔著：《为废除死刑而战》，罗结珍、赵海峰译，法律出版社2003年版，第6页、第43页。

苏格兰统治者称为"苏格兰少女"。当执行死刑的时候，就有数千人围观，给旁观者带来血淋淋的消遣。引入法国并改良后，又被称为"国家的剃刀"。断头台旁边，挤满了围观的民众，残酷的展示成为公众的假日，民众常常为死亡的庆典进行欢呼，甚至感觉不过瘾，要求恢复死刑执行时间较长的绞刑架。即便到了20世纪20年代，法国还用断头台公开执行死刑，有时候卖票允许到场参观。①即便在今天，死刑不再公开执行，但民众满足刺激的心理却没有太大改变。在公开宣判死刑时，"拥挤不堪的群众也都伸长了脖子等待死刑犯的出现，有些孩子甚至爬到了公判大会所在的体育场的篮球架子上，以求看得更清楚"。死刑执行后，甚至布告上鲜红的戳子印也被人挖走，"因为这个代表决定生死权的戳记据说可以避邪"。②

2. 怜悯论的认识误区

首先，片面反映关于死刑的社会心理。死刑并不是单纯的法律现象，而是复杂的社会现象。如前所述，旁观者与社会公众对于死刑的执行，有着复杂的心理反应。对严重暴力犯罪怀有恐惧，对这样的罪犯非常仇恨的情况下，死刑就会受到欢迎与肯定，普通民众希望通过对罪犯适用死刑来发泄内心的仇恨，安慰自己受到伤害的情感，如新中国成立初期，毛泽东同志提出，对于有血债，民愤很大，危害极其严重的犯罪，适用死刑。③再如，河南省平舆县发生黄勇重大连环杀人案，被害家属极其悲愤，民众也非常愤怒，法院对其依法适用死刑，上千人围在法院周围旁听。而有时候民众对死刑有着逆反情绪，对死刑犯则怀有同情心理，如外族或者外国入侵

---

① 参见［英］凯琳·法林顿著：《刑罚的历史》，陈丽红、李臻译，希望出版社2004年版，第136～150页；林达著：《带一本书去巴黎》，三联书店2002年版，第241～246页。

② 参见《关于死刑犯的两则笔记》，载天涯网·散文天下。

③ 参见毛泽东著：《毛泽东选集》（第5卷），人民出版社1977年版，第43～44页。

某地区，建立对该地方的控制后，滥用死刑的。再者，虽然有严重暴力犯罪，但罪犯精神上受到过严重刺激，或者罪犯是长期受到迫害的弱势群体，公众对死刑犯也有怜悯的心理。所以，旁观者或社会公众对死刑的态度，涉及具体的社会文化、犯罪原因、罪犯与被害人对比情况等因素。我们不能片面地看待大众心理，从旁观者怜悯死刑的观点出发否定死刑的存在。

其次，掩盖了民众对严重暴力犯罪侵害性的恐惧与无奈。罪犯被抓捕归案后，处于强大的司法力量压制之下，成为相对意义上的弱者。公众看到一个鲜活的生命被司法机关直接结束，自然会有悲观、怜悯的情感流露。然而，对于民众来说，最担心的莫过于遭受严重暴力犯罪的侵害，最大的希望也就是避免这种侵害。他们只希望严重暴力犯罪尽可能地减少，犯罪侵害不会降临到他们的身上。但在各种复杂因素的作用下，严重暴力犯罪难以避免，甚至常常发生，非常残忍地侵害被害人的生命与健康。社会中并没有产生完全阻止犯罪发生的防范机制，不管社会管理者采取何种措施，严重暴力犯罪都难以根绝。社会管理者为了获得民众的广泛支持，对这种民意非常看重，采用民众能够看得到的方式来满足民众的安全心理需求。这就表现为对严重暴力犯罪进行雷厉风行的反击，对罪犯予以严厉的惩罚，威慑社会不稳定因素。在满足安全感与同情死刑犯之间，民众更容易倒向前者，对于严厉打击暴力犯罪的措施非常支持。在同情罪犯的同时，民众并不觉得死刑没有必要。他们唯一感到的是对罪犯的惋惜，即罪犯本来能够自我发展，但走上了犯罪道路，遭受死刑。所以，民众对罪犯的怜悯反映出其对犯罪侵害的恐惧感之下对罪犯作为治安代价的惋惜之情。

（二）"死刑可能造成不良的社会环境"

死刑没有唤起民众对刑罚健康的畏惧感，而是引发对罪犯的同情，对司法力量的恐惧。同时，死刑的适用也强化了复仇情绪，从国家法律的角度说明杀人是正当的。因此，对严重暴力犯罪适用死刑，不利于形成健康、人道的社会文化，可能造成不良的社会环境。这是贝卡里亚反对死刑的又一个重要理由，也是死刑废止论的重要内容。①

笔者认为，该认识对死刑的否定，过于抽象。如前所述，民众对死刑的态度实际上取决于其安全的需要。只有在安全需要之外，他们才有对罪犯的同情与怜悯。为了保护自身，他们会认为司法适用死刑是合适的，并无不妥。而且，国家是以法律的名义、以维护秩序与安全的需要来对暴力犯罪适用死刑，与严重暴力犯罪中的杀人有着不同的社会意义，存在是否有利于社会整体利益的根本区别。

其实，社会环境的形成与发展是一个复杂、多变的过程，受到政治体制、经济水平、社会文化等多种因素的制约。因此，社会环境是人类生存的包含着政治、经济、文化、卫生等诸多因素的外部环境。死刑对社会环境的负面影响，是一个难以准确测定的系数，单纯依赖理性推演并不完全准确。某些保留死刑的国家具有良好的社会环境，如新加坡，立法上规定有死刑，其刑事司法也适用与执行死刑，其社会安定，种群和谐。某些废止死刑的国家与地区也具有良好的社会治安状况，如我国的香港与澳门地区，早已废止死刑，但并没有沦为犯罪的天堂，严重暴力犯罪并没有太大的攀升，反而社会更是文明。其实，不良的社会环境往往是因为法律之外的其他因素导致的，法律（包括死刑）仅仅是其中一个方面而已。对于保留有死刑的发展中国家来说，如果不努力发展经济、促进社会机制的完善，即便是废除死刑，也无法有效促进社会环境的改良。所以，社会环境的改良依赖于经济基础、政治制度、文化形态的改善，而非死刑是否废止。

死刑作为一种刑罚制度，是社会环境中的因素之一，受到其他因素（如经济、文化等）的严重影响。经济的发展、政治良好、

---

① 参见［意］贝卡里亚著：《论犯罪与刑罚》，黄风译，北京大学出版社2008年版，第50页。

文化氛围宽松有利于减少死刑的适用，乃至死刑的废止。而死刑的减少与废止表明社会环境的改良。否定死刑并不是改良社会环境的有效途径。因此，从死刑对社会环境的影响来否定死刑的存在，并不符合社会环境发展的规律。

三、对暴力犯罪适用死刑之社会心理的认识误区

（一）"民不畏死，奈何以死惧之"

1."民不畏死"的本义

在论证死刑没有足够的威慑力时，人们经常引用老子的话，即"民不畏死，奈何以死惧之"，似乎老子早就揭示出死刑威吓犯罪的有限性。笔者认为，这是一种错误认识。老子当时提出该论断，主要是从统治者如何管理社会民众的角度出发的，是社会治理观念的重要内容。老子主张"为无为，则无不治"，并指出，"道常无为，而无不为。侯王若能守之，万物将自化"。统治者不要刺激国民太多的欲望，"虚其心，实其腹"。同时，统治者也不应有太多的欲望，应该"以无事取天下"，"其政闷闷，其民淳淳"，否则，"其政察察，其民缺缺"。相反，如果统治者对民众施以太大的压迫，就会超越民众的忍受极限，使得民众不再畏惧死亡，奋起反抗。总之，对统治者来说，"我无为而民自化。我好静而民自正。我无事而民自富。我无欲而民自朴"。例如，明太祖建国初期，社会动荡，盗贼蜂起。他起初只知道"严打"，杀人无数。但杀死一个，却起来更多盗贼，社会动乱不已。后来他得知《老子》的"民不畏死，奈何以死惧之"一语，恍然领悟，遂改用温和政策，使贫苦之民有所生计，并循礼而教之，动乱乃渐定。

在非柔和统治方式之下，统治者以死惧之，民众时刻受到死亡的威胁。在这样的情况下，如果死亡事件经常发生，就会使民众认识到沉默与死亡并没有太大区别。民众对死亡的忍受已经达到极限，对生的渴求超越了对死的恐惧，自然就"不畏死"。"死惧之"必然导致"不畏死"。从本质上看，"死惧之"是统治者对民众的

残酷镇压；"不畏死"则是民众对统治者的疯狂反抗。不管是"死惧之"还是"不畏死"，都表现出暴力侵害的特征。"剥削者用暴力来维护现状，而被剥削者则用暴力来改变它。"① 但这些都成为人类难以避开的苦难。所以，"民不畏死"其实反映出老子反对残酷对待民众、主张怀柔政策的统治思想。

2. "民不畏死"与死刑

生命存在的结束，称之为"死"。对于死，中国古代并没有给予充分的阐释，而是将重点放在"生"上，如孔子云："不知生，焉知死。"这种理解反映出孔子惯有的积极入世的思想，期望人们珍惜生命，努力奋斗，既发展自我，又有利于社会，而不是将改善的希望寄托于来世。这种观念却又反映出东方社会人们对死亡的恐惧。其实，求生是人的本能之一，努力保存自己的生命存在，符合人的本性。在生命存在的前提下，才谈得上个人价值。

但是，人作为理性动物，往往会在特定情形下超越自己的本能，以自己的生命为代价来实施某种行为。这些情形有：（1）外来的巨大压力使得生存与死亡之间几乎没有什么界限，甚至以死亡为代价的拼搏可能带来生的希望。例如，"美帝国主义及其走狗蒋介石反动派，对于我们，不但'以死惧之'，而且实行叫我们死"。（毛泽东：《别了，司徒雷登》）（2）虽然死亡的代价很大，但可能带来更高的收益，人们也会冒死实施特定行为。例如，马克思指出，"一旦有适当的利润，资本就大胆起来，有百分之五十的利润，它就铤而走险；为了百分之百的利润，它就敢践踏一切人间法律；有百分之二百的利润，它是敢冒任何罪行，甚至冒绞首的危险……"在我国个别极端落后地区，从事烟花爆竹生产的农民说："宁肯炸死，不肯饿死。"这些说明，人们可能以生命为代价实施某种行为，包括严重暴力犯罪。即便是犯罪后，"很多人以一种安

① ［美］尼特：《在诸宗教中寻求共同的底线》，载卓新平主编：《宗教比较与对话》，宗教文化出版社2003年版，第151~152页。

详而坚定的表情对待死刑",或者出于狂热,或者出于空虚,或者出于绝望,或者出于痛苦。①

所以,以死亡作为对犯罪的威吓也可能是不够的。在历史上,统治者常常扩大死刑,实行连坐、株连制度,企图以家族的灭亡作为对犯罪的威吓,但这样并不是有效的。

3. "民不畏死"的认识误区

我们应该承认,"民不畏死"在一定程度上揭示出罪犯对死亡威胁的承受能力。"以死惧之"反映出统治者不尊重民众生命(草菅人命)的态度。"民不畏死"反映出民众不得不以生命为代价换取生存机会的无奈与困窘。这两种情况都是以人的生命为代价来实施某种行为。在统治者眼里,杀戮民众的生命只不过是维护统治的必要手段;而在反抗的民众看来,只有暴力反抗,自己的生命才能在手段与目的上获得统一。但是,就正常社会来说,严重暴力犯罪的发生与统治者"死惧之"之间的关系可能不大,相反,常常是因为其他的原因,如获取财富、谋取官职、发泄私愤等。如果仍然以"民不畏死,奈何以死惧之"来解释死刑对罪犯威慑力的有限性,似乎脱离了老子的本义。

其实,此种情况下,"民不畏死"也反映出民众之间的暴力心态。20世纪90年代以来社会急剧的两极化,对习惯于平均主义的国民来说本来就是一种难以承受的心理压力,而当下豪华炫富和蔑视平民的风气又极大地刺激了许多人。为了获取更多的生存资源,或者更安全的自我保护,社会上产生一种"暴力战胜"的心理。人们形成这样的错觉:在这个社会中,或者向暴力屈服,或者是自己成为暴力施为者。只有暴力才能有效解决眼前的各种问题。而且,严重暴力犯罪的发生,往往与罪犯极其贫穷的生活状态有一定的关系,"民不畏死,奈何以穷惧之"。不惜以生命为代价来实施

① 参见〔意〕贝卡里亚著:《论犯罪与刑罚》,黄风译,北京大学出版社2008年版,第68页。

严重暴力犯罪，企图满足自己除了生存之外的其他欲望，反映出某些个人以自己生命为手段来牟取特定利益的心理，同样没有表现出对生命的尊重。暴力心态，对（自身与他人的）生命的轻视，势必导致严重暴力犯罪的发生。所以，"民不畏死"的观念并不能有力地支持死刑的废止，反而表明了民众的暴力心理。

（二）死刑浪费太多的社会资源

有论者指出，死刑的制定、调整与执行都要花费国家大量的经费。死刑使得罪犯及其家属花费钱财来疏通关系，而死刑的执行给罪犯家属造成感情伤害，有时会使其家庭丧失经济来源，被害人及其家属也会花费金钱来推动死刑判决。死刑也加大犯罪的成本，罪犯可能为保命而扩大犯罪后果。[①] 在美国，有学者统计，仅仅起诉一个死刑案件所需要的费用即高达180万美元，这相当于监禁一个人50年的费用之和。有学者计算出，终身监禁的费用仅为7万美元。[②] 还有学者从死刑案件整个诉讼的角度指出，如果死刑审判要力求避免所有错误定罪，要允许上诉，要提供可能的最好的法律援助，要把漫长的时间花费在羁押过程，最后只将已被定罪的人中的极少一部分执行死刑，该项制度的成本必然是高昂的。据估测在美国，州为执行一次死刑要支出的成本在200万~300万美元。[③]

"严峻的刑罚造成了这样的一种局面：罪犯所面临的恶果越大，也就越敢于规避刑罚。为了摆脱对一次的刑罚，人们会犯下更多的罪行。"[④] 某些犯罪配置死刑，加大犯罪的成本，表面上看有利于遏制犯罪的发生。但是，一旦罪犯突破死亡的恐惧，以自己的

---

① 参见郝守才、张磊：《论死刑的消极作用》，载陈兴良、胡云腾主编：《中国刑法学年会文集（2004年度）·第1卷：死刑问题研究》（上册），中国人民公安大学出版社2004年版，第55~65页。

② 参见钊作俊著：《死刑限制论》，武汉大学出版社2001年版，第44页。

③ 参见［英］罗吉尔·胡德著：《死刑的全球考察》，刘仁文、周振杰译，中国人民公安大学出版社2005年版，第136页。

④ 参见［意］贝卡里亚著：《论犯罪与刑罚》，黄风译，北京大学出版社2008年版，第67页。

生命为代价来实施犯罪，就有可能进一步扩展犯罪计划，实施多种犯罪，并且杀人灭口。所以，对于严重暴力犯罪，立法上应慎重适用死刑。

死刑的存在增加了犯罪的成本，但是，并不一定意味着浪费太多的社会资源。一方面，死刑犯罪并不一定大幅度增加国家的各项经费。刑事立法、司法与行刑活动是国家机关正常的职能。其实，在刑事案件中，死刑案件占很小的比例。相对于国家针对所有刑事犯罪的刑事追诉活动来说，死刑案件的花费还是较小的。国家在其他追诉犯罪的刑事活动方面的经济投入要远远高于死刑犯罪案件。而且，大量的金钱并不是直接花到罪犯身上，而是为从事刑事活动的其他人员所耗费。如果就罪犯本人来说，判决死刑或者执行死刑的实际费用，可能非常低。即便是个别死刑案件花费巨大，也是社会安全机制不健全，为恢复秩序付出的必要代价。因为社会机制不完善，犯罪人的要求无法通过正常途径得以满足，但迫于生存等其他压力，不得已通过非法途径来实现个人利益，发生严重暴力犯罪案件。很多时候，如果犯罪人开始的基本经济需要得以满足，可能就不会实施严重暴力犯罪。即便没有死刑，这样的严重暴力犯罪仍然有可能发生，国家为追诉这些犯罪、恢复社会安全秩序还是要投入相当的人力、物力。所以，国家在死刑案件上投入的法律资源，是惩治与遏制犯罪、维护社会安全的必要代价，是国家对犯罪的反应机制。不管有无死刑，这种投入与花费都是必要的。以死刑案件有较大的花费来否定死刑的存在，是试图从改善刑罚方面来减少国家法律资源投入，并非标本兼治的良好策略。

另一方面，国家投入大量法律资源对死刑案件进行追诉活动，并不是因为有些犯罪规定有死刑，而是因为罪犯企图逃脱刑事追究所致。在现代社会，资讯非常发达，很多罪犯在实施犯罪之初是能够认识到刑事法律的处罚状况，知道自己将要付出何种代价，包括其生命。但是，罪犯仍然铤而走险，以身试法，除了个别抱定必死之信念外，大部分都对其犯罪活动受到刑事追究持有侥幸心理，认为自己的犯罪行为能够掩盖。很多罪犯对其他犯罪落网的情况进行分析、总结，甚至深刻研究逃跑的技术与路线，企图完全逃脱刑事追究，如 1996 年 1 月 10 日在武汉制造持枪抢劫大案，枪杀 3 人的马汉庆，经常声东击西，曾逃到移民较多的三亚，以防被抓获，后来到新疆乌市，实施抢劫，然后返回三亚，连续两次。其平时经常看报，研究大案要案，分析如何躲避抓捕，并对白宝山、张军、马加爵等杀人犯进行研究，总结他们逃跑的路线、方法。① 除了这样的严重暴力犯罪之外，其他的犯罪案件也是如此，很多惯犯（如盗窃罪）经常全国流窜作案。罪犯的侥幸心理支配其在犯罪后千方百计逃跑，这就增加了司法机关追究犯罪的成本。所以，不能有些犯罪配置有死刑，就认为死刑案件增加了案件的追诉成本。

至于罪犯或者被害方花费财物为案件进行疏通，这也是所有犯罪案件中都可能有的现象，并非仅在死刑案件中存在该情形。所以，以国家对死刑案件有较大法律资源投入来否定死刑，显然是不符合实际情况的。

---

① 参见如歌：《马汉庆乌鲁木齐审讯全记录》，载《新疆都市报》2005 年 11 月 1 日。

第五章　暴力犯罪死刑废止的基本立论

　　正确适用死刑，并尽可能地限制死刑适用，有利于减少死刑的适用，但这毕竟仍属于存置死刑的范畴，与世界各国废止或者实际上不适用死刑的现实情况还是有较大的差距。而且，不从最终全面废止死刑的立场出发考虑暴力犯罪的死刑问题，就不能有效地形成限制、减少死刑适用的刑事司法价值取向，难以切实地减少死刑的适用。因此，暴力犯罪死刑问题包括如何适用与如何逐步废除两大内容。对暴力犯罪死刑问题的研究，不能仅限于其正确适用问题，还要拓展到如何逐步废止暴力犯罪的死刑等问题。但是，在暴力犯罪死刑废止的问题上，暴力犯罪死刑的存置论与废止论在理论的展开上都缺乏充分的逻辑根据，存在不少的漏洞。我国新近对死刑存废的研究逐步走出了这个怪圈，集中于对生命权、人道（人权）能否成为废止死刑之根据的争论，但还是过于抽象，缺乏应有的说服力。之所以产生这种情况，很大程度上是因为理论切入点并不准确，对死刑存废问题的实质也有所误解。所以，主张废止暴力犯罪死刑，还需要从更为合理、科学的理论切入点来阐明废止暴力犯罪死刑的根据，弄清楚暴力犯罪死刑存废问题的实质。

第一节　废止暴力犯罪死刑的理论切入点及现实根据

一、理论上废止暴力犯罪死刑之主张的切入点

（一）国外关于暴力犯罪死刑废止论的切入点

1. 功利主义

关于死刑存废的争论，最初是在报应主义与功利主义的思想基础上展开的。因此，有必要弄清楚这两种哲学观念对死刑的不同认识。

报应主义理念是支持死刑的，但其思想基础略有不同，主要表现为如下几种情形：

（1）以自然法为基础的报应主义。例如，格老秀斯就认为，惩罚是因为邪恶行为而招致的一种痛苦，"惩罚之苦等于行为之恶"，惩罚的对象是罪有应得。同样，霍布斯也认为，刑罚就是国家的统治者对违法的人施加的痛苦。洛克指出，自然法是永恒的和最高的行为规范，自然法的原则如"谁使人流血的，人亦必使他流血"也应当在国家中执行。

（2）以社会契约论为基础的报应主义。卢梭是从社会契约论出发来论证死刑的必要性的，其指出，社会契约是为了保全所有的缔约者，而罪犯是对社会契约的破坏，是公共的敌人，必须要受到惩罚。任何人一旦做了凶手，就该处死，这是人们缔结社会契约的结果。后世的死刑存置论也认为，人们缔结社会契约时，已经让渡了生命权利，死刑是有社会契约根据的。

（3）以自由意志论为基础的报应主义。康德接受了社会契约论，但对死刑的阐述则是从自由意志的原理出发的。康德认为，人是目的而非手段，对杀人犯处以死刑，也是因为他的自由意志行为

给他人的自由或者社会利益造成了侵害，这种侵害违背了正义。对谋杀者判处死刑是绝对的事，没有例外。黑格尔认同犯罪出于自由意志，但反对对罪犯的等量报复，而是主张等价报应，对杀人者应以处死作为等价报应。①

与报应主义一概支持死刑的观念不同，功利主义对死刑的态度分为两种：

（1）主张废止死刑的功利主义观念。该种观念对各种基于报应主义立场的死刑保留论给予了猛烈的批评。例如，贝卡里亚就是努力排除报应的观念，从功利主义角度分析死刑应当废止。因为死刑的执行是暂时的，并不能给罪犯带来永久的痛苦，不能有效地防止人们犯罪。有时会突破罪犯对死亡的恐惧，甚至毒化人们的心理，不利于形成良好的社会环境，反而不利于防止犯罪。边沁也是从功利主义出发，认为死刑是滥用之刑，过分之刑，不能有效地防止犯罪发生，反而刺激罪犯实施更严重的罪过。

（2）主张保留死刑的功利主义观念。费尔巴哈接受了康德的二元论哲学思想，但是，结合自由意志与功利主义思想提出以威吓为核心的心理强制理论，并在此基础上认为死刑能够防止犯罪发生，具有自由刑所没有的效果。②后世的死刑存置论就是从该角度出发来否定废止死刑的功利主义根据的。

从上面论述可以看出，报应主义从对被害人的同情情感出发来阐明死刑价值，而功利主义则从人的理性思维出发分析死刑的实际效用。其实，报应主义所关注的是正义能否得以伸张，功利主义所关注的则是死刑能否有效防治犯罪。笔者认为，从报应主义角度看，死刑并非安抚被害方的唯一方式，人们能够从其他方面找到安抚被害人的刑罚手段。而从功利主义角度看，死刑也并非完全没有

① 参见马克昌主编：《近代西方刑罚学说史略》，中国检察出版社1996年版，第一章。

② 参见马克昌主编：《近代西方刑罚学说史略》，中国检察出版社1996年版，第一章。

作用，对某些潜在的犯罪人或者社会较一般的大众来说，死刑是具有一定威慑力的。费尔巴哈看到了这一点，就从功利主义出发支持死刑。所以，以报应主义为根据支持死刑，以功利主义为根据否定死刑，都显得过于片面，忽视了死刑本身的实际作用。报应主义过分扩大或者渲染死刑安抚被害人的作用，而上述主张废止死刑的功利主义观念则完全忽视了死刑作为刑罚所具有的一定的威吓价值。费尔巴哈则指出了死刑的威吓价值，使得功利主义内部对死刑产生了不同态度。这种分歧主要体现为：死刑有无威吓犯罪人的作用？

刑事实证学派基本上沿袭功利主义关于社会福祉的认识，否定行为人犯罪的自由意志，否定对罪犯的报应。而且，刑事实证学派的出现也推动了死刑问题的研究。从功利主义的立场出发，刑事实证学派主张对社会积极予以防卫，但在死刑问题却存在淘汰主义与教育主义的分歧。

（1）淘汰主义。龙勃罗梭认为可采取人为的社会选择（淘汰）以消除极端危险的反社会个体，彻底剥夺其再犯罪的能力。加洛法罗也主张，对于缺乏利他思想、以犯罪为乐的谋杀犯，也要采取完全消除的方法，使其从社会中绝对地消失。[①]

（2）教育主义。作为龙勃罗梭的学生，菲利却认为刑罚的处罚很多时候是无效的，主张对罪犯人的改造，采用各种刑罚替代措施来教育罪犯。[②] 李斯特明确主张以教育刑来否定死刑。他认为，责任的基础是行为人反社会的危险人格，应采用刑罚个别化的方法处理罪犯。刑罚虽然有惩罚、防卫社会的目的，但也有保护、改造和教育罪犯的目的，应以消除罪犯的危险性、重返社会所必需的处理为标准。作为李斯特的学生，牧野英一也极力主张废止死刑，认为不能矫正的罪犯也有改善的可能，应对之进行教育。综上所述，

---

① 参见李艳红：《加洛法罗犯罪学思想评述》，载《云南大学学报（法学版）》2004 年第 6 期。

② 参见［意］恩里科·菲利著：《实证学派犯罪学》，郭建安译，中国人民公安大学出版社 2004 年版，第 191 页。

社会防卫论延续了功利主义内部对死刑的不同态度，但分歧不同以往，表现为：罪犯能否经过教育而改善？

2. 人道主义

人道主义成为废止或者限制死刑的理由，最早可追溯至16世纪英国思想家托马斯·莫尔，其在名著《乌托邦》中以此为据提出废除盗窃罪死刑的主张。托马斯·莫尔主要是从基督教的信仰出发，否定人为结束人的生命的行为，进而否定盗窃罪的死刑。这成为以人道主义观念为根据否定死刑的滥觞。① 随着文艺复兴与启蒙运动的兴起与发展，生命权使自然权利的观念逐步加强。该观念认为，生命权与生俱来，具有普遍性，而且不可剥夺。② 于是，关于生命属于神圣权利的认识逐步过渡到生命属于自然权利的认识。但是，人毕竟是生活在社会群体中。国家何以有权处罚罪犯呢？早期启蒙思想家是从社会契约论上进行分析的。而个人在缔结社会契约时是否交出了生命权利，成为社会契约论在死刑问题上的死结。当然，贝卡里亚在主张国家无权杀人之外，又阐述了关于死刑残酷性的认识，认为死刑的存在扩大了残暴的社会现象。所以，在死刑问题上，虽然很多思想家从生命属于人的权利的观念出发来分析，但并没有得出一致的结论，对死刑存废问题却有两种截然相反的主张。时至今日，死刑存置论与废止论都曾经从人道主义立场来分析自身的合理性。

在第二次世界大战之后，欧洲国家对死刑人道主义的认识发生了根本的变化。第二次世界大战期间，以法西斯德国为首的轴心国采用集中营方式大肆杀戮占领地居民。其中，最令人发指的就是德国法西斯对犹太人实施的种族灭绝行为。这些事件彻底影响了欧洲社会，尤其是西方社会知识分子对人道主义和生命权的看法：即便

---

① 参见［日］团藤重光著：《死刑废止论》，林彦辰译，台湾商鼎文化出版社1997年版，第120~125页。

② 参见邱兴隆：《从信仰到人权——死刑废止论的起源》，载《法学评论》2002年第5期。

在法律范围内实施的死刑，也有可能违背人类文明与道德。① 例如，法国刑法学家安塞尔提出新社会防卫理论时，基于人道主义的价值观念主张废止死刑，认为"在一个以尊重个人，保护人的生命、人类进化的自信心（或希望），保护人（尽管他已误入歧途或犯有过错）的社会增值为基础而建立起的社会里，死刑是绝对不应存在的"。② 第二次世界大战后对战犯的审判与实施死刑，更是从自然法的角度进行的。人们彻底认识到，生命权是人的基本权利，具有普适性，应该是绝对地不容剥夺与侵犯。③ 过去以对社会群体的人道主义、保护社会群体的人权的看法逐渐过时。在诸多国际公约以及国际组织的报告中，死刑也被认为是残忍违反人道、侵犯基本人权的刑罚。

但是，在很多国家，如我国、日本、美国等，不管是理论上还是社会文化上，死刑存置论认为，对严重暴力犯罪的罪犯实施绝对的人道，可能会造成对大多数社会民众的不人道，而对罪犯的人道应该让位于对社会民众的人道。死刑的废止会造成对绝大多数社会民众的不人道，而死刑的存置则是对被害人与社会民众的人道。因此，以人道主义来主张死刑的废止，似乎理由并不充分。④ 可见，对于应否废止暴力犯罪死刑，人道主义观念内部其实也有分歧，表现为：对罪犯能否施以绝对的人道主义？

（二）我国关于死刑存废的争论及其切入点

1. 我国刑法理论中关于死刑存废的认识和争论

关于死刑存废的问题，我国刑事法理论界在长期以来进行了广

① 参见魏玉峰：《功利主义视角下的死刑存废》，载《山东公安专科学校学报》2004 年第 5 期。

② ［法］马克·安塞尔著：《新刑法理论》，卢建平译，香港天地图书有限公司1990 年版，第 72 页。

③ 参见邱兴隆：《从信仰到人权——死刑废止论的起源》，载《法学评论》2002年第 5 期。

④ 参见陈兴良著：《刑法哲学》，中国政法大学出版社 1992 年版，第 364 页。

泛和深入的争论。综合各种文献，在笔者看来，出现了三次争论的高潮：第一次是 20 世纪 80 年代末期至 90 年代初期，主要是反思"严打"中死刑扩张适用的问题；第二次是 20 世纪 90 年代中后期，伴随着刑法的修订而分析死刑适用范围问题；第三次是 21 世纪初期，在 2005 年前后达到高峰，学者围绕死刑复核权收归最高人民法院这一问题同时研讨死刑罪名的削减。在这三次争论的高潮中都有死刑废止论、死刑存置论以及折中论的声音，但影响范围和深度却有所不同。

（1）我国刑法理论中的死刑废止论。关于在中国大陆地区废止死刑的问题，理论上并非一开始就有明确的主张，而彻底废止死刑的观点更是很晚才出现，且因过于极端，目前的支持者并不是很多。具体而言，"迅速彻底废止死刑"之观点的代表性人物是邱兴隆教授。其 2000 年在北京大学法学院的讲座《死刑的德性》中明确地指出，死刑是不道德的，因为从报应、罪刑相适应以及功利的角度看，死刑都不具备充分的根据，但在中国，因为人文精神、信仰基础的缺乏以及立法导向和司法需要，死刑难以废止，但是，其鲜明地主张"死刑突然死亡"，"给我一个开明的政治家，我一天之内就能够废止死刑"。这种观点当场得到了有关学者的积极呼应，如曲新久教授也表示，中国现在应该废除死刑，越快越好，明天最好。[①] 这些观点在社会上引起了很大的反响。两年之后，邱兴隆教授在湖南省的湘潭大学法学院组织召开了国内首次的死刑问题国际研讨会，国内外死刑问题研究的知名专家学者云集，但仍然是仅有邱兴隆教授一人明确主张，中国应该当即彻底废止死刑。此次会议引起了有关新闻媒体的重视，《南方周末》对此次会议做了专题报道，在社会上激起了热烈的争论。数年之后，曲新久教授一如既往地认为，坚持死刑是错误的，中国应该尽早废止死刑，因为死刑适用的误判、错判，在任何一个国家都不可避免，生命是所有生

---

① 参见陈兴良主编：《法治的使命》，法律出版社 2003 年版，第 231 页。

物的第一位的价值，错误适用死刑的损失是不可挽回的。死刑的威慑力受到非常多的因素的影响，即便有也微不足道，保留死刑带来的问题却非常多，虽然死刑废除民众难以接受，但换个视角，死刑的废除是政治家的责任。①

（2）我国刑法理论中的死刑存置论。关于我国能否废止死刑的问题，在1949年新中国成立后的相当长时期，理论上都坚持中国不可能废止死刑的观点，而其阐述和分析也主要是以马克思国家学说为理论基础的，即国家有无权力杀人是阶级斗争问题。国家与法律都是阶级斗争的产物，并且逐步成为阶级斗争的最佳工具。犯罪与死刑是除了战争之外的被统治阶级与统治阶级斗争的一种方式。因此，对严重犯罪适用死刑，虽然表现为刑罚问题，但表明统治阶级针对被统治阶级的镇压与控制。在当代社会，死刑的阶级本质并没有发生改变。我国的死刑，是人民民主专政的重要工具，指向严重违背广大人民群众根本意志的犯罪行为。死刑适用关系到人民民主专政的威信，关系到国际上的声誉，关系到国内群众的心理情绪和分化瓦解犯罪分子，因此，我们务必保持清醒的头脑，准确、全面地坚持毛泽东人民民主专政的死刑观，既要坚持保留死刑，又要按毛泽东一贯指导方针限制死刑，慎用死刑，进一步强化死刑缓期执行制度。② 而对其他国家或者废止死刑的立法或者司法实践，应该保持冷静的态度，如有论者就认为，在资本主义国家，废除死刑并没有影响资产阶级的残酷刑事镇压，纯粹是掩盖资产阶级刑罚的阶级性与残酷性。③ 不过，应该看到，社会主义初级阶段的中国绝对不能废止死刑的观点也逐渐不再居于主导地位，随着死

---

① 参见罗欣、付立庆：《死刑的三个基本理念》，载《检察日报》2007年1月5日。

② 参见王名湖：《坚持以毛泽东人民民主专政死刑观指导死刑立法与司法》，载《法学评论》1994年第1期。

③ 参见成光海：《论我国刑法中的死刑》，载赵秉志等编写：《全国刑法硕士论文荟萃》，中国人民公安大学出版社1989年版，第445页。

刑彻底废止论的冲击也成为少数人的观点。

（3）我国刑法理论中关于死刑存废的折中性认识。中国不可能在当前社会条件下立即彻底废止死刑，但也不能不顾国际人权事业的发展、对死刑废止或者限制的法律潮流而认为中国完全不可能废止死刑，正确的态度是中国随着社会的发展逐步创造条件废止死刑。这成为刑事法学者的明确主张，并对刑事立法和司法慢慢地产生实际的影响。其中，比较突出的表现就是胡云腾教授和赵秉志教授。胡云腾教授于 1995 年在中国政法大学出版了专著《死刑通论》，对中国废止死刑的可能性、可行性均作了全面和深刻的论证，在总体上认为，中国废止死刑，不会削弱刑法惩治与预防犯罪的功能，相反会大大提高刑法的人权保障功能，对犯罪的预防需要加强社会治安综合治理，同时，死刑的废止可随着中国现代化的进程按照三个步骤来实施。① 这种观点将死刑存废的争论大大地推向前进。不过，这种观点因为种种原因仅仅在刑事法学术界具有深厚的影响。

社会各界对死刑存废问题的广泛关注是从 2002 年开始的，并持续了多年。在此背景之下，赵秉志教授提出了率先废止非暴力犯罪的死刑，逐步废止死刑的观点。其具体认为，从许多国家大幅度限制死刑和逐步废止死刑的进程看，先行废除非暴力犯罪的死刑乃是一条成功之路，也符合社会发展的基本规律。中国废止死刑之路，也应以逐步而及时地废止非暴力犯罪的死刑为切入点。非暴力犯罪死刑的逐步废止问题应首先被提上日程，尤其对于非暴力犯罪中没有具体被害人的犯罪和对他人人身基本权利不存在潜在危险的犯罪，完全应该通过立法即行废止其死刑。② 显然，在经过十年的分析研究后，理论上明确地提出废止非暴力犯罪死刑，已经具备充

① 参见胡云腾著：《死刑通论》，中国政法大学出版社 1995 年版，第 301 页。
② 参见赵秉志：《论中国非暴力犯罪死刑的逐步废止》，载《政法论坛》2005 年第 1 期。

分的法理根据和坚实的现实基础。更进一步，赵秉志教授很快地提出了分阶段逐步废止全部犯罪死刑的主张，即一是及至 2020 年中国全面建成小康社会之时，基本废止非暴力犯罪的死刑；二是再经过一二十年的发展，在条件成熟时进一步废止所有非致命性暴力犯罪的死刑；三是在社会文明和法治发展到相当发达程度时，至迟到 2050 年新中国建立 100 周年亦即中国建成富强民主文明的社会主义国家之际，全面彻底地废止死刑。① 这种观点终于在 2011 年 2 月 25 日全国人大常委会通过的《刑法修正案（八）》中部分地成为现实。

经过上述理论的分析，可以看出，中国对于死刑的态度变得非常明确，通常的认识具体表现为如下两个方面：第一，在目前情况下应有限制地保留死刑而不应废除死刑，因为保留死刑有利于有效地惩治极其严重的犯罪，有助于实现我国刑罚的目的，符合我国现阶段的社会价值观念，具有能满足社会大众安全心理需要的功能。第二，在保留死刑的基础上坚持少杀，反对多杀、错杀。因为大量适用死刑不符合我国社会主义的社会性质，死刑的威慑力来源于死刑适用的必要性和慎重性，大量地适用死刑难免造成错杀，而坚持少杀必然有助于防止错杀，符合当今世界的死刑制度发展趋势。②

2. 关于当前死刑废止论切入点的分析

在我国刑法理论中，对死刑废止的论述，也从功利主义与人道主义这两个切入点进行分析。

（1）功利主义。从功利主义出发，我国的死刑废止论提出以下几个方面的认识作为其主张的根据：第一，死刑对暴力犯罪并无有效的威慑。从理论上看，犯罪的发生有着复杂的根源，死刑对犯罪的根源没有任何影响。某些罪犯并不畏惧死刑，甚至将死刑作为

---

① 参见赵秉志：《关于分阶段逐步废止中国死刑的构想》，载《郑州大学学报》2005 年第 5 期。

② 参见高铭暄、马克昌主编：《刑法学》，北京大学出版社、高等教育出版社 2009 年版，第 165 页。

必要的犯罪成本考虑在内。从历史上以及现在的立法例、司法实践看，没有足够的证据能表明死刑具有有效的威慑力。[①] 第二，死刑不具有可分性，与罪责刑相适应原则相违背。死刑以消灭罪犯的生命为惩罚形式，不具有可分性，在暴力犯罪极其严重的层面上难以与犯罪保持必要的对称。[②] 第三，死刑不可避免地存在错判误杀的现象，而且，一旦发生错判误杀的情况，就难以纠正。解决该困境的唯一出路就是废止死刑。[③] 第四，国际公约对死刑的限制与否定，以及国际上普遍废止与限制死刑的立法、司法状况，都表明死刑的废止已经成为世界潮流与趋势。而我国死刑问题还比较严重，难以适应这种潮流。[④] 第五，从罪犯的人格出发，应该承认教育刑的可行性，对罪犯实施教育改造，而不是消灭生命。[⑤]

从上述分析可以看出，目前的死刑废止论从功利主义做出的论证，与前述西方刑法理论中从功利主义做出的论证并没有太大的不同。不过，现在的死刑存置论却不再纠缠于对死刑的功利性考虑，而是强调我国民众对严重暴力犯罪以死刑予以报应的社会心理，来否定死刑废止论的功利主义根据。

（2）人道主义。我国刑法理论近年来也逐步注意到人道主义对死刑存废的重大影响。有论者指出，西方国家之所以能够废止死

---

① 参见黄太云：《增加死刑不能遏制犯罪》，载《法学家》1997 年第 4 期；贾宇：《中国死刑必将走向废止》，载《法学》2003 年第 4 期。

② 参见肖中华、崔少梅：《死刑存废的国际论争及发展趋势》，载《社会观察》2005 年第 4 期。

③ 参见冯军：《敌人、犯罪人与死刑》，载《中外法学》2005 年第 5 期。

④ 参见高铭暄、李文峰：《从〈公民权利和政治权利国际公约〉论我国死刑立法的完善》，载赵秉志主编：《刑法论丛》（第 5 卷），法律出版社 2002 年版，第 114~125页。

⑤ 参见刘艳红、张洪成：《死刑学派之发展与死刑之存废》，载陈兴良、胡云腾主编：《中国刑法学年会文集（2004 年度）·第 1 卷：死刑问题研究》（上册），中国人民公安大学出版社 2004 年版，第 123 页。

刑，是因为其有着深厚的人文精神传统，人道主义影响非常深远。① 主张废止死刑的很多学者都认为，在人道主义看来，人的生命权利高于报应价值。死刑具有残忍的性质，给罪犯及其家属带来很大的痛苦，是不人道的刑罚。因而我们应该承认罪犯作为人的价值，进而废止死刑。② 以此为基础，死刑废止论认为，对暴力犯罪的报应或者报复应得到有效的疏导，走向文明。死刑发展的历史已经表明，暴力犯罪的死刑适用呈现出减少乃至废止的趋势。人们对暴力犯罪的报复心理可以通过不断文明的方式来实现，而死刑并非必要的形式。③ 然而，也有论者指出，人权、人道主张同样可以成为死刑存置的根据，因为社会不仅要保障罪犯的人权，对罪犯实施人道，同样要对社会民众实施人道，保障他们的人权。在刑罚还是预防犯罪的主要手段的情况下，废止死刑就可能产生侵犯全体公民基本人权的客观效果。④ 对此，有论者一针见血地指出，无论是从秩序、公平或个人自由的角度，都难以绝对得出死刑应予保留或应予废止的结论，然而，人权理论所主张的尊重人的生命和人的本性，强调生命至上和人本主义，是死刑废止论者所能选择的最可靠、最有力的理论论据。⑤

不过，仅从人道主义、人权角度考虑死刑存废，显然是有些脱离我国社会实际。我国目前社会文化中尊重生命、尊崇人道的人道

---

① 参见邱兴隆主编：《比较刑法》（第一卷·死刑专号），中国检察出版社 2001 年版，第 12~13 页。

② 参见胡云腾著：《存与废——死刑基本理论研究》，中国检察出版社 2000 年版，第 195~196 页；高一飞：《不人道是废除死刑的唯一理由吗》，载《兰州学刊》2005 年第 5 期。

③ 参见黄太云：《增加死刑不能遏制犯罪》，载《法学家》1997 年第 4 期；贾宇：《中国死刑必将走向废止》，载《法学》2003 年第 4 期。

④ 参见陈忠林：《死刑与人权》，载赵秉志主编：《死刑正当程序之探讨》，中国人民公安大学出版社 2004 年版，第 447 页。

⑤ 参见赵秉志、郭理蓉：《死刑存废的政策分析与我国的选择》，载《法学》2004 年第 4 期。

主义精神还不具备深厚的民众支持，公众对人道主义的重视与崇尚还没有超越其报应主义观念。因此，有学者认为，民众所支持的道义仍要通过死刑来实现，死刑的存在甚至还有一定的必要性。[①]

二、关于废止暴力犯罪死刑理论切入点的新认识

（一）主张废止暴力犯罪死刑之理论认识的实际意义

1. 死刑废止认识论方面的民众意识、统治观念与理论思辨

以功利主义、人道主义为切入点来分析暴力犯罪死刑废止的可行性，虽然在思辨上要比死刑存置论略高一筹，具有较强的说服力，但是，相对于支持死刑、对死刑抱以正义之寄托的深厚民意来说，就显得缺乏社会文化的根据与支持。因此，有论者指出，死刑的存废，并不取决于其自身无法辨明的正义性（或非正义性）以及无法证实或证伪的威慑性，而是一个在根本上受到集体意识的公众认同以及政治领袖的政治意志左右的政策选择问题。[②] 的确，不管是国外还是国内，都有较为广泛的民众支持死刑。在民众看来，只有死刑才能维持暴力犯罪与刑罚之间的正义对应关系。而是否废止死刑，在很大程度上却取决于国家的政治抉择。从废止死刑或者停止死刑执行的国家的实际情况来看，国家的政治决策起着主导作用，如法国与英国废止死刑时都有超过 50% 的民众反对废止死刑，但政治家力排众议，废止死刑。即便是在保留死刑的国家，国家关于死刑的态度也决定了死刑的立法，如美国与日本实际上每年执行死刑人数非常有限，国际人权组织、欧盟等国家不断施加压力，但仍然在立法上保留死刑。这表明，在死刑是否废止的问题上，国家不仅要聆听民众的声音，而且要对民意进行分析，引导民意循着理

---

① 参见范进学：《谈中国死刑制度的价值取向》，载《山东大学学报（社会科学版）》1998 年第 3 期。

② 参见梁根林：《公众认同、政治抉择与死刑控制》，载《法学研究》2004 年第 4 期。

性的方向发展。国家领导决策层对于死刑的废止有着举足轻重的作用。[①]

从上述分析我们可以看出，关于报应的民意与关于秩序的政治观念对死刑的废止起了决定作用。之所以出现这种情况，是因为死刑的民意、理论思辨、统治观念之间存在密切、复杂的关系。民众对暴力犯罪怀有从感情出发的深刻仇恨与愤怒，即民愤，表现出强烈的报应观念，对暴力犯罪死刑的废止自然持有反对与否定的态度。这种态度很多时候是非理性的，事后被证明是错误的，如苏格拉底之死，就是民众判决的直接结果。而死刑表现为统治者对社会群体中被统治者的权力运用，统治者把死刑视为有效的权柄，用以维持统治秩序。报应观念与权力观念在否定暴力犯罪，进而消灭暴力犯罪罪犯的生命上取得了一致，或者说容易取得一致。统治者甚至以此为手段来谋取民众的支持。但是，在学术思想上，很多学者从尊重生命的人道主义、人权观念出发，以功利主义、人道主义为基础，否定纯粹的报应观念，也否定统治者以死刑来维系民众的拥戴与维持社会秩序。这样一来，对死刑的理性思辨与民众的报应观念、统治者的秩序观念之间形成一种紧张但颇为微妙的关系。当统治者认为，死刑是维持秩序的必要手段时，其自然会以民意为根据来申明保留死刑的合理性；而当统治者认为，死刑并非维持社会秩序的必要手段时，其自然会以功利主义、人道主义为根据来坚持废止死刑的可行性。统治者对死刑的实际需要似乎成为死刑的民意、学术思想理性认识的平衡支点。因此，不少学者将死刑的废止寄期望于政治家基于自信做出的政治抉择。[②]

2. 废止暴力犯罪死刑的理性思辨的理论张力

那么，在这样的语境中，学术思想上的功利主义、人道主义是否无足轻重？死刑废止的理性支点是否可有可无？笔者认为，当然

---

① 参见赵秉志：《中国逐步废止死刑论纲》，载《法学》2005 年第 1 期。

② 参见陈兴良：《中国死刑的当代命运》，载《中外法学》2005 年第 5 期。

不是如此。其实，关于死刑废止的理性思辨具有更多的内在合理性，在社会文化与法律制度上发挥着持久的影响力，能够超越民众的报应观念、统治者的秩序观念而获得中立价值。

（1）死刑废止的理性思辨之目的在于绝对性地保障个人的生命权。报应则以实现纯粹的正义为目的，秩序观念则以被统治者服从统治权威为目的。罪犯的生命权利都不处于核心价值的地位。这就容易成为实现其他价值的手段。实际上忽视生命权的绝对价值，成为报应观念与秩序观念内在的缺点，使得上述以功利主义、人道主义出发的死刑废止观念具备人性的基础而获得永恒的价值。事实也已证明，世界上各国废止与限制死刑的立法、司法实践，大多是在以功利主义、人道主义为切入点的死刑废止论有力的推动下展开的。

（2）死刑废止的理性思辨更多地关注民众的实际利益。统治者与民众之间存在统治与被统治的关系，统治的权力施加于民众。在国家司法权力面前，任何一个公民都是潜在的犯罪嫌疑人和被告人。[①]而死刑属于统治的权力，严重暴力犯罪主要发生在普通民众中。除国家工作人员的少数犯罪外，死刑较多地适用于普通民众，报应被统治权力纳入秩序的需要之中。当然，死刑废止的理性思辨并非要打破社会群体中统治与被统治的关系，而是阐明不必以死刑为社会管理手段，更多地维护民众的实际利益。

（3）死刑废止的理性思维对生命的关注具有稳定性。死刑废止的理性思维比较纯粹地考量死刑，不会因为特殊社会事件（包括战争）的出现、社会关系的重大变化而改变对人类的终极关怀，不会改变死刑以法律形式消灭人类同种的否定。例如，菲律宾从1976年起基于天主教中所宣扬的宽容立场而停止执行死刑，在1987年甚至废止死刑，但7年后的1994年，却又应民众的报应正

---

① 参见汪建成、谢安平：《论程序公正与刑罚效果》，载《政法论坛》2002年第1期。

义要求与严重暴力犯罪上升的现实，而恢复死刑立法。但理论上关于死刑违背人道的认识却没有变化。① 相反，不管是民众的报应观念还是统治者的秩序观念，即便是出现对生命权利的尊重，对人道主义的认同，但仍有可能根据其他实际的需要而改变态度，在人道主义、人权观念上出现复杂的变动。

所以，笔者承认，暴力犯罪死刑的废止，并非简单的刑法问题，而是有关刑事政策的社会问题、政治决策问题。但是，死刑并不能从民众的舆论支持以及其内在理由（报应、预防）获得正当的根据，也不能从在统治者不断民主的政治决策方式中获得足够的依据。② 暴力犯罪的死刑如何废止、如何保持暴力犯罪与刑罚相适应等问题，仍然属于刑事法律的问题。不管是考虑民众的报应观念，还是统治者的秩序观念，都还是应该站在法律、法治的角度进行分析。在很多情况下，从功利主义、人道主义出发的死刑废止理性思维引导民众的报应观念、统治者的秩序观念走向理性化与合理化，在刑事法律的范围内对犯罪采取客观、冷静的态度，其重要性毋庸置疑。

（二）以人格主义为死刑废止论的切入点

1. 以人格责任论为切入点主张暴力犯罪死刑的废止

功利主义、人道主义在死刑废止方面的论述虽然有很大的影响，但其内部存在的分歧却无法有效地提供死刑废止的有力根据。死刑废止的理性思辨有必要不断前进。20 世纪 50 年代，大陆法系国家刑法理论出现的人格责任论对该问题进行了分析与解答。关于罪犯人格的刑罚观念试图完成这个任务。

人格责任论由德国刑法学家毕克迈耶首倡，经过麦兹格、包克尔曼的发展，到团藤重光而具备完整的理论体系。人格责任论在犯

① 参见吴迎春：《菲律宾恢复死刑》，载《人民日报》1999 年 2 月 13 日第 3 版。
② 参见［日］长井圆：《围绕舆论与误判的死刑废除论》，张弘译，载《外国法评议》1999 年第 2 期。

罪论上仍主张客观的行为主义，而在刑罚论上主张教育刑，并为教育刑提供了新的理论基础。该观点主要认为，对世上的每个人都应该承认人格至上即人格的尊严至上。每个人都有自己的人格，有自己的人格就有自己的主体性。人格是运动、变化的，随着个人素质与社会环境而改变，并且影响人的行为。另外，犯罪是静态、固定的，而刑罚则是动态、变化的，因而犯罪与刑罚之间存在紧张关系，解决该紧张关系就要从罪犯的人格出发，以教育刑理论来裁量刑罚，而非将罪犯杀死。死刑的存在全面否定了人格，也抹杀了人格改善的可能性。因此，人格的形成是无限的，很多罪行极其严重的罪犯也能够改善。罪犯即便罪恶滔天，但考虑其人格与自我主体性，对其施以教育刑，努力改善他。① 强调罪犯具备人格，不仅在犯罪原因上承认社会环境与罪犯社会关系等因素，而且将罪犯作为社会关系主体来理解，赋予其社会主体的地位，不再单纯地表现为刑事法律处理的对象（刑事制裁的对象）。

因此，人格与主体性理论的提出，除了具备原来教育刑理论中的性格责任论基础外，还有人道主义的根据。对此，团藤教授也明确指出，其吸收了牧野教授的教育刑理论与泷川幸辰教授的人道主义刑罚思想，从人格责任论出发主张废止死刑。人格责任论获得了当代很多刑法学者的赞同。大塚仁教授也支持该理论，认为应将表现行为人人格的个别行为作为责任的基础，充分考虑主导各个行为的行为人的人格态度本身，在评价责任存否之后，要考虑个人素质与环境对人格的影响。② 我国有学者指出，上述理论认识体现出刑法中并合主义的特点，但仅限于刑罚论，在定罪论中尚无充分的阐明。该论者赞同犯罪人人格的提法，并主张将犯罪人人格理论引入

---

① 参见［日］团藤重光著：《死刑废止论》，林彦辰译，台湾商鼎文化出版社1997年版，第165~175页。
② 参见［日］大塚仁著：《刑法概说（总论）》，冯军译，中国人民大学出版社2003年版，第377~378页。

定罪环节，逐步建立人格刑法理论。① 从人格刑法理论出发，论者认为，犯罪人格来源于社会，社会对犯罪的发生也应该承担一定的责任。改良罪犯的环境，有利于改良罪犯的人格，因此，从改良与教育的角度出发，对罪犯不应适用死刑。②

2. 关于罪犯人格问题的唯物主义立场

主张人作为人的主体属性，认为人性可变，罪犯可以教育改造，是唯物主义认识论的基本内容，也是马克思与恩格斯等无产阶级思想家所一贯坚持的立场。马克思认为，人是社会关系的总和，是有着现实的行为动机与受着各种社会条件影响的一定的人。该观点认同黑尔格关于人的自由意志论述中将罪犯提高到自我决定地位的主张，但剥离了人作为自由意志主体的神秘性，承认社会与人之间的互动关系。马克思反对社会对人的异化作用，"只要人不承认自己是人，因而不按照人的样子来组织世界，这种社会联系就以异化的形式出现"。③ 那么，死刑的存在就是对人进行异化的一种形式。马克思在关于死刑的一篇文章中指出，报纸公开报道死刑，简直是在歌颂刽子手，称赞死刑是社会的 ultima ratio（最后的手段）。有论者指出，马克思在理论上是主张死刑废止的，并非向传统理论认识的那样，死刑作为刑罚的一种，同样是社会自卫的手段。④ 另外，对于劳动改造，马克思也精辟地指出，"工人们完全不愿意由于担心竞争而让一般犯人受到牲畜一样的待遇，特别不愿意让他们

---

① 参见张文、刘艳红、甘怡群著：《人格刑法导论》，法律出版社 2005 年版，第 65~70 页。

② 参见刘艳红、张洪成：《死刑学派之发展与死刑之存废》，载陈兴良、胡云腾主编：《中国刑法学年会文集（2004 年度）·第 1 卷：死刑问题研究》（上册），中国人民公安大学出版社 2004 年版，第 123 页。

③ 《马克思恩格斯全集》（第 42 卷），人民出版社 1997 年版，第 24~25 页。

④ 参见张文、米传勇：《马克思死刑思想初探》，载陈兴良、胡云腾主编：《中国刑法学年会文集（2004 年度）·第 1 卷：死刑问题研究》（上册），中国人民公安大学出版社 2004 年版，第 1~9 页。

失掉改过自新的唯一手段即劳动生产。"①

对于死刑，列宁指出，"不愿装出一副伪善面孔的革命者就不能放弃死刑。没有一个革命和内战时期是不执行枪决的"。毛泽东也指出，"对于那些积极地并严重地反对人民民主革命和破坏土地改革工作的重要的犯罪分子，即那些罪大恶极的反革命分子和恶霸分子判处死刑，是完全必要和正当的。不如此，就不能建立民主程序"。② 但是，这样的论述有特定的政治条件，强调的是在政治斗争中不能放弃死刑作为对敌斗争的必要手段。③ 在罪犯的改造上，毛泽东一直强调，要把罪犯当人看待，罪犯是可以改造的，问题是方针与政策，还有方法问题，但不决定于罪犯，而是决定于"我们"。④

所以，从唯物主义的立场出发，对罪犯的人格也应予以充分的肯定，承认罪犯的主体性，不仅把罪犯当人看待，又要使罪犯成为人，使得罪犯能达到自我的实现。这就要将罪犯仍然作为社会的一分子来对待，通过改变其社会环境与社会关系来改善其人格，而非消灭其生命，完全剥夺其作为社会成员的身份。这样的看法才符合马克思主义关于人的本质的概括。因此，从人格为切入点来主张死刑的废止是有科学根据的，符合社会与个人之间基本关系原则。

3. 以人格主义作为主张暴力犯罪死刑废止的新的切入点

在犯罪论上，与人格责任论相对应的行为理论被称为人格行为论。人格行为论从支配行为的人格出发来理解行为的违法性。人格行为论认为行为是人格的表现，是在人格与环境的相互作用中根据行为人的主体的态度而实施的。人格是主体的现实化；人格本来是

---

① 《马克思恩格斯全集》（第3卷），人民出版社1960年版，第24~25页。
② 参见毛泽东著：《毛泽东选集》（第4卷），人民出版社1991年版，第1307页。
③ 参见赵秉志：《毛泽东死刑思想研究》，载赵秉志主编：《死刑制度之现实考察与完善建言》，中国人民公安大学出版社2006年版，第12页。
④ 参见张穹、阮齐林著：《毛泽东刑事法律思想初探》，中国检察出版社1991年版，第176页。

一种潜在的体现，但它现实地表现为活生生的活动，这种活动被人格主体的一面操纵而实施时，就是行为。这种行为理论将行为的违法属性与行为人的人格结合起来，其实融合了社会行为论的内涵。但是，不管是人格行为论还是人格责任论，都要遭遇一个容易混淆的概念，即犯罪人格（criminal personality）。有论者指出，人格行为论较为适宜解释累犯、惯犯、变态罪犯、谋划犯等主观恶性较深的罪犯类型，而对偶犯、初犯的解释力就差一些，除非把人格理解为对于本人的行为是否可以控制。① 这就涉及对犯罪人格的界定问题。

关于人格，通常认为有两方面的含义：一是"个人的尊严、道德品质"，即 human dignity；二是个人的性格、品性（personality），即"个体内在的在行为上的倾向性，它表现一个人在不断变化中的全体与综合，是具有动力一致性和连续性的持久的自我，是人在社会化过程中形成的给予人特色的身心组织"。② 因此，对犯罪人格也应从两方面来理解：一是犯罪型人格（antisocial personality），二是犯罪人的人格。前者是指罪犯易于犯罪、反社会的个性与行为倾向，后者则是指罪犯的尊严、基本权利。从罪犯人格来理解刑事责任、刑罚、死刑等问题，体现出对罪犯上述两方面个体状况的关注与尊重。对前者的关注表现为承认其主体属性，绝对性地尊重其生命权利，主张对其实施人道主义；对后者的关注就表现为承认其行为倾向的变动性、个性社会化的可能性。

（1）关于犯罪型人格。对于犯罪型人格，理论上存在的争论是：犯罪人格与正常人格区别何在？是否专为罪犯所具有？③ 对于第一个问题，笔者认为，人的社会化（socialization）是个漫长的过

---

① 参见陈兴良：《无行为则无犯罪——为一条刑法格言辩护》，载《中外法学》1999 年第 5 期。

② 陈仲庚、张雨新著：《人格心理学》，辽宁人民出版社 1986 年版，第 48~49 页。

③ 具体争论参见张文、刘艳红、甘怡群著：《人格刑法导论》，法律出版社 2005 年版，第 127~130 页。

程，人的人格因此呈现出变化、运动的特征。犯罪人格与正常人格的区别仅在于前者更多地具有反社会的倾向，在控制力下降或者犯罪时机出现时，就会表现为对社会的攻击。例如，法国犯罪学家查尔斯·安德森将罪犯人格分为五类：不正常人格、非犯罪人格、临时犯罪人格、亚犯罪人格、真正犯罪人格。我国有论者将犯罪人格划分为纯正的犯罪人、不纯正的犯罪人、偶然犯罪、弱性犯罪人。[①] 因此，虽然犯罪的发生与行为人自我控制力、特定社会环境有关，但是，不能否认，正常人格与犯罪人格之间存在演进、变化的关系，正常人格的人在特定条件下可能会实施犯罪，具备犯罪人格，当这种人格特征反复发作，或者难以纠正时，就会演变成为犯罪人格障碍。偶犯、初犯则更多地表现出临时的犯罪人格。对于第二个问题，不少论者都认为，犯罪型人格并非为罪犯所单独具有，而是可以为潜在的犯罪人所具有，在日后具备犯罪时机时表现出反社会的倾向，造成对社会的危害。笔者也认同该观点，个体具备犯罪人格，并非一定要表现为犯罪，有些表现为违法行为，有些则表现为违反社会公德或者风俗习惯的行为。因此，如果个体在社会化过程中，由于不良的环境影响和教育，造成人格社会化的严重缺陷，以致不能适应各种社会关系，导致反复发生违法犯罪行为，那么，其就被称为具有犯罪人格。这也说明，正常人格与犯罪人格之间存在互相演变的实际关系。

（2）关于犯罪人的人格。理论上对犯罪人的人格并无充分研究。罪犯毫无疑问地具有其自身的人格。但是，不管是对犯罪具有控制职责的国家，还是社会民众对罪犯都有非人格对待的表现。国家出于控制犯罪的善良目的所进行的对犯罪人的非人格化，所产生的最大负面效应，是人为地把大量原本不想与社会为敌的边缘群体推向犯罪的深渊，堵塞犯罪人自新的道路。由于公众对待犯罪人态

---

① 参见孙昌军、凌辉：《犯罪人分类标准新探——以犯罪人格为视角》，载《犯罪研究》2005 年第 2 期。

度的极端性和不易逆转性，其对犯罪人的非人格化也会产生同样的负面影响。① 将罪犯视其为人，不抹杀其自尊、合法的权利，同时借助各种方式唤起罪犯所具有的同情心、怜悯情感与正常人格观念，有利于对其教育改造，也是真正尊重其人格的表现。

所以，"犯罪人格"包含犯罪型人格与犯罪人尊严两方面内容。前述人格责任论没有阐明犯罪型人格问题，在"人格"的用语上显得过于模糊，显得略微不足。笔者认为，将上述关于犯罪人格的阐述融合于人格责任论，能为废止暴力犯罪死刑的主张提供更为有力的根据。这种认识可称之为"人格主义"。

以人格主义为切入点主张废止暴力犯罪的死刑，就将功利主义、人道主义结合起来，能够顺利解决上述功利主义、人道主义内部的分歧。首先，从人格角度出发来理解罪犯的个人状况，肯定了罪犯实施罪恶的事实情况，同时又强调了罪犯的个人尊严。"人格"一词突出了罪犯所具有的主体性，表明罪犯不能作为实现社会秩序的手段来被施加刑罚。刑事法有必要从罪犯的人格出发来处理其犯罪，并努力改善其人格，消除其容易侵犯社会的属性，适应社会正常生活。这样就等于说重申了罪犯的生命权利，认可对罪犯实施绝对的人道主义。其次，从教育刑的角度出发来强调罪犯人格的可变性。罪犯并不是难以改造、不可改善的，相反，罪犯的人格能够在特定的环境中发生变化。刑事法应尊重罪犯的人格，相信其人格的可变性，并且根据其犯罪施加合理的刑罚措施，努力为罪犯人格的改良创造必要的条件，唤醒或者培养其正常人格。这就回答了功利主义内部关于死刑存废的分歧。因此，以人格为核心来理解犯罪与刑罚，强调了罪犯的主体性及其生命权利的至上性（绝对性），又表明罪犯改良的可能性与教育刑的适当性。

---

① 参见姚建龙：《非人格化：犯罪实施与犯罪控制》，载《福建公安高等专科学校学报（社会公共安全研究）》2002 年第 4 期。

三、废止暴力犯罪死刑的现实根据

（一）暴力犯罪死刑废止的基本症结

不可否认，死刑的报应根据发端于人的生物学本性，与人的复仇情感紧密相连。正如魏因贝格尔指出："正义的原则和理想是部分地以生物学为基础和部分地以文化为基础的决定行动的因素。"[①]这种报应观念长久而又深刻地影响着死刑的存在与执行，我们无法祛除刑罚应有的报应观念。相反，经过功利主义、人道主义的长期冲击与洗礼，报应主义的观念反而更为坚挺，如大谷实主张，（相对的）报应论能满足社会的报应感情，有利于增进国民对法秩序的信赖感，故它既是适当的又是正义的。[②] 丹宁勋爵甚至认为："任何刑罚的最终根据都不在于它是一种遏制手段，而在于它是社会对犯罪的一种有力的谴责。"[③] 报应论者认为死刑对杀人犯罪是必要的刑罚手段，只有处死杀人犯才能与其杀死被害人的情形保持等价的对应。

这种报应观念受到了统治阶层以死刑遏制犯罪之秩序观念的迎合，如有论者指出，在我国，社会上还存在大量严重危害社会治安的犯罪分子，一些严重的刑事犯罪还呈现上升的趋势，我们的一般群众的道德观念又是肯定死刑的，在这种情况下，废除死刑是不可想象的，我们只能慎重地使用死刑，而绝不可能废除死刑。[④] 这就表明，统治阶层也认为，死刑是必要的报应手段，能够维持社会正义，从而保证对罪犯的一般预防效果。

不过，这并不能表明报应观念没有受到功利主义、人道主义的

---

① ［英］麦考密克、［奥］魏因贝格尔著：《制度法论》，周叶谦译，中国政法大学出版社 1994 年版，第 254 页。

② 转引自冯军著：《刑事责任论》，法律出版社 1996 年版，第 262 页。

③ 转引自［英］哈特著：《惩罚与责任》，王勇等译，华夏出版社 1989 年版，第2 页。

④ 参见丁顺生：《关于死刑的伦理学思考》，载《政法论坛》1988 年第 6 期。

影响。现在的报应主义远远超越了复仇的要求，趋向宽容与宽和，成为量刑的基本尺度。但是，死刑存置论主张保留死刑，除否定死刑废止论的各个论据之外，始终以报应主义为根本的出发点，强调在特定经济、政治、文化环境下报应观念的坚实地位。例如，有论者指出，既然刑罚的本质乃是对犯罪人的报应，那么不同种类的刑罚其报应的痛苦性会有轻重程度差别，因为犯罪人的恶性决定了其应当受到刑罚报应的痛苦报应，死刑作为一种对极少数十恶不赦的犯罪人的报应就有其存在的伦理合理性和法律公正性。[1] 因此，从报应的立场上看，死刑是否为报应的必要方式成为决定死刑存废的关键问题。

（二）针对症结寻求废止暴力犯罪死刑的根据

1. 死刑并非对暴力犯罪实现报应的必要手段

暴力犯罪发生后，其侵害所激起的反应表现为两个方面：（1）罪犯要受到处罚；（2）对犯罪要处以与其刑事责任相适应的刑事处罚。前者所要求的是：法律报应必须实现；后者则要求法律报应必须适当。对前一个问题的解决就是对罪犯判处刑罚（刑罚的必然性）；而对后一个问题的解决则表现为对罪犯判处与犯罪侵害大致相当的刑罚（刑罚的相当性）。通常情况下，对前一个问题可以在后一个问题中一并解决。因而问题就转变为：死刑与暴力犯罪是否具有相当性？其他重刑（20 年以上的有期徒刑、实际执行 30 年以上的无期徒刑乃至终身监禁）就无法保障这种适当性吗？对此，有论者指出，死刑并非实现报应正义的必要手段，报应并不要求死刑必然存在，不能肯定死刑是必不可少的手段。[2] 换言之，以其他重刑也能够适应罪刑相适应的要求，进而实现报应正义的要求。对此，笔者表示认同，不再作过多分析。

---

① 参见谢望原：《死刑有限存在论》，载《中外法学》2005 年第 5 期。

② 参见邱兴隆主编：《比较刑法》（第一卷·死刑专号），中国检察出版社 2001 年版，第 11 页。

2. 死刑并非预防暴力犯罪的有效手段

人同地球上其他动物一样，利用自身的生物力量同外界世界发生各种联系。一般来说，个体将自身的力量作用于特定的物（体力劳动），或者通过与他人的交换关系来谋取生存与发展的基本资料或机会。但是，为什么人类会利用自身的力量攻击他人，侵害他人而获取自身利益呢？对于该问题，人类建立各种社会机制对暴力攻击进行治理，尽可能防范，刑罚（包括死刑）就是这样的社会机制之一。同时，人们又在科学的层面上深入研究，努力揭示发生的根源，试图根治暴力攻击。18 世纪晚期，维也纳生理学家盖尔从颅相学上认为，特定脑区域控制反社会行为，该区域发育越好，就越能控制反社会行为，而某些人反社会犯罪行为的发生与其上述区域发育不完善有关。[①] 此后，龙布罗梭又从解剖学、遗传学等角度分析，提出天生犯罪人的理论。20 世纪 60 年代以来，不少学者从遗传基因上进行分析犯罪原因，同时，也有学者从精神病学角度进行分析，最终逐步形成犯罪人格理论，认为犯罪的发生与行为人的反社会人格有关。虽然"力"是个体活动的直接生物学因素，但是，暴力与攻击并非人类行为的本质与核心。[②] 引发个体反社会人格实施暴力攻击的，除了极个别人格严重障碍之外，与社会环境因素有着很大的关系。

作为暴力犯罪的一种社会反应机制，死刑是剥夺犯罪人生命的刑罚。在暴力犯罪发生之后，国家司法机关通过特定的刑事诉讼程序进行证明活动，证明犯罪事实系犯罪嫌疑人在其犯罪故意支配之下所实施，从而确定犯罪人的刑事责任。刑事责任的意义不仅在于否定犯罪行为的意义，谴责犯罪人的主观意志，同时还要对其进行惩罚和教育。对罪犯的惩罚和教育就表现为刑罚。刑罚与犯罪之间

① 参见耿文秀著：《为什么打架：暴力与攻击》，上海科学技术出版社 2002 年版，第 19 页。

② 参见耿文秀著：《为什么打架：暴力与攻击》，上海科学技术出版社 2002 年版，第 108 页。

保持着密切的联系，犯罪是刑罚的适用对象，是刑罚的前提，而刑罚则是犯罪的后果。① 刑罚的适用只是从观念上表明：（1）刑罚具有不可避免性。具体暴力犯罪会受到惩罚，从犯罪得到的快乐最终会被剥夺，并被施加法律规定的痛苦。（2）刑罚具有足够的普遍性。任何暴力犯罪都会受到法律的制裁，对犯罪的侥幸心理是难以得逞的。但是，刑罚能否及时抵达已经发生的犯罪？刑罚能否对罪犯保持长久的痛苦属性，剥夺罪犯实施犯罪的意志？这些不是刑法及其运行能够决定的，相反要受制于复杂的社会条件，刑罚效果的实现难免会有所折扣。所以，"切不可把刑罚的效力和过分的严厉性混淆起来"。②

理论上通常认为，刑罚的目的有两个：一是实现对已发生的犯罪的法律报应，二是对其他未发生的犯罪的预防。对于已经发生的犯罪来说，刑罚是一种事后的反应机制。只是针对犯罪与犯罪人进行处理，并不直接作用犯罪发生的具体原因。即便在后来的刑罚执行中，所希望改变的也仅是犯罪人的人格。对犯罪发生的社会因素，则力有未逮。因此，死刑的事后性也使得刑事司法可能不去考虑如何消除刺激犯罪发生的因素，而死刑并不能有效作用于这些因素，更是无法追溯到犯罪发生之前针对犯罪人发生应有的震慑作用。司法机关适用死刑，虽安抚了被害方与群众，但对导致犯罪发生的社会矛盾则无能为力，甚至难以引起民众的重视，更没有使得民众明确自身的社会责任。

从表面上看，刑罚的适用为未发生的犯罪提供了警戒，是一种预防措施。其实，这种预防并不针对具体的犯罪活动或者具体违法犯罪分子，而是通过观念上否定犯罪这一形式发挥作用的。对于没有通过犯罪获取利益，或者信奉正常社会观念的大多数民众来说，

① 参见赵秉志主编：《刑法新教程》（第3版），中国人民大学出版社2009年版，第307页。
② ［法］罗伯斯比尔著：《革命法制和审判》，赵涵舆译，商务印书馆1965年版，1979年重庆第2次印，第73页。

这种否定犯罪的预防观念是有用的。但是，那些希望从犯罪中获取利益、对逃脱制裁抱有侥幸心理的人，以及以刑罚后果为必要代价的人，在犯罪的时候并不会太重视刑罚的痛苦与威慑。即便有所考虑，单纯的认识与切身的感受又是不同的，谋划犯罪的人未必得出因痛苦放弃犯罪的结论。实际的情况却是：很多人在犯罪后受到刑罚处罚时才追悔莫及。这进一步印证刑罚预防犯罪效果的有限性，也从反面说明，为制止犯罪，刑罚应该尽可能地适合于人们产生犯罪的各种私欲。而在任何社会群体中，具有这种较强犯罪人格的人数量都不小。因而对于未知的犯罪来说，刑罚能否影响罪犯的主观意志而消除犯罪发生的可能，还是难以预测的问题。正是这一点使得主张废止死刑的功利主义观念能断定死刑的威慑是有限的。

虽然上述情况是刑罚的共同缺陷，似乎不足以说明死刑没有存在价值，但至少说明死刑作用有限，甚至是象征性地存在。在暴力犯罪引起的民愤比较强烈的情况下，对罪犯适用死刑更多地是为了迎合、舒缓民愤，借此维持一种正义的观念，并维护民众对司法权威的基本信从。但是，这种以消灭罪犯生命为内容的社会反应机制所付出的代价却是罪犯同样宝贵的生命，难免使得人道主义质疑其真实的价值。

我国目前犯罪形势比较严峻，这与社会的重大转型有关。普通民众都已唤起内心关于利益与自由的强烈追求，但社会为个人的利益追求所创造的条件还很有限，国家经济与社会保障方面的制度还不健全，个体的利益与自由可能难以顺利实现，势必有人通过自身的强制力量对其他人进行攻击，获取物质上的满足。[1] 刑法以及刑罚（包括死刑）是对这种情况进行社会控制的方式之一，不能承担全部社会控制与犯罪防范的所有责任。因此，死刑并非治理社会、预防犯罪的有效手段。

---

[1]　参见张小虎：《犯罪行为的化解阻断模式论》，载《中国社会科学》2002年第2期。

3. 死刑否定社会主体的人格

（1）死刑错判误杀是对无辜者人格尊严的否定。

暴力犯罪发生后，社会各界往往过度期待对罪犯的法律报应，形成较为强大的民愤压力，施加于司法机关。而刑事司法中还存在司法人员职业道德的不完善、犯罪嫌疑人合法权利无法完全实现、刑事程序制约的弱化等因素，这就容易导致刑事司法错误的发生。[①] 这样一来，对暴力犯罪的罪犯难免错判误杀。如果错误的死刑判决没有执行，无辜者还有可能平反，逃脱错误刑罚对其生命的侵害。很多司法机关都在审判后死刑执行前发现错误判决，将无辜者救出。但是，不少冤假错案是在死刑执行后才发现的，或者没有有力的证据证明已被执行的犯人实施了犯罪。除此之外，如同"犯罪黑数"，刑事司法错误中也有"错误死刑黑数"。没有犯罪的公民因为刑事司法的错误而遭受刑罚的折磨，乃至死刑的残酷屠戮，因为种种原因可能永远没有机会平反昭雪。

对于死刑的错判误杀，该如何看待？有主张保留死刑的观点认为，即便存在死刑的误判与错误执行，也只是死刑为我们带来的巨大利益的一点小代价。为保障人类生存的，就不得已牺牲少数无辜者的生命。[②] 这种观点是极端错误的。以他人的生命作为代价来维护社会的安全，不管这些人是否无辜者，都有不人道之处。如果是无辜者，刑事法律要求其以生命为不存在的犯罪事实进行赎罪，本身就是对其生命的漠视，对其尊严的严重践踏，根本不是对其人格的尊重。而且，在很多情况下，能被发现受到冤枉的无辜者只是少数，很多人可能因为各种原因永远无法恢复清白之身，为不存在的罪行而被彻底否定自身价值。如果认为这样的代价很小的话，就会造成两种恶果：一是埋下了随意践踏他人人权的祸根；二是难以给

---

① 参见李建明：《重复性刑事司法错误的三大原因》，载《政治与法律》2002 年第 4 期。

② 转引自钊作俊著：《死刑限制论》，武汉大学出版社 2001 年版，第 42 页。

司法造成不断完善、纠正错误的正面压力。所以，认为无辜者是必要的，不从死刑本身是否必要、合理上考虑问题。这种观念与人权观念、人道主义完全背道而驰，对社会有百害而无一利。

（2）死刑对罪犯人格的否定。

从对罪犯的作用来说，死刑消灭罪犯的生命，彻底剥夺其犯罪的能力，消除了其犯罪的可能性。这表明死刑具有一定的有效性。但是，特殊预防究竟应该在何种意义上来阐述？是否仅指剥夺犯罪能力？显然，答案是否定的。特殊预防包括了剥夺和惩罚、教育和改造两个方面。[1] 死刑则仅仅是剥夺与惩罚，对罪犯本人则没有教育与改造的内容。这是对罪犯人格的全面否定。

首先，不给罪犯以改善的机会，否定了其作为人的人格尊严。罪犯有以尊严为内容的人格权利。死刑以消灭罪犯的人格为内容，对其生命表现出坚决的否定，不再给予罪犯教育改造的机会。不管是否因为怀疑罪犯的可改造性，死刑的司法适用都断绝了经教育、改造而使罪犯改善的可能性。

其次，不给罪犯以改善的机会，否定了其作为人的社会化可能性。罪犯的犯罪型人格是可以改造的。罪犯实施暴力犯罪，就其个人因素来说，原因表现为三种：第一，社会化不足，尚未建立正常人格；第二，具备正常人格，但发生偏差，自我控制暂时被阻断；第三，难以社会化，存在人格障碍。前两种情况下，罪犯可能经过自我反省，在悔罪心理作用下唤起正常人格，并逐步予以恢复。第三种情况下，罪犯可能难以纠正，但并非完全没有可能纠正，分析具体原因，创造适合的条件，罪犯还是有可能恢复或者建立正常人格的。只有极少数严重的人格障碍，在不受控制的情况下容易表现为暴力攻击，严重危害社会。对于这部分人，虽然其尚未达到刑法典所规定的精神障碍，无法按照精神障碍的刑事责任原则处理，但

---

[1] 参见高铭暄、马克昌主编：《刑法学》，北京大学出版社、高等教育出版社2000年版，第233页。

判处死刑的实际意义也并不大。国家是有能力对这极少数罪犯予以监控的。

因此，对犯罪人格，不管是从犯罪型人格（罪犯的犯罪习性）还是从犯罪人人格（罪犯的尊严、权力）进行理解，都足以否定死刑的必要性与有效性。综上所述，既然死刑是非必要的、效果有限，那么，其对一般社会主体（无辜者）、罪犯的人格予以彻底的否定，就缺乏正当性。

（三）残酷性暴力犯罪死刑的废止问题

1. 残酷性暴力犯罪的基本表现

在古今中外的历史上，都屡屡发生极为残酷的严重暴力犯罪案件，如连环杀人案。在现代社会，极为残酷的严重暴力犯罪案件更是时有发生，主要表现为连环杀人、强奸、抢劫等。

（1）中国。

仅 2003 年一年，我国就发现数起影响非常重大、危害极其严重的连环杀人案件。李平平在不到半年时间里，杀死 5 名三陪女，8 年前还曾杀死过一家三口。黄勇三年来杀死 20 多名中学生。杨新海四省区作案 22 起，杀死 67 人。①

2004 年 2 月，云南大学学生马加爵因小事纠纷将 4 名同学杀死，逃到外地，后被抓获，在全国引起极大反响。同年 11 月，安徽宣城警方抓获孙和平，其曾连续杀死 6 人。

2005 年 7 月，呼和浩特市中级人民法院审理赵志红强奸杀人案件，赵作案 27 起，杀死 10 名妇女。同年 9 月，兰州市中级人民法院审理沈长银、沈长平兄弟连环杀人案，二人共杀死 10 人，抢劫致人死亡 1 人。同年 12 月，不到半个月时间里，哈尔滨市发生连续强奸案件十余起，十几名被害人被残忍强奸，有的身体受到严重伤害。

———————————

① 参见汪茜等：《变态杀人案件的十大特点》，载《湖北警官学院学报》2004 年第 6 期。

2006 年 1 月 21 日杨玉山在呼和浩特市被执行死刑,其在 8 年间连续作案 32 起,其中,抢劫 24 起,强奸 28 起,34 名妇女被强奸。

甚至在本书写作过程中,2005 年 3 月,我国召开"两会"前夕,佳木斯警方宣布破获当地重大连环杀人案件,罪犯杀死 5 名小学生,民间流传该犯杀死 23 名儿童。①

(2)国外。

近年来,世界其他国家也不断发现连环杀人案件,② 比较典型的主要有:

1999 年 10 月,英国曼彻斯特警方对连环杀手哈罗德·希普曼提起 15 项谋杀的指控。2002 年英国卫生大臣对该案进行调查,报告显示哈罗德·希普曼共杀死 215 名被害人,有些是年老的患病者。

2003 年 7 月,莫斯科发生连环杀人案件,从 7 月 1 日至 29 日,有 12 名妇女遇害。

2003 年 11 月,美国华盛顿州国王县侦破最大连环人杀案,罪犯加里·李奇韦从 1982 年以来共杀死 49 名被害人,被人们称为"绿河杀手"。

2003 年 11 月,法国逮捕连环杀手阿莱格尔,其供述 20 世纪 90 年代初就杀死过 5 名妓女、1 名男妓。警方依据证据认为其可能杀死 30 人左右。

2004 年 7 月 18 日,韩国警方逮捕连环杀人犯柳永哲,其从 2003 年 9 月开始共杀死至少 19 名妇女,其本人供述说可能超过 20 名。

---

① 参见《佳木斯警方首次正式公布:杀童连环惨案》,载《华商晨报》2006 年 3 月 5 日。

② 参见《人类公敌:BTK 连环杀人狂》,载网易新闻,http://news.163.com/special/k/000113A8/kill050309.html。另参见罗本著:《我杀故我在:连环杀手之世纪追踪》,九州出版社 2005 年版。

2004 年 8 月 25 日,越南平阳省地方法院审理其国内首例连环杀人案件,罪犯黎青云(女)从 1998 年至 2001 年共杀死 13 名被害人。

2005 年 2 月,美国审讯 31 年来恶性连环杀手的丹尼斯·雷德,其承认杀死 7 人,承认每次杀人后都向警方、FBI 写信,炫耀杀人的经过。

2006 年 1 月 30 日,加拿大史上最大连环杀人案在温哥华审判,罪犯皮克顿涉嫌杀死 23 名妇女,但民间认为 63 名被害人的死亡与其有关。

2006 年 2 月 7 日,德国巴伐利亚男护士利特尔在法庭上供认将 29 名患病的老人注射致命的毒药而致死,但警方实际上发现 42 具尸体。

2. 残酷性暴力犯罪的发生原因与死刑废止问题

残酷性暴力犯罪的发生与具体行为人的人格有着很大的关系。不同于初犯、偶犯或者临时犯罪,残酷性连环暴力犯罪反映出罪犯深刻的反社会人格特征。这种人格表现为:

(1)不管什么环境,不管什么场合,只考虑本人的个人感受,行为完全由个人的欲望驱使,[①] 不易或者不愿控制自己内心的欲望。

(2)为达到目的而不顾后果,不择手段,甚至希望从反社会的行为中获取快感或者内心的满足。

(3)毫不考虑其他人的利益与感受,别人只是自己达到目的的手段。

(4)毫不畏惧惩罚,将惩罚作为必要的成本考虑在行为中,但对自己充满自信,侥幸能够逃脱惩罚。

这种反社会心理往往很早就表现于行为人幼年、青少年时期的

---

① 参见李玫瑾、屈明:《反社会人格引发的严重暴力犯罪》,载《河南公安高等专科学校学报》2002 年第 1 期。

行为活动中，后来成为其实施犯罪的心理根源。当然，有些人可能并不一定表现为反社会人格，而是表现为内向、孤僻，过于敏感，不善于处理人际关系，在日后受到刺激后难以控制，膨胀为反社会人格，乃至犯罪人格。例如，马加爵在其成长过程形成个性压抑、人际关系缺乏理解与关爱，导致后来受到刺激后难以控制自己，希望通过暴力来维持内心平衡。[①] 在反社会人格作用下，行为人一旦实施犯罪，就感到"犯罪的快感"，逐步形成犯罪人格。

犯罪人格对其犯罪的影响表现在两方面：

（1）从对他人生命、健康与性权利的侵犯中"实现其价值"，不仅不会控制其犯罪的欲望，反而会不断膨胀其欲望，并利用其智慧来实现该欲望。

（2）面对惩罚也并没有太多恐惧，对被害人及其亲属仍然毫无同情与歉疚。

对于这些残酷性的连环暴力犯罪，死刑的作用其实也非常苍白无力，只具有事后从法律上否定犯罪、谴责犯罪人的作用，而麻木的罪犯对此则往往无所谓，其正常人格并没有唤醒或者建立起来，社会的危险因素并没有引起充分的重视。因此，死刑的存在很难说具有预防犯罪的意义，只能说可能会给惶惶不安的人们一种心理上的安慰，给社会增添安全的印象。就社会来说，如何疏导、教化反社会人格，如何建立全面、完善的安全机制，才是问题的关键。所以，对于残酷性的连环暴力犯罪，笔者认为，是否废止死刑与其是否发生、危害是否严重并没有必然的联系。将关注的视线从惩罚、打击转移到预防、疏导，才具有迫切的现实意义。

---

① 参见刘黎明、龙玉川：《从马加爵杀人案谈犯罪预防》，载《新疆警官高等专科学校学报》2004 年第 4 期。

第二节　暴力犯罪死刑及其存废问题的实质

就暴力犯罪死刑而言，如前所述，不管是主张废止的观点，还是反对废止的观点，都会拿出很多理由。这些理由的内在逻辑如此相似，使得双方的理由并不具有那么强的说服力。其实，复杂的问题固然需要周全的思维去考虑，但解决问题的思路有时候并不复杂。在笔者看来，错判误杀使暴力犯罪死刑陷入尴尬境地，而死刑的存在和适用并不能消除或者有效地减少暴力犯罪的发生（或者说，暴力犯罪的减少并不是因为死刑或多或少适用），明智和秉持人道主义的社会治理阶层就会放弃以死刑来对付暴力犯罪，在立法或者事实上将死刑从刑事法中予以抛弃。

一、暴力犯罪死刑的本质

（一）社会选择意义上的死刑本质

在生产力极其低下，生存成为社会群体首要意义的情况下，个人谈不上什么生命权利。是死亡还是生存，在取决于食物是否充沛、是否不被野兽侵犯之外，还取决于家族的生存需要。这是亲缘性群体选择的结果，也是亲缘性利他的必要手段。当氏族出现后，个人生命是否保存，则取决于氏族的保存需要，是亲缘性利他与互惠性利他混合发生作用的结果。因此，当人类结成群体时，个体就需要通过群体活动来予以保障，群体对个体实施一定的管理活动。

在原始社会里，发生故意杀害他人的现象主要表现为两种：（1）氏族进行祭祀的需要；（2）氏族之间发生的流血性冲突（战争）。但不管是祭祀，还是战争，将某人杀死，势必产生对杀人者的处理问题。就被害人而言，是要对杀人者实施回复性侵害，将被害人遭受的痛苦与苦难也施加在杀人者身上，即"以眼还眼，以牙还牙"。复仇的对象也不仅仅限于杀人者，有时还扩大到杀人者的亲属，或者是亲属中的优秀分子，或者采用对等原则杀死杀人者的同样亲属。① 之所以出现这种情况，这与人的两方面本能分不开：一是亲缘性利他合作关系，二是情感。而这两种本能都与亲缘群体内部的血缘关系有关。② 被害人死亡之后，亲属与之的合作关系被打断，并且产生情感上的痛苦，进而产生对杀人者的回复性侵害的心理。但是，复仇情绪并不限于家属内部，而是随着社会群体的扩大而有所扩展。从家庭到家族，再到氏族，人的群体生活规模扩大。虽然氏族有一定的血缘关系基础，但具体的个体之间并不都存在非常紧密的亲属关系。血亲关系逐步淡漠后，社会群体的存在不再仅依赖于上述亲缘性利他，而是更多地依赖于互惠性利他。而互惠性利他较多地具有理性的意味，也导致了同情心的扩展，即对亲属的情感也延伸到非亲属，甚至毫无血缘关系的人。这就使得氏族内部产生了对被害人的同情心与对杀人者的回复性侵害心理。于是，对杀人者的回复性侵害不再是家属内部的事情，而是涉及氏族重大利益的事件。氏族对被害家属复仇的关心，最初体现为对复仇行为合法性的确认。③ 氏族的群体生活是基于整体利益进行的，因而不管是民主决策，还是氏族首领（头人）决定，复仇不再由亲属独自行动，而是由氏族进行处理。复仇也就由亲属的义务逐步过渡为氏族的义务，在一定意义上也成为氏族全部职责的一部分，如早期日耳曼法律规定，部族将杀人者宣布为不受保护的，部族内的任何成员都可将其杀死。④

后来，随着部落、部落联盟的出现，氏族之间发生杀人事件，就由部落或者部落联盟的首领来处理，处死杀人者的事情也不必由被害人家属或者被害人所处的氏族来办，而是由首领派人来实施。这样，对杀人的回复性侵害，就完全成为第三方以居中的名义对杀人者实施的惩罚，被害方实施回复性侵害的自然权利也逐步演化为

---

① 参见由嵘著：《日耳曼法简介》，法律出版社 1987 年版，第 77 页。
② 参见郑也夫著：《信任论》，中国广播电视出版社 2001 年版，第 30~31 页。
③ 参见由嵘著：《日耳曼法简介》，法律出版社 1987 年版，第 76 页。
④ 参见由嵘著：《日耳曼法简介》，法律出版社 1987 年版，第 73~74 页。

第三方管理社会群体事务的权力。当然，不同群体关系非常密切之后，或者人们发现保存劳动力的意义更大之后，协商赔偿或将杀人者杀死成为安抚被害亲属、补偿被害方失去劳动力的最好形式。所以，复仇的形式就呈现出多样化，大多表现为三种形式：协商赔偿、将杀人者杀死、杀伤性的氏族冲突（战争）。①

随着生产力的发展，逐步出现了私有制，开始表现为氏族整体对某个战败群体的占有与压迫，后来表现为氏族首领或者力量强大者对内部生产资料的占有。② 私有者的出现使得对氏族的控制也逐步私有化。复仇事宜不再属于氏族的公共权力，而是首领的个人权限。当私有制逐步加强后，首领也逐步加强了对氏族内部成员的控制。如果杀人之间发生在部落或者部落联盟内部，首领就有权力对该事件处理，决定处死杀人者。再加上祭祀、战争等原因，首领逐步取得对成员的生杀予夺大权。而首领以权力的名义处死成员，就成为死刑的最初形式。

综上所述，私有制的出现导致社会群体统治力量的形成，也导致对成员的控制力量逐步形成。统治力量以社会群体为名义、以暴力为后盾对个体的生命拥有支配的权力。因此，即便从人类形成社会群体的初期看，个人也从未将自己的生命权利交给群体，而个人难以对自己生命拥有绝对的支配权力，则是因为生存竞争所致。既不存在个人与群体之间的契约，也不存在对生命价值至上性的确认。不管是因为祭祀，还是因为战争与复仇，个体对生命身不由己，由社会群体中的统治力量统治，完全是群体选择、人自然进化的结果。从这意义上看，死刑就是社会群体的统治力量对其控制群体的权力运用。有论者则认为，死刑的存在并不是因为死刑的社会

---

① 参见［美］路易斯·亨利·摩尔根著：《古代社会》，杨东莼等译，商务印书馆1997年版，第29页。
② 参见蔡枢衡著：《中国刑法史》，中国法制出版社2005年版，第26~28页。

基础使然，而是权力的惯性以及权力本身的特征使然。① 笔者认为，这是有道理的，说明了死刑经过人类发展初期的群体选择后逐步获得正当性的社会进化过程。

（二）历史发展意义上的死刑本质

经济上的私有制刺激人产生权力的观念，而后者又进一步推动个人对群体的强有力控制，而这依赖于特定的制度，即国家。国家的出现，从经济与政治上促进了人对群体的全面控制。严重暴力犯罪发生，不仅侵犯了被害人的人身权利，也侵犯了统治者对国家秩序的控制。统治者不能容忍擅自杀人与随意复仇，对杀人者与复仇者都要予以惩罚。死刑更多地具有统治者惩罚机制的意义。从表面看，严重暴力犯罪侵害被害人的法益，而死刑则是直接剥夺罪犯的生命，因此，死刑与严重暴力犯罪之间存在一定的对应关系。但是，死刑却早已超出对严重暴力犯罪予以报应的范围，而具有更为广泛的社会意义。

死刑以消灭人的生命为内容，而保存生命又是人的本能。统治者很快就发现，使用死亡的威胁能够压制社会群体内的反抗，使民众服从统治，死刑成为驯化民众的"良好"手段。于是，不管是在奴隶制度社会，还是在封建专制社会，统治者都会用死刑来威吓民众。死刑已经超出复仇、祭祀、战争的需要扩展到更广泛的范围。除了杀人犯罪、镇压反叛之外，冒犯皇家权威与荣誉、官员贪污贿赂犯罪、违反社会治安，甚至违反尊亲伦理的行为都有可能适用死刑。中世纪的德国《加洛林纳刑法典》以滥用死刑著称，连池塘捕鱼、堕胎也要处死。清朝初年，"留发不留头"，汉族人民不按照满人的方式梳辫子，也要被处死。并且，为使死刑也具有

---

① 参见苏惠渔、孙万怀：《论死刑的实质——权力评价的结果》，载陈兴良、胡云腾主编：《中国刑法学年会文集（2004年度）·第1卷：死刑问题研究》（上册），中国人民公安大学出版社2004年版，第85~96页。

"可分性"，① 人们发明了多种多样的死刑执行方式，尽可能地增加受刑人的痛苦，以便惩治不同的犯罪。明朝初年，朱元璋为治理腐败采取非常残酷的刑罚，如"剥皮充草"、"凌迟"。即便是资本主义社会，在起初发展阶段，很多国家还对众多犯罪规定死刑，保留残酷的死刑执行方式，如在 19 世纪初，英国刑事法中仍有 220 多种死刑罪名，"就野蛮来说，早在 1810 年它就丝毫不亚于《加洛林纳刑法典》了"。② 在这样漫长的历史时期，死刑成为统治阶层威吓民众的主要手段，甚至掩盖了其对严重暴力侵害的复仇本质。

经过中世纪的黑暗后，欧洲国家逐步出现了人性的曙光。文艺复兴运动使得古典主义复活，并远远超出了古典主义的范围，将关注的视点从宗教与行会转移到人与现实世界上来，强调个人主义，人文主义的思想逐步诞生并开始在欧洲大陆扩展。③ 在经过近一个世纪的发展，自由、平等的思想开始占据社会文化的主要地位，反对专制主义的残酷刑罚，要求罚当其罪的主张振聋发聩。很多学者认为，死刑应该限于严重的犯罪，仅用于惩罚罪有应得的罪犯，而不是威吓民众。格老秀斯、霍布斯、洛克、孟德斯鸠、卢梭、狄尔泰等，都在其著作中反对死刑的滥用。④ 无罪推定、罪刑法定、刑罚人道的思想开始影响刑事立法活动。后来，学者们在自由意志的哲学认识基础上，提出报应刑主义、道义责任论，认为刑罚是报应罪犯，并且防止一般人犯罪。尤其是对严重暴力犯罪，死刑的适用是对犯罪的等价报应，不再是直接的复仇或者等量的报复。此后，当刑事实证学派产生后，社会防卫的思想逐步产生影响，死刑不再

---

① 参见许发民：《论中国死刑制度的历史演变》，载陈兴良、胡云腾主编：《中国刑法学年会文集（2004 年度）·第 1 卷：死刑问题研究》（上册），中国人民公安大学出版社 2004 年版，第 42 页。

② 《马克思恩格斯全集》（第 1 卷），人民出版社 1997 年版，第 701 页。

③ 参见［法］德尼兹·加亚尔等著：《欧洲史》，蔡鸿宾等译，海南出版社 2002 年版，第 301~307 页。

④ 参见马克昌主编：《近代西方刑法学说史略》，中国检察出版社 1996 年版，第一章。

是对犯罪的报应，而是对社会的防卫，预防也成为死刑的本质。不过，这种思想并非刑事法学的主流观点。关于死刑具有报应价值的认识还是非常有力，但也吸收了上述认识。目前，一般认为刑罚具有报应与预防的双重本质，因而死刑同样具有报应与预防的双重本质。

有论者指出，报应与预防其实都是实施刑罚的目的，是人们希望达到的结果。刑罚其实是对罪犯的惩罚。而死刑的本质则是对罪犯最为严厉的惩罚。① 笔者认为，以历史的眼光来看，刑罚（包括死刑）的本质并不是一个应然性的问题，而是一个实然性的问题。一方面，死刑作为刑罚，其意义不仅仅在于施加于罪犯，还在于昭示社会。仅以惩罚来看待死刑，无以解释专制社会统治者滥用死刑惩罚犯罪这一社会现象，也不能解释司法上对所有严重暴力犯罪并非都适用死刑的实际情况。很多时候，尤其是现代司法中，是否适用死刑并非完全立足于对犯罪的惩罚。反而，要结合刑事政策或者犯罪具体原因来衡量。另一方面，上述论者的观点实际上将死刑等同于国家代替被害人实施的复仇行为。惩罚与复仇，都表现为对严重暴力犯罪的罪犯的回复性侵害，将类似于犯罪的痛苦也施加于罪犯身上。将死刑等同为单纯的惩罚，就忽视了死刑具有的其他意义，反而不利于从法律上对死刑进行限制与约束。因此，在现代社会，死刑在报应犯罪的同时，也被赋予了预防犯罪的意义。

所以，笔者认为，在不同的时期，死刑因其时代意义不同而具有不同的本质。在专制社会，死刑的本质就是威吓；在民主社会，死刑的本质就是报应与预防。

二、暴力犯罪死刑存废问题的实质

（一）关于死刑存废问题实质的不同认识

死刑是以合法的方式杀人。与严重暴力犯罪一样，都反映了人

---

① 参见钊作俊著：《死刑限制论》，武汉大学出版社 2001 年版，第 8~12 页。

类自身之间的攻击与侵犯。虽然这源自于人的本能，但在历史上人们以不同的形式不断进行过反思，甚至也有实际上不适用死刑的法律实践。只有到了近代以来，死刑的存废才具有理论思辨的特征，并且深刻地、切实地影响到了刑事立法与司法。当然，死刑存置论与死刑废止论之间还存在尖锐的对立。对于这些争论，我们可以发现，两者的思路都集中体现为对某个问题或肯定或否定的回答，如死刑是否有威慑力，废止论认为没有威慑力，而存置论则认为有威慑力等。对此，有论者指出，所有废止死刑的理由，都可以反过来成为保留死刑的理由，不可能以这些可能成为保留死刑的理由来说服死刑保留论者。也有论者针锋相对地指出，虽然所有废止死刑的理由都可以成为保留死刑的理由，但更重要的是所有保留死刑的理由也可以成为废除死刑的理由。① 笔者认为，之所以出现这种情况，是因为死刑废止论与死刑保留论都没有正确理解死刑存废的实质，以至于双方都可以从对方的论据中找到支持自己观点的理由，而要避免这种情况，就必须准确地确定死刑存废问题的实质所在。

在不同的时期，理论上对死刑存废问题的实质有不同的认识：

（1）刑事古典学派认为，国家有无权力杀人是社会契约问题。社会契约论的主要代表人物，如洛克、卢梭、孟德斯鸠等人，都认为死刑是必要的。尤其是卢梭，人们缔结契约是为了保全所有的缔结者。杀人犯则是社会的公共敌人，人们都同意对杀人犯适用死刑，这是社会契约的内容。但是，同样是社会契约论的信奉者，贝卡里亚则认为，人们为了共同生活而被迫牺牲自己的一部分自由，但并不是无限制的，而是尽可能少地交出自由，更不可能将处置自己生命的权利交出。死刑是违背社会契约的，属于权力的滥用。② 对此，有论者指出，国家既然取得对社会的管理，也就取得了对杀

---

① 参见赵秉志、邱兴隆等：《"死刑的正当程序"研讨会学术观点综述》，载赵秉志主编：《死刑正当程序之探讨》，中国人民公安大学出版社 2004 年版，第 653 页。

② 参见马克昌主编：《近代西方刑法学说史略》，中国检察出版社 1996 年版，第 30、52~53 页。

人者惩罚，为被害人复仇的权力，将杀人者处死，符合社会契约，否则，就会陷于循环杀人的混乱状态。①

笔者认为，马克思早就指出，霍布斯的"自然状态"、卢梭的"社会契约论"，是与历史事实不符的杜撰。人类社会早期，人们为了生存而逐步形成群体，不太可能有意识地缔结所谓的社会契约，更难说社会契约中是否包括个体对其生命权的让渡。从社会契约论的角度来论证死刑的存废，不符合国家发展与死刑历史演进的实际情况，割断了国家、法律以及死刑演变的历史联系。但社会契约论作为一种新的国家学说，反映出资本主义社会早期对个人权利的张扬，符合商品经济发展的现代社会的意蕴。②

（2）刑事实证学派认为，国家有无权力杀人是社会防卫问题。刑事实证学派从犯罪具体原因上来分析犯罪人的刑事责任，尤其是论证犯罪生物学原因与刑事责任之间的关系，在此基础上提出了社会防卫理论。社会防卫理论的提出者龙勃罗梭认为，死刑是遗憾的必要，对于难以改造、"本性邪恶"的天生犯罪人，如果不断重复其血腥罪行，其他方法难以剥夺其再犯罪能力，就只能处死。加罗法洛提倡个别化的处遇方法，认为对以杀人为乐的凶杀犯就要处以死刑。而菲利则从社会防卫效果出发，认为死刑是无效的，而刑罚的效果也是有效，要考虑刑罚替代措施来矫正罪犯，消除其犯罪性情。③ 也有论者认为，刑事实证学派主张找出犯罪原因，对症下

---

① 参见侯国云：《死刑存废的理论根据及其评价》，载陈兴良、胡云腾主编：《中国刑法学年会文集（2004 年度）·第 1 卷：死刑问题研究》（上册），中国人民公安大学出版社 2004 年版，第 274 页。

② 参见朱苏力：《从契约理论到社会契约理论》，载《中国社会科学》1996 年第 4 期。

③ 参见马克昌主编：《近代西方刑法学说史略》，中国检察出版社 1996 年版，第 155、161、178~179 页。

药，而非适用死刑。① 因此，刑事实证学派对死刑的分析，是从死刑是否有效的社会防卫手段入手的，对死刑究竟是否属于社会防卫必要手段存在怀疑。死刑存废也就成了社会防卫问题。从社会防卫看死刑存废问题，死刑存置论认为死刑具有社会防卫的有效性，而死刑废止论则认为死刑不具有社会防卫的有效性。

在笔者看来，这种观点有两方面的不足。其一，完全站在社会的立场上考虑，将犯罪人置于被处置的地位，容易忽略罪犯应有的权利。其二，适用死刑并非完全是针对罪犯的个别化处遇，也具有报应与一般预防的意义。其实，死刑权作为刑罚权的内容，完全取决于国家司法是否适用。社会防卫是国家考虑适用死刑的重要根据，但并非唯一根据。惩罚是死刑适用的基本尺度，死刑的适用也必须罚当其罪。

（3）马克思主义法学认为，国家有无权力杀人是阶级斗争问题。国家与法律都是阶级斗争的产物，并且逐步成为阶级斗争的最佳工具。暴力犯罪与死刑是除了战争之外的被统治阶级与统治阶级斗争的一种方式。因此，对暴力犯罪适用死刑，虽然表现为刑罚问题，但表明统治阶级针对被统治阶级的镇压与控制。在当代社会，死刑的阶级本质并没有发生改变。我国的死刑，是人民民主专政的重要工具，指向严重违背广大人民群众根本意志的犯罪行为。在资本主义国家，废除死刑并没有影响资产阶级的残酷刑事镇压，纯粹是掩盖资产阶级刑罚的阶级性与残酷性。② 所以，死刑的存废是阶级斗争形式的变化问题。

笔者认为，这种观点是非常有道理的。不过，在坚持无产阶级专政的国家里，无产阶级的某个个体，也可能会因为个人原因实施

---

① 参见刘艳红、张洪成：《死刑学派之发展与死刑之存废》，载陈兴良、胡云腾主编：《中国刑法学年会文集（2004年度）·第1卷：死刑问题研究》（上册），中国人民公安大学出版社2004年版，第117页。

② 参见成光海：《论我国刑法中的死刑》，载赵秉志等编写：《全国刑法硕士论文荟萃》，中国人民公安大学出版社1989年版，第445页。

暴力犯罪，对其适用死刑，并不是对其进行阶级斗争，而是对人民内部矛盾的解决。无产阶级专政国家，对人民的犯罪是否适用死刑，并非阶级斗争的需要。

（二）对暴力犯罪死刑存废问题实质的错误认识

1. 死刑存废是宗教教义问题

宗教人士多是从宗教教义上来理解死刑的存废问题，最为典型就是基督教的认识。虽然历史上宗教人士利用上帝的名义大肆杀戮，但近代以来基督教对杀婴、堕胎、死刑都报以明显的否定态度，很多宗教人士都认为死刑是违背基督精神的，基督第5戒就是"不要杀人"。不过，很多人也援引基督教的某些言论支持死刑，如《圣经·创世纪》第六章第6条："嗜他人血者也应被他人嗜血。"

对此，笔者认为，宗教在一定程度上也反映了人类文化的演进，对死刑的否定与对人生命的爱护则反映了人类长期历史发展中对自身命运的思考与尊重。因此，宗教上对死刑存废的争论也只是人类认识死刑的一种表现形式，并未揭示死刑存废的真正实质。

2. 死刑存废是价值比较问题

该种认识表现在死刑废止论与存置论的具体争论中。死刑废止论认为，罪犯的生命也具有至上价值，保存罪犯也能为国家效力，死刑不仅贬低而且剥夺了人的价值；死刑存置论则认为，严重暴力犯罪中罪犯与被害人有着同等的生命价值，双方的生命价值是相等的，死刑确认了这一点。①

笔者认为，暴力犯罪也是对被害人生命价值的贬低与剥夺，该如何处理罪犯对被害人的生命价值毫无尊重的行为呢？死刑废止论对该问题往往回避。另外，所有被害人死亡的犯罪案件，包括故意杀人的犯罪案件，并非都对罪犯处以死刑。有时候，罪犯甚至造成或者谋杀多人，处死罪犯似乎仍不能保持罪犯与被害人之间生命的

---

① 参见钊作俊著：《死刑限制论》，武汉大学出版社2001年版，第37页。

等价。死刑存置论的观点此时难以贯彻到底。因此，死刑存废并非完全是价值的比较问题。

3. 死刑存废是政治抉择问题

有论者立足于国外废止死刑的立法实例，结合现代民主制度的内在规律，认为死刑的存废"属于政治抉择的刑事政策问题"。例如，德国、法国、英国、意大利等国，尽管支持死刑的民意还很强烈，但政治上还是通过立法废止死刑。死刑制度的命脉在于政治领袖的政治智慧与政治责任。死刑的废止在于政治领袖尊重犯罪规律，以政治远见，承担历史责任，正确判断国情，以开放的心态对待犯罪问题而最后做出科学的决策。[1] 还有论者做出补充，死刑问题根本上涉及了政治自信，而政治自信来源于统治的正当性与合理性，来源于不以杀人进行治理的基本认识。[2] 邱兴隆教授在主张"死刑突然死亡"时指出，"给我一个开明的政治家，我一天之内就能够废止死刑"。[3]

在笔者看来，这些论述从死刑的权力根据、政治本质方面来分析死刑存废的关键，指出死刑的废止必然依赖于政治抉择。但是，将死刑存废归结为政治抉择问题，似乎简化了影响死刑的复杂因素。

首先，西方国家废止死刑具有相当的思想与文化基础。西方国家大多信奉基督教，从《圣经》的原教旨主义出发来肯定人的生命，否定循环不断的血腥复仇，主张人与人之间的宽容与尊重。另外，文艺复兴之后，弘扬个人价值与尊严的现代法治思想在欧洲国家有着广泛的影响。死刑的存废问题实际上关乎人的生命与价值。这种观念不仅促使政治家产生并坚持死刑废止的主张，而且使得民众能够理解死刑废止的意义与价值。很多民众反对死刑废止，但并

---

[1] 参见梁根林：《公众认同、政治抉择与死刑控制》，载《法学研究》2004 年第 4 期。

[2] 参见陈兴良：《中国死刑的当代命运》，载《中外法学》2005 年第 5 期。

[3] 参见陈兴良主编：《法治的使命》，法律出版社 2003 年版，第 231 页。

不是否定人的尊严与生命价值，而是从社会安全做出的考虑。不管是政治家还是民众，在尊重人的生命价值的前提下，对死刑的错判误杀都无可奈何。对此，最为有效的方法就是废除死刑。①

其次，虽然我国历来主张"刑期无刑"，但从来没有政治领袖提出死刑废止的主张，相反，明确死刑立法，对严重暴力犯罪实施死刑等严厉打击，往往会赢得民众的支持。这种民意走向为统治者提供了坚持死刑的根据，转移了统治者与民众之间的潜在矛盾，也不断强化了民众的复仇与对立情绪。而且，民众认为，死刑是对罪犯实施的必要的惩罚，对杀人犯不适用死刑就没有安全可言，而自己不是罪犯，死刑对自己没有什么坏处，反而有利于增添安全感。统治者历来对罪犯施以歧视，从道德上予以彻底否定，民众受此影响，远离犯罪，疏远法律，对罪犯也从道德上贬低，甚至采用"有罪推定"的思维方式。因此，社会文化还缺失对生命的充分尊重，民众对犯罪与死刑也有事不关己的错误认识，这些导致民众对死刑废止的怀疑与否定，政治领袖或者精英关于死刑废止的认识也很难获得民众的认同。所以，不顾死刑存废的实际因素，单纯从政治层面来关注死刑废止问题，就不能准确反映死刑废止的实质。

（三）暴力犯罪死刑存废的实质所在

1. 西方国家废止死刑的积极引导因素

在西方国家，引导暴力犯罪死刑废止问题的积极因素主要有：

（1）积极的人道与人权观念。在政治上废除死刑时，很多国家就是以死刑有违人道与人权为理由。例如，德国在其《基本法》第1条规定，人性尊严不可侵犯。接着，在其第16条废除了死刑。欧盟也以人道、人权为主要理由推动废止死刑的立法活动。在它们看来，废除死刑甚至成为区别文明与野蛮、先进与落后、保护人权与践踏人权的分野之一。有学者研究指出，西方国家关于死刑存废的争论，始终是在坚持人道主义的背景之下进行的，人道主义是支

① 参见甘阳著：《将错就错》，生活·读书·新知三联书店2002年版，第188页。

持废止死刑诸多力量中最软弱、最持久、最重要的一项。①

（2）宽容的法律价值观。西方哲学家德里达从哲学上深入分析死刑，出发点是人性与人道，但其切入点就是宽容。"宽恕的可能在于它的不可能，宽恕不可宽恕者才是宽恕存在的前提条件，宽恕的历史没有终结，因为宽恕的可能性正来自于它看似不可能、看似终结之处。"② 而死刑则否定了对罪犯的宽恕，意味着无可补偿或者不可宽恕，不可逆转的不宽恕。在宽恕的理性光芒之下，对死刑犯不必以消灭其生命作为惩罚。

所以，西方国家废止死刑，虽然有些没有充分的民意支持，但在社会中取得了较为广泛的民众理解。另外，在这些国家里，经济的发展、社会的稳定、安全的保障也为废止死刑提供潜在的支持。

2. 保留死刑国家废止死刑的主要阻碍

在保留死刑的国家，民意走向在一定程度上决定了死刑的存废。而且，出现重大、恶劣、极其残忍犯罪时，民众反对死刑废止或者要求死刑恢复执行的要求，往往就变得更为强烈。我国司法机关也常以民意为由来说明其适用死刑的必要性。③ 对死刑的民意基础问题，理论上探讨的比较多。基本的共识是：应该尊重民意，但应对民意予以引导，使得民意逐步认同对死刑的废除。④ 笔者对此深表赞同，但需要指出的是，我们还应该弄清楚有关死刑的民意是如何形成的，理解民众反对废止死刑的原因。实际上，民众担心的是如果废除了死刑，会不会出现大量的严重暴力犯罪，极大地侵害人们的生命与健康安全，即人的暴力本性会否"无法无天"？民众

---

① 参见马家福：《外国死刑存废之争与人道主义关系考察》，载《甘肃政法学院学报》2004 年第 6 期。

② 转引自潘军著：《死刑报告》，人民文学出版社 2004 年版，第 274 页。

③ 参见赵秉志：《中国逐步废止死刑论纲》，载《法学》2005 年第 1 期。

④ 参见赵秉志：《中国逐步废止死刑之建言》，载赵秉志主编：《刑事法治发展研究报告》（2004 年卷），中国人民公安大学出版社 2005 年版，第 20 页。

企图借死刑来遏制人的暴力本性，使其处于可容忍的范围。① 对暴力犯罪侵害的恐惧与对人身安全保障的期盼迫使人们反对废止死刑。虽然我国文化传统中"杀人偿命"的复仇观念比较重。但是，对于具体的暴力犯罪，很多时候，犯罪人的真诚道歉、经济上的充分补偿、对罪犯的其他严厉惩罚，也能弥补被害方的精神伤害。

因此，是否废止死刑，必须立足于我国的现实情况，不仅仅是民众反对的呼声，或者废止死刑的国际舆论压力，更多的则是如何保障社会安全、和谐的秩序。而我国目前的现实情况是：各种体制改革正在进行，各项法律制度与保障措施还有待于完善，贫富差距有所扩大，地区发展状况不平衡，我国还面临着巨大的人口压力，国民福利制度还很落后。调查表明，失业、教育、房价、农民工工资、房屋拆迁、医疗等是普通国民最为关心的问题，而失业、贫富差距过大、贪污腐败、社会治安差、大学生就业难是国民严重突出的社会问题。② 在这种情况下，民众更容易趋向结果的公正，必然导致社会问题众多且比较复杂。最突出的表现就是近年媒体上屡屡提到的"仇富心理"；另外，个性解放的现代意识如果缺乏必要的引导，"世俗化"就会出现"阴暗面相"。③ 在这种情况下，提出死刑废止的话题就会引起民众的不解与情绪化反对，更何况将死刑废止列为政治课题。

对我国的死刑，理论上表现出冷静、现实的态度，即现实情况下不能绝然废止死刑，但是，应该立足于减少死刑的立场，立法上削减死刑的罪名，对非暴力犯罪尽可能不适用死刑，司法上也要限

---

① 如不少人声称，"应该废除，这样我就可以随便杀人了！""没有了对罪犯的极大震慑，这个社会还拿什么保护一方人民的安全。"载网易新闻，http：//news.163.com/special/E/000113B0/EXECUTION051202.html。

② 参见陈友华：《百姓眼中的社会与发展》，载香港中文大学《二十一世纪》网络版2004年7月号。

③ 参见沈杰：《当代八大社会心理解析》，载《北京日报》2005年8月2日。

制死刑的适用，尽可能多地适用死缓。① 这种现实的态度既来自于废止死刑、尊重生命的价值认识，又来自于社会安定、和谐与秩序的实际考虑。在反对死刑废止上，后者显然起着决定作用。

3. 死刑存废是社会适应问题

既然民众支持以死刑报应与预防犯罪，而民众的这种观念形成社会中刑事司法活动的观念基础，那么，我们可以说，某个国家可否废止死刑，基本上取决于社会的实际状况，要看民众能否理解，社会经济文化等能否适应。因此，"应否绝对废止死刑，乃为社会是否适应之问题"。② 关于死刑废止的社会适应问题，包含三方面的内容：

（1）民众心理的适应。有论者认为，对死刑存废的认识，属于社会心理的一部分，与个体的文化程度没有必然联系。③ 如果没有死刑，发生暴力犯罪后，如何满足报应、安全的心理需要？这是普通民众对废止死刑的首先诘问。这不是死刑废止论通过理性的思辨能够满足的，而是要依赖于社会文化的疏导、人际关系的改良。

（2）社会安全机制的适应。死刑废止后，社会用什么方式有效地保持对暴力犯罪的威慑？这是普通民众对废止死刑的第二个诘问，也反映出社会为保全自己采用何种手段才是有效、必要的问题。这也要依赖于人类社会在发展中不断探索，依赖于社会安全机制的完善与健全。

（3）社会管理手段的适应。对于统治者而言，如果废除了死刑，用什么来有效地维持对社会的统治？尽管这不是民众所关心的，但却是统治者必然面对与必须处理的问题。单就统治与被统治关系来说，只要有统治，就有对统治的不服从。在政治上，公民的

---

① 参见赵秉志：《中国逐步废止死刑之建言》，载赵秉志主编：《刑事法治发展研究报告》（2004年卷），中国人民公安大学出版社2005年版，第3页。

② 参见陈瑾昆著：《刑法总则讲义》，中国方正出版社2004年版，第287页。此著作于1934年初版。

③ 参见田禾：《论死刑存废的条件》，载《法学研究》2005年第2期。

不服从具有道德基础、法律精神与宪法的依据。① 这就形成统治与反抗之间的矛盾，可能表现为暴力的冲突，双方能否避开杀人的手段而不用？所以，虽然犯罪不可避免，虽然对统治总有一定的反抗，但是，对民众而言，总是不希望有任何犯罪发生来威胁或者侵犯自身的安全；对于统治者而言，则总是担心有任何反抗来威胁其统治的秩序。当社会群体能够产生、完善其安全机制，将犯罪控制在一定的范围，不至于打破民众内心的安全平衡与统治者的自我克制，社会就会对死刑废止逐步适应。

4. 全面废除暴力犯罪死刑的难题

暴力犯罪死刑存废在本质上是个社会适应问题。社会能否适应彻底抛弃死刑的社会文化与社会管理手段，决定了死刑的存废。因此，社会对废止死刑的适应，势必遭遇如下三个难题：

（1）维持报应难题。不管是否废止死刑，一旦发生暴力犯罪，民众就会产生对罪犯的仇恨心理。在废止死刑的国家里，被害人对罪犯没有被处死还是耿耿于怀的。例如，德国 1996 年公众赞成恢复死刑的受访者比例仅为 35%，而发生两三起针对儿童的严重谋杀案之后，支持死刑的受访者比例上升至 60%。在我国，一旦发生重大的暴力犯罪，就会激起民众的愤恨心理，"喊杀声一片"，如刘涌案、张金龙案等。虽然不能否认其他刑罚也有报应的作用，但是，复仇是人的本能，民众能否消除如同黑格尔所说的对杀人只有同态才能等价报应的心理？在废止死刑的情况下用自由刑能否满足意欲消灭罪犯生命的被害人复仇心理？这不能不令人怀疑。对我国而言，民众强烈的报应心理就为死刑的废止设置了维持报应难题。

（2）社会治安难题。从犯罪学上讲，暴力犯罪的产生既有诸多的社会原因，也有深刻的人类心理原因。这些原因是复杂、恒常

---

① 参见何怀宏主编：《西方公民不服从的传统》，吉林人民出版社 2001 年版，第 189 页。

的。但是，犯罪是对民众切实利益的现实侵害，会造成民众生命的丧失、健康的受损以及财产的损失等。民众希望有生命安全、安定的生存与发展条件，不希望任何犯罪出现。而人类自身从来都没有能够消除犯罪发生的原因，社会安全机制只能在一定的范围内发挥作用，而不可能一劳永逸地消除犯罪发生的所有原因。人们难免依赖死刑来打击暴力犯罪，维护良好治安。这就为废止死刑带来社会治安难题。

（3）罪犯矫正难题。暴力罪犯的罪犯能否改造好？死刑存置论与死刑废止论对之有不同的回答。存置论认为，有些罪犯难以改造，只能处死才能不致再危害社会。但死刑废止论则认为，罪犯都是可以改造的。教育刑论认为，刑罚本身就要教育罪犯不再犯罪。团藤重光教授提出人格责任论后，从罪犯人格可以变革的角度认为罪犯可以改造，主张废除死刑。我国学者也有以人格刑法为基础，主张教育刑，废除死刑。① 其实，毛泽东同志就指出，"人是可以改造的，就是政策和方法要正确才行"。对于解决罪犯改造困难的问题，他认为，这个问题不取决罪犯而决定于我们。② 但是，也要看到，对罪犯的改造是个复杂的社会工程。即便是经过改造，也不是所有罪犯都能改造好，还有一定的再犯，如我国，罪犯刑满释放回归社会后的改好率长期保持在 90%以上，重新犯罪率保持在 8%以下。③ 湖南张家界监狱指出，自 1990 年以来，共收押改造罪犯2238 名，改造好率达 95%以上。④ 这都说明有很少数犯罪没有改造好，还有低于 8%的再犯率。对监狱再犯的调查也表明，在关押罪

① 参见刘艳红、张洪成：《死刑学派之发展与死刑之存废》，载陈兴良、胡云腾主编：《中国刑法学年会文集（2004 年度）·第 1 卷：死刑问题研究》（上册），中国人民公安大学出版社 2004 年版，第 117 页。
② 转引自金鉴：《继承和发展毛泽东改造罪犯的思想，建设有中国特色的劳改事业》，载《法制日报》1993 年 12 月 5 日第 3 版。
③ 参见王宇：《司法行政长足发展》，载《法制日报》2001 年 1 月 1 日第 2 版。
④ 参见张家界监狱网，http://www.zjj.gov.cn/zwgk/ydjy/index.htm。

犯中，再犯占到 19.3%。再犯中，因为实施暴力的再犯，则占 24.1%。三次以上进监狱的，占 14.7%。[①] 可见，犯罪的完全改善还是有一定的难度的，这就为废止死刑带来罪犯矫正的难题。

[①]　参见吕应元等：《对当前刑满释放人员再犯罪的调查分析》，载《犯罪与改造研究》2005 年第 12 期。

第六章 暴力犯罪死刑废止的路径分析

进入 21 世纪后，我国刑法理论中才出现在当前社会条件下废止死刑的理论命题。[①] 但是，基于我国的国情与经济犯罪死刑较多的实际情况，有论者率先提出，可先废止非暴力犯罪的死刑，然后逐步废止暴力犯罪的死刑。[②] 因此，如何逐步废止暴力犯罪，是当前需要深入研究的问题。同时，为配合暴力犯罪死刑的逐步废止，还要分析如何在法治、经济、文化等层面创建疏导社会对抗意识、控制暴力犯罪及其侵害的各项机制。

[①] 1995 年，胡云腾教授在其著作《死刑通论》中首先提出限制死刑并在远期废除死刑的观点。2000 年，邱兴隆教授在北京大学法学院的讲座《死刑的德性》中明确、坚决地主张全面废除死刑，并当场获得曲新久教授等学者的认同，成为我国死刑理论研究中的有力观点，并在社会上引起了较大的反响。参见邱兴隆：《死刑的德性》，载《政治与法律》2002 年第 2 期。

[②] 在中国刑法理论界，赵秉志教授率先提出了非暴力犯罪死刑废止的问题，参见赵秉志：《中国逐步废止非暴力犯罪死刑论要》、《从中国死刑政策看非暴力犯罪死刑的逐步废止问题》，分别载《法制日报》2003 年 6 月 26 日、7 月 17 日理论专版。该观点获得很多学者的赞同，并撰文研究非暴力犯罪死刑的废止问题，如高铭暄：《从国际人权公约看中国部分非暴力犯罪的死刑废止问题》、卢建平：《论我国非暴力犯罪死刑的废止——以国际社会废、减死刑的进程为视角》、黄京平：《简析我国非暴力犯罪及其死刑立法》等，均载《法制日报》2003 年 6 月 27 日第 10 版。2004 年 5 月，在赵秉志教授主持之下，中国人民大学刑事法律科学研究中心与英国大使馆文化处合作，召开"中国非暴力犯罪废止死刑问题研究"的国际研讨会，对非暴力犯罪死刑逐步废止问题开展了系统的研究，并出版了《中国废止死刑之路探索——以现阶段非暴力犯罪废止死刑为视角》一书，产生了较大的社会影响。在此基础上，赵秉志教授又对我国逐步废止死刑的步骤进行了分析研究。参见赵秉志：《论中国非暴力犯罪死刑的逐步废止》，载《政法论坛》2005 年第 1 期；《中国逐步废止死刑论纲》，载《法学》2005 年第 1 期。

第一节　世界上主要国家或者地区
废止死刑路径及其启示

当前，世界上有 140 个国家或者地区从立法上废止死刑，或者从事实上停止死刑的适用或者执行。但是，这样的状况也经历了一个渐进的过程。分析世界上主要国家或者地区废止死刑的路径，能够为我国死刑制度改革提供一定的启示和借鉴。

一、世界上主要国家或者地区立法废止死刑的提出与实践

作为现代刑法学的鼻祖，贝卡里亚是废止死刑的首倡者和坚定的拥护者。但是，贝卡里亚并不主张无条件地全面废止死刑。他提出："当一个国家正在恢复自由的时候，当一个国家的自由已经消失或者陷入了无政府状态的时候，这时混乱取代了法律，因而处死某些公民就变得必要了。"[1] 由此可以看出，贝卡里亚对待死刑废止问题是有所保留的。他主张在特定的时期保留死刑适用，而非无条件地全面废止死刑。1776 年，俄国女皇叶卡捷琳娜二世在发出的行政改革和制定新法的诏令中也指出，"社会处于正常状态时，处死国民既无益也无必要"。[2] 应该说，贝卡里亚是坚定的死刑废止论者，但是，他们在所处的时代背景下，却并没有坚持彻底、全面地废止死刑，而是考虑罪刑相适应原则和国家秩序的实际需要，为避免特殊时期对于极其严重的犯罪无法予以有效惩治和防范，而本着审慎严谨的态度提出了在正常和平时期废止死刑，在战时等非正常状态下对叛国等严重罪行保留死刑适用的观点。这些经过深思熟虑与反复论证而提出的观点闪烁着人类智慧的光芒，具有启蒙的价值，虽然

---

[1]　参见［意］贝卡里亚：《论犯罪与刑罚》，黄风译，北京大学出版社 2008 版，第 65 页。

[2]　参见［德］布罗诺·赖德尔：《死刑的文化史》，郭二民译，生活·读书·新知三联书店 1992 年版，第 160 页。

没能在当时转化为法律的现实，但却为后世限制或者废止死刑提供了思路，显然是废止和平时期死刑，保留战时死刑之法律实践的理论影响。八十多年后的 1846 年，美国的密歇根州成为世界上第一个废止谋杀罪死刑的司法区，开启了死刑废止的大门。1848 年，圣马力诺成为首个废止普通犯罪死刑的国家。意大利犯罪学家菲利也指出，即使承认死刑作为例外的极端措施，也不等于承认它在正常社会生活中是必要的。"由于死刑在正常时期不必要，而且对能够生效的那部分人又不能适用，因此，只能将它废止。"菲利同时还认为，在正常时期，社会完全可以用终身隔离或流放而不是死刑来保护自己，任何现代文明国家不可能每天成批地执行死刑判决，而公众舆论也能忍受。[①] 在 20 世纪前 25 年中，一些欧美国家或者地区，如荷兰、挪威、葡萄牙、罗马尼亚、危地马拉等国，以及美国的密歇根、威斯康星、南卡罗来纳等州，也相继有废止死刑的立法出现。[②] 而当时的立法举措就是废止和平时期所有犯罪的死刑，但保留在战时对严重犯罪适用死刑。[③] 可以说，先行废止平时死刑，成为当时最先选择的死刑废止立法模式。直到第二次世界大战结束，废止平时死刑，保留战时死刑，是绝大多数废止死刑国家的主要立法模式。对此，法国著名刑法学家马克·安塞尔也指出：即使是最坚定的死刑废止论者也认识到存在一些特殊情况，或者特别困难的时期，此时在一个有限的期限内适用死刑是可以的。[④]

上述理论认识和少数立法实践经验也逐渐转变为国际社会的共识，被规定于有关国际组织的相关法律文件中。1948 年秋季，联

---

① 参见［意］菲利：《犯罪社会学》，郭建安译，中国人民公安大学出版社 2004 年版，第 302 页。

② 参见王觐：《中华刑法论》，中国方正出版社 2005 年版，第 376 页。

③ 参见［英］罗吉·胡德、卡罗琳·霍伊尔著：《死刑的全球考察》（第 4 版），曾彦等译，中国人民公安大学出版社 2009 年版，第 13 页。

④ 参见［法］马克·安塞尔（Mac Ancel）：《欧洲国家死刑报告》（The Death Penalty in European Countries：Report），欧洲理事会（1962 年），第 3 页。

合国大会在巴黎举行了第三次会议的第一部分，会议中第三委员会对《世界人权宣言》第 3 条生命权的规定进行了长时间的热烈争论，关于生命权规定的争议多来自苏联、东欧社会主义国家和拉丁美洲。苏联提出了一个全新的条文试图取代委员会的生命权草案，明确提出"仅在和平时期废止死刑，在战时倾向于保留死刑"。对于这一修正案，各国代表各执一词，最终没有达成一致意见。苏联代表关于死刑废止的修正案也没有得到多数国家的认可。① 这是第二次世界大战后国际层面上国际社会第一次有国家提出废止和平时期死刑的提议，虽然没有被广泛的认可和接受，但却对之后废止和平时期死刑问题的探讨奠定了基调。截至 1965 年，全世界也就 25 个国家废止死刑，且仅有 11 个国家全面废止死刑，14 个国家是仅废止和平时期普通犯罪的死刑。

此后，废止和平时期死刑问题再一次引起广泛关注是在 1982 年的签署的《欧洲人权公约第六号议定书》（该议定书又被称为《欧洲公约关于在和平时期废止死刑的议定书》），议定书规定，缔约各国可在其法律中对战时或有紧迫的战争威胁时所实施的犯罪作出判处死刑的规定，但死刑应只适用于法律中规定的情况，并依据法律规定适用，即提倡和平时期无死刑，仅在战争状态或战争威胁状态下适用死刑。这一文件不仅是世界范围内最早提出和平时期废止死刑的国际性法律文件，也是世界上第一个设定了废止死刑法定义务的国际性法律规范。虽然，在此之前有很多国家已经实质上废止了和平时期所有犯罪的死刑，但是这一国际性法律文件的出台对世界范围内废止和平时期所有犯罪死刑问题奠定了坚实的法律依据。同时，对尚未废止和平时期死刑的欧盟国际组织成员设定了相应的法定义务，也对世界上其他国家废止和平时期死刑的实践产生了深远影响。作为死刑废止的急先锋，欧洲一直走在死刑废止的前

---

① 参见［加］威廉姆·夏巴斯著：《国际法上的废除死刑》（第 3 版），赵海峰等译，法律出版社 2008 年版，第 41~42 页。

列，南北美洲也紧随其后加快了死刑废止问题的研究和实践。在1987年美洲国家组织发起决议，希望创立与欧洲议会通过的《欧洲人权公约第六号议定书》相似的可供选择的旨在废止死刑的议定书。1990年美洲国家组织大会通过了《〈美洲人权公约〉旨在废止死刑的议定书》，号召当事国废止死刑的适用，禁止缔约国于和平时期在其境内实施死刑，可以保留在战时按照国际法而对极其严重的军事性质的犯罪适用死刑的权力。这种观念在联合国有关文件中也有反映。1989年12月15日联合国大会通过的《旨在废止死刑的〈公民权利和政治权利国际公约〉第二任择议定书》是世界范围内第一个旨在废止死刑的专门人权法律文件，其更加具体、明确和具有针对性。该议定书规定："每一个缔约国在其管辖范围内，应采取一切必要措施废止死刑。本议定书不接受任何保留，除非规定在战时可根据在战争期间犯下的具有军事性质的最严重罪行的定罪适用死刑。"著名死刑专家威廉姆·夏巴斯教授认为该议定书是联合国采取坚定步伐建立国际标准，号召在世界范围内废止死刑的结晶。① 从对该议定书的后续影响考察来看，该议定书反映了国际层面上国际社会对待死刑废止的态度已发生显著变化，越来越多的国家和国际组织开始认同在"和平时期废止死刑适用，战时或战争威胁时废止死刑"这一废止死刑模式。同时也从侧面展现了联合国为推动全面废止死刑的坚决态度和为推动死刑改革所做出的不懈努力。上述观念的存在不仅促动相关国家或者地区废止死刑的立法实践，同时，也推动死刑观念的发展和进步，即逐渐转变为以全面废止死刑为主要内容的国际社会死刑观念。相比之下，对于世界上面积最大人口最多的亚洲来说，政治、经济、社会、文化等各种因素历史与现实的复杂交织，区域性关于废止死刑问题的研究和探讨起步较晚，这一现状直到1998年5月17日亚洲人权委员会

---

① William A Schabas: War crimes, Crimes against Humanity and the Death penalty, 60 Alb. L. Rev. 733 (1997).

等一些人权组织在韩国光州签署了《亚洲人权宪章》才有所改观。该宪章号召所有国家废止死刑，并主张，在仍有死刑的国家，只能在罕有的情况下对极其严重的罪行施以死刑。由于对死刑废止问题的研究起步较晚，在该宪章中对于废止死刑的具体措施问题未能详尽阐述。相较而言，该宪章提出了死刑只有在罕有的情况下对极其严重的犯罪才可以适用这一观点，仍不失为对待死刑废止态度上的一个重要转变。

实际上，废止平时普通犯罪死刑的数量和比例一直保持着弹性变化的状态。有数据显示（如表6-1所示），从1965年到1988年的23年里，17个保留死刑的国家已经完全废止了死刑，另外12个国家废止了和平时期普通犯罪的死刑。而且，14个在1965年已经废止谋杀和其他普通犯罪死刑的国家中的7个，到1988年进一步废止了包括战时和军事法典的所有犯罪的死刑。从1988年到2001年12月，又有39个保留死刑的国家成为废止死刑的国家，其中34个完全废止，5个废止普通犯罪的死刑。① 也就是说，废止平时普通犯罪的死刑，也为未来全面废止死刑提供了一定的可能性。据统计，世界上采用废止普通犯罪死刑模式来推动死刑废止的国家总数为36个，约占全球国家总数的20%。其中，有26个国家最终完全废止了死刑。② 其中还有10个国家一直维持废止普通犯

---

① 参见［英］罗吉尔·胡德、刘仁文：《限制与废止死刑的全球考察》，载《人民检察》2005年第9期（上）。

② 这26个国家分别是：圣马力诺1848（1865）、罗马尼亚1865，1939（1989）、葡萄牙1867（1976）、荷兰1870（1982）、瑞士1874，1942（1992）、意大利1889，1926（1947）、挪威1905（1979）、奥地利1919（1950年）、瑞典1921（1972）、丹麦1933（1978）、芬兰1949（1972）、新西兰1961（1989）、英国和北爱尔兰1965（1998）、阿尔巴尼亚2000（2007）、澳大利亚1984（19850）、波黑尼亚黑塞哥维纳1997（2001）、加拿大1976（1998）、塞浦路斯1983（2002）、希腊1993（2004）、马其他1971（2000）、尼泊尔1990（1997）、新西兰1961（1989）、所罗门群岛1966（1978）、南非1995（1997）、西班牙1978（1995）、土耳其2002（2004）。括号内表示是完全废止死刑的时间。

罪死刑的死刑适用状态。①② 与全面废止死刑相比，这种死刑废止的举措有一定的局限性和妥协性。但是，从全球废止死刑的艰难历程来看，在不具备全面废止死刑条件的国家里，通过废止普通犯罪死刑来推动死刑的改革，同时确保在和平时期以外的非正常时期有效的打击具有严重社会危害性的刑事犯罪，维护社会稳定和公民的合法权益免受恶性犯罪的侵害来说意义深远。

表 6-1　不同国家死刑状况③比较④

年度	保留死刑适用的国家		完全废止死刑的国家		对普通犯罪废止死刑的国家		事实上废止死刑的国家		国家总数
	数量	%	数量	%	数量	%	数量	%	
1965	42	62.7%	11	16.4%	14	20.9%			67
1988	128	71%	35	19%	17	9%	27	15%	207
1995	119	62%	60	31%	13	7%	29	15%	192
2001	105	54%	75	39%	14	7%	34	18%	194
2007	94	48%	91	46%	10	5%	44	22%	196

① 这 10 个国家分别是：巴西 1882、阿根廷 1921、以色列 1954、库尔群岛 1965、斐济 1979、秘鲁 1979、萨尔瓦多 1983、拉脱维亚 1999、智利 2001、哈萨克斯坦 2007。
② 参见［英］罗吉·胡德、卡罗琳·霍伊尔著：《死刑的全球考察》（第 4 版），曾彦等译，中国人民公安大学出版社 2009 年版，第 590 页。
③ 从对世界范围内死刑适用的模式考察来看，关于死刑的立法有如下四种模式：（1）法律上废止死刑，也即废止所有犯罪死刑。（2）对普通犯罪废止死刑，特殊情况保留执行死刑。也即废止和平时期的普通犯罪死刑，特殊情况、战时、战争威胁时或特殊时期对于战时军事法律规定的犯罪以及危害国家犯罪保留执行死刑。（3）事实上废止死刑，也即至少十年内未真正执行死刑或正处于死刑执行的暂停期。（4）在法律和实践中都保留了死刑。
④ 除了 2013 年之外，其他年份的数据引自［英］罗吉尔·胡德：《死刑的全球考察》（第 3 版），刘仁文、周振杰译，中国人民公安大学出版社，第 11 页。澳大利亚的 1 个州（昆士兰州），美国的 9 个州（阿拉斯加、夏威夷、艾奥瓦、缅因、密歇根、明尼苏达、俄勒冈、西弗吉尼亚、康涅狄格），以及墨西哥的 29 个州中的 24 个，均废止了所有犯罪的死刑。还有澳大利亚的新南威尔士州也废止了和平时期普通犯罪的死刑。罗吉尔·胡德：《废止死刑：从全球视角看中国》，载赵秉志主编：《刑法论丛》2010 年第 2 卷，总第 22 卷，法律出版社 2010 年版。［英］罗吉·胡德、卡罗琳·霍伊尔著：《死刑的全球考察》（第 4 版），曾彦等译，中国人民公安大学出版社 2009 年版，第 19 页。

　　总之，在死刑废止运动的促动下，从立法上废止死刑，至少在事实上不执行死刑，也成为很多国际会议、国际组织所认可的法律原则，为相当多的国际法律文件所确认。但还是要强调指出的是，继贝卡里亚提出特定时期保留死刑适用而非无条件地全面废止死刑的主张后，在菲利、安塞尔等著名刑法学家的继承发展的基础之上，历经二百余年的发展，这一提法现今已得到全球多数国家认同和肯定，并通过立法实践以国际法律规范的形式固定下来。一系列国际会议的召开和国际性法律文件的签署，使得在全球范围内对和平时期放弃适用死刑这一认识达到了空前的统一。这不仅为废止死刑确立了国际法依据，使得主张废止死刑之国际组织的成员国在废止死刑问题上，承担了相应的法定义务，也为世界范围内废止死刑提供了国际标准，为全面废止死刑之观念的出现和实践提供了可借鉴和可参考的基础性、过渡性认识，对于保留死刑的国家或者地区推进死刑制度改革也提供了重要的参照。

二、世界上主要国家或者地区废止死刑路径的启示

　　从观念到实践，尽管未必有难以跨越的鸿沟，但是，也必定在相应的条件下经历一个或长或短的过程。对于某个国家废止和平时期死刑的立法活动来说，同样如此。而只有考察废止和平时期死刑之国家的具体社会条件，才能揭示在这些国家何以将废止和平时期死刑的理论主张转化为客观的现实。具体而言，我们认为，如下条件对于某个国家废止和平时期死刑有着至关重要的作用。

　　（一）人权公约的推动和影响

　　刑事法理论学者提出的废止和平时期死刑的主张，逐渐在国家立法的层面获得赞同而成为越来越多国家的立法现实，进而被这些国家的政治家发展到国际政治和法律的层面，成为长期以来世界人权运动的重要内容。第二次世界大战后，人权运动的发展和人权公约的通过使得废止和平时期死刑问题更为迫切，这些人权公约逐渐

上升为国际性和区域性的法律规范并逐步呈现出国际人权公约国内化的趋势。致力于废止和平时期死刑的《欧洲人权公约第六号议定书》、《〈美洲人权公约〉旨在废止死刑的议定书》、《旨在废止死刑的〈公民权利和政治权利国际公约〉第二任择议定书》等人权公约的通过和签署，极大地推动了全球和区域性废止和平时期死刑的发展。这些国际公约国内化后给公约的成员国设定了废止和平时期死刑的国际法和国内法双重法定义务和责任。例如，1985 年《欧洲人权公约第六号议定书》生效后，欧洲理事会的 43 个成员国几乎全部批准了该议定书，同时欧洲理事会要求新的成员国保证批准该议定书，提出这一条件的结果是在整个东欧以至亚洲的部分区域废止了死刑。① 据统计，截至 2007 年，世界上批准《ICCPR 第二任择议定书》的国家 65 个，签署的国家 7 个；欧洲批准《ECHR 第六议定书》的国家 47 个，签署的国家 1 个；美洲批准《ACHR 议定书》的国家 10 个，签署的国家 2 个。②

对比废止和平时期死刑之国家的废止时间和签署旨在废止和平时期死刑的人权公约的具体时间，可以发现，大约有 9 个国家是在审议、批准、签署人权公约的前后宣布废止了和平时期死刑。③ 例如，立陶宛在《ICCPR 第二任择议定书》的通过会议陈述报告时通知人权委员会已经暂停执行死刑，正准备通过一项不规定死刑的新的刑法典，并计划批准《ICCPR 第二任择议定书》。塞浦路斯在定期报告中通知人权事务委员会为了批准议定书的立法修正案已在

---

① 参见［加］威廉姆·夏巴斯：《国际法上的废除死刑》（第 3 版），赵海峰等译，法律出版社 2008 年版，第 16 页。

② 参见［英］罗吉·胡德、卡罗琳·霍伊尔著：《死刑的全球考察》（第 4 版），曾彦等译，中国人民公安大学出版社 2009 年版，第 600 页。

③ 参见［英］罗吉·胡德、卡罗琳·霍伊尔著：《死刑的全球考察》（第 4 版），曾彦等译，中国人民公安大学出版社 2009 年版，第 590~601 页。这 8 个国家有塞浦路斯（1983 年）、澳大利亚（1984 年）、尼泊尔（1990 年）、希腊（1993 年）、南非（1995 年）、波黑（1997 年）、阿塞拜疆（1999 年）、阿尔巴尼亚（2000 年）。

计划之中。① 有的国家甚至是在审议、批准、签署人权公约的同时就宣布决定修改本国国内法或者提出新的立法计划制定新的刑法典废止和平时期死刑。例如，西班牙在审议该议定书期间就宣称已经提请国会批准，并同时提出会按照议定书允许的那样，保留对战争期间极度严重罪行适用死刑的权利；乌拉圭甚至在该议定书签署的当天就加入了。② 对此，有论者甚至指出，关于死刑的国际人权法与各国在该领域的实践几乎同步发展，关于死刑的国际立法有时候推进了更为进步的死刑限制，已经超过了各国组成的国际社会整体支持的限度。③ 笔者认为，对此总体上还是应该持肯定和赞同的态度，毕竟，上述国际人权公约的通过、签署和批准不仅为签署国家设定了废止和平时期死刑的法定义务和责任，同时也为全球在废止和平时期死刑问题上建立了国际性的规范，对推动废止和平时期死刑，保留战时死刑意义重大。

（二）国际组织和进步国家的监督与推动

"徒法不足以自行"，国际社会的共识与有关国际组织法律文件的确认，并不能直接促使相关国家采取立法措施去废止和平时期的死刑。而实际上，越来越多的国家在立法上废止和平时期的死刑，离不开相关国家、国际组织的有力推动。这在欧洲表现得非常明显。有论者曾指出："越来越多的国家致力于废止死刑这一壮举是许多因素共同作用的结果，但最为重要的是欧洲的政治机构所施加的政治影响与压力。"④ 欧洲作为废止死刑的急先锋，欧洲理事会和欧盟在废止和平时期死刑方面作出了巨大贡献，始终走在废止

---

① 参见［加］威廉姆·夏巴斯著：《国际法上的废除死刑》（第3版），赵海峰等译，法律出版社2008年版，第193页。

② 参见［加］威廉姆·夏巴斯著：《国际法上的废除死刑》（第3版），赵海峰等译，法律出版社2008年版，第193页。据现有资料证明，乌拉圭只是签署了该议定书。

③ 参见［爱尔兰］肖恩·达西著：《国际人权法与死刑》，载莫洪宪主编：《中国当代死刑制度改革的探索与展望》，中国人民公安大学出版社2012年版，第22页。

④ 参见［英］罗吉尔·胡德著：《死刑的全球考察》（第3版），刘仁文、周振杰译，中国人民公安大学出版社，第16页。

死刑理论和实践的最前沿。因为死刑问题的复杂性和艰巨性，即便是死刑废止运动发展最好的欧洲，各个国家或者地区在是否以及如何废止死刑的问题上也存在一定的分歧。整个西欧，很多国家对普通犯罪都不适用死刑。而东欧和苏联共和国在废止死刑的发展上则不尽如人意。这一局面出现根本性的扭转源于 1994 年欧洲理事会议第 1044 号决议，欧盟委员会和欧盟都宣布"死刑在现代文明社会的刑罚体系中没有合法的地位，使用死刑就如同使用折磨，死刑应被视为无人性的、可耻的惩罚"。根据 1994 年欧洲理事会咨询议会通过一项决议规定，任何一个想成为欧洲委员会成员国的国家，其前提是必须同意立即停止死刑的执行，并在规定的年限内签署和批准《欧洲人权公约第六议定书》。前东欧国家和苏联共和国为了能够加入欧洲理事会，在 2000 年前全面废止了死刑。[①] 为了加入欧洲理事会，原本保留适用死刑的东欧和苏联国家，通过修改和调整本国的国内法废止和平时期普通犯罪死刑甚至通过全面废止死刑，期望能与欧洲理事会成员国在对待和处理死刑问题上保持一致。例如，欧洲理事会咨询议会始终在质疑白俄罗斯、俄罗斯联邦和阿尔巴尼亚遵守《欧洲人权公约第六议定书》设定的法定义务，咨询议会提醒阿尔巴尼亚，立即实行死刑中止行动以及在 3 年内废止死刑的承诺必须履行，任何倒退都将在其欧洲理事会成员国资格问题上引起严重的后果。为此，1999 年 12 月 10 日的一项判决中，阿尔巴尼亚宪法法院宣布：和平时期的死刑违反国家新宪法。[②]

在废止死刑的问题上，欧洲联盟在立法语言上毫不妥协，不接受可以依据现实的宗教或文化背景保护死刑这一说法，不接受死刑应该完全由主权国家自己去定夺的理念。欧盟甚至在 1998 年通过了《关于第三国之死刑之欧盟政策方针》，开始展开外交攻势，呼

---

① 参见赵秉志、黄晓亮等编著：《穿越迷雾：死刑问题新观察》，中国法制出版社 2009 年版，第 114 页。

② 参见［加］威廉姆·夏巴斯著：《国际法上的废止死刑》（第 3 版），赵海峰等译，法律出版社 2008 年版，第 316 页。

吁世界上没有废止死刑的所有国会和议会以欧洲委员会成员国为榜样，迅速的废止死刑。① 面对关于死刑废止的全球性认识，欧洲联盟也坚持自己既定的看法，不接受按照联合国有关文件保留死刑而加入欧洲联盟的做法。例如，在签署和批准《旨在废止死刑的〈公民权利和政治权利国际公约〉第二任择议定书》时，允许国家作出在战争期间例外和极端严重的情况下适用死刑的保留。很多国家在批准和签署公约议定书时都提出了保留。阿塞拜疆共和国，也通过了"议定书"，在例外情况下，通过特殊法允许对战争期间或战争威胁条件下犯下严重犯罪适用死刑。为此，德国、荷兰、瑞典和芬兰等国提出反对，认为阿塞拜疆没有将适用死刑的范围限制为战争期间犯下的具有军事性质的最严重犯罪。与议定书的第 2 条存在冲突。于是，在 2000 年 9 月 28 日，阿塞拜疆共和国通知联合国秘书长修改其在加入时作出的保留："在战时可根据战争期间犯下的具有军事性质的最严重罪行的定罪适用死刑。"② 当然，联合国在推动全世界各个国家或者地区废止死刑方面，其实也采取了积极的措施，只不过考虑各个国家或者地区的实际情况而允许一定的法律保留。总的来说，很多国家先行废止和平时期死刑，保留战时死刑，后来根据自身社会条件和政治经济发展需要而全面废止死刑，以及少数国家目前废止和平时期死刑，有些国家在事实上停止死刑的司法适用，都离不开联合国、欧洲理事会、欧盟、欧洲安全与合作组织等官方国际组织和世界反对死刑联盟等非官方国际组织的共同努力推动。

---

① 参见［英］卡洛琳·霍伊尔著：《欧洲废止死刑的动态和实例》，载莫洪宪主编：《中国当代死刑制度改革的探索与展望》，中国人民公安大学出版社 2012 年版，第 37 页。

② 参见［加］威廉姆·夏巴斯著：《国际法上的废除死刑》（第 3 版），赵海峰等译，法律出版社 2008 年版，第 41 页。

（三）适当政治经济条件下退而求其次的选择（second best choice）

是否废止死刑，毕竟是某个国家内部的事情。在缺乏合适条件的情况下，即便有外部因素的推动，某个国家或者地区也很难采取措施废止本国或者本地区的死刑。例如，10 世纪时，英国征服者威廉宣布在其统治下除战争外不得处死任何人，但不久之后其他统治者又在英格兰的范围内恢复了死刑。[①] 1795 年，法国国民公会第一次会议上宣布废止死刑，即"从全面和平到来之日起，法兰西共和国境内将废止死刑"。但是，由于全面和平未能实现，死刑实际上并未废止。[②] 同样，苏联在十月革命胜利以后，先后于 1917 年 10 月、1920 年 1 月、1947 年 5 月曾宣告废止死刑。[③] 苏联三次废止死刑的历史背景是源于苏维埃政府在社会治安环境安定和革命形势的乐观估计后，认为在和平建设时期死刑适用已不具有合理性的前提下作出的废止死刑的考量。其中在 1947 年，在对法西斯德国取得历史性胜利后，苏联最高苏维埃主席团认为在和平条件下，死刑已不再有适用的必要，遂决定："在和平时期废止苏联各种现行法律对各种犯罪所规定的死刑。"[④] 但后来迫于压力和"为了保卫革命的胜利果实免遭被推翻阶级敌人的侵犯"，分别于 1918 年 1 月、1920 年 5 月、1950 年 1 月恢复适用死刑。有学者在对美洲国家死刑废止进行考察后曾指出，南美洲上百年废止死刑的历史现在几乎在整个地区占据了统治地位。然而，历史证明，在该地区政治形势不稳定的时期，军事政府可能恢复对若干违反国家公共秩序的

---

① 参见林达：《死刑：人性与罚则的冲撞》，载《南方周末》2005 年 12 月 8 日。
② 参见王松丽著：《我国废止死刑的立法研究》，合肥工业大学出版社 2012 年版，第 129 页。
③ 参见薛瑞麟：《苏联东欧刑法中的死刑》，载《比较法研究》1989 年第 1 辑。
④ 参见薛瑞麟：《历史与现实：俄罗斯立法中的死刑》，载 2001 年"苏联法学对中国法学与法制的影响"学术研讨会、"俄罗斯法制与法学"国际学术研讨会论文集。

犯罪行为适用死刑。[①] 因此，国内局势和平稳定、政治清明、经济
文化健康有序发展是促使很多国家决定废止和平时期死刑的前提和
基础。例如，前德意志联邦共和国就是在第二次世界大战结束后的
1949 年，通过宪法废止了任何情形下所有犯罪的死刑。

　　即便是在国际环境趋于和平、内部政治稳定、经济发展的情况
下，各个国家或者地区也并非都一概选择全面和彻底地废止死刑。
1948 年秋季，联合国大会在巴黎举行第三次会议的第一部分时，
苏联代表提出了"死刑应当在和平时期废止"的生命权修正案，
不再有代表对和平时期保留死刑而进行辩护。不过，在是否对战时
死刑也采取废止措施时，不同国家的代表就有了不同的意见。苏联
的代表实际上倾向于保留死刑；委内瑞拉、哥斯达黎加的代表则认
为，应当将战时的死刑也予以废止。乌克兰代表提出了一项完全废
止死刑的建议，但并未广受赞同，遂改变认识而认为，即使不能在
完全废止死刑问题上达成协议，纵然死刑废止仅限于和平时期，也
算有所收获了。[②] 这就反映了当时绝大多数国家或者地区在死刑废
止上的实际态度。一些主张废止死刑的国际组织考虑到各国间死刑
废止的发展状况参差不齐，为推动本国际组织成员国废止死刑的进
程，要求成员国一致约定国内废止和平时期死刑，保留战时死刑。
例如，美洲人权委员会说同意《旨在废止死刑的〈公民权利和政
治权利国际公约〉第二任择议定书》、《欧洲人权公约第六议定书》
的做法，也就是，为了获得大多数的批准和同意加入的可能性，将
同意允许在战时对特定的军事犯罪适用死刑。[③] 而且，为了鼓励对
废止死刑态度摇摆不定国家下定废止死刑的决心，以及争取更多的

---

　　① Roger Hood：The death penalty，A World-wide Perspective，2nd ed.，Oxford：
Clarendon Press，1996. pp. 43-44.

　　② 参见［加］威廉姆·夏巴斯著：《国际法上的废除死刑》（第3版），赵海峰等
译，法律出版社2008年版，第41页。

　　③ 参见［加］威廉姆·夏巴斯著：《国际法上的废除死刑》（第3版），赵海峰等
译，法律出版社2008年版，第370页。

国家加入废止死刑的阵营中，主张全面废止死刑的国家和已经全面废止死刑的国家对主张保留适用死刑的国家做出妥协。废止和平时期死刑作为废止死刑的一种折中手段，被多数国家接受和认可，并在后来发展到全面废止死刑的阶段。换言之，有些时候，缺乏全面废止死刑条件的国家或者地区，可以通过废止和平时期的死刑而为进一步的死刑制度改革创造条件，而此时，废止和平时期死刑的措施就是这些国家或者地区次优但不失适当性的选择。如前所述，直到目前，世界上还有些废止死刑的少数国家仅仅是废止了和平时期的死刑。因而对于其他没有废止死刑的国家来说，这种退而求其次的死刑废止措施，无疑是具有借鉴意义的。

第二节 中国暴力犯罪死刑废止的理论认识与立法尝试

在中国的现实环境下讨论死刑存废问题，已然成为刑事法学界乃至社会各界的热点话题。而事实上，以国际的眼光来看，死刑存废绝不是中国现在才遇到的社会问题。如前所述，早在西方国家步入资本主义社会的 18 世纪，就有著名的学者提出废止死刑的主张，如贝卡里亚、左伦费尔等，① 也有废止死刑的立法实践，如奥地利早在 1855 年就在立法上废止死刑。在两百多年来，死刑废止的声音从未消失，反而愈来愈大，在 20 世纪中期以来演变为轰轰烈烈的死刑废止运动。有些区域性国际组织（如欧盟）甚至将废止死刑作为某个欧洲国家加入的必备条件。这对中国共产党执政的中国也逐渐地产生影响。20 世纪 80 年代初理论上坚决支持死刑存置

---

① 陈瑾昆著：《刑法总则讲义》，吴允烽勘校，中国方正出版社 2004 年版，第 287 页。

论,[①] 但世界上其他国家或者地区废止死刑的情形开始影响到国内对死刑的认识,[②] 理论上开始注意到严格限制死刑适用的问题,[③] 90 年代初,死刑废止的观点悄然出现,如有论者提出对非暴力犯罪废止死刑,[④] 有论者进行较为深入的研究,提出了中国在死刑制度上并非一定要墨守成规,固守城池,[⑤] 还有论者更为大胆地认为,"我国废除死刑的日子并非是遥远不及之事,不必谈废除死刑脸即变色"。[⑥] 中国废止死刑的观点于是呼之欲出,在后来几年中经学者的深入研究而成为振聋发聩的声音。在进入 20 世纪后,死刑存废的问题从学术范围走到社会民众中而成为新闻媒体追捧的话题,对国民关于死刑的认识悄然地起到改变的作用。从立法上看,1997 年修订的刑法典显然秉承了严格限制死刑的思路,在死刑的设置上比较克制,没有扩张死刑的范围。更重要的是,在十几年来,七个刑法修正案都没有增加死刑罪名;而《刑法修正案(八)》则更进一步,明确地削减了死刑罪名,使得死刑废止问题的研讨达到了一个新的高度。

一、理论上关于逐步废止死刑的具体构想及其不足

(一) 分三个阶段逐步废止死刑的构想

1. 不区分暴力犯罪与非暴力犯罪的死刑废止构想

在分析逐步废止死刑的具体步骤时,很多学者并不区分暴力犯

---

① 参见郭锡龙:《谈死刑》,载《政法论坛》1980 年第 2 期。

② 参见吴玛:《1980 年联合国会员国中死刑制度存废状况调查表》,载《法学评论》1983 年第 1 期;高铭暄等:《国外死刑制度及关于死刑的学术观点综述》,载《法学家》1988 年第 1 期。

③ 参见李云龙:《初级阶段死刑问题研究》,载《法学》1989 年第 2 期。

④ 参见赵秉志:《关于死刑存废及其发展趋势的思考》,载《法律科学》1991 年第 1 期。

⑤ 参见鲍遂献:《对中国死刑的深层次思考》,载《法律科学》1993 年第 1 期。

⑥ 胡云腾:《试论废除死刑国家的特点及死刑废除的原因》,载《法学评论》1993 年第 2 期。

罪与非暴力犯罪的不同，但在是否确定具体的时间点上却有很大不同。

（1）较为具体地划定每个阶段的时间点。

胡云腾教授曾于1995年率先提出了关于废止死刑的百年梦想。具体来说，其认为，在中国废除死刑的进程可划分为如下三个阶段：

第一阶段：从当时起到公元2010年左右，为大量废除死刑的阶段，届时争取达到的目标是：一是将我国现行刑法中的死刑罪名限制在15个左右（军职罪死刑除外）；二是全部死刑案件的复核权收回最高人民法院；三是死刑实际适用的数量降为当时的1/10左右。

第二阶段：从2010年到2050年左右，为基本废除死刑阶段。争取实现的目标是：死刑罪名只保留故意杀人、叛乱、恐怖活动等2~3种，每年实际适用死刑的数量，再降为2010年的1/10左右。

第三阶段：从2050年到2100年，是全面废除死刑阶段。争取实现的目标是：法律上没有死刑，实践中不适用死刑。在实现这一目标的过程中，可以再分一些步骤，如先废除死刑立即执行，将罪大恶极的犯罪分子全部判处死缓，尔后再将死缓废除，逐步过渡到全面废除死刑。[①]

10年之后，即2005年，钊作俊教授将上述时间段予以缩短。他认为，中国死刑的废止在宏观上可划分为三个阶段：从现在开始到中国全面建设小康社会的2020年左右为第一阶段，此阶段废止死刑的任务是以故意杀人罪为参照标准，借助于结合犯的理论，对刑法分则所规定的68种死刑罪名进行整合，使死刑的罪名压缩到20种左右。第二阶段，在2030年前后可在刑法上只保留故意杀人罪的死刑，废止其他死罪。在2040年即可较为顺利地步入第三阶

---

① 参见胡云腾著：《死刑通论》，中国政法大学出版社1995年版，第301~302页。

段，从立法上完全废止死刑，或者在司法上使之悬而不用。①

我们可以发现，与第一种观点相比较，第二种观点将废止死刑的时间规划大大提前（提前有 60 年）。在具体构想上，第一种观点要更为详细，不仅考虑到死刑罪名废止问题，而且考虑到了降低死刑适用绝对数量、扩大死刑缓期执行对死刑立即执行的替代等问题。但是，具体的时间点是以何种标准来确定的呢？两种观点都没有予以阐明，显得依据不足。不过，这两种观点都将暴力犯罪死刑的废止放在最后阶段，值得关注。

（2）抽象地构想死刑废止的步骤，但并不设定具体的时间点。

贾宇教授也具体设计了中国废除死刑的三步走方案，即第一步，下决心不再增加死刑立法，严格控制刑事司法实践中的死刑适用。第二步，经过几次有计划的刑事立法改革，大幅度削减死刑条文和死刑罪名，仅对故意杀人罪、抢劫罪、放火罪等最严重的刑事犯罪和部分军事犯罪保留死刑。第三步，废除包括故意杀人罪在内的一切刑事犯罪和军事犯罪的死刑，实现全面废除死刑制度的最终目标。②

这种观点较为灵活地构想死刑废止的方案，对于刑事立法有一定的启示意义。不过，在笔者看来，该观点在暴力犯罪死刑废止的步骤上过于粗疏，对何为"最严重的刑事犯罪、部分军事犯罪"没有阐明。而且，从第二步保留多种犯罪的死刑到第三步全部废止死刑罪名，似乎有些突然，缺乏必要的衔接。

2. 区分非暴力犯罪与暴力犯罪设计死刑逐步废止步骤的构想

在论述逐步废止非暴力犯罪死刑罪名的基础上，赵秉志教授又区分非暴力犯罪与暴力犯罪率先从整体上阐述中国废止死刑的具体步骤。③ 其认为，中国死刑的废止进程应与社会文明程度、法治发

---

① 参见钊作俊：《中国死刑制度改革论纲》，载《甘肃政法学院学报》2005 年第 2 期。

② 参见贾宇：《死刑的理性思考与现实选择》，载《法学研究》1997 年第 2 期。

③ 参见赵秉志：《中国逐步废止死刑论纲》，载《法学》2005 年第 1 期。

展状况乃至人权发展水平相适应，与中国社会主义现代化建设的发展阶段相适应，根据党中央所提出的 21 世纪的阶段性发展目标，中国应分三个阶段逐步废止死刑：一是及至 2020 年先行逐步废止非暴力犯罪的死刑；二是再经过 10 至 20 年的发展，在条件成熟时进一步废止非致命性暴力犯罪（非侵犯生命的暴力犯罪）的死刑；三是在社会文明和法治发展到相当发达程度时，至迟到 2050 年全面废止死刑。

具体而言，第一阶段应区分四种情形逐步进行：（1）对于侵犯个人法益的侵犯财产型非暴力犯罪，以及无具体被害人的侵犯社会法益型非暴力犯罪的死刑规定，应从立法上及时全面废止；（2）对于贪污贿赂型非暴力犯罪的死刑规定，应通过先在立法与司法上提高其适用死刑的条件，再逐步加以废止；（3）对于侵犯社会法益的危害公共安全型非暴力犯罪，在条件成熟时废止其死刑规定；（4）对于侵犯国家法益的危害国家安全型非暴力犯罪、危害国防利益型非暴力犯罪以及军人违反职责型非暴力犯罪，在没有全面废止死刑的前提下，保留其死刑规定。

在第二阶段，可区分不同情况废止或者限制死刑：（1）对于某些暴力程度相对较低通常不危及被害人生命的普通暴力犯罪，可伴随着某些非暴力犯罪的死刑废止进程而先行废止其死刑。（2）对于某些过失致命性普通暴力犯罪，在适当时机也应先行废止其死刑。（3）对于大部分原本属于故意致命性的普通暴力犯罪，可以通过立法技术的调整，将其转以故意杀人罪论处，从而从立法技术的角度废止其死刑规定。

在中国刑法立法上基本废除普通暴力犯罪死刑后，再经过 10 年到 20 年的发展，可根据社会的发展和法治的完善程度，将战时暴力犯罪中的非致命性犯罪先行废止，在此基础上，再考虑彻底而全面地废止死刑。

上述关于死刑的认识考虑到了我国社会发展的具体情况，参照了党和国家有关社会发展阶段的预测，区分非暴力犯罪与暴力犯罪，并对二者死刑罪名的废止从时间阶段、具体措施等方面进行了详细的阐述，不仅对刑事立法有很大的指导意义，而且也能够起到限制死刑的司法适用的作用。

（二）分五个阶段废止死刑的构想

田文昌先生提出，对于中国刑法所规定的死刑罪名的削减和废止应分五个步骤进行：第一步是彻底废除盗窃罪的死刑；二是逐步削减经济犯罪的死刑；三是科学认识职务犯罪的犯罪原因，在适当时间废除死刑；四是对于严重危害人身的暴力犯罪的死刑，可以采取变通的立法技术减少其罪名数量；五是在严重危及人身的暴力犯罪的死刑被废止后，再考虑军职罪、危害国防利益罪、危害国家安全罪的死刑问题。①

这种观点不仅区分暴力犯罪与非暴力犯罪，而且区分了财产犯罪、经济犯罪、职务犯罪，并且主张对非暴力犯罪也在不同的阶段废止死刑。同时，该论者还主张最后废止军职罪、危害国防利益罪、危害国家安全罪等的死刑。在笔者看来，这种观点没有关注死刑废止的时间阶段问题，在死刑废止上体现出了循序渐进的精神，但是，该观点没有对死刑废止不同步骤所需的社会条件进行分析，没有详细阐述暴力犯罪死刑废止的具体步骤与措施，总体上显得过于宽泛、抽象，缺乏可操作性。

（三）我国当前死刑废止理论的不足

长期以来，刑事法学界对于死刑废止的研究，还多聚焦于非暴力犯罪，对于事关死刑全面废止的终极性议题——暴力犯罪死刑废止问题的研究则一直采取谨慎保守的态度。尽管有论者曾颇有前瞻性地提出，将非致命性暴力犯罪死刑与致命性暴力犯罪死刑分别对待，先逐步废止非致命性暴力犯罪死刑，最后废止致命性暴力犯罪

---

① 参见田文昌、颜九红：《论中国死刑发展趋势》，载《当代法学》2005年第2期。

死刑的废止步骤，① 但是，深入研究之后，我们认为，致命性和非致命性的评判标准主观色彩过于浓重，学术争议也比较大，在具体的立法和司法实践中不太容易把握，也很难将这一主观评判标准固定下来，形成行之有效的规则和制度，去指导暴力犯罪死刑的废止，因而在暴力犯罪死刑废止的刑事政策制定以及贯彻实施上，现实可操作性也不是很充分。但笔者认为，由这种区分类型而确定不同路径的思路，具备一定的内在合理性和外在的可行性，对于暴力犯罪死刑如何最终废止的问题是否具有现实的建设性和可操作性，也值得我们进一步追问和商榷。

当前，我国死刑废止似乎止步于暴力犯罪死刑废止的具体实践问题，立法似乎将废止暴力犯罪死刑的问题视为不可触及的雷区。而实际上，能否推动暴力犯罪死刑废止，关系到我国死刑全面废止的终极目标能否实现的问题。笔者认为，现阶段死刑废止问题探讨的重心应该转移到暴力犯罪死刑的废止问题上来，从基本国情和社会现实出发，寻找适合国情的死刑废止模式，以推动死刑废止之法治活动不断进步。令人颇为欣喜的是，于 2014 年 10 月 27 日提交全国人大常委会初次审议的《刑法修正案（九）（草案）》，提到对属于暴力犯罪的强迫卖淫罪废止死刑。这不能不说是一个破冰性的立法举措。但是，考虑到司法实务对强迫卖淫罪几乎不用死刑的现状，这种立法举措在实质上并没有开启真正的暴力犯罪死刑废止之门。基于对世界范围内死刑废止成功经验的全面考察和对我国基本国情的清醒认识，采取在不具备废止死刑各项条件时"废止和平时期死刑，保留战时死刑"的死刑废止模式不失为我国现阶段摆脱死刑废止困境，推动我国死刑改革的一个新的思路和突破口。

二、死刑的存废问题与我国死刑制度的改革

尽管中国在当前不可能彻底地废止死刑，但是，刑事法理论上

---

① 参见赵秉志：《中国逐步废止死刑论纲》，载《法学》2005 年第 1 期。

对死刑存废问题的长期和热烈争论，对中国死刑制度改革仍然产生了积极和重大的影响。分析这些影响，对于研究我国在何种社会条件全面地废止死刑显然具有重要的意义。

（一）单行刑法扩展死刑与死刑限制立论的冲突

在新修订的刑法于 1997 年 10 月 1 日生效施行之前的十多年中，国家立法机关在严厉打击犯罪的过程中，因为种种原因而不断扩张刑法分则中死刑罪名的范围。在此后 17 年间，基于打击严重经济犯罪和严重危害社会治安犯罪的实际需要，全国人大常委会又颁布了一系列单行刑法，增设了大量死刑。这种因"严打"而扩展死刑罪名的立法活动，受到了刑事法理论界的严厉批评。刑法学者尽管在是彻底废止死刑，还是部分地废止死刑的问题上存在争论，但对上述立法活动却共同地给予了批评，如有论者就认为，这样大规模地增设死罪也并不是没有问题的，因为这在更大程度上却是出于一种急功近利的考虑，并不能从根本上抑制犯罪，相反，应该减少现行刑事法律中死刑罪的条款，严格审查需增设的死刑罪条款。[①] 但遗憾的是，此后的单行刑法仍然对有关罪名增加规定了死刑或者增加了新的死刑罪名。据统计，自 1981 年至 1995 年，我国立法机关颁布的 25 部单行刑法中，规定死刑罪名或者补充规定某些犯罪适用死刑的有 18 部，而死刑罪名就这样又增加了 33 种，连同《惩治违反军人职责罪暂行条例》中规定的几种死刑罪名，在 1997 年修订刑法典之前，我国刑法立法中可处死刑的具体犯罪总共达 72 种之多。

（二）刑法修订削减死刑与死刑存废争论的有限对接

20 世纪 90 年代，死刑废止论的出现以及死刑限制论日益得到接受，对刑事立法产生了重大的影响。国家立法机关在 1997 年 3 月修订刑法典时，在刑法典总则中对死刑适用采取了非常谨慎的态度，有意识地限制与减少死刑的适用，如进一步限制了死刑适用的

---

① 参见王龙、黎宏：《对我国死刑制度的反思》，载《法学评论》1990 年第 5 期。

条件，删除对未成年人可适用死缓的规定、放宽了死缓减为无期徒刑或者有期徒刑的条件。经过国家立法机关的努力调整，同 1979 年刑法典相比，虽然 1997 年 3 月通过的现行刑法典对死刑罪名没有显著的削减，但数量仍有所减少，死刑罪名减至 68 种，分布在刑法典分则除渎职罪之外的其他九章犯罪中。因而有论者明确地指出，新刑法典对死刑立法的削减，成为 1997 年中国刑法修改的重要内容，较好地体现了我国一贯主张的尽量限制和减少死刑适用的刑事政策。① 而笔者看来，这次刑法立法对死刑制度的改进在很大程度上受到了保留死刑但限制死刑之论点的影响，并没有真正地考虑死刑废止论的主张，尽管与死刑存废的争论有所对接，但仍未化解其中相关的争论问题，因为 1997 年修订的刑法在死刑制度的规定上还存在较多的问题，如关于死刑适用的总则性规定还不完善，死刑罪名数量仍然繁多，非暴力犯罪之死刑罪名过多，规定绝对死刑作为某些犯罪加重犯的法定刑。②

（三）死刑核准权统一行使与死刑制度改革理论的契合

尽管 1979 年刑法和 1997 年刑法都对死刑案件由最高人民法院核准这一权限做出了明确的规定，但是因为种种原因，死刑核准权被最高人民法院部分地下放给省级高级人民法院行使。1983 年 9 月 2 日修改后的《人民法院组织法》第 13 条甚至对此做出了明确的规定。刑法典通过后施行前，最高人民法院曾于 1997 年 9 月下发了一个通知，维持了原来对死刑复核权的下放。

对此，刑事法理论界进行了长期深入的研究，形成了否定死刑核准权下放的合法性和合理性、呼吁死刑核准权收回最高人民法院统一行使的共识。③ 同时，社会舆论对此也给予了充分的重视，在

---

① 参见赵秉志、肖中华：《论死刑的立法控制》，载《中国法学》1998 年第 1 期。
② 参见赵秉志：《我国现阶段死刑制度改革的难点及对策》，载《中国法学》2007 年第 2 期。
③ 参见周道鸾：《论死刑核准权的收回与死刑复核程序的完善》，载《时代法学》2005 年第 6 期。

社会上引起了普通民众对该问题的积极关注，逐步地接受了死刑核准权统一行使的理论主张。最高司法机关对此予以积极的肯定。2005年10月26日，最高人民法院发布《人民法院第二个五年改革纲要（2004~2008）》，其中明确提出，改革和完善死刑复核程序，落实有关法律的规定和中央关于司法体制改革的部署，由最高人民法院统一行使死刑核准权，并制定死刑复核程序的司法解释。2006年10月31日，全国人大常委会对《人民法院组织法》作出修改，将人民法院组织法的第12条修改为："死刑除依法由最高人民法院判决的以外，应当报请最高人民法院核准。"新法于2007年1月1日生效实施，死刑核准权终于收归最高人民法院统一行使。不到一年，时任最高人民法院院长的肖扬在2007年11月召开的全国法院司法改革会议上指出，死刑缓期二年执行的判决已经超过死刑立即执行的判决。[①] 可以看到，死刑核准权统一行使的共识使得死刑制度改革的理论认识与死刑案件的司法理念完美地结合在一起，并落实为立法规定和现实的司法措施，为未来的死刑罪名削减创造了条件。

（四）死刑制度改革与死刑废止的内在关联

近几年，国家开始采取措施，推进死刑制度改革，然而，不能不说，因为种种原因，死刑制度改革虽处于关键时期，但取得巨大进步，从立法上显著地或者彻底地废止死刑，似乎还为时尚远。但是，这样的过程非常鲜明地折射出死刑制度改革与死刑废止的关系。

客观而言，我国目前的死刑制度及其改革并未为死刑的逐步废止创造良好条件。因为总则中严格控制死刑的整体思路与分则中过

---

① 参见赵蕾：《死刑复核：激荡一年间》，载《南方周末》2007年11月19日。

多规定死刑罪名的实际死刑立法之间，依然存在较为紧张的矛盾关系。① 改变这种矛盾关系，显然需要死刑制度的不断改革。例如，法国在全面废止死刑之前就在司法实践中逐步减少死刑的适用和执行，因而死刑在法国的废除，被认为只是将一种废弃不用的刑罚在法律上排除，② 因而死刑在法国废除的阻力较小。在笔者看来，之所以如此认为，是因为死刑能否废止以及如何逐步废止，在很大程度上也受到民意的影响。在保留死刑的国家，民意走向在一定程度上决定了死刑的存废，因为国家决策领导层不可能考虑民众的支持而忽视民众在死刑方面的认识和意愿。而且，出现重大、恶劣、极其残忍犯罪时，民众反对死刑废止或者要求死刑恢复执行的要求，往往就变得更为强烈。我国司法机关也常以民意为由来说明其适用死刑的必要性。对死刑的民意基础问题，理论上探讨的比较多，基本的共识是：应该尊重民意，但应对民意予以引导，使得民意逐步认同对死刑的废除。③

显然，在死刑的存废问题上，理论认识与法律措施都要面对死刑的民意问题。例如，长期以来主张中国尽早彻底全面废止死刑的曲新久教授，就《刑法修正案（八）草案》削减部分死刑罪名的问题上认为，我国还需要很长的时间，才能将死刑完全取消，因为在我国大多数人的意识中，还在"杀人偿命、欠债还钱"的传统法制思想阶段，但大多数人在历史的洪流中只是观众，而不是真理的发现者。不能批评大多数人，而是应该尊重多数人的选择，尤其是法律，它是建立在大多数人的道德价值评价体系之上的。④ 死刑

---

① 2006年2月25日，北京师范大学刑事法律科学研究院与纽约大学法学院、美国律师协会在北京友谊宾馆召开了"关注中国死刑改革"的学术座谈会。高铭暄教授在此次会议上所作的发言中提出了该观点，得到了学者们的广泛关注和认同。转引自赵秉志：《中国当前死刑制度改革的现状和展望》，载《河北法学》2007年第12期。

② 参见陈丽萍：《死刑在法国》，载《人民检察》2007年第3期。

③ 参见黄晓亮著：《暴力犯罪死刑问题研究》，中国人民公安大学出版社2008年版，第138页。

④ 参见王夕：《死刑何时消亡》，载《北京科技报》2010年8月30日。

的民意成为死刑制度改革如何处理死刑废止问题的内在决定因素。

三、我国当前死刑制度改革的路径选择与立法尝试

在 1997 年刑法颁布之后，全国人民代表大会常委会对刑法的修正最初且目前仅一次采用单行刑法的形式，后来改为全部采用刑法修正案的形式。刑法修正案既有对刑法条文的修改，又有规定新罪名的情况。其中，仅就死刑而言，刑法修正案采取了非常克制的态度，仅《刑法修正案（三）》、《刑法修正案（七）》、《刑法修正案（八）》涉及死刑条文的修正。这些内容虽然属于死刑制度立法改革的重要内容，但是，在很多方面具有独立的意义，因而可立足于上述关于死刑制度改革与死刑废止关系的分析，进行更为深入的探讨。

（一）涉及死刑问题的刑法修正案及其内容

1.《刑法修正案（三）》对死刑条文的修正

《刑法修正案（三）》的两个条文涉及死刑立法。其中，第 1 条、第 2 条将原来刑法典第 114 条、第 115 条所规定的投毒罪修改为"投放危险物质罪"，仍适用第 114 条、第 115 条所规定的法定刑，因而没有增加死刑罪名。而第 5 条对刑法典第 125 条第 2 款的非法买卖、运输核材料罪作出修改，将行为对象从原来的"核材料"修改为"毒害性、放射性、传染病病原体等危险物质"，并增加了"制造、储存"行为。第 6 条对刑法典第 127 条"盗窃、抢夺枪支、弹药、爆炸物罪"和"抢劫枪支、弹药、爆炸物罪"也作出修正，补充规定"危险物质"的犯罪对象，实际上新增设了"盗窃、抢夺危险物质罪"和"抢劫危险物质罪"。刑法典对这三种犯罪都配置有死刑，因为刑法典第 125 条第 2 款规定的犯罪适用该条第 1 款的法定刑，且修正后的刑法条文仍然规定的是选择性罪名，因而并不属于增加了死刑罪名的数量。关于对第 127 条行为对象的补充，客观来看，"危险物质"在危害公共安全的性质上与枪支、弹药、爆炸物比较接近。针对该物质所实施的上述盗窃、抢夺

以及抢劫行为，其社会危害性程度与"盗窃、抢夺枪支、弹药、爆炸物罪"、"抢劫枪支、弹药、爆炸物罪"相当，在某些情况下甚至比后者还要严重，因而对情节严重的盗窃、抢夺危险物质罪和抢劫危险物质罪规定死刑，应该说是合理的。从总体上来看，中国国家立法机关在1997年10月1日现行刑法典实行之后所作的修正和补充，贯彻了"严格控制死刑、减少死刑适用"的政策，反映出其在刑事立法中不扩张死刑罪名的立法态度。[①]

2.《刑法修正案（七）》对死刑条文的修正

《刑法修正案（七）》仅有1个条文涉及原来刑法典的死刑条文。该修正案第6条将原来刑法典第239条关于绑架罪死刑之规定做了调整，具体表现为：（1）将第239条原来第1款的后半段独立地规定为第2款，原来的第2款改为第3款。（2）新的第1款规定了绑架罪的减轻犯，即"情节较轻的，处五年以上十年以下有期徒刑，并处罚金"。因此，《刑法修正案（七）》对刑法分则的死刑条文并没有实质性的改变，既不是增加，也不是减少。

3.《刑法修正案（八）》对死刑条文的修正

对刑法总则规定的死刑条文，《刑法修正案（八）》第3条、第4条作了修正。第3条在刑法第49条中增加一款作为第2款："审判的时候已满七十五周岁的人，不适用死刑，但以特别残忍手段致人死亡的除外。"即增加了死刑适用的消极对象及其例外情况。第4条则是将刑法第50条修改为："判处死刑缓期执行的，在死刑缓期执行期间，如果没有故意犯罪，二年期满以后，减为无期徒刑；如果确有重大立功表现，二年期满以后，减为二十五年有期徒刑；如果故意犯罪，查证属实的，由最高人民法院核准，执行死刑。""对被判处死刑缓期执行的累犯以及因故意杀人、强奸、抢劫、绑架、放火、爆炸、投放危险物质或者有组织的暴力性犯罪被

---

① 参见赵秉志：《中国当前死刑制度改革的现状和展望》，载《河北法学》2007年第12期。

判处死刑缓期执行的犯罪分子，人民法院根据犯罪情节等情况可以同时决定对其限制减刑。"

对于刑法分则规定的死刑条文，《刑法修正案（八）》主要表现为删去具体犯罪的死刑，即这些犯罪不再是被配置死刑的具体犯罪，从而减少了死刑罪名的数量。具体而言，这些犯罪是走私文物罪，走私贵重金属罪，走私珍稀动物、珍稀动物制品罪，走私普通货物、物品罪，票据诈骗罪，金融凭证诈骗罪，信用证诈骗罪，虚开增值税专用发票、用于骗取出口退税、抵扣税款发票罪，伪造、出售伪造的增值税专用发票罪，盗窃罪，传授犯罪方法罪，盗窃古文化遗址、古墓葬罪和盗掘古人类化石、古脊椎动物化石罪。从数量上来看，废除的死刑罪名占到了现行刑法 68 个死刑罪名总数的 19.1%。

可见，《刑法修正案（八）》对死刑条文的修正，在数量和态度上都要超过既往，表现颇为突出。

（二）刑法修正案在死刑废止上的有限作用

刑法修正案，尤其是《刑法修正案（八）》对刑法中死刑条文的修正，经历了从简单到复杂、从不扩张死刑之克制态度到削减死刑之积极观念这样的变化过程，因而刑事法理论上给予了充分的关注和相当的赞许，并从死刑废止的角度作了一定的分析。对此正确地分析，显然是研究我国死刑存废问题的应有之义。

1.《刑法修正案（八）》有关死刑修正内容的现有评价

目前，刑事法理论上对《刑法修正案（八）》关于死刑之修正的认识和评价主要表现为如下几个方面：（1）《刑法修正案（八）》对死刑的修正对中国死刑的废止具有重要、积极的促进意义。《刑法修正案（八）》对死刑的修正，标志着理论界呼吁已久的限制甚至废除死刑的主张正式获得了立法机关的认可，并进入立法操作层面。这也是中国踏上废除死刑的征途步伐的一个标志，是一个从理论向实践的华丽转身，是一个开始。死刑不再是一个或者说主要是一个存在是否合理的问题，而是一个怎么逐步废除的问题。① （2）《刑法修正案（八）》削减 13 个死刑罪名，具有具体的积极意义，即回归传统死刑理性认识，推进死刑制度改革；贯彻宽严相济刑事政策，促进刑事法治发展；彰显生命价值的至上性，切实保障公民人权；促进社会治理机制健全，实现社会文明进步；② 彰显出"刑罚人本主义"，甚至是人类文明发展的必然要求。③ 该立法举措也表明中国的刑罚制度步入转型，即转向"少杀长关"。④ 但是，也有不同的声音，主要有两种：（1）立法削减死刑应走循序渐进之路。论者具体认为，刑法在死刑问题上的修改不能太过"功利"和"应急"，应当更加富有智慧、策略和现实针对性，应当重点选择在目前司法实践中使用频率较高、适用条件较宽的犯罪开始入手，而其立法完善的努力方向，应当真正从我国社情民意的实际出发，更应当侧重于通过立法上的切实努力增设死刑适用的严格限定条件。⑤ （2）全国人大常委会应慎用修刑权。论者从刑法修正权力的角度认为，大范围地修改我国刑法总则基本制度，却没有由全国人民代表大会进行，而是由其常务委员会实施，这样的立法修改是否合适？全国人大常委会这样无限制地行使修刑权，有事实上逐步架空全国人民代表大会之嫌。⑥

---

① 参见高铭暄、苏惠渔、于志刚：《从此踏上废止死刑的征途》，载《法学》2010 年第 9 期。

② 参见高铭暄、黄晓亮：《削减死刑罪名的价值考量》，载《法学杂志》2010 年第 12 期。

③ 参见杨涛：《限制死刑是人类文明发展的必然要求》，载《法治与社会》2010 年第 10 期。

④ 参见阿计：《少杀长关：刑法启动转型之路》，载《群言》2010 年第 10 期。

⑤ 参见游伟：《立法削减死刑应走循序渐进之路》，载《东方法学》2010 年第 5 期。

⑥ 参见张绍谦：《全国人大常委会应慎用修刑权》，载《东方法学》2010 年第 5 期。

2. 刑法修正案对死刑废止仅有有限的作用

不能否认，《刑法修正案（八）》在死刑制度方面所采取的立法措施，确实对我国死刑制度改革、死刑废止的进程具有重大的影响。但是，这样的评价应该放在整个死刑制度改革的过程、中国刑事法治进步的现实背景之下进行全面的分析。对此，笔者认为，应该客观地看待刑法修正案，尤其是《刑法修正案（八）》对死刑制度改革、死刑废止的现实意义。

首先，刑法修正案对死刑的修正，仅具有死刑废止的起点意义。且不论《刑法修正案（三）》没有在实质上改变死刑罪名的数量，单分析《刑法修正案（八）》所削减之死刑罪名的特征，就可以看出，立法上削减死刑在目前对于死刑废止也仅仅有起点的意义。《刑法修正案（八）》废止的死刑罪名有三种类型：一是经济犯罪（如走私普通货物物品罪），二是财产犯罪（如盗窃罪），三是本来适用死刑就不多的妨害社会管理秩序犯罪（如传授犯罪方法罪）。对于这些被删去死刑的犯罪，司法上适用死刑本来就不多。也就是说，削减这些死刑罪名，只是表明了死刑制度改革的一个方向，对于司法上减少和限制死刑可能不会产生重大和实质的促进。

其次，刑法修正案对死刑的修正，隐形地体现出从严惩处犯罪的立法态度。《刑法修正案（三）》第 5 条对刑法第 125 条第 2 款、第 6 条对刑法第 127 条作了修正，增加了特定的行为方式、行为对象，虽然因这两个有死刑的条文本身规定的是选择性罪名，而没有增加死刑罪名的数量，但在实质上还是扩展了被适用死刑之危害行为的范围，隐性地增加了死刑罪名，从而也表现出国家立法机关在实质上隐蔽地严厉惩治严重刑事犯罪的态度。而这种态度在《刑法修正案（八）》中也有明确的体现，具体有：（1）虽然增加规定了死刑适用的消极对象，但因年龄限制太高，且还有例外的规定，而使得该规定在减少死刑适用方面可能产生很小的作用。（2）虽然削减了 13 个死刑罪名，但这些犯罪大多数是经济犯罪、财产犯罪或者其他类型的非暴力犯罪，对频发的其他非暴力犯罪（如集资诈骗罪、毒品犯罪、贪污贿赂犯罪）的死刑以及可能发生率并不高的暴力犯罪（如抢劫枪支、弹药、爆炸物、危险物质罪）的死刑却没有任何涉及。因此，刑法修正案〔特别是《刑法修正案（八）》〕在宽严相济的刑事政策的贯彻上，似乎更侧重于体现出"严"的一方面。

最后，刑法修正案对死刑的修正，反映出中国在废止死刑的问题上仍然面临民意与法意的纠结。中国法学界尤其是刑法学界，已经逐渐形成底线共识：逐步减少死刑罪名，严格限制死刑适用。还有部分学人认为应彻底无条件地废除死刑，但是，学界的死刑观念远未普及社会大众，而社会大众长期持有"杀人偿命"的观念、"权力、暴力"崇拜的心理、缺乏程序正义理念。这就使得死刑的民意与法意存在极大的剪刀差，进而使得死刑废止的主张与立法措施非常尴尬。[①] 对此，有论者也特别地强调，从实践中看，民意其实是死刑废除中的最大障碍和阻力；制约决策者裹足不前的除了保持刑法威慑的现实需要外，就是公众对死刑的反对心理。[②] 这也就表明，我们不能因为刑法修正案对死刑制度似乎做了规模不小的修正而表示盲目的乐观，死刑废止的落实还需要刑事法理论界、国家决策领导层正确地认识和看待死刑民意，理性地引导民意。

第三节　我国刑法立法中罪名性死刑废止的路径选择

如前所述，目前国家立法机关以刑法修正案的形式，删除了刑

[①] 参见萧翰：《死刑：民意与法意间的尴尬》，载《新世纪周刊》2010 年 8 月 30 日。

[②] 参见高铭暄、苏惠渔、于志刚：《从此踏上废止死刑的征途》，载《法学》2010 年第 9 期。

法典分则罪刑条文所规定的某些具体犯罪的死刑，从而实现了死刑罪名的减少。这当然属于死刑废止过程中的罪名性废止，有着重要的价值与意义，但能否以及如何适用于暴力犯罪死刑废止，却又是个需要研讨的复杂问题。

一、关于削减死刑罪名的争议及评析

关于《刑法修正案（八）》削减 13 个死刑罪名的理由，根据《关于〈中华人民共和国刑法修正案（八）〉的说明》，主要有两个：一是现行刑法典规定死刑罪名较多，可适当减少，对较少或者基本上从未适用死刑的罪名，可考虑废止死刑；二是根据我国现阶段经济社会发展实际，适当取消一些经济性非暴力犯罪的死刑，不会给我国社会稳定大局和治安形势带来负面影响。对此，不管是在该草案的审议过程中，还是在该草案向社会公布后，均存在支持和反对的两种意见。支持者认为，废止 13 个非暴力犯罪的死刑，符合世界上其他国家或者地区限制或者废止死刑的全球趋势，是对社会文明、人道以及刑罚现代化的回应；反对者认为，大幅度削减死刑罪名，不利于对严重危害市场经济秩序之犯罪的惩治和威慑，很少或者从未适用死刑并不能证明死刑对这些犯罪缺乏威慑作用，甚至有极端的观点认为，对可能非法谋取巨额经济利益的经济犯罪废止死刑，是对"权贵"发放"免死金牌"，不利于社会的公平。

笔者认为，在当前社会形势下，《刑法修正案（八）》削减 13 个死刑罪名这一重大立法举措并非是无源之水，无本之木。相反，其具有充分的事实和价值根据。

首先，立足现实观之，对包括上述 13 种犯罪在内的非暴力犯罪，不需要以死刑作为惩治手段。虽然我国仍然处于经济和社会的转型期，各种社会矛盾仍然存在，在某些方面危害或者威胁社会生产和生活的正常进行，但是，随着市场经济体制基本健全，社会文明的发展程度大大提高，国家不断完善对经济秩序和社会秩序的管理制度，社会治理手段日趋多元化和科学化，对出现的社会冲突和

违规行为逐渐不再采用极端的方式来解决，注意从"以人为本"的角度出发考虑采取保障人权的措施予以应对，社会各阶层对国家机关处理社会矛盾的监督日益加强和严密。在这样的背景之下，对经济犯罪等非暴力犯罪规定并适用死刑的合理性就越来越受到社会各阶层的质疑。所以，因"较少或者基本上从未适用死刑"削减13个死刑罪名，其实并不是牵强地寻找削减13个死刑罪名的理由，而是从实践的角度说明死刑超越了惩治和防范这13种具体犯罪的实际需要，即在惩治和预防这13种具体犯罪方面，死刑完全是多余的。

其次，对包括经济犯罪在内的非暴力犯罪配置和适用死刑，在实质上侵犯了社会的公平。关于非法获取经济或者财产利益的犯罪的死刑，有刑法学者早就指出，不管多大数额的财产价值都无法超越人的生命价值，以死刑来惩治和威慑贪利性犯罪并不合理，宜考虑逐步废止对这些犯罪所配置的死刑，用自由刑予以替代。① 关于其他不直接侵犯人的生命的非暴力犯罪，以死刑作为制裁手段则显然缺乏与其实行行为侵害属性的对应关系。因而从价值的层面上看，以否定犯罪人的生命价值来维护社会上的非生命价值，不管该非生命价值有多么重要，也都是对人的生命的漠视，对人类生命价值观的否定，进而是在根本上将犯罪人置于不公平的境地。故而在我们看来，以剥夺犯罪人的生命作为对不直接危害具体被害人或者社会不特定人生命权利的犯罪的惩罚措施，显然在价值层面上造成了极度的不对称、不匹配，属于"刑罚过剩"，对犯罪人过于严酷，在社会上形成了不公平的后果。而那种用死刑惩戒贪利性的经济或者财产犯罪和其他非暴力犯罪，以维护所谓的社会公平的说法，显然是一种貌似有理、实质谬误的观点。

---

① 参见赵秉志：《论中国非暴力犯罪死刑的逐步废止》，载《政法论坛》2005年第1期。

二、削减死刑罪名的重大现实意义

对《刑法修正案（八）》削减 13 个死刑罪名的重大立法举措，全社会主要给予了正面和积极的评价，刑事法学界比较一致地表示肯定和欢迎，认为这是自 1979 年制定颁布刑法典以来首次减少对死刑的规定。但是，在现实的背景下，该重大立法举措具有哪些具体的积极意义呢？目前理论上尚无系统探讨和论述。笔者在这里略作分析，以期深化认识，推进学界对死刑制度改革的研究。

（一）回归传统死刑理性认识，推进死刑制度改革

新中国成立初期，由于法制不健全，关于死刑的规定仅见于几个单行刑法，如 1951 年的《惩治反革命条例》、《妨害国家货币治罪暂行条例》，1952 年的《惩治贪污条例》等。人民法院在审判实践中依据政策对故意杀人罪等数种犯罪也适用死刑。但综合来说，死刑罪名数量并不是很大。1979 年颁布的新中国第一部刑法典改变了过去的做法，将可判处死刑的罪行予以明确的规定，共规定了 27 个死刑罪名（反革命罪中有 14 个死刑罪名，普通刑事犯罪中有 13 个死刑罪名），加上 1981 年颁布的《惩治军人违反职责罪暂行条例》所规定的 11 个死刑罪名，在 20 世纪 80 年代初期，我国刑事法律共规定了 38 个死刑罪名（其中较为常用的死刑罪名也不过就十多个）。显然，国家决策机关在当时对死刑在社会生活中的实际作用还保持着冷静的态度。但是，令人遗憾的是，这种态度很快发生了改变，在启动并推进改革开放的相当长时期里为应付严峻的犯罪形势而决定开展"严打"斗争，并认为死刑有惩治和威慑严重犯罪的足够作用，通过刑事立法扩大死刑适用范围，对 1979 年刑法典规定的某些犯罪和通过单行刑法新增的犯罪较大规模地配置死刑，截至 1995 年年底，共增加了 33 个死刑罪名，从而在 1997

年新修订的刑法典颁布之前使得我国刑事法律中共有 71 个死刑罪名。① 死刑罪名大肆增长的情形再加上其他死刑制度不够完善、重刑主义观念甚嚣尘上等原因，使得死刑的司法适用一度泛滥，严重地背离了刑法保护社会和保障人权的善良目的。

对此，刑事法学界保持了学术上的冷静，且甚为重视，在研究中坚决反对死刑适用的随意化、扩大化，大声疾呼限制死刑适用。国家决策机关对此比较积极地做出反应，开始对死刑的作用给予理性的思考。这一点最明显的体现就是 1997 年颁布的新刑法典没有再增加新的死刑罪名，相反，还作了微调，将死刑罪名的数量降低到 68 个。同时，在总则中对死刑适用的其他制度也做了限制性调整。这种基于死刑制度司法实践而作出的立法回应，尽管不能说是中国死刑制度的改革，但其体现出来的对死刑比较理性的态度，却是难能可贵的。而更令人值得称道的是，截至目前，国家立法机关以修正案的形式对 1997 年刑法典作了 8 次修改，哪一次都没有增加死刑罪名，或者扩展具体犯罪适用死刑的情节范围。这种对死刑的理性态度影响到死刑制度的司法适用。自 2004 年年底以来，最高司法机关（尤其是最高人民法院）逐渐地重视和采纳刑事法学界提出的限制死刑适用的主张，考虑采取措施（如从基层选调死刑案件法官、增加刑事审判庭的编制、专门招录审理死刑案件的法官等）开展死刑制度的司法改革，而其中通过修改法律，收回死刑核准权而统一行使的举措尤其重要，可以说是正式启动了中国死刑制度的改革。该举措在司法实践中较好地实现了限制死刑适用的目标。在最高人民法院将死刑核准权统一收回后短短一年多时间里，死缓的适用数量在我国首次超过了死刑立即执行的适用数量。② 将 1997 年以来（尤其是近几年）国家决策机关对死刑的态

---

① 参见高铭暄：《我国的死刑立法及其发展趋势》，载《法学杂志》2004 年第 1 期。

② 参见《最高人民法院院长肖扬：被判死缓人数首超立即执行》，载《新京报》2008 年 3 月 11 日。

度，与其在 1979 年刑法典中表现出来的对死刑的态度进行比较，我们可以看到，二者基本上是相同的。可见，国家决策机关关于死刑的认识，实际上在逐步地向过去曾有的理性、冷静的态度回归。当前国家关于削减 13 个死刑罪名的立法举措，正是这种回归的鲜明体现。就死刑制度改革而言，该立法举措为司法上不再对某些犯罪适用死刑提供了基本的法律依据，因为"罪名中既然配备了死刑，有而不用对司法机关也是压力"，[①] 取消特定犯罪的死刑就会消除司法机关过去在处理这些犯罪时适用死刑的压力。这就为死刑适用的司法限制和改革提供基本的前提条件，也是对司法上严格限制死刑适用之理念的积极回应，因而对当前中国死刑制度改革的前进有极大的推动作用。

（二）贯彻宽严相济刑事政策，促进刑事法治发展

死刑制度的变化或者改革，会受到国家决策机关所确定之刑事政策的深远影响。20 世纪 80 年代及 90 年代早中期，死刑罪名之所以大幅增加，就与当时国家所采取的"从重、从快严厉打击严重刑事犯罪"的"严打"刑事政策不无关系。[②] 但是，"严打"刑事政策的实施却并不能给国家带来长治久安，因而难以成为法治社会常态下应对犯罪的有效对策，而其所带来的死刑的立法和司法泛滥也走到了尽头。

刑事政策的更新成为历史的必然，宽严相济刑事政策应运而生。2004 年 12 月 22 日，中共中央政治局常委、政法委书记罗干同志在中央政法工作会议上首先提出了针对刑事犯罪贯彻宽严相济刑事政策主张，并在 2005 年同期的全国政法工作会议上又作了强调。最高人民法院院长肖扬、最高人民检察院检察长贾春旺在 2006 年 3 月向十届全国人大四次会议做工作报告时，都不约而同

---

① 邱兴隆教授的看法。参见贺信：《传奇见证：中国死刑变迁》，载《新世纪》2010 年第 35 期。

② 参见赵秉志：《中国现阶段死刑制度改革的难点与对策》，载《厦门大学法律评论（第 13 辑）》，厦门大学出版社 2007 年版，第 17 页。

地提出要对犯罪实行区别对待，贯彻和坚持宽严相济刑事政策。中共十六届六中全会通过的《关于构建社会主义和谐社会若干重大问题的决定》则正式作出规定，将宽严相济确定为刑事司法政策。于 2007 年 1 月 15 日发布了《最高人民检察院关于在检察工作中贯彻宽严相济刑事司法政策的若干意见》，强化在检察工作中贯彻实施该刑事政策。然而，国家决策机关并没有就此止步。之后，中共中央政治局于 2008 年 11 月 28 日通过了《关于深化司法体制和工作机制改革若干问题的意见》，提出"要把宽严相济刑事政策上升为法律制度"。[①] 至此，宽严相济刑事政策超越司法阶段而上升为指导立法的政策，从而成为一项基本的刑事政策。

宽严相济的刑事政策从产生之时起就开始对我国死刑制度的适用和改革发挥重要的指导作用。时任最高人民法院院长的肖扬同志于 2006 年 3 月全国人民代表大会上做最高人民法院工作报告指出，要贯彻宽严相济的刑事政策，对罪当判处死刑但具有法定从轻、减轻处罚情节或者不是必须立即执行的，依法判处死缓或无期徒刑。刑法学家赵秉志教授在分析宽严相济刑事政策与"严打"刑事政策的关系时也指出，对于严重刑事犯罪的处理，"严打"的方针应该逐步演变和过渡为宽严相济的刑事政策；"严打"方针的贯彻不应对当前最高司法机关确保死刑适用质量、严格控制死刑数量、统一死刑适用标准之努力产生动摇和影响。[②] 最高人民法院有关同志也认为，死刑核准权收归最高人民法院统一行使这一死刑的司法改革举措，就是对宽严相济刑事政策的具体贯彻。[③] 对此，赵秉志教授曾从刑事程序法和实体法的角度分别对死刑制度改革贯彻宽严相

---

① 参见《着力推进司法体制和工作机制改革 记者专访王其江》，载《法制日报》2009 年 1 月 3 日。
② 参见柴春元：《赵秉志谈宽严相济刑事政策与人权保障》，载《检察日报》2007 年 1 月 8 日。
③ 参见《死刑核准权如期收回 最高法院要求充分运用死缓》，载《第一财经日报》2006 年 12 月 29 日。

济刑事政策的具体问题做了分析，① 削减死刑罪名是其所提出的重要认识之一。而《关于〈中华人民共和国刑法修正案（八）〉的说明》虽没有讲到削减死刑罪名是贯彻宽严相济刑事政策这一点，但其在引语中开宗明义地指出，刑法之所以修改，是因为"中央关于深化司法体制和工作机制改革的意见也要求进一步落实宽严相济的刑事政策，对刑法作出必要的调整和修改"，因而削减死刑罪名显然是对宽严相济刑事政策的积极贯彻，对我国刑事法治的发展具有显而易见的促进作用。

（三）彰显生命价值的至上性，切实保障公民人权

《刑法修正案（八）》所削减的 13 个死刑罪名，均为不直接侵犯他人生命健康权利的非暴力犯罪，从性质上可分为两大类：一是贪利性的经济或者财产犯罪，② 共有 12 个，数量最多；二是妨害社会管理秩序罪中的传授犯罪方法罪。尽管如《关于〈中华人民共和国刑法修正案（八）〉的说明》所指出的，在司法实践中，这 13 种具体犯罪的死刑很少适用或者基本上没有适用过，但是，国家立法机关对这些犯罪配置死刑，其实就是用剥夺行为人生命的手段，来保护上述犯罪所侵犯的并不包括公民生命健康权利在内的社会关系。显然，立法者在立法之时认为，在最严重情况下，只有死刑才能惩治上述犯罪，才有足够的威慑力防范上述犯罪的发生。

姑且不论这种对死刑报应和威慑作用的迷信造成了依赖死刑惩治犯罪的恶性循环，单说其中对非属公民生命健康权利之社会关系与人的生命价值对比关系的错位认识，就令人不寒而栗，因为：第

---

① 参见赵秉志：《和谐社会构建与宽严相济刑事政策的贯彻》，载《吉林大学社会科学学报》2008 年第 1 期。

② 关于《刑法》第 328 条第 1 款规定的"盗掘古文化遗址、古墓葬罪"和第 2 款规定的"盗掘古人类化石、古脊椎动物化石罪"，行为人在犯罪主观方面上具有非法占有的目的，对象是具有财产价值的文物、古人类化石、古脊椎动物化石，因而也应属于贪利性的财产犯罪。参见赵秉志主编：《刑法新教程》（第 3 版），中国人民大学出版社2009 年版，第 630 页。

一，在司法中根据犯罪侵犯或者涉及的财物或者财产的价值数额来确定对犯罪人适用死刑，其实就是认为人的生命在价值上还不如一定数额的财物或者财产，[①] 因而在实际上会给社会公众造成"人命不如钱"的印象；第二，在司法实务中根据犯罪可能给社会造成的危害来确定对犯罪人适用死刑（如传授犯罪方法罪），实际上是对仅有产生物质性损害之可能的抽象危险犯适用死刑，在判断标准的明确性上还不如根据犯罪数额对经济或财产犯罪适用死刑之情形，更是将抽象的社会管理秩序高高地置于人的生命价值之上。在此立法背景之下，若司法机关受到重刑主义的影响或者对死刑适用标准掌控不严格，后果就不堪设想，必定会造成滥用错用死刑的恶果。

如今，国家立法机关通过刑法修正案来废止 13 种具体犯罪的死刑，意味着纠正上述错误认识，不再认为人的生命在价值上轻于财产或者财物以及其他非属公民生命健康权利之社会关系。这对民众关于死刑的认识也有积极的引导作用。尽管由于种种原因，《刑法修正案（八）》没有废止所有非致命性暴力犯罪的死刑，但也已经表明，国家立法机关初步承认"死刑不应适用于非致命性暴力犯罪"的国际共识，并开始从废止死刑的角度考虑对公民人权予以切实的保障。因为中国已经签署的联合国《公民权利和政治权利国际公约》第 6 条第 2 款规定："在未废除死刑的国家，判处死刑只能是作为对最严重的罪行的惩罚……"联合国经社理事会在 1984 年通过的《关于保护面对死刑的人的权利的保障措施》中，提出"最严重的罪行"应理解为"其范围不应超出带有致命或其他极端严重后果的蓄意犯罪行为"。联合国秘书长其后在《死刑和关于保护死刑犯权利的保障措施的执行情况》的报告中进一步指出，蓄意犯罪以及具有致命或其他极端严重后果意味着罪行应

---

① 参见高铭暄：《我国的死刑立法及其发展趋势》，载《法学杂志》2004 年第 1 期。

该是危及生命的，即危及生命是罪行的很可能发生的后果。任何不危及生命的犯罪，无论其后果从其他角度来看多么严重，都不属于可对之适用死刑的"最严重罪行"。削减 13 个死刑罪名的立法举措显然符合上述国际公约对不危及生命之罪行不适用剥夺生命之惩罚的精神，是对联合国《公民权利和政治权利国际公约》第 6 条第 1 款中"人人有固有的生命权"之规定的充分尊重，同时也是以法律规定的方式彰显公民生命权利的至高无上性，对我国人权事业的进步具有非常积极的推动作用。①

（四）促进社会治理机制健全，实现社会文明进步

当前，我国正处在一个双重的社会转型的特殊历史时期，即自身处在从计划经济向市场经济转型的过程中，而在全球范围内则出现了从工业社会向后工业社会的历史性转型。② 因而在社会治理中必然会遇到各种复杂的国内和国际问题，全面地考验着国家决策领导层和各级国家机关对社会的治理能力，进而影响到国家对社会进行治理之机制的建构和完善。在此过程中，应该看到，传统的政府与社会高度合一的社会治理模式，已经不能适应形势发展的需要。实际上，已经悄然地出现了治理主体的多元化转变，公民个人参与社会治理的积极性和广泛性都有显著的提高，③ 随之而来，社会治理手段也发生了明显的变化，从单纯的计划经济手段和行政管理手段，不断向多元化手段转变。在这样的情况下，对社会问题的处理就应该将其置于社会环境，考虑全方位的处理方式。处理犯罪问题也不例外。

对于各种犯罪的惩治和防范，作为最后手段的刑事制裁并非是

---

① 《国家人权行动计划（2009~2010 年）》在"公民权利和政治权利保障"部分明确指出要严格控制并慎用死刑。《刑法修正案（八）（草案）》削减 13 个死刑罪名，可以看作是对上述行动计划的重要落实，因而有利于我国人权事业的进步。

② 参见张康之著：《社会治理的历史叙事》，北京大学出版社 2006 年版，第 1 页。

③ 参见《透视公民社会十大新闻渐见社会治理多元主体》，载《羊城晚报》2010 年 1 月 1 日 A4 版。

"灵丹妙药、一用就灵"，相反，若从犯罪发生的整体环境考虑，似乎能找到更合理的应对策略。也就是说，应当综合地运用各种法律手段与教育、管理等手段，才能有效地消除犯罪的发生，或者给予犯罪人更为适当的惩处，防止其再犯。同样地，作为刑事制裁手段之一的死刑，对各种犯罪，即使是最严重的犯罪，在很大程度上也只具有事后惩治的作用，威慑力量未必能有效地及于犯罪之前或者犯罪过程中的犯罪人。[1] 这对贪利性的经济或者财产犯罪尤其如此。抱有侥幸心理和强烈金钱欲望的犯罪人往往认为能钻法律惩处之漏洞。对这样的犯罪人，若不再将全部注意力置于死刑或者其他重刑的事后惩处，而是充分地重视事先对各种经济管理制度予以完善和严格执行，显然更有助于预防此类犯罪的发生，同时，剥夺犯罪人从犯罪中获得的财产利益甚至其本人的合法财产，则适应其主观恶性特征，更能有效地惩治其采用犯罪手段谋取经济利益的行为。[2] 其实，对于经济犯罪不设置死刑是世界各国的通例，说明世界上绝大多数国家在经济管理手段上将死刑排除在外。因此，《刑法修正案（八）》只削减13个死刑罪名，尽管还有所保留，略显保守，但符合当前我国社会治理活动转变的基本趋势，有助于推动我国对经济、社会生活治理模式的转变，促使有关市场经济体制、社会治理制度的改进和完善，为社会的文明进步奠定坚实的基础，也有利于使我国更好地适应世界性潮流。

三、罪名性废止路径的改进与推进

在立法上将死刑从某些具体犯罪的法定刑中剥离出来，即死刑的罪名性废止，相对容易操作，已经成为较为成熟的死刑废止模式，但其并非完美，也存在不足。笔者认为，还应注意如下两个

---

① 参见黄晓亮著：《暴力犯罪死刑问题研究》，中国人民公安大学出版社2008年版，第188页。
② 参见高铭暄：《我国的死刑立法及其发展趋势》，载《法学杂志》2004年第1期。

问题：

第一，尝试对某些长期不用的暴力犯罪死刑予以削减。

直接将某些具体犯罪的死刑从其法定刑中予以删除，是一种直接性的死刑立法废止模式。这种模式有助于从根本上解决死刑是否适用的问题。但遗憾的是，目前的死刑废止直接模式仅适用于非暴力性的犯罪。其实，就很多暴力犯罪而言，刑法典对其规定的死刑也属于长期不用的情形，且也超出了罪责刑相适应原则的要求，有必要考虑予以废止。令人欣慰的是，全国人大常委会于 2014 年 10 月 27 日首次审议《刑法修正案（九）（草案）》，该草案第 45 条删去刑法典第 426 条中的死刑，即废止"阻碍执行军事职务罪"的死刑。这不能不说是暴力犯罪死刑废止方面的一个突破和尝试，值得肯定。

第二，剥离某些死刑罪名中的死刑适用情节，规定于其他暴力犯罪。

关于死刑废止的构想中，学者们都提到了将某些同时侵犯另一种犯罪客体与其他犯罪客体的犯罪，转为故意杀人罪、故意伤害罪或者强奸罪处理的观点。笔者认为，这是很有启发意义的。很多保留死刑的国家在其刑法典中仅保留不超过 10 个死刑罪名，且都控制在暴力犯罪上，如日本对 14 种暴力犯罪规定有死刑，但在司法实践中仅对强盗致死罪、杀人罪适用死刑；印度刑法典中仅规定战争罪、谋杀罪、抢劫罪适用死刑。而目前，我国刑法典规定的死刑罪名有 55 种，暴力犯罪死刑罪名有 24 种。从暴力犯罪死刑罪名来看，我国的死刑罪名也有过多之嫌，有必要从限制与减少死刑的立场出发，废止某些暴力犯罪的死刑。

我国刑法典规定的 24 种暴力犯罪死刑罪名中，很多犯罪在侵犯某些特定客体的同时，直接侵犯的犯罪客体主要还有：（1）被害人的生命权利；（2）被害人的重大健康权利；（3）被害人的性权利与身体健康。具体来说，有 22 种同时直接侵犯被害人的生命、重大健康权利，有 3 种同时直接侵犯被害人的性自由权利。而刑法典中对直接侵犯这些犯罪客体的行为规定有明确的犯罪，即故意杀人罪、故意伤害罪、强奸罪。这就意味着 22 种暴力犯罪与故意杀人罪、故意伤害罪在犯罪构成要件上有重合的部分，3 种暴力犯罪与强奸罪在犯罪构成要件上有重合的部分。但是，这种情况并不完全属于法条竞合的情况。某些属于想象竞合犯，如以放火方法杀人的，同时符合放火罪、故意杀人罪的犯罪构成要件。如果不在认定为哪个犯罪上纠缠，一律按照故意杀人罪、故意伤害罪、强奸罪来认定，就可以不适用上述其他暴力犯罪中的死刑规定。这样的情形在刑法典已经有规定，如第 247 条规定，刑讯逼供或使用暴力逼取证人证言，致人伤残或者死亡的，按照故意伤害罪、故意杀人罪来处理。

在司法实践中，故意杀人罪、故意伤害罪、强奸罪也是多发性的严重暴力犯罪，直接造成被害方对犯罪人的仇恨情绪，容易激起民众的报应观念。如果马上废止死刑，容易减损民众对刑事司法权威的信任与信奉，也容易造成"暴力犯罪可无法无天"的错误印象，误导某些潜在的犯罪分子实施犯罪，不利于社会治安。但从减少暴力犯罪死刑罪名的目的出发，可将大多数暴力犯罪的死刑废止。在出现被害人死亡、重伤或残疾时，可按照故意杀人罪、故意伤害罪处理。出现强奸妇女的情况时，按照强奸罪处理。同时，就强奸罪而言，也可以将其中造成被害人伤亡的情节分离出来，按照故意杀人罪或者故意伤害罪来处理，仅对以残忍、卑鄙手段奸淫妇女、长期多次奸淫妇女、连续强奸多名妇女的强奸罪适用死刑。所以，将故意杀人罪、故意伤害罪、强奸罪的犯罪构成要件从其他暴力犯罪死刑罪名中剥离出来，仅对这三种犯罪保留其死刑，废止其他犯罪的死刑，既符合现实国情与司法状况，又不存在立法技术与刑法理论等方面的难题。

3. 废止普通犯罪的死刑

如前所述，在世界上主要国家或者地区废止死刑的过程中，并非所有的国家或者地区都是将死刑一举而废，相反，都经历了一定的复杂过程中。世界各国废止死刑的情况分为三种：（1）全面废止死刑；（2）废止普通刑事犯罪的死刑，而保留军事犯罪或者战时犯罪的死刑；（3）在相当长的时期内没有执行死刑，从事实上废止了死刑。其中，有些国家就是先废止普通犯罪的死刑，保留危害国家安全犯罪、军事犯罪的死刑，经过一段时间后在时机成熟的情况下再废止剩余的死刑。即便是当前，也有少数国家或者地区（截至 2013 年年底，是 7 个）在立法上仅废止普通犯罪的死刑，保留危害国家安全犯罪、军事犯罪的死刑。这与前面所说的贝卡里亚最早提出的观点也比较接近。我国立法机关可以考虑这种做法。对作为普通犯罪的暴力犯罪，从立法上废止其死刑，但保留作为危害国家安全、危害军事利益的暴力犯罪的死刑。当然，该问题还需要进一步的深入分析和研究。

第四节　我国废止和平时期死刑的思考

笔者曾提出暴力犯罪死刑废止的时期性废止思路，主要认为，规定"战时"作为必要的构成要件要素，社会正常时期并不适用。[①] 现在看来，这种思路仍有其合理性，但需要更为详尽的分析。

一、我国具备废止和平时期死刑的社会条件

死刑废止问题的最终解决需要社会各种条件的发展和完备，死刑的全面彻底废止不可能一蹴而就，也不可能遥遥无期。但是，从世界范围内废止死刑国家的社会发展状况来看，我国和平时期放弃死刑的适用，不仅有利于保障人权，促进政治、经济和文化的快速发展，加快推进我国社会主义和谐社会建设，早日实现建设法治中

---

① 参见黄晓亮著：《暴力犯罪死刑问题研究》，中国人民公安大学出版社 2008 年版，第 228 页。

国的目标;而且有利于推动战时犯罪死刑的废止并最终实现全面废止死刑的终极目标。在战时(包括战时、紧急状态和动员等非常法律状态)保留死刑的适用,既可以适应我国在应对反恐、反分裂、反暴乱等时期打击严重刑事犯罪的实际需要,又可以很好的处置类似"非典"、抗震救灾、抗洪抢险等突发事件发生期间的严重危害社会的恶性刑事犯罪,还可以顺应全球死刑废止趋势,切实有效地推动我国死刑废止不断向前发展。当然,从刑法谦抑性的品格和我国宽严相济刑事政策出发,放弃和平时期死刑,依然意味着要对和平时期犯罪不枉不纵,避免对严重危害社会的恶性犯罪予以打击的刑罚措施的缺失。

对于我国而言,就目前来看,具备了废止平时死刑、保留战时死刑的各种条件。当前的中国在和平的国际环境和稳定的国内条件下,经济稳步发展,为世界所瞩目。据国际货币基金组织(IMF)数据显示,中国 2014 年的 GDP 将达 17.6 万亿美元,超过美国的 17.4 万亿美元,从而成为世界第一大经济体。[①] 同时,不管中国是否加入,有关的国际组织及其成员国缔结的有关国际法律文件,都出于人权保护的目的,对中国形成明显的压力,要求中国限制乃至废止死刑。例如,中国签署的联合国《人权公约》严格限制缔约国适用死刑的范围;中国签署的联合国《公民权利和政治权利国际公约》及其《旨在废除死刑的第二任择议定书》都规定鼓励或者促使缔约国废止死刑的问题。[②] 而且,世界上其他废止死刑的国家或者地区对中国也逐渐产生影响。例如,欧盟历来将死刑问题作为其对外政策重要部分,[③] 其曾制定了《关于第三国死刑的欧盟方

---

① 参见《IMF 宣布中国 GDP 超越美国成世界第一人均差距大》,载《第一财经日报》2014 年 10 月 10 日。

② 参见卢建平:《国际人权公约视角下的中国死刑制度改革》,载赵秉志主编:《死刑改革的中国实践》,中国法制出版社 2011 年版,第 59 页。

③ 参见张华:《欧洲联盟对外人权政策的法律分析》,载《欧洲研究》2008 年第 5 期。

针》，曾在其于 2003 年 10 月 13 日发布的《欧盟对中国政策文件》指出，"（中国）死刑继续被广泛实行，尤其是在所谓的'严打'行动中"。此后多年也是对中国死刑政策和现状持批评态度。[①] 因而从总体上看，中国并不缺乏尝试废止和平时期死刑、保留战时死刑的内外部条件。

二、关于刑法典中"战时"规定的调整与改进

就刑事法而言，我国最早规定"战时"的法律是全国人大常委会于 1981 年 6 月 10 日通过的《中华人民共和国惩治军人违反职责罪暂行条例》。但究竟何为"战时"，该条例并没有予以明确规定。而全国人民代表大会于 1954 年 9 月 20 日通过的《中华人民共和国宪法》在全国人大常委会的职权中提到了"战争状态"，此后，除了在 1975 年修订宪法外，关于宪法的修正案都没有否定全国人大常委会"在全国人民代表大会闭会期间，如果遇到国家遭受武装侵犯的情况，决定宣布战争状态"的职权。而宪法所规定的"战争状态"是否等同于上述条例中规定的"战时"，国家立法机关与法律界都没有给出明确的看法。

1997 年修订的刑法典在分则第十章规定了"军人违反职责罪"，并在第 451 条中对"战时"做了规定，即"本章所称战时，是指国家宣布进入战争状态、部队受领作战任务或者遭敌突然袭击时。部队执行戒严任务或者处置突发性暴力事件时，以战时论"。据此规定，除了国家宣布进入战争状态、戒严的情形之外，"战时"还包括部队受领作战任务，或者遭敌突然袭击，或者处置突发性暴力事件的情形。有论者指出，第 451 条规定的几种战时情况，有的是对全国有效力的，而有的只对部分人和部分地区有效力。如果把对部分人、部分地区有效力理解为对全国、对所有人都

---

① 参见刘艳红：《近年来欧盟对华人权批评的原因分析——基于民意非理性的视角》，载《国家行政学院学报》2011 年第 6 期。

有效力，就会导致"战争状态"的扩大化，导致人力、物力的浪费，公民权利受到不必要的侵犯。①

2004 年的宪法修正案将全国人大常委会决定戒严的职权修改为决定进入紧急状态的职权，即将"决定省、自治区、直辖市的范围内部分地区的戒严"修改为"依照法律规定决定省、自治区、直辖市的范围内部分地区进入紧急状态"。国家目前并未对紧急状态予以立法，但全国人大常委会于 2007 年 8 月 30 日通过了《突发事件应对法》，其第 3 条规定，突发事件是指突然发生，造成或者可能造成严重社会危害，需要采取应急处置措施予以应对的自然灾害、事故灾难、公共卫生事件和社会安全事件；并在第 14 条规定，中国人民解放军、中国人民武装警察部队和民兵组织依照本法和其他有关法律、行政法规、军事法规的规定以及国务院、中央军事委员会的命令，参加突发事件的应急救援和处置工作。那么，突发事件应对期间是否属于"战时"，同样缺乏明确的法律规定。② 另外，一般认为，所谓紧急状态是指发生或者即将发生依据宪法和法律所规定的适用于平常时期的国家权力体制不能有效地加以消除的紧急危险事态，具体包括如下情形：（1）严重危及社会公共安全和社会秩序的动乱、暴乱和骚乱；（2）国家安全和国家利益受到严重威胁的严重刑事犯罪；（3）外来侵略的严重威胁；（4）严重危及人民生命和财产安全的自然灾害和人为灾难等。③ 这样的概念要比《戒严法》所规定之"戒严"在范围上更为广泛，若是将刑法第 451 条所规定之"执行戒严任务"更改为"执行紧急状态任务"，显然也就扩大了"战时"的范畴，是否适当，还需研讨。总之，

① 参见王祥山、倪新枝：《新刑法关于战时犯罪规定的不足及完善》，载《西安政治学院学报》2002 年第 4 期。

② 参见张建田：《论军人违反职责罪的立法完善》，载《法学杂志》2008 年第 4 期。

③ 参见莫纪宏：《震后恢复与重建中法律关系变更问题研究》，载《河南省政法管理干部学院学报》2010 年第 6 期。

刑法典第451条所规定之"战时"的外延比较狭窄,且仅限于刑法典分则第十章各种具体犯罪。

在国际法上,最早对战时作出规定的是联合国1949年8月12日颁布的著名国际法文件《关于战时保护平民之日内瓦公约》(以下简称《战时日内瓦公约》)。《战时日内瓦公约》第2条其实对"战时"的概念和外延作出了明确的规定,即"两个或两个以上缔约国间所发生之一切经过宣战的战争或任何其他武装冲突,即使其中一国不承认有战争状态",以及"一缔约国的领土一部或全部被占领之场合,即使此项占领未遇武装抵抗"。① 不过,《战时日内瓦公约》将"战时"仅限定于国家之间发生战争的情形,并不包括国内武装冲突的情形,也不包括国家处理国内动乱、暴乱以及突发暴力事件的情形,更遑论国家处理突发自然灾害、事故灾难、公共卫生事件的情况。这在后来引起了争议,其他有关国际法文件对之予以修改和补充。在联合国国际法委员会1991年通过的《危害人类和平与安全罪法典草案》第20条所规定的七类战争罪中,第六类的7种战争罪都是明确指向非国际性的国内武装冲突;《保护人权和基本自由的欧洲盟约》(ECHR),《美洲人权盟约》(IACHR)以及联合国《公民权利和政治权利国际公约》(ICCPR),其实也承认"国内武装冲突"是"战争状态"的内容,认可期间人权克减的状况。② 但是,对于国家处理动乱、暴乱以及其他突发事件的情况,国际法一般不认为属于"战时",因而和上述我国刑法典第451条的规定有着较大的区别。在这个问题上,笔者认为,我国国家立法机关当然有权力根据自身的国情和社会经济发展的需要,自行确定"战时"的具体范围。其他国家也有这样的情况。例如,

---

① 《关于战时保护平民之日内瓦公约》第2条第3款还载明:"冲突之一方虽非缔约国,其他曾签订本公约之国家于其相互关系上,仍应受本公约之拘束。设若上述非缔约国接受并援用本公约之规定时,则缔约各国对该国之关系,亦应受本公约之拘束。"

② 参见李卫海:《紧急状态下的人权克减研究》,中国法制出版社2007年版,第67页。

意大利《战时军事刑法典》将"在非常情况下，为了维护公共秩序而进行的军事活动"界定为"战时"。因而很多国家对上述立场存在不同的看法。① 因而《战时日内瓦公约》以及其他国际公约、条约关于战时的规定，对我国而言，有很重要的参考意义，但并无必要直接照抄照搬。

综合上述分析，笔者认为，我国刑法关于"战时"的规定，需要根据宪法修正案关于紧急状态的规定以及《突发事件应对法》的相关规定，作出调整。具体而言，我国刑法语境中的"战时"应是指国家宣布全国或者部分地区的战争、动员、紧急状态等严重危及国家和社会安全的非常态法律状态从开始到结束的社会时态，以战时论；可将第451条第2款原来的表述："部队执行戒严任务或者处置突发性暴力事件时，以战时论。"修改为："部队执行紧急状态任务或者处置突发事件时，以战时论。"

三、新"战时"概念在刑法中的扩展性适用

我国刑法典第451条在界定"战时"的概念时，明确地表述为"本章所称战时"，似乎意味着"战时"的概念仅用于对第十章具体犯罪的理解和认定上，而第七章"危害国防利益罪"第376条至第381条也规定了以战时为犯罪构成要件要素的七种犯罪，如若不以第451条关于"战时"的规定为依据，就无法对这七种犯罪正确地予以认定和处理。而且，刑法典也没有对战时的普通犯罪是否从重处罚的问题作出明确的规定。其实，就刑法典本身来说，确实比较少地将特殊时期或者时间规定为对具体危害行为予以刑事处罚的重要犯罪情节，除了上述战时犯罪外，仅有内幕交易、泄露内幕信息罪、非法捕捞水产品罪、非法狩猎罪，将特定的时期或者时间点作为定罪情节，而没有将特定时期或者时间点作为量刑

---

① 参见孙君：《国内法"战时"概念的法律界定》，载《北方法学》2011年第5期。

情节。

但是，刑法的缺漏并不能让司法实务无视实践中客观存在的特定时期或者时间点影响犯罪行为之社会危害性程度的情形。例如，于 2003 年 5 月 13 日同时通过了《最高人民法院、最高人民检察院关于办理妨害预防、控制突发传染病疫情等灾害的刑事案件具体应用法律若干问题的解释》，根据其第 2、3、6、7、11、12、14 条的规定，对于发生在预防、控制突发传染病疫情等灾害期间的生产、销售伪劣产品等 15 种犯罪，依法从重处罚。不过，尽管 2004 年的宪法修正案将全国人大常委会决定戒严的职权修改为决定进入紧急状态的职权，全国人大常委会在 2007 年 8 月 30 日制定并颁布了《突发事件应对法》，但后来的刑法修正活动并没有考虑到将"紧急状态或者突发事件发生期间"作为对各种犯罪从重处罚的法定量刑情节。这不能不说是刑法规范的一个缺漏。从刑法的目的和任务出发，无论是在和平时期还是在战争时期，抑或是紧急状态等特殊时期刑法，对公民行为的规制和保护应该是全方位、全时段、多角度、多层次的。将战时这一情节规定为刑法分则中某一个罪或者某一类罪的定罪情节，就会导致难以有效评价和规制战时情节严重的其他犯罪的刑法漏洞和难题。毕竟，行为人在战时实施的普通犯罪，对国家和社会安全以及个人法益的侵害比平时更为严重和迫切，造成后果的社会危害性和影响更为恶劣，比非战时表现出更为严重的社会危害性程度，理应受到更为强烈的否定性评价和更为严厉的刑事处罚。这一点也符合国家宽严相济基本刑事政策的精神。最高人民法院 2010 年 2 月 8 日发布的《关于贯彻宽严相济刑事政策的若干意见》第 1 条第 4 款也指出："要根据经济社会的发展和治安形势的变化，尤其要根据犯罪情况的变化，在法律规定的范围内，适时调整从宽和从严的对象、范围和力度……"因而从立法完善的角度看，笔者认为，不仅应当如前所述，扩展"战时"的含义，而且，将"战时"规定于刑法总则中，作为对战时实施特定危害行为而构成犯罪的情形从重处罚的法定情节。

四、在新"战时"概念的背景下考虑废止平时死刑的立法措施

如前所述，国际上废止和平时期死刑，保留战时死刑的废止模式都对"战时"这一概念的内涵和外延作出了严格的界定。国际人权公约中对保留战时死刑的"战时"的概念作了文理解释，将保留战时死刑严格界定在发生战争危险，或者战争威胁状态下的严重犯罪才适用死刑。这一做法的目的和初衷是最大限度地保障人权，最大范围减少死刑的适用以实现在条件许可的情况下最大程度上废止死刑。但这样的认识，可能与某些国家或者地区的社会经济条件和政治传统及制度存在较大的距离，因而并不会被一概接受。尽管如此，我们讨论我国废止平时死刑的问题，也不可能脱离战时与平时划分的原点，必须从整体上考虑国际先例与国内情势。笔者认为，尤其需要注意如下两个基本的问题：

第一，广泛地界定"战时"，适应我国社会现实状况，创造能为广大民众接受的死刑废止模式。在当今时代背景下，国际社会对"战时"的概念赋予了更为多元丰富的含义。当下，恐怖主义犯罪的愈演愈烈，国际社会早已将反恐行动称之为反恐战争，对于反恐战争的存续期间也就自然被纳入了"战时"中了。随着社会的不断发展，"战时"的概念会被赋予更多的含义。而国际上废止平时死刑、保留战时死刑的废止模式中对"战时"概念的界定过于狭窄，已经无法满足当今世界对"战时"定义的多元需求。从我国的实际国情出发，"战时"的概念不仅无法涵盖我国发生严重危害社会安全的各类恶性刑事犯罪的具体情形，而且也不能满足我国打击严重刑事犯罪的现实需要。与此同时，我国刑法典本身对"战时"的规定就存在狭窄、不够严密，表述模糊不准确等诸多疏漏之处，这对合理区分"战时"与平时（非战时状态）造成了一定程度的困难。从我国放弃和平时期死刑、保留战时死刑的可行性考虑，我国正处于社会转型时期，各种社会矛盾层出不穷，恐怖主义活动犯罪、邪教组织违法犯罪、分裂颠覆国家犯罪等各类犯罪日益

猖獗。因此，有必要对"战时"的概念作扩张解释将我国严重危害社会的恶性刑事犯罪发生的情形纳入战时概念的范围中来，即对战争时期、紧急状态动员时期、恐怖主义犯罪发生时期、邪教组织犯罪发生时期、突发事件应急处理时期纳入我国刑法"战时"的语境中，对于这些时期本来规定有死刑的普通犯罪，被配置死刑的战时犯罪，保留死刑的适用，在这些时期之外的普通死刑犯罪则不再适用死刑，从妥协和折中的角度，以立法的名义放弃和平时期的死刑适用。据此可见，所谓"保留战时死刑"是指在战时对死刑作为法定刑的严重犯罪适用死刑，并非仅对那些战时作为犯罪构成要件要素的配置有死刑的犯罪适用死刑。

第二，严格限定"战时"的适用范围，以适当的措施废止和平时期的死刑。在战时适用死刑，一方面是从妥协和折中的角度让民众接受废止死刑的观念和立法措施，另一方面则是严惩战时的严重刑事犯罪，为国家采取措施恢复良好秩序提供必要的法律手段，因而还需要坚持慎重适用死刑的观念。因而需要从法律的角度准确地区分战时与非战时状态，尤其是对于战时的规定，从时间和空间上给予合理的限定，将"战时"严格限定于特定时间、特定区域内，避免"战时"状态在不特定时间、不特定区域内扩大适用，防止对战时犯罪打击的泛化和滥化，依法有效地打击战时严重犯罪。具体来说，就是在全国或者部分地区发生战争、动员、紧急状态等严重危及国家和社会安全的非常法律状态下，在较大空间范围或者较长时间范围内严重自然灾害、重大人为事故、突发公共卫生事件、社会动乱、恐怖事件等威胁到公民生命、健康、财产安全，影响国家政权正常行使权力，必须采取特殊的应急措施才能恢复正常秩序的特殊状态下，保留我国刑法对死刑的适用。其中，战时死刑，仅仅限于在战时非常法律状态的开始和结束的特定区域内发生的严重刑事犯罪才可以适用死刑。在司法实践中，需要注意严格把握战时犯罪死刑适用的时间和空间的适用标准，防止在时间和空间上对战时犯罪认定的泛化，坚决避免扩大对战时犯罪的打击面和战时犯罪死刑的适用面，具体要注意如下几点：（1）严格把握死刑适用的定罪量刑适用标准，切不可因为非正常时期刑事犯罪的严重社会危害性和恶劣的社会影响而随意适用死刑。（2）对于战时犯罪的打击要区分战时适用的时期和区域，对于战时发生的区域要秉持宽严相济的刑事政策，对于本区域内严重危害社会的恶性刑事犯罪要给予严厉的打击；对于一般犯罪则做一般处理，不能因为战时状态就对所有犯罪不加以区分的全部给予从严从重的严厉打击。对于没有发生在本区域内的严重刑事犯罪则要严格遵循罪责刑相适应的原则依法作出处理，不能将打击战时犯罪的思维运用到其他时期、其他区域的严重刑事犯罪问题的处理和对待上。（3）准确地把握和认定战时状态发生的时期和区域，在对战时犯罪的严重刑事犯罪给予严厉打击的同时，更要严格控制战时犯罪死刑的适用范围，最大限度减少死刑在战时的适用，以求为全面废止死刑奠定坚实的基础。

第五节　暴力犯罪死刑废止的相关问题

一、关于暴力犯罪死刑废止之其他路径的简要分析

这里对其他废止暴力犯罪死刑的路径略作分析，具体有如下几点：

1. 人群性废止

根据刑法典第 49 条的规定，犯罪的时候不满 18 周岁的人和审判的时候怀孕的妇女，不适用死刑；审判的时候已满 75 周岁的人，除以特别残忍手段致人死亡的情形外，不适用死刑。这是刑法典对特定人群废止死刑适用的基本规定。但是，在限制与减少死刑适用的立场上看，上述规定还是有限的。一些保留死刑的国家的刑法典以及有关的国际公约中，都扩大了死刑不适用的对象范围，针对更多的人群废止死刑的适用。近来，理论上对此也有争论。笔者认

为，针对暴力犯罪的特定罪犯废止死刑的适用，应该以考虑两方面的内容：一是刑事责任能力，二是人道主义观念。

（1）老年人。赵秉志教授早在 20 世纪 80 年代末就提出，对于罪大恶极尤其是同时还有再犯能力的老年犯罪人，应依法适用死刑；对因高龄和体衰多病，已失去或者基本失去再犯能力的老年犯罪人，如果不是罪大恶极，民愤不容赦，就不宜适用死刑，其中，没有劳动能力的，也应限制无期徒刑的适用。[①] 高铭暄教授近来也指出，老年人辨认和控制其行为的能力有所下降，对社会危害性相对较小，适用死刑难以达到刑罚目的；此类犯罪数量较小，往往事出有因，社会易于宽容，可对 70 周岁以上的老人不适用死刑。[②]我国台湾地区也有类似的规定，禁止对 80 周岁以上的老人适用死刑，但略有保守。上述观点是很有道理的。根据我国关于人口年龄分布的实际情况，可确定 70 周岁为禁止适用死刑最高年龄起点。因为一般来说，70 周岁以上的老人已届高龄，执行死刑并无太大实际意义，而且年老体衰，能力有限，不执行死刑也不会严重威胁社会的安全。因此，对该群体可不适用死刑。　《刑法修正案（八）》第 3 条虽然对刑法典第 49 条作出修订，增补第二款，规定了 75 岁以上老年人不适用死刑的规定，但却有限制性条件，即"特别残忍手段致人死亡"。尽管也算是突破性的规定，但作用其实不大，一方面 75 周岁以上犯严重暴力犯罪的情形比较少，根据国家统计局发布的 2011 年人口预期寿命数据，我国人口预期寿命为 74.83 岁，[③] 另一方面限制性条件也使得对老年人禁止适用死刑的规定在范围上变得非常狭窄。

（2）哺乳期的母亲能否不适用死刑？联合国经济与社会理事

---

① 参见赵秉志著：《犯罪主体论》，中国人民大学出版社 1989 年版，第 161 页。

② 参见高铭暄：《中国死刑的立法控制》，载赵秉志主编：《刑法评论》（第 8 卷），法律出版社 2005 年，第 5 页。

③ 参见国家统计局网站"统计国家"栏目，http：//data. stats. gov. cn/workspace/index？m＝hgnd。

会《关于保护死刑犯权利的保障措施》第 3 条规定，对新生婴儿的母亲不得执行死刑。有学者近来提出，为弘扬人道主义精神，体现对婴幼儿和母亲的特殊保护，对哺乳期的母亲不适用死刑。而哺乳期的确定，可以参照国务院《女职工劳动保护规定》，自婴儿出生至其满 1 周岁，为出生该婴幼儿的产妇的哺乳期。[1] 笔者认为，这也是可行的。哺乳期的婴幼儿急需母亲的照顾与抚养，如果执行死刑则切断抚养联系，不利于婴幼儿的成活。而且，从人之常情出发，婴幼儿的母亲在此阶段势必极为关心亲子，不会再去危害社会，能够自我控制和约束，不会给社会造成威胁。

（3）精神病患者能否不适用死刑？联合国经济与社会理事会《关于保护死刑犯权利的保障措施》第 3 条规定，对精神病患者适用死刑是非法的。我国刑法理论通常认为，对精神病患者区分情况，分别判断其刑事责任能力，只有确实没有刑事能力的人方不认定是犯罪；刑事责任能力确实有减弱的，可依法从轻或者减轻处罚，但并不绝对性地排除适用死刑立即执行。[2] 笔者认为，如果罪犯属于间歇性精神病人，其在正常时期实施暴力犯罪的，若符合死刑适用条件，是可以判处死刑的。如果罪犯实施暴力犯罪，与其患有的精神病有一定关系，对其适用死刑是缺乏人道主义考虑的。

总之，笔者认为，基于人道主义与罪犯本人刑事责任能力的状况，对 70 周岁以上的老年人、正在哺乳期的母亲、犯罪时患有精神病的患者，应废止死刑的适用，且不应有限制性的条件。

2. 区域性废止

现代民主国家都存在政治分权，即中央集权与地方自治权相结合。司法权也不例外。我国宪法第 127 条和第 128 条规定，最高人

---

① 参见梁根林：《中国死刑控制十大论纲》，载陈兴良、胡云腾主编：《中国刑法学年会文集（2004 年度）·第 1 卷：死刑问题研究》（上册），中国人民公安大学出版社 2004 年版，第 443 页。

② 参见高铭暄、马克昌主编：《刑法学》，北京大学出版社、高等教育出版社 2000 年版，第 95~98 页。

民法院是最高审判机关，监督地方人民法院与专门法院的工作，对全国人民代表大会与全国人大常委会负责。而地方人民法院中，上级人民法院监督下级人民法院的工作，地方人民法院对产生它的地方人民代表大会负责。这些规定在我国人民法院组织法中予以细化。另外，刑法典第 48 条第 2 款规定，除其依法所判决的之外，最高人民法院享有全国死刑案件的核准权。上述规定充分表明，在司法审判权方面，我国也实行中央集权与地方自治相分离的原则，地方人民法院享有辖区内案件的审判权。因此，在我国现有的政治及立法框架内，死刑的存废与地方人民法院应该是毫无瓜葛。

但是，最高人民法院授权地方省级人民法院行使部分死刑案件的核准权，目前部分死刑核准权还为地方省级人民法院所拥有，意味着将部分司法终审权让渡给地方人民法院。在中国大陆，司法终审权属于最高人民法院，而死刑核准权属于司法终审权的一部分。从政治理论上讲，并不违背中央集权与地方自治的分权原则。不过，最高人民法院关于死刑核准权的授权却遭到理论与司法上的强烈否定，因为这种做法造成地方省级人民法院适用死刑标准混乱，甚至导致死刑核准虚置、死刑滥用的恶果。① 不过，最高人民法院已经全面收回死刑核准权。所以，笔者认为，问题的关键并不在于最高人民法院应否授权，而在于最高人民法院有否统一具体犯罪死刑适用的明确标准与详细规格。

在最高人民法院收回死刑核准权后，在地方司法区域内仍然可就死刑的废止采取特定措施。笔者认为，参照我国香港、澳门两个特别行政区已经废止死刑的立法例，为限制、减少死刑的适用，针对特定的严重暴力犯罪，如前述故意杀人罪、故意伤害罪、强奸罪，可在某些经济较为发达、文化比较昌明、社会治安比较良好、

---

① 参见赵秉志、时延安：《慎用死刑的程序保障——对我国现行死刑复核制度的检讨及建言》，载赵秉志主编：《死刑制度之现实考察与完善建言》，中国人民公安大学出版社 2006 年版，第 420 页。

暴力犯罪比率较小的地区，建立全面废止暴力犯罪死刑的试验区，在该地区全面废止暴力犯罪的死刑，采用其他惩罚严重的刑罚种类替代死刑，为全国全面废止暴力犯罪死刑提供司法经验。当然，上述看法还不成熟，有待进一步研究。

3. 外交性废止

包括中国在内的世界各国，都存在犯罪嫌疑人实施犯罪后逃往其他国家的情形。犯罪地国家依据本国刑事法律有权对该犯罪嫌疑人追究刑事责任，但犯罪嫌疑人不在其实际控制中。对此，为实现刑事管辖权，犯罪地国家通常采用两种做法，即引渡（extradition）与移交（transfer of sentenced persons）。移交的对象是已经被判处刑罚的罪犯，涉及执行国对判刑国之刑事判决的承认与执行，可由判刑国、执行国、被判刑人中的任意一方提出请求；引渡的对象较为广泛，包括犯罪嫌疑人、被判刑人，涉及引渡国对请求国刑事司法的协助，仅由请求国提出请求。不管是引渡还是移交，作为对象的罪犯或者犯罪嫌疑人都不能已经或者将要被判处死刑。基于人道与人权的考虑，"死刑犯不引渡"成为引渡活动中的一项铁律。但是，我国引渡法中没有规定该原则，在与其他国家（尤其是西方废止死刑的国家）的刑事司法协助活动中遭遇该原则的阻碍。虽然我国通常采用变通的方法，[1] 但其效果毕竟有限。同时，在香港、澳门回归祖国大陆后，因为两地均已废止死刑，大陆与港澳地区之间的刑事法律活动也常受到"死刑犯是否不引渡"的困扰，理论上纷争颇多。[2]

然而，当今世界上，跨国犯罪（transnational crime）非常频

---

① 参见黄风著：《中国引渡制度研究》，中国政法大学出版社 1997 年版，第 108~111 页。

② 参见皮修雁：《论内地和澳门间的司法协助》，载单长宗主编：《中国内地与澳门司法协助纵横谈》，人民法院出版社 1999 年版，第 73~74 页；马克昌：《我国区际刑事司法协助的内容刍议》，载赵秉志、何超明主编：《中国区际刑事司法协助探索》，中国人民公安大学出版社 2002 年版，第 301~313 页。

繁。2000 年 11 月 15 日通过、2003 年 9 月 22 日生效的《联合国打击跨国有组织犯罪公约》规定了 17 大类的犯罪，其中暴力犯罪有 6 种，即恐怖行动、劫机、海盗、抢劫地面交通工具、贩卖人口、人体器官交易，在我国刑法典中都有相应的罪名对应，均为配置死刑的严重暴力犯罪。如果这些犯罪发生在我国，而罪犯逃到国外，我国有权按照属地原则追究其刑事责任，但罪犯所在地国可能有权按照普遍管辖原则行使刑事管辖权。这就需要我国向罪犯所在地国提出引渡的请求。此时，即便将暴力犯罪死刑罪名限制为故意杀人罪、故意伤害罪、强奸罪三种，刑法典所规定的这些暴力犯罪的死刑也有可能不利于开展引渡活动。基于国际之间刑事司法协助的实际需要，我国的死刑似乎应该予以废止。但是，这在相当长的时期内都不太可能。笔者认为，从外交活动的角度考虑，可在前述保留紧急状态时期运用三种极为严重暴力犯罪死刑的基础上，增加规定："引渡逃往国外的暴力犯罪分子时，可对其不适用死刑，但适用最重的自由刑，并限制或禁止减刑、假释。"这样既能顺利开展与国外之间的刑事司法协助活动，又能避免量刑上与其他暴力犯罪差距过大的情形。

二、暴力犯罪死刑废止后的罪刑相适应问题

在暴力犯罪死刑罪名逐步废止的同时，必须解决原本适用死刑的暴力犯罪该如何适用刑罚，才能实现罪责刑相适应原则。这就涉及以何种刑罚来替代这些罪名原来所配置的死刑，如何完善要起到替代作用的刑罚等问题。

（一）暴力犯罪死刑的替代措施

1. 扩大死刑缓期执行制度的适用

对最重要暴力犯罪保留死刑，在执行方式上仍然分为死刑缓期执行、死刑立即执行两种，要尽可能地发挥死刑缓期执行对死刑立即执行的替代作用。从该立场出发，可在立法上从如下几个方面考虑死刑缓期执行的完善：

（1）明确死刑缓期执行为死刑首选的执行方式，死刑立即执行为例外、补充的执行方式。目前，对死刑缓期执行的法律地位，有两种主要的观点。第一种观点认为，针对死刑普遍适用死缓，即在不能废止死刑的情况下，可以考虑对所有的死刑犯一律判处死缓。[①] 第二种观点认为，取消"不是必须立即执行"这一条件限制，将死缓作为死刑最基本的、普遍的执行方式，然后才考虑是否适用死刑立即执行。[②] 笔者认为，第一种观点实际上架空了死刑立即执行，使得法官在判决时不能选择，不恰当地限制法官的权力，并不妥当。而第二种观点看似与第一种观点区别不大，其实，后者强调首先适用死刑缓期执行，将死刑立即执行作为补充方式，限制死刑立即执行的适用条件，而没有直接限制法官的量刑权力。因此，这种方式比较合适的，可在刑事立法中规定死刑缓期执行的优先地位。

（2）完善死刑缓期执行适用的条件。现行刑法典对死刑缓期执行的适用条件规定得过于抽象，司法实践难以准确把握，理论上历来争议不断，实际上影响了死刑缓期执行发挥对死刑立即执行的替代作用。对此，笔者认为，可在上述强调死刑缓期执行优先地位的基础上，扩大死缓适用的条件，原则上对死缓的适用不作限制，即凡判处死刑，同时宣告死刑缓期两年执行，但不采用立即执行，对国家安全、社会安定有极其严重危害的，方可采用死刑立即执行。所谓"对国家安全、社会安定有极其严重危害"是指，某些叛乱或者暴乱的罪犯、重大恐怖犯罪的罪犯不立即执行死刑，仍能发挥领导、号召作用，极其严重地危害国家的安全与社会的安定。这样严格地限制了死刑立即执行的适用，将一些不杀对社会并无不

---

① 参见陈兴良著：《刑法哲学》，中国政法大学出版社 1992 年版，第 379 页。

② 参见卢建平：《死缓制度的刑事政策意义及其扩张》，载陈兴良、胡云腾主编：《中国刑法学年会文集（2004 年度）·第 1 卷：死刑问题研究》（下册），中国人民公安大学出版社 2004 年版，第 721~727 页；苏彩霞：《国际人权法视野下的我国死刑立法现状考察》，载赵秉志主编：《刑法评论》（第 8 卷），法律出版社 2005 年版，第 193 页。

利的严重暴力犯罪行为人排除在外。

（3）严格规定死刑缓期执行改为死刑立即执行的条件。1997年刑法典为控制死刑适用，将"抗决改造情节恶劣"修改为"故意犯罪"。这虽然增加了司法上的可操作性，但是，在绝大多数案件中，"抗拒改造情节恶劣"都被理解为"故意犯有严重的新罪"，而"故意犯罪"则范围广泛，不分轻重，这与区别对待、坚持少杀的政策相违背，不适当地扩大了死刑立即执行的适用范围。① 对此，有论者指出，这里的故意犯罪可以排除告诉才处理的、不存在被害人受强制、威吓的故意犯罪。② 我们认为，这种观点体现出限制故意犯罪的范围，减少死刑立即执行的精神，是值得肯定的。

对于该条件的完善，主要有三种观点：第一是"严重的故意犯罪论"，即死缓期间犯有严重的故意犯罪的，可改为死刑立即执行，但严重的故意犯罪种类由司法解释做出。③ 第二种是"应判处死刑的犯罪论"，即可考虑将"故意犯罪"改为"再犯应当判处死刑的犯罪"，不再考虑是否故意犯罪，从犯罪的严重性上予以衡量。④ 第三种是"列举具体犯罪论"，即可以具体列举死缓改为死刑执行所犯的具体犯罪种类，如传授犯罪方法罪、破坏监管秩序的犯罪、危害公共安全的严重犯罪、侵犯人身的严重犯罪等。⑤ 笔者认为，第二种观点对于一些应该判处10年以上有期徒刑、无期徒

---

① 参见高铭暄主编：《刑法专论》（第2版），高等教育出版社2002年版，第551页。

② 参见高铭暄主编：《刑法专论》（第2版），高等教育出版社2002年版，第552页。

③ 参见李晓波：《关于死缓制度的若干法律思考》，载《云南法学》1999年第4期。

④ 参见苏彩霞：《国际人权法视野下的我国死刑立法现状考察》，载赵秉志主编：《刑法评论》（第8卷），法律出版社2005年版，第178页。

⑤ 参见付丽洁、郑丽萍：《论死缓制度的完善》，载陈兴良、胡云腾主编：《中国刑法学年会文集（2004年度）·第1卷：死刑问题研究》（下册），中国人民公安大学出版社2004年版，第762~769页。

刑的犯罪分子过于宽大，不太妥当。第三种观点则过于琐碎，缺乏统一的适用标准。第一种观点有可取之处，但严重犯罪的范围有必要进一步明确，似乎可考虑法定刑与犯罪故意。故意犯罪法定刑为5年以上有期徒刑，且主观非常恶劣、抗拒改造，可能会继续实施严重故意犯罪的，其死刑缓期执行改为死刑立即执行。

（4）完善死刑缓期执行减为其他刑罚后的制度。在这方面，需要注意如下几个问题：第一，只要出现立功表现，不管是否有故意犯罪，就不应改为死刑立即执行，可根据具体情况分别适用有期徒刑或者无期徒刑。第二，死刑缓期执行减为有期徒刑、无期徒刑的，应考虑罪犯实际执行的刑期不能过短。有关司法解释指出，死刑缓期执行减为自由刑后，实际执行期间不能低于12年。① 司法实践中对此掌握的也比较宽泛，以致为数不少的死缓犯被减刑后执行不到15年的徒刑就被释放，与原来的死刑之间造成了非常大的落差，难以充分体现罪责刑相适应原则。因此，对于死缓减为无期徒刑后罪犯的情形，应规定实际的执行期限，以20年以上徒刑为宜，上不封顶。对于死缓减为有期徒刑的情形，实际执行期限为15年以上徒刑。当然，对因杀人、故意（重）伤害、强奸等犯罪中的一罪被判处死刑缓期执行的，减为无期徒刑、有期徒刑后不得假释，实际执行的徒刑应分别高于25年、15年；对被判处死刑缓期执行的累犯以及因故意杀人、强奸、抢劫、绑架、放火、爆炸、投放危险物质或者有组织的暴力性犯罪被判处死刑缓期执行的犯罪分子，法院根据犯罪情节等情况可以同时决定对其限制减刑。

2. 规定严格的长期徒刑、无期徒刑替代死刑

扩大死刑缓期执行对死刑立即执行的替代，相应地，原本适用死刑缓期执行的暴力犯罪情形也需要略为放宽，适用比死刑缓期执行稍微轻一些的刑罚。这些刑罚主要是无期徒刑与有期徒刑。但

---

① 参见1997年11月8日实施的《最高人民法院关于办理减刑、假释案件具体应用法律若干问题的规定》。

是，我国刑法典所规定有期徒刑最高期限过短，没有真正意义上的无期徒刑，二者执行中经减刑或者假释后实际执行刑期也很短，难以适应上述需要。因此，对有期徒刑、无期徒刑应予以完善。

（1）延长有期徒刑，规定最低的执行期限。不少国家刑法典中的有期徒刑在刑期上都比我国的规定要长些。例如，意大利刑法典第23条、第73条之规定，有期徒刑的期限为15日至24年；根据反恐特别法的规定，有期徒刑最高还可加至30年。西班牙刑法典第36条、第70条的规定，监禁的时间不得高于20年；加重一级后的期限不得超过30年。法国1810年刑法典规定的有期徒刑最长为20年，废除死刑后，现行刑法将适用于自然人的有期徒刑之最高刑期提高到30年。韩国刑法典第42条规定，有期之期限为1个月以上15年以下，但对有期劳役或者有期徒刑的加重处罚可以加至25年。越南刑法典中的有期徒刑最高刑期为20年。在我国，有学者主张将有期徒刑的最高刑期提高至25年，数罪并罚时最高刑为35年；[1] 还有学者主张可将有期徒刑的最高刑期延长至20年，数罪并罚不超过30年。[2] 有论者认为，可以将有期徒刑提高至30年，数罪并罚不超过30年。[3] 这些观点都注意到了我国有期徒刑刑期过短的现实，但在如何延长上还有分歧。

笔者认为，在有期徒刑的最高法定期限问题上，除了考虑罪责刑相适应，保持刑罚结构的稳定与刑罚既有威慑力之外，还要考虑罪犯执行有期徒刑后的个人实际情况，从其可能不再危害社会的角度出发来设定。如果实施严重暴力犯罪的罪犯在监狱中度过其身强

---

[1] 参见欧锦雄：《论死刑废止过渡期的刑罚阶梯》，载《浙江工商大学学报》2005年第3期。

[2] 参见刘冀民等：《重构刑罚体系，限制死刑适用》，载陈兴良、胡云腾主编：《中国刑法学年会文集（2004年度）·第1卷：死刑问题研究》（上册），中国人民公安大学出版社2004年版，第505页。

[3] 参见赵秉志：《中国逐步废止死刑之建言》，载赵秉志主编：《刑事法治发展研究报告（2004年卷）》，中国人民公安大学出版社2005年版，第19页。

力壮的时期，出狱后犯罪能力就有很大的弱化，对社会的危险程度大大降低。而国家统计局发布的 2011 年人口预期寿命数据，我国男子平均寿命 72.38 岁，女子平均寿命 77.37 岁，全部人口预期寿命 74.83 岁。而从我国刑事犯罪行为人的年龄段看，16~21 岁是容易发生激情暴力犯罪的年龄阶段，而很多连环暴力犯罪案件的犯罪人年龄大多在 21 岁以上。因此，从矫正罪犯、消除其暴力侵害能力的角度出发，有期徒刑最高上限可延长至 25 年较为合适。

（2）完善无期徒刑。世界很多国家在执行无期徒刑上都提出了严格的要求，规定较长的最低执行期限，如在奥地利，无期徒刑的平均服刑期为 22 年；克罗埃西亚为 20~40 年；在丹麦最高服刑期为 20 年；在爱沙尼亚至少需服刑 30 年；在匈牙利通常被判处无期徒刑者平均服刑 20~30 年；波兰亦有无期徒刑，至少必须服刑 25 年以上才可考虑假释。[①] 而且，国外在此方面的实践比较成熟。例如，意大利在废止死刑后规定了无期徒刑，并且规定了较长期限的实际执行；俄罗斯已经实际上不再执行死刑，采用终身自由刑予以替代；日本也属于执行死刑数量非常低的国家，其规定了无期监禁、无期惩役来保障刑罚效果。瑞典和保加利亚是唯一有终身监禁的国家，但在瑞典得向国会请求赦免，在保加利亚则是向总统请求。乌克兰虽然有终身监禁，但服刑 15 年时有向总统请求赦免的机会。

对我国而言，为替代死刑，须完善我国的无期徒刑，使之内部具有不同的层次，适应罪责刑相适应原则的要求。有论者指出，建议增设终身不得假释、减刑的无期徒刑，替代死刑，同时，对削减死刑适用予以补充，提高无期徒刑的最低执行期限，不低于 20 年；

---

① 参见吴志光主编：《生活在一个没有死刑的社会》，台湾辅仁大学出版社 2005 年版，第 1 页。

服刑后 20 年，可减为 30 年有期徒刑。① 笔者认为，可从如下角度来完善无期徒刑：第一，规定禁止减刑、假释的无期徒刑，适用于极其严重、但不适用死刑的严重暴力犯罪或者死刑全面废止后的严重暴力犯罪；第二，规定可减刑、但不得假释的无期徒刑，实际执行期限不低于 20 年，上不封顶，适用于罪行极其严重、存在较大矫正难度的严重暴力罪犯；第三，规定可减刑、假释的无期徒刑，实际执行期限不低于 15 年，适用于罪行极其严重、主观恶性不大、矫正难度也不大的严重暴力犯罪罪犯。同时，考虑赋予罪犯在特定情况下行使的赦免或者假释请求权（此问题下文有详述）。

（3）完善数罪并罚制度。我国刑法典规定，数罪并罚的最高期限为 20 年有期徒刑，这和国外相比较也是有些低，如法国数罪并罚最高为 25~30 年，西班牙数罪并罚最高为 30 年，意大利是采用直接相加，如果超过 24 年有期徒刑，则适用无期徒刑。我国数罪并罚后刑期较短，有人认为，这是刑罚在"打折扣"。笔者认为，为改变这种情况，适应削减乃至废止死刑的实际需要，对严重暴力犯罪，有必要适用较长的自由刑，从数罪并罚上看，有必要延长最高刑期。目前，较为通常的认识是，数罪并罚不超过 30 年。② 国家立法机关对此有所回应。《刑法修正案（八）》第 10 条对《刑法》第 69 条第 1 款作了修正，规定："判决宣告以前一人犯数罪的，除判处死刑和无期徒刑的以外，应当在总和刑期以下、数刑中最高刑期以上，酌情决定执行的刑期，但是……有期徒刑总和刑期不满三十五年的，最高不能超过二十年，总和刑期在三十五年以上的，最高不能超过二十五年。"笔者认为，还可适当延长，确定为最高不超过 30 年。

---

① 参见刘冀民等：《重构刑罚体系，限制死刑适用》，载陈兴良、胡云腾主编：《中国刑法学年会文集（2004 年度）·第 1 卷：死刑问题研究》（上册），中国人民公安大学出版社 2004 年版，第 510~511 页。

② 参见赵秉志：《中国逐步废止死刑之建言》，载赵秉志主编：《刑事法治发展研究报告（2004 年卷）》，中国人民公安大学出版社 2005 年版，第 19 页。

（二）暴力犯罪死刑废止的配套措施

减少死刑罪名，仅对少数严重暴力犯罪适用死刑，不仅要改造有期徒刑、无期徒刑，以替代某些犯罪原本配置的死刑，还要其他方面的配套措施，切实贯彻罪责刑相适应的原则。

1. 完善减刑、假释制度

首先，在减刑、假释的问题上应该注意"重重、轻轻"的刑事政策。对于犯罪性质不是很严重、犯罪情节较轻的未成年人犯罪、偶犯、初犯、过失犯罪、被迫犯罪等情形，如果犯罪人悔罪态度比较好，危险性比较小，可能不会再犯，可扩大减刑、假释的适用。尤其是被判处 10 年以下的有期徒刑，符合上述条件的，假释不致危害社会，可放宽假释的条件，较多地适用假释。这有利于拉开与严重刑事犯罪减刑、假释的差距，也有利于减轻监所的压力。

其次，严格把握暴力犯罪减刑、假释的条件。对于作为减少死刑适用之替代措施的较长期有期徒刑、无期徒刑，适用减刑、假释的具体条件，可以继续适用刑法典第 78 条、第 81 条第 1 款的规定，但是严重暴力犯罪也并不能绝然都不适用假释。对于悔改表现不明显，在监所里行为表现一般的犯罪人，不宜进行减刑、假释。只有悔改表现比较明显或者突出，对本人犯罪的主观恶性认识较为深刻，人身危险性逐步降低，行为表现良好的，才适宜适用减刑、假释。另外，可规定因严重暴力犯罪被判处无期徒刑适用假释的具体条件。

再次，减少死刑适用而较多地适用无期徒刑、有期徒刑时，应该注意严格适用减刑、假释，在减刑的次数与幅度上进行一定的限制，要避免出现对重刑犯过于宽大、无法保持罪刑适应的不良后果。（1）适用时，对长期徒刑的减刑要注意限定开始关押的时期、减刑的次数与每次减刑的长度。犯罪人已经执行刑期 5 年后方可减刑，总刑期内减刑不宜超过 5 次，每次的长度不宜超过 3 年，实际执行期限不得低于 15 年。（2）对无期徒刑的减刑，执行 10 年后方可减刑，对悔改表现比较突出的，或者有立功表现的，一般可以减为 18 年以上 20 年以下有期徒刑；对有重大立功表现的，可以减为 13 年以上 18 年以下有期徒刑。减为有期徒刑后再减刑的，同样要在执行 5 年刑期之后才允许再次减刑，实际执行的刑期受到前述最低实际刑期的限制。并且，同样要限定减刑的次数与每次减刑的长度，减刑次数不宜超过 3 次，每次不宜超过 3 年。这样才能够与本来适用死刑的犯罪保持罪刑上的一致性。

最后，完善假释的考验期。适用假释时，减少死刑而适用的长期有期徒刑已经执行刑期的 2/3，无期徒刑已经执行 20~25 年，因而假释考验期不宜过长，但为较好地考察犯罪人，该期间也不宜过短。我们认为，对于长期有期徒刑的考验期，可以继续适用刑法典第 83 条的规定，为剩余未执行的刑期；对于无期徒刑的假释考验期，则应该延长到 15 年。至于假释的撤销，可以按照刑法典第 86 条的规定执行。

2. 完善追诉时效制度

刑法典第 87 条规定，对法定最高刑为无期徒刑、死刑的犯罪，追诉时效为 20 年。如果 20 年后认为必须要追诉，须报请最高人民检察院核准。有论者指出，该规定存在两方面的问题：（1）法定最高刑为无期徒刑的犯罪与法定最高刑为死刑的犯罪在追诉时效上完全一样，难以体现出不同刑罚的轻重差别，也很难说充分贯彻了罪责刑相适应原则。（2）认为需要追诉的情节没有明确，完全由最高人民检察院来自由裁量，似乎违背了罪刑法定原则。[①] 对于第一个问题，笔者认为，这种指摘看似合理，但根据并不充分，因为对法定最高刑为无期徒刑、死刑的犯罪确定多长时间的追诉时效，是根据每个国家的具体国情、罪犯受到追诉的及时性等方面问题决定，并非一定要体现出差别。某些国家的立法中也没有规定不同的追诉时效。例如，泰国刑法典第 95 条规定，法定最高刑为死刑、

① 参见姚国艳：《完善我国刑事时效制度初探》，载《安徽工业大学学报（社会科学版）》2003 年第 6 期。

无期徒刑、20 年有期徒刑的犯罪，经过 20 年不再追诉。[1] 对于第二个问题，上述论者的批评是有道理的。因为我国配置死刑、无期徒刑的犯罪非常广泛，不仅有很多暴力犯罪，而且也有很多非暴力犯罪。刑法赋予最高人民检察院以超越追诉时效的追诉权，但并不说明具体适用的条件，留下滥用自由裁量权、破坏稳定社会关系的法律漏洞，不利于社会关系的恢复与安定。

从限制、减少暴力犯罪死刑罪名的立场出发，笔者认为，需要对我国现行的时效制度作出修正：（1）延长并区分法定最高刑为死刑、无期徒刑的犯罪的追诉时效。严重暴力犯罪的死刑追诉时效可为 30 年，非暴力犯罪的死刑追诉时效可为 25 年，无期徒刑犯罪的死刑追诉时效可为 20 年。（2）如果仅对故意杀人罪、故意伤害罪、强奸罪保留死刑，可将追诉时效规定为 30 年。未来立法如仅保留故意杀人罪的死刑，追诉时效仍可规定为 30 年。（3）规定绝对追诉制度。个别国家刑法典中规定有绝对追诉制度。例如，俄罗斯联邦刑法典第 78 条第 4 款规定，对于死刑、剥夺自由终身的人，法院可决定追诉时效，如果认为不能免除刑事责任，可裁定死刑、剥夺自由终身的人不使用时效制度。[2] 在未来废止故意杀人罪死刑时，我国可借鉴外国立法例，建立绝对追诉制度，但宜仅适用于故意杀人罪，且限于如下情节：出于分裂、颠覆国家目的杀人的、出于恐怖犯罪目的杀人的、使用残酷手段杀害多人的。

3. 完善死刑赦免制度

可在前述扩大死刑特赦制度适用的基础上，改进我国赦免制度，尤其是对死刑犯罪，利于配合死刑罪名减少后进一步减少死刑适用的各种举措。

（1）规定暴力犯罪的死刑犯请求赦免的权利。联合国《公民

① 参见吴光侠译：《泰国刑法典》，中国人民公安大学出版社 2004 年版，第 22 页。

② 参见赵微：《俄罗斯联邦刑法典》，法律出版社 2003 年版，第 298 页。

权利和政治权利国际公约》（1976 年生效），第 6 条第 4 款规定："任何被判处死刑的人应有权要求赦免或减刑。对一切判处死刑的案件均得给予大赦、特赦或减刑。"该规定一方面赋予被判处死刑者有要求赦免的权利；另一方面责成各缔约国政府履行给予被判处死刑者赦免的义务。事实上，在许多国家和地区都规定有赦免权，如美国的很多州，俄罗斯在刑法典规定有死刑赦免权，可向行政首长申请死刑赦免。我国也可在刑法典总则中规定死刑犯的赦免申请权，在刑事诉讼法中规定受理死刑犯赦免申请的受理、初步审核机关，但最后宜报送全国人大常委会核准决定。

（2）规定国家行政长官提出特赦、赦免的权力，由全国人大常委会来核准，由国家主席来发布。对于特定的犯罪，虽然判处死刑，但存在赦免的理由，如对国家发展具有重大意义、犯罪方面存在可以宽宥的因素、犯罪原因与国家政治制度缺陷或社会已经存在的矛盾有关等，国家行政长官可提出特赦。[1] 在国家重要庆典、内政外交方面重大胜利、重大战争胜利、其他具有重大意义的事件时，[2] 国家行政长官可提出大赦，对特定犯罪原因的死刑犯、特定地区的死刑犯、特定年龄段的死刑犯适用赦免。

4. 其他相关配套制度的构想

（1）规定死刑犯的减刑权。我国刑法典规定有死刑缓期执行减刑、减刑等制度，但并没有赋予罪犯申请的权利。《公民权利和政治权利国际公约》第 6 条第 4 款规定死刑犯有权要求减刑。有论者指出，我国刑法典对此应有所表示，赋予死刑犯减刑的请求权，

---

① 参见阴剑锋：《死刑赦免制度建构论略》，载陈兴良、胡云腾主编：《中国刑法学年会文集（2004 年度）·第 1 卷：死刑问题研究》（上册），中国人民公安大学出版社 2004 年版，第 605 页。

② 参见谢望原：《略论赦免的刑事政策意义》，载《人民司法》2003 年第 9 期。

与上述国际公约相衔接。① 笔者认为，这是可行的，可赋予死刑犯该权利，避免司法机关对某些罪犯不适用减刑的不公平现象，可与死刑犯赦免请求权规定一起。

（2）建立死刑核准暂缓制度。关于我国现行刑事诉讼法中没有规定死刑核准期限的情况，很多学者提出了批评。笔者认为，该规定有利有弊，有利的一面表现为防止过于仓促地核准死刑，以便慎重地考虑和审核案件情况。但是，死刑核准毕竟没有时间限制，操作上显得过于弹性。而我国《刑事诉讼法》也规定，核准死刑后最高人民法院院长发布死刑执行令，下级人民法院接到命令后7日以内交付执行。因此，如果死刑立即执行的判决确定后，就立即报送核准，最高人民法院立即核准，然后发布执行命令，交付执行，那么，从判决死刑到执行死刑之间的时间间隔非常短暂，难免忽略可能存在的错误或者疑问。不少死刑案件从判决到执行，时间间隔最短的仅有一个月，如南京汤山特大投毒案，犯罪人陈正平2002年9月15日被抓获，10月14日就执行死刑等。反观其他国家，很多都不是在死刑判决后立即复核，也不是复核后立即执行，相反，在执行死刑前都有很长的关押期。例如，美国判决死刑与执行死刑之间的时间间隔平均为11年。② 因此，笔者建议，可在刑事诉讼法中明确规定死刑核准暂缓制度，在判决死刑与核准死刑之间建立缓冲期。死刑判决确定后，规定一定的时间为核准暂缓期，为死刑犯提出赦免请求、减刑请求留出时间，也便于社会对死刑案件进行监督与反思。

（3）规定严重罪犯出狱后的追踪制度。对于因为严重暴力犯罪判处过死刑缓期执行、长期徒刑、无期徒刑的罪犯，经过减刑、假释出狱后，有关机关仍然对其进行跟踪观察的做法在全球已经出

---

① 参见高铭暄、李文峰：《从〈公民权利和政治权利国际公约〉论我国死刑立法的完善》，载赵秉志主编：《中国废止死刑之路探索》，中国人民公安大学出版社2003年版，第43页。

② 参见孙昌军、陈元兴：《美国死刑制度评述》，载《现代法学》2000年第3期。

现。例如，2004 年 5 月英国司法机关就曾决定对犯罪出狱的人实行电子跟踪，利用卫星跟踪系统与测谎设备来跟踪出狱的人，并得到了民间人士的赞同。① 时隔一年之后，美国佛罗里达州甚至通过法律规定，对强奸谋杀的罪犯，或者判处 25 年以上有期徒刑或无期徒刑，若为有期徒刑，还要终身佩戴全球定位系统跟踪仪器，生活在人们监视中。因此，我国也可建立对其的社会活动跟踪制度，规定在一定的期限内该执行完毕刑罚的人向有关机关报告自己的活动情况，建立其社会活动档案。并且，其活动档案可全国联网，由司法机关及时补充更新与查询，社会上经过申请、宣布保密后也可查询。

（4）完善罪犯赔偿与国家补偿被害人制度。严重暴力犯罪往往会给被害人及其家属带来很大的损失，有些家庭因此而难以生存，缺乏必要的发展机会。对此，有论者指出，应该增加死刑案件附带民事赔偿的数额，同时建立国家对被害人及其亲属的赔偿制度，加强国家对死刑犯罪的控制，促进被害人及其亲属的情感恢复，减轻对死刑适用的要求。② 笔者认为，可完善刑事赔偿制度，规定罪犯对被害人在经济上的强制赔偿义务，罪犯没有适用死刑的，可将其在监狱内的劳动收获按照一定比例分配给被害人或者其家属，不仅可以缓解被害人及其家属对罪犯的仇恨情绪，而且可不断加强罪犯的罪错意识，促使其在思想上赎罪。在罪犯被判处死刑立即执行或者难以有效赔偿被害人及其家属的，国家可通过社会保障来补偿被害人及其家属，维持社会基本公平。

---

① 参见《英国考虑使用卫星跟踪系统与测谎设备监控出狱罪犯》，载中新网 2004 年 5 月 28 日的报道。

② 参见刘冀民等：《重构刑罚体系，限制死刑适用》，载陈兴良、胡云腾主编：《中国刑法学年会文集（2004 年度）·第 1 卷：死刑问题研究》（上册），中国人民公安大学出版社 2004 年版，第 510~511 页。

三、建构暴力犯罪死刑废止的社会机制

不管是暴力犯罪，还是针对暴力犯罪的刑罚，都体现出人类的暴力性。不过，这并不能成为暴力犯罪与作为最高合法暴力形式的死刑都必须存在的合理根据。恰恰相反，"对暴力的深刻的生物学认识有助于社会科学家对有暴力倾向的个体实施干预计划，使之能够驾驭自我、趋于调适，尊重生命的尊严"。[1] 因此，笔者认为，从人格主义的观念出发，不仅要在刑事法的范畴内主张对暴力犯罪废止死刑，而且还要将这种观念推广至犯罪人、可能犯罪的人，引导形成反暴力的社会机制，从根本上创造适合废止暴力犯罪死刑的社会环境。

（一）社会反暴力文化与心理机制的建构

1. 切入点

作为人体活动的一种，暴力攻击是由复杂的神经调节因素所决定的。但不管是经过预谋的严重暴力犯罪，还是没有预谋、起于激情的暴力犯罪，反应链条总是表现为：接受刺激—传导冲动—分析综合—传导冲动—做出反应。二者不同的是人的反射中枢对信息与刺激进行分析综合的情况不同。预谋暴力犯罪情况下，对信息与刺激的分析综合往往经历了较长的时间，犯罪决心比较坚定，犯罪计划也比较周全，甚至设定出较为完善的逃避方案。而在后者情况下，行为人往往没有对刺激信息进行全面的分析综合，不考虑有否必要采取暴力方式。因此，如果要预防与遏制暴力犯罪的发生，就需要采取一定的方式对个人反射中枢处理外界刺激与信息的机制进行控制与约束。

一般来说，为抑制暴力犯罪发生，对反射中枢进行控制的医学方法主要有：（1）脑叶切除手术。20 世纪前半叶，理论上主张，

---

[1]　耿文秀著：《为什么打架：暴力与攻击》，上海科技文献出版社 2002 年，第 29 页。

甚至在临床上实行对某些具有非常严重程度暴力攻击倾向的人实施脑叶切除手术。该主张及手术的主要倡导者是葡萄牙神经外科学家莫尼兹，其于 1994 年因此获得诺贝尔医学奖。但是，这种方法已经证明并不是最可行、最有效的方式，甚至可能造成被采取手术者的严重智力障碍。[①]（2）精神病医疗。某些患有精神疾患的人具有暴力攻击的习性，容易采取暴力方式攻击任意不满意的人，其身边熟悉的人往往成为被攻击的被害人。我国某些地区的精神病暴力犯罪治疗经验也表明，即便对某些表面上看起来正常的人也不宜停止治疗，反而不能麻痹，要继续用药，抑制其犯罪发生的情绪因素。[②]（3）类似精神药物治疗。对于某些生理机能比较异常，容易采取暴力行为的人，将治疗精神疾病的药物用于其身，试图抑制其暴力的冲动，如某些研究表明，男性暴力型罪犯表现为交感神经兴奋—去甲肾上腺素、肾上腺素应激性分泌增高—甲状腺素应激性分泌增高—睾酮向雌二醇转化增多的病理生理学改变。[③]这在一定程度上表明对情绪容易冲动、具有暴力倾向的人可采取一定药物治疗方案。（4）基因敲除（gene knock out），即对一个结构已知但功能未知的基因，从分子水平设计实验，将该基因去除，或者采取其他基因来替代。这种方法对基因研究的要求非常高，尚未用于人体。上述几种方法都是从外部针对个体实施的强制性治疗方法，有些比较有效，而有些很难达到预期的目的。

　　不过，考虑从反射中枢控制暴力攻击的思路是正确的，但不必通过被动、强制的方式，而是尽量通过主动、积极的方式来实现，而且尽可能由行为人本身来实施。因为研究已经表明，很多暴力犯

---

① 参见耿文秀著：《为什么打架：暴力与攻击》，上海科技文献出版社 2002 年版，第 75 页。

② 参见张宏卫等：《108 例暴力犯罪精神病学鉴定分析》，载《洛阳医专学报》2001 年第 1 期。

③ 参见傅晓晴等：《男性暴力行为人群神经内分泌变化与社会学、心理学的关系》，载《中国临床康复》2004 年第 6 期。

罪的发生基本上都与行为主体所处的暴力氛围或者缺乏关爱的环境有很大关系。不管个体是否具有暴力攻击的生理或者基因基础，但毫无疑问的是，正是社会外部环境的作用才引发了具体的暴力犯罪。某些人的暴力犯罪往往是其早年生活经验影响的结果。[①] 所以，从改善社会环境的角度来考虑如何避免刺激行为人的暴力冲动，是比较可取的思路。我们有必要建立非暴力、互相尊重的社会环境。

2. 从非暴力出发建构反暴力的文化与心理机制

（1）尊重个体的人格。例如，同在刑事法律的范围内尊重罪犯的人格一样，人道主义的价值不仅仅限于法律领域，更应扩展到公共社会的范围内，即在整个社会层面的意义上来理解人道主义。从人道主义出发来看，人、人性、人的生命具有最高的价值。不管是暴力，还是试图遏制暴力的暴力，都具有直接攻击人身与生命的性质，因此，都难以找到伦理上合理的根据。在伦理的层面上，应该坚决否定暴力，不能以暴力来追求社会的正义，而是通过非暴力达到社会的公正。[②] 在这样的立场上看，不仅要否定对罪犯的反人道主义行为，更是要否定对普通人的反人道行为。因此，以人道主义为根据否定对罪犯的极端暴力（死刑），并不是对罪犯将暴力施加于被害人的现象予以认可或者肯定。恰恰相反，对被害人施加的暴力同样也是难以容忍的，不具有任何伦理上的合理性。换言之，对罪犯人格的尊重具有基本的文化价值基础，即社会上人与人之间能够实现互相的个体人格尊重。

（2）个体之间的相互宽容。社会个体之间需要人格方面的尊重，就意味着相互之间的宽容：互相尊重对方人格的发展，而不是通过否定、反对对方人格的发展来实现或者促进自己的人格发展。之所以主张这样的价值观念，是因为：第一，我们现在的社会是充

---

① 参见吕静：《暴力天注定?》，载《新闻周刊》2004年9月20日。

② 参见武卉昕：《暴力的道德依据是否存在——古谢伊诺夫非暴力伦理管窥》，载《求索》2005年第5期。

满了风险的社会，一方面要遵循特定的规则，另一方面也要冒险行事，以前自然产生的规则未必在复杂的技术条件下或者技术环境中能够奏效。因此，对他人在风险活动中的试验能够容忍，并不苛求其必须达到成功的结果。[①] 如果总是苛求对方的行为非常完美，总是能够达到预定的结果，不仅很难实现，而且可能需要付出更大的成本。第二，从抽象个体的角度出发来看，对其他个体的宽容实际上也是对其自身的宽容，因为任何个体难以避免人格的缺陷与发展的不完善，在特定环境作用下有可能发生暴力的侵害。"野蛮人其实是我们自己在恶劣环境中的自我体现。"[②] 除了物质方面的发展之外，个体之间在精神、文化层面没有基本的人格尊重，就谈不上形成整体意义上的良好社会环境。第三，很多情况下，通过否定、反对其他个体的人格发展来获得个人利益增进的企图通常都不会实现。通常情况下社会资源的分配处于相对的帕累托最优状态。但是，如果个人以自己的暴力攻击来打破这种均衡，实现个人获益，就意味着打破社会关于资源继承分配的规则。而打破规则也就意味着受到社会的追究，否定其行为，谴责其观念，剥夺其打破规则而获得的资源。恰恰相反的是，只有不剥夺他人，来发展个人，才能够实现帕累托改进。因此，宽容有着非常现实的经济学基础，不宽容只能带来对个人人格发展的不利。暴力攻击行为根本就不是解决个体人格困境的良好方法，甚至是导致困境恶化的错误手段。

（3）承认与实践个人责任。责任原则的出现表明，宽容并非无界限的，不是不计任何代价的容忍。[③] 对宽容原则的补充就是责任原则，因为没有责任原则就无法实现真正的宽容，不宽容带来的

---

① 参见［德］亚图·考夫曼著：《法律哲学》，刘幸义等译，台湾五南图书出版公司 2000 年版，第 308 页。

② 参见［美］亨德里克·威廉·房龙著：《宽容》，秦立彦、冯士新译，广西师范大学出版社 2004 年版，第 6 页。

③ 参见［德］亚图·考夫曼著：《法律哲学》，刘幸义等译，台湾五南图书出版公司 2000 年版，第 333 页。

利益可能会远远大于宽容的利益，直至毁灭整个社会基本的宽容，人道主义的理念将彻底崩溃。这对人类的打击不啻直接的核毁灭。对于毁灭最基本自由的行为不能抱以容忍，而是要坚决地予以否定。暴力攻击的后果就是承担应该的责任：不仅难以获得特定的利益，而且受到社会的否定，被剥夺特定的获益。暴力攻击者必须从责任中明白首先也要对他人待以宽容，才能实现真正的人格存在与发展。因此，责任原则是对不宽容的否定，对暴力攻击的绝对否定。

责任原则是对宽容的必要补充，其实施的目标也应以被否定者建立内在的宽容心态为基本内容。这就意味着两点：第一，暴力攻击者必须承担责任，不能抱有因不宽容而获得的利益；第二，暴力攻击者必须明白、承认不宽容是错误的，其暴力行为也是否定性的。如果上述两点达不到，就很难在社会中建立宽容的文化。当然，我们也不宜在社会中宣扬暴力攻击合理的观念，因为即便为实施合法目的而实施的暴力也会对人们有不利的影响，尤其是对青少年来说，他们将认为目的的正当性可以赋予暴力攻击的正当性，被暴力攻击的个体的人格可以忽略，在行为模范中忽视尊重人格与宽容他人的实际价值，将暴力作为解决问题的有效方式。①

（4）对否定暴力、承认宽容者的和解。过去有罪错的人应向其攻击的被害人表示出其罪错与诚恳的歉意态度。现实中，发生"冤冤相报"的原因很多时候并不是被害人及其亲属抱有过于固执的复仇观念，而是因为难以获得罪犯承认错误的歉意，致使被害人及其亲属难以消除其内心对罪犯的仇恨，希望通过对罪犯同样的侵害来实现内心的平衡。这样势必难以达到社会的和解，而且造成报应观念非常浓厚的文化氛围。很多罪犯出狱后再次犯罪、多次犯罪，与社会环境对其仍不信任、没有宽容也有很大关系。因此，和解是在暴力攻击者承担责任后的又一补充原则，即对已经承认与建

---

① 参见吴宝丽：《暴力英雄的诱惑》，载《中国妇女报》1996年6月4日。

立宽容观念的人要待以宽容观念，而不是对其原先的罪错念念不忘。倡导罪犯的真诚悔罪才有利于被害方的和解，而后者有利于淡化社会上的报应观念，对宽容观念的建立起到积极的作用。

（二）社会反暴力治理机制的建构

1. 心理危机疏导与评估机制

在外界刺激发生情况下，正常人能够正确分析综合，控制自己过于激烈的情绪反应，尽量做出理性的反应，采取合适的措施，实施不伤害他人的行为。但是，对于少数人群，外界刺激发生后，其精神上发生分析与综合的错误与偏斜，对如何采取措施没有正确的认识，将毁灭自己或者毁灭他人的暴力攻击作为第一位的解决方案。例如，2005 年 12 月 26 日，邹某怀疑妻子不忠，用自制枪支将其射杀，并击伤在场的侄女，与闻讯而来的武警发生枪战，后被击毙。① 甚至有些人精神空虚，难以找到合适的充实自我的方式，将实施对他人的暴力攻击作为填补空虚的方式。例如，河南省杨新海连续杀人案就是如此，为谋求内心变态心理需要而连续杀死 67 人。因此，不管是从防止自杀，还是预防暴力犯罪的发生，都有必要建立完善的心理危机疏导机制，成立专门的机构，组织专门的人员从事这方面的工作，为社会广泛地开展服务，对心理存在危机的人群、有畸形需要的人群提供心理疏导。而且，在社会范围内推广心理咨询与评估机制，广泛建立类似于诊所、律师事务所的心理咨询机构，为社会各界提供心理咨询。② 而且，每个社会组织可聘请专门人员对其内部工作的人群实行心理评估，疏导可能存在的心理危机。

2. 危困人群救助机制

特定的人群发生生存上的困难后，容易以犯罪作为谋取生存的

---

① 参见《男子怀疑妻子不忠将其射杀后拒捕被击毙》，载《广州日报》2005 年 12 月 27 日。

② 参见何贵初著：《自杀性暴力犯罪》，中国人民公安大学出版社 2003 年版，第 260 页。

手段。很多时候，有些人就采取暴力犯罪的方式来谋取财物。对于这样的人群，要根据情况进行区别对待：

（1）对于明显属于不劳而获的人，在判处刑罚的同时也要进行深刻的教育活动，使其能够明确其行为的错误与劳动的必要性，弄清楚犯罪不可能成为维持生存的良好手段。

（2）对于没有劳动能力或者患有严重疾病的人，要根据其犯罪原因确定合适的刑罚，尽量不适用死刑。同时，应该不断健全我国的社会救助与保障制度，特别应该注意以下几个问题：第一，对因疾病、年老体衰、残疾等而遭受生存困难的危困人群、弱势群体，通过法律形式制定大病救助、残疾救助、失学救助、孤寡救助。

（3）农村在城市的务工人员，相对来说也是弱势群体，应该完善工资追讨制度、劳动安全与医疗保险制度、文化娱乐制度，对他们进行正确的思想引导。

（4）对城市流浪、乞讨人员进行分类救助，打击利用儿童、残疾人乞讨活动谋取经济利益的犯罪行为，救助其中确实属于疾病、残疾、孤寡、无人抚养儿童情况的人，消除暴力攻击的社会源头。[①]

3. 社会安全预警机制

研究表明，单次暴力行为往往针对熟人，而反复暴力行为往往经过罪犯理智的选择，主要针对陌生人。如前所述，我国目前惩治与预防暴力犯罪的形势还是比较严峻的，应从多方面来加强社会安全防范机制。笔者认为，可以从如下几个方面入手：

（1）建立罪犯情报与信息共享制度。对于严重暴力犯罪，不管罪犯是否已经逮捕归案，是否已经判决完毕，其犯罪的基本情况、人身危险状况都可以按照特定表格记录在案。该信息档案不仅

---

① 参见许成磊：《关于当前流浪乞讨问题的刑法思考》，载赵秉志主编：《刑法时评（2004 年卷）》，中国人民公安大学出版社 2005 年版，第 120 页。

可在全国公安、检察、刑事审判与监狱系统内共享，而且挑选其中非常严重的情况，与社会新闻、社会安保、基层派出所联防等进行共享，预防犯罪发生，尽量避免各种损失。

（2）建立社会安全预防全面参与制度。在城乡结合部、人口流动频繁的场所、特定公共场所等地方，加强警察的巡逻巡视力度，必要时刻组织当地民兵、居民自治组织、村民小组等进行巡逻活动，防范犯罪发生。而在一些小区，居委会或者物业、业主委员会也可以组织社区居民定期定时进行巡逻活动，不给犯罪分子以任何机会。

（3）对重大的犯罪案件，尤其是连环、流窜作案的严重暴力犯罪，一旦出现苗头，就要迅速立案，在全国公安系统内形成互动网络。对严重危及人身安全的特别严重暴力犯罪，可向社会公布犯罪情况，不仅要求社会各界提供犯罪嫌疑人的线索，而且提醒社会各界做好防范措施，不再给罪犯以犯罪机会，消除社会上的不安乃至恐怖气氛，防止危害结果扩大。[①]

4. 社会危机应急机制

严重暴力犯罪也可能会引发社会的公共危机，如美国的"9·11"事件。而我国的紧急状态法律制度、社会公共危机应急机制还很不完善。戒严法又太过严厉，难以适应处理社会公共危机的实际需要。[②] 但是，我国在现阶段存在不少引发社会危机的社会因素。城乡、地区之间发展不平衡、收入分配不平衡，而收入分配方式还在变革中，其完善还需要一定的时间，而且，贫富差距还有进一步拉大的趋势。另外，国家法律制度还需要完善，政治体制改革还在进行中，对公务员的监督制度有待于健全。这些都容易刺激人们不健康的心理需求，引发严重的暴力犯罪事件。例如，2001 年

---

① 参见何贵初著：《自杀性暴力犯罪》，中国人民公安大学出版社 2003 年版，第272~278 页。

② 参见刘小冰：《紧急状态法的基本要素及制度选择》，载《南京社会科学》2004 年第 5 期。

10月26日晚，山西省晋中地区榆次市某村村民胡文海以杀尽贪官为由一次杀死14人，重伤3人，但其为治理本村贪污而不断上访的事实却被掩盖。① 当地事先没有注意胡文海已有杀人的预兆，后来也没有将此事件作为社会公共危机来处理，做出合理的说明与解释。其实，研究表明，对此类事件处理中，民意监测、风险传播后果、舆论焦点的分析、危机心理研究、传播计划效果评估等问题的重要性不亚于对危机本身的处理。② 所以，很有必要建立针对严重暴力犯罪的社会危机应急机制，注意以下几个方面的问题：

（1）依法对案件作出处理，不能因为案件成为重大事件而随意从重从快；

（2）对被害人进行合适的抚慰与救助，防止矛盾扩大；

（3）对导致犯罪发生的原因进行分析，并做出妥善的处理，如为具体事件，应直接解决实际存在的问题；

（4）对非案件的民众进行解释、教育，避免采用暴力犯罪方式解决个人问题或矛盾。

---

① 参见《山西胡文海特大持枪杀人案始末》，载《南风窗》2002年2月。

② 参见喻国明：《突发公共危机的研究课题》，载《人民日报》2003年6月11日第8版。

结　语

一、废止暴力犯罪死刑：政治自信还是学术自信

　　长期以来，死刑问题一直是刑法理论领域的研究课题，并没有在社会上引起广泛的关注。然而，这并不表明民众对死刑毫无认识。恰恰相反，在很多严重暴力犯罪的个案中，民众对适用死刑有着坚定的认识，"民愤"往往成为司法机关对严重暴力犯罪的罪犯适用死刑的重要依据之一。很多报刊上关于暴力犯罪及死刑适用的报道往往能够引起读者的极大关注与支持。在很多情况下，民众对暴力犯罪死刑的观念是在具体案件中通过对罪犯适用死刑的强烈要求或者所谓的联名书表现出来的。然而，随着网络的发展，民愤的表现形式在21世纪初期发生了巨大的变化。2002年12月，由湘潭大学法学院、丹麦人权研究中心等单位联合主办的死刑问题国际研讨会在湖南省湘潭市举行。号称"深入成就深度"的著名报纸《南方周末》于2003年1月9日作了报道。① "一石激起千层浪"，关于死刑的话题迅速在网络（internet）上风行，人民网、新浪、网易等国内著名网络门户网站以专题等形式对死刑存废做了系列报道，网民也展开了广泛的讨论。同年，几起严重暴力犯罪案件见诸报端，如河南杨新海连环杀人案、河南黄勇连环杀人案及广东马勇、段智群连环杀人案，更是激起网民对严重暴力犯罪的愤慨与对死刑的广泛赞同。民众对死刑的认识非常鲜明地通过媒体、网络表现出来。

---

　　① 参见郭光东：《死刑：保留？废除？》，载《南方周末》2003年1月9日。

对于我国的死刑问题，理论界主张区分暴力犯罪与非暴力犯罪来研究死刑废止的可能性与可行性，形成了限制、减少死刑，先废止经济犯罪、财产犯罪的死刑的共识。在此基础上，赵秉志教授率先提出了逐步废止非暴力犯罪之死刑的观点。与此同时，新闻媒体与民众对死刑的关注还扩展到了死刑核准权应否收回最高人民法院的重大问题上。2004年刑事法学界对死刑核准权问题进行了广泛研究，① 随后也通过媒体在社会上激起了极大的反响。2005年两会上，死刑核准权收回的决策基本确定。2005年3月19日，温家宝总理在记者招待会上明确表示不会废止死刑，但要慎重适用。至此，不管是统治阶层还是社会民众，对死刑都表现出"保留但慎用"的看法。但是，刑事法理论上对死刑的研究却没有停止。死刑问题，尤其是死刑核准权收回后如何正确适用死刑的问题，仍然是重大的研究课题。在司法机关限制、减少死刑适用的同时，理论上还有必要研究如何逐步废止死刑。2005年年初，赵秉志教授提出了废止死刑的整体构想，即对非暴力犯罪死刑罪名区分危害程度来设定废止死刑的步骤，对暴力犯罪区分致命性与非致命性死刑罪名来设定废止死刑的步骤。因此，如同笔者在前言中所述，暴力犯罪的死刑问题对于死刑废止而言具有终极性的意义。对于促使被害人与行为人直接对立、容易激起民众报应心理的严重暴力犯罪来说，其死刑似乎具备民众深刻报应观念、统治阶层威慑（秩序）观念的坚定根基。在漫长的历史上，死刑废止的观念不断转换理论根据，以否定上述两种观念。但是，从来都没有获得完全的胜利。不管是功利主义，还是人道主义都无法避免内在的逻辑矛盾，使得民众与统治阶层对死刑采取了支持与适用的态度。死刑废止的理论认识、学术观点还远远没有达到完全引导民意、说服统治阶层的

---

① 如在赵秉志教授与邱兴隆教授联合主持之下，中国人民大学刑事法律研究中心、湘潭大学死刑研究中心于2004年5月共同成功主办"死刑的正当程序"学术研讨会。

力度。

2005 年，中国刑法理论上对死刑问题的研究已经不再停留在存废的理论分析上，而是对影响死刑废止的因素进行深入分析。有学者研究得出结论，认为废止死刑，尤其是暴力犯罪的死刑要依赖于政治领袖基于政治自信做出的政治抉择。① 那么，对于暴力犯罪的死刑，学术理论是否已无计可施，可束手旁观呢？笔者的回答是否定的。恰恰是过去关于死刑的激烈争论，使得人们对死刑的观念趋于理性，统治阶层逐步放弃以死刑作为统治手段。并且，死刑存废的争论继续推动人们准确地适用死刑，在讨论其应否存在的同时改进死刑适用的程序与实施的方式。这不能不说是关于死刑废止的学术理论的重大成果。而最大的成果就是：死刑适用始终是法律问题，国家代表社会处死某人必须通过法律的程序进行严密的证明之后才能够实施。如前所述，收回死刑核准权，逐步废止非暴力犯罪的死刑，是我国刑事法理论的共识，也对司法实务界、司法机关产生了重大影响。国家立法机关修改《人民法院组织法》，于 2007 年 1 月 1 日将死刑复核权收归最高人民法院，也充分说明了这一点，而国家立法机关在 2011 年 2 月 25 日通过《刑法修正案（八）》，削减 13 个非暴力犯罪死刑罪名，更是印证了刑事法理论界关于死刑之认识有着巨大的立法推动力。因此，对于未来废止暴力犯罪死刑，刑法学术理论并非无事可做，等待政治家进行放弃死刑的政治抉择。恰恰相反，还有很多与暴力犯罪死刑废止相关的问题需要深入的分析与研究。刑法学术理论应该相信自身的力量，自信能推动中国加快暴力犯罪死刑废止的法治进程。这样也能够为学术上提供更强的研究动力，提供更新、更为全面的研究视点与角度。毕竟学术的自信是建立在坚实的理论论证与充分、有力的说服力的基础上的。

---

① 参见陈兴良：《中国死刑的当代命运》，载《中外法学》2005 年第 5 期。

二、暴力犯罪死刑废止的多重路径：新的理论切入、司法限制与立法完善

从 18 世纪中后叶贝卡里亚提出废止死刑的理论主张以来，关于死刑存废的话题就连绵不绝地贯穿在人类历史发展中，不同地区的不同民众做出了不同的分析与回答。死刑废止论的理论切入点则主要表现为两种：功利主义与人道主义。但死刑存置论也能从中找到根据。因而这两种理论认识都存在其内在的不足，在其内部就死刑的存废问题产生了分歧。功利主义最初的内在分歧表现为：死刑能否有效震慑罪犯？后来则演化为：罪犯能否被教育、改善？人道主义的内在分歧表现为：对严重暴力犯罪的罪犯能否也施以绝对的人道？20 世纪初出现的、后经过不少刑法学者发展的人格责任论，从人格与罪犯的主体性两个角度对死刑废止进行分析，但在犯罪人格问题上有些含混不清。笔者认为，从人格责任论出发，结合犯罪学、犯罪心理学关于犯罪人格的分析，肯定罪犯的主体性，但同时强调其可改造性，将本来具有两个不同层面上意义的"犯罪人格"统一于"正常人格"，将功利主义与人道主义相融合，以"人格主义"为切入点来论证死刑废止的观念。具体而言，从死刑维持刑罚的非必要性、死刑的事后性来看，死刑并非报应的必要手段，也具有犯罪预防手段的效果有限性。但其对无辜者、罪犯的人格都予以彻底地抹杀。因此，死刑废止论具有充分的理论根据。当然，暴力犯罪死刑废止的实质表现为社会适应问题，包括民众报应心理的适应、社会安全机制的适应、社会管理手段的适应三方面。这就使得死刑的废止势必遭遇维持报应、社会治安、罪犯矫正三大难题。不管是对暴力犯罪抱以报应观念的民众，还是持有秩序观念的统治阶层，不必把眼光放在暴力犯罪及死刑本身，而是多关注社会治安、罪犯矫正等问题，并从社会文化、经济制度等方面来解决上述三大难题，才能真正维护人类的自我生存与发展。所以，刑法学术理论将暴力犯罪及其死刑问题提升到了如何平衡社会个体人格与社

会秩序之间关系的层面上，为废止死刑做出了更有力的理论预备。

在现行死刑立法之下，我国刑事司法并非无能为力，相反可采取多种方式来实现对死刑的司法限制，如提高暴力犯罪死刑适用的条件、扩大对暴力犯罪适用死刑缓期执行。即便是判处死刑，也可利用宪法规定的特赦制度予以赦免，甚至可利用现行刑事诉讼法没有规定死刑核准期限的情形推迟对死刑立即执行判决的核准，避免错误适用死刑。

同时，刑事立法也可从死刑的立法废止上看，可对更多种类的人群不适用死刑；可对更多种类的罪名不配置死刑；可规定仅在国家依法宣布紧急状态时期对特定严重暴力犯罪适用死刑；可在某些经济发达、文化昌明、治安良好的地区实验性地废止死刑；可规定对某些刑事司法协助活动中的严重暴力罪犯不适用死刑。同时，在立法上也应该注意废止死刑的刑法替代措施、配套措施完善的问题。首先，在保留个别严重暴力犯罪死刑的情形下，仍有必要扩大死刑缓期执行的适用。其次，延长有期徒刑，规定更为严格的无期徒刑，适用于原来配置死刑的暴力犯罪，完善数罪并罚制度，将其最高期限扩展至 30 年。最后，建立与完善暴力犯罪刑罚的配套制度，主要是完善减刑、假释制度，适应上述有期徒刑延长、无期徒刑严格化的实际情况；完善刑事追诉制度，区分并延长死刑、无期徒刑的追诉时效，在废止死刑的情况下建立针对严重暴力犯罪的绝对追诉制度，等等。另外，还要完善死刑犯减刑权、死刑核准暂缓、严重罪犯出狱追踪、罪犯赔偿与国家补偿被害人等制度。

三、废止暴力犯罪死刑的最终难题：反暴力

有论者指出，死刑是人性与罚则的冲撞。[①] 刑法理论也有必要研究：死刑究竟是什么样的人性问题？笔者认为，这应将死刑与暴力犯罪放在一起来考量。不管是死刑，还是严重暴力犯罪（最为

---

① 参见林达：《死刑：人性与罚则的冲撞》，载《南方周末》2005 年 12 月 9 日。

典型的是故意杀人），都表现为人对同类的攻击，换言之，都是暴力的表现形式。死刑是对暴力犯罪采用"以暴制暴"方式的直接反映。而且，很多暴力犯罪之所以发生，是因为很多人采取极端暴力形式处理其所面临的矛盾或者问题（包括他人的暴力攻击）。

因此，死刑的人性问题就归结为：人类暴力为什么会发生？从生理学上讲，人具有基本的生物能量与活动能力，当这种活动能力表现为将强制力量施加于他人人身时，就产生了暴力的问题。然而，这样的回答就未免简化了问题。人具有自我控制暴力倾向的自觉意识与能力，并不经常采用暴力方式来解决问题，而是采用协商、沟通的方式获取意识中需要的东西。在很多情况下，个人暴力是因为其自我感觉没有其他有效的方式解决问题，而相信暴力能够解决眼前困难，没有考虑到暴力并不是最优的方式。"以暴制暴"是通过外在的强制力量施加于个人，企图消除个人身上的暴力倾向，从反面反映出对暴力的依赖。而这种表面上正当的暴力却可能导致一个恶果：被施加暴力的人仍然相信暴力方式的有效性，即"以暴制暴"可能激起更多的暴力，产生"暴力的恶性循环"。在"暴力的恶性循环"中，个人的人格（尊严与自我控制的社会化）处于完全被忽视与否定的境地。所以，不管是死刑，还是暴力犯罪，暴力的对象都被抹杀独立主体性与人格尊严。

暴力的危害非常显著。据统计，严重暴力犯罪（主要是杀人）是导致 15~29 岁年龄段人口死亡的第六大原因，每年有 300 万~700 万成年人因为暴力而住院接受治疗。"暴力"已经成为人类所面临的危机生存的重大问题，主要表现为：（1）家庭暴力；（2）校园暴力；（3）黑社会暴力；（4）恐怖犯罪活动；（5）成年人暴力；（6）司法暴力（刑讯逼供）。显然，这种以毁灭他人，甚至包括毁灭自己为手段的暴力解决方案不亚于世界各个大国储备的不计其数的核弹头，对人类群体有着根本性的毁灭危害。对此，世界卫生组织从 2003 年开始关注各个国家的暴力问题，逐步建立暴力预防联盟来促进社会与国家防治暴力活动。并且，已经达成共识，即后天的教导有利于祛除个体身上的暴力倾向，或者增强其自我控制的能力。已经有 70 个国家或者地区参与该组织的活动中，展开对暴力、暴力犯罪的防治。[①] 而我国尚未成立有关反对暴力的专门社会组织，在社会上也尚未形成反对暴力的文化氛围。对暴力进行有效的反制，而不是压制，已经成为迫在眉睫的问题。

对于暴力犯罪的行为人而言，其暴力攻击行为蔑视他人的生命，否定他人的人格；对于国家而言，死刑同样也否定了人的生命价值，否定死刑犯的人格。不管是在遏制犯罪的层面，还是在废止死刑的层面上，如果承认社会个体的人格，那么，就要承认一点：人的生命是最宝贵的，而人都是有人格的。只有保留人的生命，才能够促使人们完善人格。尽管有些人具有人格的偏颇，也能够建立起正常的人格。因此，能够对暴力犯罪、死刑同时予以否定的根据只能是：尊重人的人格。以人格主义为切入点阐明死刑应该废止的观念同样可以用于构建遏制暴力犯罪的机制。

尊重人格的实现途径在于反对暴力，不管是作为犯罪侵害的暴力，还是作为死刑、具有合法外表的暴力。反暴力才是人类群体维系、发展的根基，是人类文明、文化发展的真正核心。对于个人而言，尊重他人的合法权益，反对自身内在的暴力倾向、控制自己采用暴力解决问题的冲动，才是正常的人格；对于社会而言，尊重每个个体的人格，并不对个人暴力实行"零容忍（zero tolerance）"，惩罚暴力侵害的同时增强社会成员自我约束的"暴力依赖"心理，构建反暴力的社会文化，冲淡社会上的暴力情绪。所以，笔者不揣浅陋，经过研究最终认为，不管是遏制犯罪，还是废止死刑，都须要通过"非暴力"的社会机制来实现。人格主义不失为研究暴力犯罪、死刑及非暴力的较好路径。

---

① 参见世界卫生组织网，http：//www. who. int/violenceprevention/en/index. html。

附录：1997年刑法典及修正案中的暴力犯罪死刑条文

一、1997年刑法典中的暴力犯罪死刑条文（节录）

第二编 分 则

第一章 危害国家安全罪

第一百零四条 组织、策划、实施武装叛乱或者武装暴乱的，对首要分子或者罪行重大的，处无期徒刑或者十年以上有期徒刑；对积极参加的，处三年以上十年以下有期徒刑；对其他参加的，处三年以下有期徒刑、拘役、管制或者剥夺政治权利。

策动、胁迫、勾引、收买国家机关工作人员、武装部队人员、人民警察、民兵进行武装叛乱或者武装暴乱的，依照前款的规定从重处罚。

第一百一十三条 本章上述危害国家安全罪行中，除第一百零三条第二款、第一百零五条、第一百零七条、第一百零九条外，对国家和人民危害特别严重、情节特别恶劣的，可以判处死刑。

犯本章之罪的，可以并处没收财产。

第二章 危害公共安全罪

第一百一十五条 放火、决水、爆炸、投毒或者以其他危险方法致人重伤、死亡或者使公私财产遭受重大损失的，处十年以上有期徒刑、无期徒刑或者死刑。

过失犯前款罪的，处三年以上七年以下有期徒刑；情节较轻的，处三年以下有期徒刑或者拘役。

第一百一十九条 破坏交通工具、交通设施、电力设备、燃气设备、易燃易爆设备，造成严重后果的，处十年以上有期徒刑、无期徒刑或者死刑。

过失犯前款罪的，处三年以上七年以下有期徒刑；情节较轻的，处三年以下有期徒刑或者拘役。

第一百二十一条 以暴力、胁迫或者其他方法劫持航空器的，处十年以上有期徒刑或者无期徒刑；致人重伤、死亡或者使航空器遭受严重破坏的，处死刑。

第一百二十五条 非法制造、买卖、运输、邮寄、储存枪支、弹药、爆炸物的，处三年以上十年以下有期徒刑；情节严重的，处十年以上有期徒刑、无期徒刑或者死刑。

非法买卖、运输核材料，依照前款的规定处罚。

单位犯前两款罪的，对单位判处罚金，并对其直接负责的主管人员和其他直接责任人员，依照第一款的规定处罚。

第一百二十七条 盗窃、抢夺枪支、弹药、爆炸物的，处三年以上十年以下有期徒刑；情节严重的，处十年以上有期徒刑、无期徒刑或者死刑。

抢劫枪支、弹药、爆炸物或者盗窃、抢夺国家机关、军警人员、民兵的枪支、弹药、爆炸物的，处十年以上有期徒刑、无期徒刑或者死刑。

第四章 侵犯公民人身权利、民主权利罪

第二百三十二条 故意杀人的，处死刑、无期徒刑或者十年以上有期徒刑；情节较轻的，处三年以上十年以下有期徒刑。

第二百三十四条 故意伤害他人身体的，处三年以下有期徒刑、拘役或者管制。

犯前款罪，致人重伤的，处三年以上十年以下有期徒刑；致人死亡或者以特别残忍手段致人重伤造成严重残疾的，处十年以上有期徒刑、无期徒刑或者死刑。本法另有规定的，依照规定。

第二百三十六条 以暴力、胁迫或者其他手段强奸妇女的，处三年以上十年以下有期徒刑。

奸淫不满十四周岁的幼女的，以强奸论，从重处罚。

强奸妇女、奸淫幼女，有下列情形之一的，处十年以上有期徒刑、无期徒刑或者死刑：

（一）强奸妇女、奸淫幼女情节恶劣的；

（二）强奸妇女、奸淫幼女多人的；

（三）在公共场所当众强奸妇女的；

（四）二人以上轮奸的；

（五）致使被害人重伤、死亡或者造成其他严重后果的。

第二百三十九条 以勒索财物为目的绑架他人的，或者绑架他人作为人质的，处十年以上有期徒刑或者无期徒刑，并处罚金或者没收财产；致使被绑架人死亡或者杀害被绑架人的，处死刑，并处没收财产。

以勒索财物为目的偷盗婴幼儿的，依照前款的规定处罚。

第二百四十条 拐卖妇女、儿童的，处五年以上十年以下有期徒刑，并处罚金；有下列情形之一的，处十年以上有期徒刑或者无期徒刑，并处罚金或者没收财产；情节特别严重的，处死刑，并处没收财产：

（一）拐卖妇女、儿童集团的首要分子；

（二）拐卖妇女、儿童三人以上的；

（三）奸淫被拐卖的妇女的；

（四）诱骗、强迫被拐卖的妇女卖淫或者将被拐卖的妇女卖给他人迫使其卖淫的；

（五）以出卖为目的，使用暴力、胁迫或者麻醉方法绑架妇女、儿童的；

（六）以出卖为目的，偷盗婴幼儿的；

（七）造成被拐卖的妇女、儿童或者其亲属重伤、死亡或者其他严重后果的；

（八）将妇女、儿童卖往境外的。

拐卖妇女、儿童是指以出卖为目的，有拐骗、绑架、收买、贩卖、接送、中转妇女、儿童的行为之一的。

第五章　侵犯财产罪

第二百六十三条　以暴力、胁迫或者其他方法抢劫公私财物的，处三年以上十年以下有期徒刑，并处罚金；有下列情形之一的，处十年以上有期徒刑、无期徒刑或者死刑，并处罚金或者没收财产：

（一）入户抢劫的；

（二）在公共交通工具上抢劫的；

（三）抢劫银行或者其他金融机构的；

（四）多次抢劫或者抢劫数额巨大的；

（五）抢劫致人重伤、死亡的；

（六）冒充军警人员抢劫的；

（七）持枪抢劫的；

（八）抢劫军用物资或者抢险、救灾、救济物资的。

第六章　妨害社会管理秩序罪

第二节　妨害司法罪

第三百一十七条　组织越狱的首要分子和积极参加的，处五年以上有期徒刑；其他参加的，处五年以下有期徒刑或者拘役。

暴动越狱或者聚众持械劫狱的首要分子和积极参加的，处十年以上有期徒刑或者无期徒刑；情节特别严重的，处死刑；其他参加的，处三年以上十年以下有期徒刑。

第八节　组织、强迫、引诱、容留、介绍卖淫罪

第三百五十八条　组织他人卖淫或者强迫他人卖淫的，处五年

以上十年以下有期徒刑，并处罚金；有下列情形之一的，处十年以上有期徒刑或者无期徒刑，并处罚金或者没收财产：

（一）组织他人卖淫，情节严重的；

（二）强迫不满十四周岁的幼女卖淫的；

（三）强迫多人卖淫或者多次强迫他人卖淫的；

（四）强奸后迫使卖淫的；

（五）造成被强迫卖淫的人重伤、死亡或者其他严重后果的。

有前款所列情形之一，情节特别严重的，处无期徒刑或者死刑，并处没收财产。

协助组织他人卖淫的，处五年以下有期徒刑，并处罚金；情节严重的，处五年以上十年以下有期徒刑，并处罚金。

第十章 军人违反职责罪

第四百二十六条 以暴力、威胁方法，阻碍指挥人员或者值班、值勤人员执行职务的，处五年以下有期徒刑或者拘役；情节严重的，处五年以上有期徒刑；致人重伤、死亡的，或者有其他特别严重情节的，处无期徒刑或者死刑。战时从重处罚。

第四百四十六条 战时在军事行动地区，残害无辜居民或者掠夺无辜居民财物的，处五年以下有期徒刑；情节严重的，处五年以上十年以下有期徒刑；情节特别严重的，处十年以上有期徒刑、无期徒刑或者死刑。

二、刑法修正案涉及暴力犯罪死刑的条文（节录）

中华人民共和国刑法修正案（三）（节录）
（2001 年 12 月 29 日通过）

一、将刑法第一百一十四条修改为："放火、决水、爆炸以及投放毒害性、放射性、传染病病原体等物质或者以其他危险方法危害公共安全，尚未造成严重后果的，处三年以上十年以下有期徒刑。"

二、将刑法第一百一十五条第一款修改为："放火、决水、爆炸以及投放毒害性、放射性、传染病病原体等物质或者以其他危险方法致人重伤、死亡或者使公私财产遭受重大损失的，处十年以上有期徒刑、无期徒刑或者死刑。"

六、将刑法第一百二十七条修改为："盗窃、抢夺枪支、弹药、爆炸物的，或者盗窃、抢夺毒害性、放射性、传染病病原体等物质，危害公共安全的，处三年以上十年以下有期徒刑；情节严重的，处十年以上有期徒刑、无期徒刑或者死刑。

"抢劫枪支、弹药、爆炸物的，或者抢劫毒害性、放射性、传染病病原体等物质，危害公共安全的，或者盗窃、抢夺国家机关、军警人员、民兵的枪支、弹药、爆炸物的，处十年以上有期徒刑、无期徒刑或者死刑。"

中华人民共和国刑法修正案（五）（节录）
（2005 年 2 月 28 日通过）

三、在刑法第三百六十九条中增加一款作为第二款，将该条修改为："破坏武器装备、军事设施、军事通信的，处三年以下有期徒刑、拘役或者管制；破坏重要武器装备、军事设施、军事通信的，处三年以上十年以下有期徒刑；情节特别严重的，处十年以上有期徒刑、无期徒刑或者死刑。

"过失犯前款罪，造成严重后果的，处三年以下有期徒刑或者拘役；造成特别严重后果的，处三年以上七年以下有期徒刑。

"战时犯前两款罪的，从重处罚。"

中华人民共和国刑法修正案（七）（节录）
（2009 年 2 月 28 日通过）

六、将刑法第二百三十九条修改为："以勒索财物为目的绑架他人的，或者绑架他人作为人质的，处十年以上有期徒刑或者无期徒刑，并处罚金或者没收财产；情节较轻的，处五年以上十年以下有期徒刑，并处罚金。

"犯前款罪，致使被绑架人死亡或者杀害被绑架人的，处死刑，并处没收财产。

"以勒索财物为目的偷盗婴幼儿的，依照前两款的规定处罚。"

中华人民共和国刑法修正案（八）（节录）
（2011 年 2 月 25 日通过）

三、在刑法第四十九条中增加一款作为第二款："审判的时候已满七十五周岁的人，不适用死刑，但以特别残忍手段致人死亡的除外。"

四、将刑法第五十条修改为："判处死刑缓期执行的，在死刑缓期执行期间，如果没有故意犯罪，二年期满以后，减为无期徒刑；如果确有重大立功表现，二年期满以后，减为二十五年有期徒刑；如果故意犯罪，查证属实的，由最高人民法院核准，执行死刑。

"对被判处死刑缓期执行的累犯以及因故意杀人、强奸、抢劫、绑架、放火、爆炸、投放危险物质或者有组织的暴力性犯罪被判处死刑缓期执行的犯罪分子，人民法院根据犯罪情节等情况可以同时决定对其限制减刑。"

三、《刑法修正案（九）（草案）》涉及暴力犯罪死刑的条文①（节录）

四十五、将刑法第四百二十六条修改为："以暴力、威胁方法，阻碍指挥人员或者值班、值勤人员执行职务的，处五年以下有期徒刑或者拘役；情节严重的，处五年以上十年以下有期徒刑；情节特别严重的，处十年以上有期徒刑或者无期徒刑。战时从重处罚。"

---

① 全国人大常委会于 2014 年 10 月 27 日首次审议《中华人民共和国刑法修正案（九）（草案）》，载中国人大网，http：//www.npc.gov.cn/npc/lfzt/rlys/2014–11/03/content_ 1885122. htm。

参考文献

（以出版或者发表时间先后顺序排列）

一、教科书

1. 陈仲庚、张雨新著：《人格心理学》，辽宁人民出版社 1986 年版。

2. 陈兴良主编：《经济刑法学（总论）》，中国社会科学出版社 1990 年版。

3. 康树华主编：《犯罪学通论》，北京大学出版社 1996 年版。

4. 韩忠谟著：《刑法原理》，中国政法大学出版社 2002 年版。

5. 伍堂棣主编：《心理学》，人民教育出版社 2003 年版。

6. 陈瑾昆著：《刑法总则讲义》，中国方正出版社 2004 年版。

7. 周东平著：《犯罪学新论》，厦门大学出版社 2004 年版。

8. 许章润主编：《犯罪学》（第 2 版），法律出版社 2004 年版。

9. 高铭暄主编：《刑法学原理》（第 3 卷），中国人民大学出版社 2005 年版。

10. 高铭暄主编：《刑法专论》（第 2 版），高等教育出版社 2006 年版。

11. 赵秉志主编：《刑法新教程》（第 3 版），中国人民大学出版社 2009 年版。

12. 张明楷著：《刑法学》（第 4 版），法律出版社 2011 年版。

13. 高铭暄、马克昌主编：《刑法学》（第 5 版），北京大学出版社、高等教育出版社 2011 年版。

二、中文著作

1.《马克思恩格斯全集》，人民出版社 1997 年版。

2.《毛泽东选集》，人民出版社 1977 年版。

3.《邓小平文选》（第 3 卷），人民出版社 1993 年版。

4. 高铭暄著：《中华人民共和国刑法的孕育和诞生》，法律出版社 1981 年版。

5. 李光灿著：《评〈寄簃文存〉》，群众出版社 1985 年版。

6. 由嵘著：《日耳曼法简介》，法律出版社 1987 年版。

7. 赵秉志著：《犯罪主体论》，中国人民大学出版社 1989 年版。

8. 赵秉志等编写：《全国刑法硕士论文荟萃》，中国人民公安大学出版社 1989 年版。

9. 李文芳、张世勤主编：《暴力犯罪现状与对策》，辽宁人民出版社 1989 年版。

10. 张家源著：《暴力犯罪心理初探》，中国政法大学出版社 1989 年版。

11. 张穹、阮齐林著：《毛泽东刑事法律思想初探》，中国检察出版社 1991 年版。

12. 陈兴良著：《刑法哲学》，中国政法大学出版社 1992 年版。

13. 罗国杰主编：《人道主义思想论库》，华夏出版社 1993 年版。

14. 陈兴良主编：《刑种通论》，人民法院出版社 1993 年版。

15. 周国新著：《太平天国刑法研究》，广西人民出版社 1993 年版。

16. 樊凤林主编：《刑罚通论》，中国政法大学出版社 1994 年版。

17. 朱绍侯主编：《中国古代治安制度史》，河南大学出版社 1994 年版。

18. 杨怀英主编：《凉山彝族奴隶社会法律制度研究》，四川民族出版社 1994 年版。

19. 胡云腾著：《死刑通论》，中国政法大学出版社 1995 年版。

20. 冯军著：《刑事责任论》，法律出版社 1996 年版。

21. 马克昌主编：《近代西方刑法学说史略》，中国检察出版社 1996 年版。

22. 马克昌主编：《刑罚通论》，武汉大学出版社 1997 年版。

23. 陈兴良著：《刑法疏议》，中国人民公安大学出版社 1997 年版。

24. 黄风著：《中国引渡制度研究》，中国政法大学出版社 1997 年版。

25. 叶高峰主编：《中国暴力犯罪对策研究》，法律出版社 1998 年版。

26. 张远煌著：《现代犯罪学基本问题》，中国检察出版社 1998 年版。

27. 单长宗主编：《中国内地与澳门司法协助纵横谈》，人民法院出版社 1999 年版。

28. 韩玉胜著：《监狱学问题研究》，法律出版社 1999 年版。

29. 谢望原著：《刑罚价值论》，中国检察出版社 1999 年版。

30. 许玉秀著：《犯罪阶层体系及其方法论》，台湾春风旭日编辑小组 2000 年版。

31. 胡云腾著：《存与废——死刑基本理论研究》，中国检察出版社 2000 年版。

32. 卢建平著：《刑事政策的主要体系》，法律出版社 2000 年版。

33. 王海明著：《公正　平等　人道——社会治理的道德原则体系》，北京大学出版社 2000 年版。

34. 赵秉志主编：《外国刑法原理——大陆法系》，中国人民大学出版社 2000 年版。

35. 何怀宏主编：《西方公民不服从的传统》，吉林人民出版社2001年版。

36. 郑也夫著：《信任论》，中国广播电视出版社2001年版。

37. 钊作俊著：《死刑限制论》，武汉大学出版社2001年版。

38. 高铭暄、赵秉志主编：《21世纪刑法学新问题研讨》，中国人民公安大学出版社2001年版。

39. 邱兴隆主编：《比较刑法》（第一卷·死刑专号），中国检察出版社2001年版。

40. 陈卫东主编：《刑事诉讼法实施问题调研报告》，中国方正出版社2001年版。

41. 赵秉志、何超明主编：《中国区际刑事司法协助探索》，中国人民公安大学出版社2002年版。

42. 李文燕主编：《死刑案件证据调查与运用》，中国人民公安大学出版社2002年版。

43. 雷敦禾主编：《台湾反对死刑》，台湾辅仁大学出版社2002年版。

44. 丁道源著：《刑事政策学》，台湾三民书局2002年版。

45. 耿文秀著：《为什么打架：暴力与攻击》，上海科学技术出版社2002年版。

46. 陈兴良主编：《中国死刑检讨》，中国检察出版社2003年版。

47. 陈兴良主编：《法治的使命》，法律出版社2003年版。

48. 贺贵初著：《自杀性暴力犯罪》，中国人民公安大学出版社2003年版。

49. 赵秉志主编：《刑罚总论问题探索》，法律出版社2003年版。

50. 刘家琛主编：《当代刑罚价值研究》，法律出版社2003年版。

51. 钊作俊著：《死刑适用论》，人民法院出版社2003年版。

52. 鲍遂献、雷东生著：《危害公共安全罪》，中国人民公安大学出版社 2003 年版。

53. 胡常龙著：《死刑案件程序问题研究》，中国人民公安大学出版社 2003 年版。

54. 卓新平主编：《宗教比较与对话》，宗教文化出版社 2003 年版。

55. 赵秉志著：《刑法总则专论》，法律出版社 2004 年版。

56. 赵秉志著：《比较刑法暨国际刑法专论》，法律出版社 2004 年版。

57. 赵秉志主编：《中国废止死刑之路探索——以现阶段非暴力犯罪废止死刑为视角》，中国人民公安大学出版社 2004 年版。

58. 赵秉志主编：《死刑正当程序之探讨》，中国人民公安大学出版社 2004 年版。

59. 赵秉志主编：《英美刑法学》，中国人民大学出版社 2004 年版。

60. 张穹主编：《"严打"政策的理论与实务》，中国检察出版社 2004 年版。

61. 刘仁文著：《刑事政策初步》，中国人民公安大学出版社 2004 年版。

62. 张正新著：《中国死缓制度的理论与实践》，武汉大学出版社 2004 年版。

63. 陈兴良、胡云腾主编：《中国刑法学年会文集（2004 年度）·第 1 卷：死刑问题研究》，中国人民公安大学出版社 2004 年版。

64. 郑也夫著：《生物学阅读札记》，中国青年出版社 2004 年版。

65. 付莹莹编：《世界上下五千年（上）》，中国戏剧出版社 2004 年版。

66. 蔡枢衡著：《中国刑法史》，中国法制出版社 2005 年版。

67. 赵秉志主编：《刑法评论》（第 8 卷），法律出版社 2005 年版。

68. 赵秉志主编：《刑法时评（2004 年卷）》，中国人民公安大学出版社 2005 年版。

69. 赵秉志主编：《刑事法治发展研究报告》（2004 年卷），中国人民公安大学出版社 2005 年版。

70. 赵秉志主编：《中韩刑事制裁的新动向》，中国人民公安大学出版社 2005 年版。

71. 赵秉志主编：《刑事政策专题探讨》，中国人民公安大学出版社 2005 年版。

72. 张文、刘艳红、甘怡群著：《人格刑法导论》，法律出版社 2005 年版。

73. 时延安著：《中国区际刑事管辖权冲突及其解决研究》，中国人民公安大学出版社 2005 年版。

74. 陈泽宪主编：《死刑——中外关注的焦点》，中国人民公安大学出版社 2005 年版。

75. 吴志光主编：《生活在一个没有死刑的社会》，台湾辅仁大学出版社 2005 年版。

76. 刘志伟主编：《刑法学的新动向（2004 年卷）》，中国人民公安大学出版社 2005 年版。

77. 康均心著：《理想与现实——中国死刑制度报告》，中国人民公安大学出版社 2005 年版。

78. 曾粤兴著：《刑法学方法的一般理论》，人民出版社 2005 年版

79. 赵秉志主编：《死刑制度之现实考察与完善建言》，中国人民公安大学出版社 2006 年版。

80. 谢望原、卢建平主编：《中国刑事政策研究》，中国人民大学出版社 2006 年版。

81. 陈华杰著：《论死刑适用的标准》，人民法院出版社 2006

年版。

82. 倪泽仁著：《暴力犯罪刑法适用指导》，中国检察版社 2006 年版。

83. 阴建峰著：《现代赦免制度论衡》，中国人民公安大学出版社 2006 年版。

84. 张远煌著：《中国非暴力犯罪死刑限制与废止研究》，法律出版社 2006 年版。

85. 〔美〕Jerome A. Cohen、赵秉志主编：《中美死刑制度现状与改革比较研究》，中国人民公安大学出版社 2007 年版。

86. 赵秉志主编：《中韩死刑制度比较研究》，中国人民公安大学出版社 2008 年版。

87. 胡兴东著：《中国古代死刑制度史》，法律出版社 2008 年版。

88. 赵秉志主编：《死刑个案实证研究》，中国法制出版社 2009 年版。

89. 赵秉志、〔加〕威廉姆·夏巴斯主编：《死刑立法改革专题研究》，中国法制出版社 2009 年版。

90. 郑延谱著：《中美死刑制度比较研究》，中国人民公安大学出版社 2010 年版。

91. 赵秉志主编：《死刑改革的域外经验》，中国法制出版社 2011 年版。

92. 赵秉志主编：《死刑改革的中国实践》，中国法制出版社 2011 年版。

93. 王松丽著：《我国废除死刑的立法研究》，合肥工业大学出版社 2012 年版。

94. 任志中著：《死刑适用问题研究》，知识产权出版社 2012 年版。

95. 莫洪宪主编：《中国当代死刑制度改革的探索与展望》，中国人民公安大学出版社 2012 年版。

96. 王占启著：《死刑适用研究》，中国民主法制出版社 2013年版。

97. 赵秉志主编：《暴力犯罪死刑适用标准研究》，北京师范大学出版社 2014 年版。

98. 陈泽宪主编：《死刑改革的多重视角与具体路径》，中国民主法制出版社 2014 年版。

99. 赵秉志著：《死刑改革之路》，中国人民大学出版社 2014年版。

三、外文译著

1. ［法］罗伯斯比尔著：《革命法制和审判》，赵涵舆译，商务印书馆 1965 年版，1979 年重庆第 2 次印。

2. ［苏联］B.H. 库德里亚夫采夫著：《违法行为的原因》，群众出版社 1982 年版。

3. ［日］平尾靖著：《违法犯罪的心理》，金鞍译，法律出版社 1984 年版。

4. ［美］爱德华·奥斯本·威尔逊著：《新的综合：社会生物学》，阳河清编译，四川人民出版社 1985 年版。

5. ［美］D. A. 德斯伯里著：《比较心理学》，金光华译，台湾亚洲出版社 1987 年版。

6. ［英］哈特著：《惩罚与责任》，王勇等译，华夏出版社 1989 年版。

7. ［法］马克·安塞尔著：《新刑法理论》，卢建平译，香港天地图书有限公司 1990 年版。

8. ［意］贝卡里亚：《论犯罪与刑罚》，黄风译，北京大学出版社 2008 年版。

9. ［英］边沁著：《立法理论——刑法典原理》，孙力等译，中国人民公安大学出版社 1993 年版。

10. ［英］麦考密克、［奥］魏因贝格尔著：《制度法论》，周叶谦译，中国政法大学出版社 1994 年版。

11. ［日］团藤重光著：《死刑废止论》，林彦辰译，台湾商鼎文化出版社 1997 年版。

12. ［美］路易斯·亨利·摩尔根著：《古代社会》，杨东莼等译，商务印书馆 1997 年版。

13. ［法］E. 迪尔凯姆著：《社会学方法的准则》，狄玉明译，商务印书馆 1999 年版。

14. ［德］弗兰茨·冯·李斯特著：《德国刑法教科书》，徐久生译，法律出版社 2000 年版。

15. ［法］马丁·莫内斯蒂埃著：《人类死刑大观》，袁筱一等译，漓江出版社 2000 年版。

16. ［德］亚图·考夫曼著：《法律哲学》，刘幸义等译，台湾五南图书出版公司 2000 年版。

17. ［美］爱德华·威尔逊著：《论人性》，方展画、周丹译，浙江教育出版社 2001 年版。

18. ［美］理查德·A. 波斯纳著：《法律与文学》，李国庆译，中国政法大学出版社 2002 年版。

19. ［法］德尼兹·加亚尔等著：《欧洲史》，蔡鸿宾等译，海南出版社 2002 年版。

20. ［英］凯伦·法林顿著：《刑罚的历史》，陈丽红、李臻译，希望出版社 2004 年版。

21. ［日］大塚仁著：《刑法概说（总论）》，冯军译，中国人民大学出版社 2003 年版。

22. ［法］罗贝尔·巴丹戴尔著：《为废除死刑而战》，罗结珍、赵海峰译，法律出版社 2003 年版。

23. ［意］恩里科·菲利著：《实证学派犯罪学》，郭建安译，中国人民公安大学出版社 2004 年版。

24. ［美］亨德里克·威廉·房龙著：《宽容》，秦立彦、冯士新译，广西师范大学出版社 2004 年版。

25. ［英］罗吉尔·胡德著：《死刑的全球考察》，刘仁文、周振杰译，中国人民公安大学出版社 2005 年版。

26. ［美］富兰克林·E·齐姆林著：《美国死刑悖论》，高维俭等译，上海三联书店 2008 年版。

27. ［加］威廉姆·夏巴斯著：《国际法上的废除死刑》，赵海峰等译，法律出版社 2008 年版。

28. ［美］琳达·E. 卡特、埃伦·S. 克赖斯伯格、斯科特·W. 豪尔著：《美国死刑法精解》（第 2 版），王秀梅等译，北京大学出版社 2009 年版。

29. ［英］萨达卡特·卡德里著：《审判的历史》，杨雄译，当代中国出版社 2009 年版。

30. ［美］科恩、唐哲、高进仁著：《当代美国死刑法律之困境与探索：问题与案例》，刘超等译，北京大学出版社 2013 年版。

31. ［英］尼古拉·蕾西著：《囚徒困境：当代民主国家的政治经济与刑事处罚》，黄晓亮译，中国政法大学出版社 2014 年版。

四、外文著作

1. Frank Schmalleger, Criminology Today, 1996 by Prentic － Hall, Inc.

2. Beatrice Luginbühl, Im Kampf gegen die Todesstrafe：Jean-Jacques Comte de Sellon（1782 - 1839）：ein Plädoyer für die Unantastbarkeit des menschlichen Lebens, Zürich：Schulthess Juristische Medien AG, 2000.

3. Antoinette Bosco, Choosing mercy：a mother of murder victims pleads to end the death penalty, Maryknoll, N. Y. : Orbis Books c2001.

4. Lois G. , A Rape to Punish, W. W. Norton & Company, New York。

5. David R. Dow and Mark Dow, Machinery of death：the reality of America´s death penalty regime, New York：Routledge, 2002.

6. John F. Galliher, America without the death penalty: states leading the way, Boston: Northeastern University Press, c2002.

7. ［美］史蒂文·L. 伊曼纽尔著：《伊曼纽尔刑法》（影印本），中信出版社 2003 年版。

8. Rachel King, Don't kill in our names: families of murder victims speak out against the death penalty, New Brunswick, N. J.: Rutgers University Press, c2003.

五、报刊论文

1. 丁顺生：《关于死刑的伦理学思考》，载《政法论坛》1988 年第 6 期。

2. 赵秉志：《关于死刑存废及其发展趋势的思考》，载《法律科学》1991 年第 1 期。

3. 刘彬：《美国保留死刑动态简评》，载《法律科学》1991 年第 3 期。

4. 康润森：《论毛泽东对马列主义死刑理论的创造性发展》，载《政法论坛》1991 年第 6 期。

5. 赵秉志：《现代各国死刑概览》，载《河北法学》1992 年第 6 期。

6. 金鉴：《继承和发展毛泽东改造罪犯的思想，建设有中国特色的劳改事业》，载《法制日报》1993 年 12 月 5 日第 3 版。

7. 梁根林、黄伯胜：《论刑罚结构改革》，载《中外法学》1993 年第 6 期。

8. 王名湖：《坚持以毛泽东人民民主专政死刑观指导死刑立法与司法》，载《法学评论》1994 年第 1 期。

9. 沈德咏：《对抢劫罪适用死刑的探讨与建议》，载《法学评论》1994 年第 2 期。

10. 王平铭：《故意伤害案件的死刑适用》，载《人民司法》1994 年第 3 期。

11. 江振民：《死刑核准权应尽快收回》，载《中国刑事法杂志》1994年第3期。

12. 黄太云：《增加死刑不能遏制犯罪》，载《法学家》1994年第4期。

13. 张利民：《关于中国死刑的思考》，载《现代法学》1994年第6期。

14. ［美］戴维·欧·斯图尔特：《死刑判决与美国最高法院内部的死刑之争"，龚秀荣、刘德祥译，载《中央政法管理干部学院学报》1995年第1期。

15. 周路、周仲飞：《暴力、非暴力犯罪比较研究》，载《青少年犯罪研究》1995年第4期。

16. 沈德咏：《我国刑法对死刑应当确立"限制适用"原则——兼谈刑法的死刑政策导向》，载《中国法学》1995年第5期。

17. 马克昌：《论刑罚的本质》，载《法学评论》1995年第5期。

18. 高鸿钧：《法律成长的精神向度》，载《环球法律评论》2003年冬季号。

19. 高格：《毛泽东的死刑思想》，载《法律科学》1995年第6期。

20. 朱苏力：《从契约理论到社会契约理论》，载《中国社会科学》1996年第4期。

21. 赵秉志等：《中国刑法修改若干问题研究》，载《法学研究》1996年第5期。

22. 蒋立山：《从原始禁忌看社会规范的起源——读谢苗诺夫〈婚姻与家庭的起源〉》，载《中外法学》1996年第5期。

23. 梁根林、张文：《对经济犯罪适用死刑的理性思考》，载《法学研究》1997年第1期。

24. 贾宇：《死刑的理性思考与现实选择》，载《法学研究》

1997 年第 2 期。

25. 彭印中：《道德责任与道德评价刍议》，载《齐齐哈尔师范学院学报》1997 年第 3 期。

26. 康均心：《刑法价值的根源》，载《中央检察官管理学院学报》1997 年第 3 期。

27. 唐祥珍：《死刑罚的历史演变》，载《镇江高专学报》1998 年第 1 期。

28. 范进学：《谈中国死刑制度的价值取向》，载《山东大学学报（社会科学版）》1998 年第 3 期。

29. 喻贵英：《析美国公众对死刑的意向抉择》，载《河北法学》1998 年第 4 期。

30. 贺卫方：《以直抱怨》，载《南方周末》1998 年 8 月 28 日。

31. 陈兴良：《刑事政策视野中的刑罚结构调整》，载《法学研究》1998 年第 6 期。

32. 戴志强、李奎海、林乐章：《论死刑适用的限制》，载《人民司法》1998 年第 9 期。

33. ［日］长井圆：《围绕舆论与误判的死刑废除论》，张弘译，载《外国法评议》1999 年第 2 期。

34. 马克昌：《论死刑缓期执行》，载《中国法学》1999 年第 2 期。

35. 李晓波：《关于死缓制度的若干法律思考》，载《云南法学》1999 年第 4 期。

36. 陈兴良：《无行为则无犯罪——为一条刑法格言辩护》，载《中外法学》1999 年第 5 期。

37. 肖中华、周军：《如何理解"罪行极其严重"》，载《人民司法》1999 年第 11 期。

38. 张文、刘艳红：《〈公民权利和政治权利国际公约〉对中国死刑立法的影响》，载《中国青年政治学院学报》2000 年第 2 期。

39. 王立民：《古代东方死刑论》，载《浙江社会科学》2000年第 2 期。

40. 孙昌军、陈元兴：《美国死刑制度评述》，载《现代法学》2000 年第 3 期。

41. 顾立雄主持：《废除死刑之配套措施》，载台湾《司法改革杂志》2000 年第 27 期。

42. 王宇：《司法行政长足发展》，载《法制日报》2001 年 1 月 1 日第 2 版。

43. 杨积堂：《邓小平刑罚思想初探》，载《宁夏大学学报（人文社会科学版）》2001 年第 1 期。

44. 张宏卫等：《108 例暴力犯罪精神病学鉴定分析》，载《洛阳医专学报》2001 年第 1 期。

45. 蔡道通：《毛泽东的死刑观及其现实启示》，载《毛泽东思想研究》2001 年第 2 期。

46. 李洁：《定罪量刑情节若干问题研究》，载《北华大学学报（社会科学版）》2001 年第 1 期。

47. 周光权、卢宇蓉：《犯罪加重构成基本问题研究》，载《法律科学》2001 年第 5 期。

48. 林亚刚：《暴力犯罪的内涵与外延》，载《现代法学》2001 年第 6 期。

49. 康凤英：《论故意伤害罪的量刑》，载《中国刑事法杂志》2001 年第 5 期。

50. 高铭暄、李文峰：《从〈公民权利和政治权利国际公约〉论我国死刑立法的完善》，载赵秉志主编：《刑法论丛》（第 5 卷），法律出版社 2002 年版。

51. 汪建成、谢安平：《论程序公正与刑罚效果》，载《政法论坛》2002 年第 1 期。

52. 李玫瑾、屈明：《反社会人格引发的严重暴力犯罪》，载《河南公安高等专科学校学报》2002 年第 1 期。

53. 张小虎：《犯罪行为的化解阻断模式论》，载《中国社会科学》2002 年第 2 期。

54. 邱兴隆：《死刑的德性》，载《政治与法律》2002 年第 2 期。

55. 黄华平、花林广：《论"严打"中死刑的合理控制》，载《中国人民公安大学学报》2002 年第 2 期。

56. 钊作俊：《死刑的司法现状及其展望》，载《河南政法干部管理学院学报》2002 年第 2 期。

57. 皮艺军：《欲罢不能的暴力情结》，载《法学家茶座》（第 1 辑），山东人民出版社 2002 年版。

58. 姚建龙：《非人格化：犯罪实施与犯罪控制》，载《福建公安高等专科学校学报——社会公共安全研究》2002 年第 4 期。

59. 李建明：《重复性刑事司法错误的三大原因》，载《政治与法律》2002 年第 4 期。

60. 邱兴隆：《从信仰到人权——死刑废止论的起源》，载《法学评论》2002 年第 5 期。

61. 黄济鳌：《休谟道德评价理论研究》，载《现代哲学》2003 年第 1 期。

62. 胡健：《中国死刑起源探究》，载《政法论坛》2003 年第 2 期。

63. 赵秉志：《中国逐步废止非暴力犯罪死刑论要》，载《法制日报》2003 年 6 月 26 日。

64. 喻国明：《突发公共危机的研究课题》，载《人民日报》2003 年 6 月 11 日第 8 版。

65. 赵秉志：《从中国死刑政策看非暴力犯罪死刑的逐步废止问题》，载《法制日报》2003 年 7 月 17 日。

66. 赵廷光：《论死刑的正确适用》，载《中国刑事法杂志》2003 年第 3 期。

67. 赵微：《俄罗斯死刑适用的近况》，载《政治与法律》

2003 年第 3 期。

68. 陈泽宪：《论严格限制死刑适用》，载《法学》2003 年第 4 期。

69. 贾宇：《中国死刑必将走向废止》，载《法学》2003 年第 4 期。

70. 莫纪宏：《中国紧急状态法的立法状况及特征》，载《法学论坛》2003 年第 4 期。

71. 谢望原：《略论赦免的刑事政策意义》，载《人民司法》2003 年第 9 期。

72. 吕景胜：《〈紧急状态法〉立法研究》，载《中国人民大学学报》2003 年第 5 期。

73. 冯卫国：《死刑裁量若干问题探讨》，载《杭州商学院学报》2003 年第 5 期。

74. 赵秉志、曾粤兴：《刑法解释方法研究》，载赵秉志主编：《刑事法判解研究》（第 4 辑），人民法院出版社 2003 年版。

75. 朱丽欣：《理性呼唤与死刑适用》，载《国家检察官学院学报》2003 年第 11 期。

76. 徐昕：《为什么私立救济》，载《中国法学》2003 年第 6 期。

77. 姚国艳：《完善我国刑事时效制度初探》，载《安徽工业大学学报（社会科学版）》2003 年第 6 期。

78. 郎胜、张军、姜伟、陈兴良：《前后左右看死刑——〈刑法〉理论与实践"四人谈"精选》，载《中国律师》2003 年第 12 期。

79. 高铭暄：《我国的死刑立法及其发展趋势》，载《法学杂志》2004 年第 1 期。

80. 周顺波、段正坤：《社会生物学视野中的人》，载《中国地质大学学报（社会科学版）》2004 年第 2 期。

81. 魏长领：《因果报应与道德信仰》，载《郑州大学学报

（哲学社会科学版）》2004 年第 2 期。

82. 胡云腾等：《论死刑适用兼论死刑复核程序的完善》，载《人民司法》2004 年第 2 期。

83. 宁杰、陈兴良：《审视"司法人性化"》，载《人民法院报》2004 年 7 月 14 日。

84. 陈友华：《百姓眼中的社会与发展》，载香港中文大学《二十一世纪》网络版 2004 年 7 月号。

85. 萨缪·鲍尔斯、赫伯斯·金迪斯：《强互惠行为的演化：非亲缘人群中的合作》，载美国《理论生物学》2004 年第 2 期。

86. 刘仁文：《死刑政策：全球视野及中国视角》，载《比较法研究》2004 年第 4 期。

87. 梁根林：《公众认同、政治抉择与死刑控制》，载《法学研究》2004 年第 4 期。

88. 赵秉志、郭理蓉：《死刑存废的政策分析与我国的选择》，载《法学》2004 年第 4 期。

89. 刘建、赖早兴：《我国死刑制度的激活与完善》，载《现代法学》2004 年第 4 期。

90. 刘黎明、龙玉川：《从马加爵杀人案谈犯罪预防》，载《新疆警官高等专科学校学报》2004 年第 4 期。

91. 竹怀军：《论我国死刑赦免制度的构建》，载《湖南师范大学社会科学学报》2004 年第 5 期。

92. 刘明祥：《日本死刑制度的现状与我国死刑制度的展望》，载《江海学刊》2004 年第 5 期。

93. 刘小冰：《紧急状态法的基本要素及制度选择》，载《南京社会科学》2004 年第 5 期。

94. 魏玉峰：《功利主义视角下的死刑存废》，载《山东公安专科学校学报》2004 年第 5 期。

95. 范登峰：《对我国死刑适用标准的反思和重构》，载《西南政法大学学报》2004 年第 6 期。

96. 马家福：《外国死刑存废之争与人道主义关系考察》，载《甘肃政法学院学报》2004 年第 6 期。

97. 李艳红：《加洛法罗犯罪学思想评述》，载《云南大学学报（法学版）》2004 年第 6 期。

98. 汪茜等：《变态杀人案件的十大特点》，载《湖北警官学院学报》2004 年第 6 期。

99. 傅晓晴等：《男性暴力行为人群神经内分泌变化与社会学、心理学的关系》，载《中国临床康复》2004 年第 6 期。

100. ［瑞士］恩斯特·费尔等：《利他惩罚的神经基础》，胡芸译，载美国《科学》2004 年第 8 期。

101. 朱本欣：《生命权刑法保护的基本原则》，载《法制日报》2005 年 1 月 14 日。

102. 赵秉志：《论中国非暴力犯罪死刑的逐步废止》，载《政法论坛》2005 年第 1 期。

103. 赵廷光：《论定罪剩余的犯罪构成事实转化为量刑情节》，载《湖北警官学院学报》2005 年第 1 期。

104. 赵秉志：《中国逐步废止死刑论纲》，载《法学》2005 年第 1 期。

105. 曾粤兴：《刑法学研究的逻辑起点》，载《法制日报》2005 年 2 月 24 日理论专版。

106. 田禾：《论死刑存废的条件》，载《法学研究》2005 年第 2 期。

107. 田文昌、颜九红：《论中国死刑发展趋势》，载《当代法学》2005 年第 2 期。

108. 钊作俊：《中国死刑制度改革论纲》，载《甘肃政法学院学报》2005 年第 2 期。

109. 孙昌军、凌辉：《犯罪人分类标准新探——以犯罪人格为视角》，载《犯罪研究》2005 年第 2 期。

110. 欧锦雄：《论死刑废止过渡期的刑罚阶梯》，载《浙江工商大学学报》2005 年第 3 期。

111. 汪丁丁、罗卫东、叶航：《人类合作秩序的起源与演化》，载《社会科学战线》2005 年第 4 期。

112. 肖中华、崔少梅：《死刑存废的国际论争及发展趋势》，载《社会观察》2005 年第 4 期。

113. 赵秉志：《关于分阶段逐步废除中国死刑的构想》，载《郑州大学学报（哲学社会科学版）》2005 年第 5 期。

114. 林达：《死刑：人性与罚则的冲撞》，载《南方周末》2005 年 12 月 8 日。

115. 陈兴良：《中国死刑的当代命运》，载《中外法学》2005 年第 5 期。

116. 谢望原：《死刑有限存在论》，载《中外法学》2005 年第 5 期。

117. 陈卫东：《"佘祥林案"的程序法分析》，载《中外法学》2005 年第 5 期。

118. 刘仁文：《死刑研究方法论——兼评两本新近出版的死刑译著》，载《中外法学》2005 年第 5 期。

119. 高一飞：《不人道是废除死刑的唯一理由吗》，载《兰州学刊》2005 年第 5 期。

120. 武卉昕：《暴力的道德依据是否存在——古谢伊诺夫非暴力伦理管窥》，载《求索》2005 年第 5 期。

121. 李翔：《刑事政策视野中的情节犯研究》，载《中国刑事法杂志》2005 年第 6 期。

122. 吕应元等：《对当前刑满释放人员再犯罪的调查分析》，载《犯罪与改造研究》2005 年第 12 期。

123. 高铭暄：《中国死刑的立法控制》，载赵秉志主编：《刑法评论》（第 8 卷），法律出版社 2005 年版。

124. 苏彩霞：《国际人权法视野下的我国死刑立法现状考察》，载赵秉志主编：《刑法评论》（第 8 卷），法律出版社 2005 年版。

125. 杨宇冠:《死刑案件的程序控制若干问题》,载《比较法研究》2006 年第 5 期。

126. 阴建峰、王玉涛:《论抢劫罪死刑的立法控制》,载《河北法学》2008 年第 2 期。

127. 马松建:《宽严相济视野下的死刑司法控制》,载《河南师范大学学报(哲学社会科学版)》2008 年第 3 期。

128. 朱华:《抢劫犯罪死刑适用实证研究》,载《河北法学》2008 年第 4 期。

129. 李萍:《宽严相济刑事政策下死刑司法控制的困惑与对策》,载《法学论坛》2008 年第 4 期。

130. 刘长秋:《刑罚的功能与青少年犯罪的死刑控制——兼谈死刑在青少年犯罪问题上的适用》,载《中国青年研究》2008 年第 9 期。

131. 杨诚:《死刑司法控制的美国模式之研究与借鉴》,载《政治与法律》2008 年第 11 期。

132. 聂立泽:《我国抢劫罪死刑司法控制研究》,载《政治与法律》2008 年第 11 期。

133. 阴建峰:《故意杀人罪死刑司法控制论纲》,载《政治与法律》2008 年第 11 期。

134. 于志刚:《关于废止死刑国家的数量统计结论之反思》,载《法学》2009 年第 1 期。

135. 董红、王有强:《死刑废除思想再研究》,载《西北农林科技大学学报(社会科学版)》2009 年第 1 期。

136. 贺志军:《论我国死刑改革的罪刑选择及民意引导——基于死刑民意实证调查数据的分析》,载《中国刑事法杂志》2009 年第 1 期。

137. 秦宗文:《中国控制死刑的博弈论分析——以最高人民法院行使死刑复核权为背景》,载《法商研究》2009 年第 1 期。

138. 袁彬:《死刑民意及其内部冲突的调查与分析》,载《法学》2009 年第 1 期。

139. 孙万怀：《死刑存在的悖论与废止的根本动力》，载《华东政法大学学报》2009 年第 2 期。

140. 秦宗文：《死刑案件证明标准的困局与破解》，载《中国刑事法杂志》2009 年第 2 期。

141. 孙国祥：《死刑废除与民意关系之审视》，载《华东政法大学学报》2009 年第 2 期。

142. 张绍谦：《死刑司法适用标准研究》，载《华东政法大学学报》2009 年第 2 期。

143. 周少华：《作为"中国问题"的死刑》，载《华东政法大学学报》2009 年第 2 期。

144. 赵秉志、彭新林：《我国死刑制度改革的路径与步骤》，载《法学》2009 年第 2 期。

145. 邓多文：《死罪概括加重情节的解释与死刑的司法控制》，载《社会科学家》2009 年第 3 期。

146. 杨通进、刘汉琴：《应用伦理学视野中的死刑存废之争》，载《中国人民大学学报》2009 年第 3 期。

147. 王联合、徐留成：《杀人偿命与保留死刑限制死刑理念探析》，载《学术交流》2009 年第 3 期。

148. 黎宏：《死刑缓期执行制度新解》，载《法商研究》2009 年第 4 期。

149. 黄芳：《死刑辩护权在中国面临的障碍及出路》，载《江海学刊》2009 年第 4 期。

150. 李英：《民意基础对死刑政策的影响——兼谈刑法学者的责任》，载《前沿》2009 年第 4 期。

151. 刘冬梅、管宏杰：《论死刑犯的生育权问题》，载《西北农林科技大学学报（社会科学版）》2009 年第 4 期。

152. 左坚卫、黄祖帅：《雇凶杀人案死刑适用问题探讨》，载《法学杂志》2009 年第 5 期。

153. 郑延谱：《美国死刑制度的发展及启示》，载《北京师范大学学报（社会科学版）》2009 年第 6 期。

154. 刘建：《清末至民国时期死刑观念变革浅探》，载《法学杂志》2009 年第 6 期。

155. 杨忠民、王凯：《缩小解释与限制死刑适用》，载《中国人民公安大学学报（社会科学版）》2009 年第 6 期。

156. 张明、崔佩玲：《我国死刑案件陪审团制度的构建》，载《社会科学家》2009 年第 7 期。

157. 黄素萍：《论我国刑法中死刑限制的途径》，载《浙江社会科学》2009 年第 8 期。

158. 赵秉志：《中国短期内能否废止死刑问题要论》，载《法学杂志》2009 年第 8 期。

159. 郑丽萍、高丽：《死刑适用基本标准之统一———中国死刑发展一种可行视角》，载《法学杂志》2009 年第 9 期。

160. 蒋娜：《宽严相济刑事政策下的死刑赦免制度研究》，载《法学杂志》2009 年第 9 期。

161. 卢建平：《"一国两制三法系四法域"语境下中国死刑废止前景展望》，载《法学杂志》2009 年第 10 期。

162. 陈秀萍：《死刑犯之生育权问题探微》，载《河北法学》2009 年第 11 期。

163. 石冬梅：《略论唐代废除死刑的尝试》，载《贵州社会科学》2009 年第 11 期。

164. 袁彬：《死刑民意引导的体系性解释》，载《中国刑事法杂志》2009 年第 11 期。

165. 项谷、高帆、张菁：《严重暴力犯罪死刑适用的酌定标准法学》2009 年第 11 期。

166. 杜开林：《死刑指定辩护的现状与完善——以南通市一审死刑刑事案件为例》，载《法学》2009 年第 11 期。

167. 何荣功、莫洪宪：《毒品犯罪死刑裁量指导意见（学术建议稿）》，载《中国刑事法杂志》2009 年第 11 期。

168. 刘冰：《我国在死刑适用上的人权保障分析》，载《河北法学》2009 年第 12 期。

169. 罗海敏：《我国台湾地区死刑程序控制介评》，载《法学杂志》2009 年第 12 期。

170. 王建平：《孙伟铭案死刑判决后赔偿动机与公众安全感的博弈分析——以媒体善意倾向性报道的非正当性为视角》，载《西南民族大学学报（人文社科版）》2009 年第 12 期。

171. 马长生、许文辉：《死刑限制视角下的有期徒刑上限提高论——兼论我国重刑体系的冲突及衔接》，载《法学杂志》2010 年第 1 期。

172. 陈雷、薛振环：《论我国引渡制度的量刑承诺——兼论死刑不引渡原则的变通或例外适用》，载《法学杂志》2010 年第 1 期。

173. 赵微、牟永和：《死刑裁量应介入非理性因素的考量》，载《法学杂志》2010 年第 1 期。

174. 张小虎：《我国死刑裁量的法理分析——孙伟铭死刑案二审改判的具体展开》，载《社会科学研究》2010 年第 1 期。

175. 王建平：《死刑判决的民事赔偿"挤压功能"初论——以被动赔偿不能算孙伟铭"积极悔罪"为视角》，载《社会科学研究》2010 年第 1 期。

176. 赵秉志、何荣功：《雇凶杀人案件中的死刑适用问题研究》，载《法商研究》2010 年第 2 期。

177. 赵秉志：《论全球化时代的中国死刑制度改革——面临的挑战与对策》，载《吉林大学社会科学学报》2010 年第 2 期。

178. 刘晓虎：《死刑控制政策的必然转向：以司法限制为重心》，载《湖南社会科学》2010 年第 2 期。

179. 陈虎：《死刑案件证明标准改革之理论误区》，载《法学论坛》2010 年第 2 期。

180. 张磊、余金:《受虐人群杀人案件的死刑司法控制研究》,载《法学杂志》2010 年第 3 期。

181. 蒋娜:《"最严重的犯罪"与死刑的严格限制——兼及"死刑和解"的误区矫正》,载《湖南师范大学社会科学学报》2010 年第 3 期。

182. 韩哲:《受贿罪死刑裁量要素之实证分析——以 36 个省(部)、厅(局)级官员刑事判决为样本》,载《国家行政学院学报》2010 年第 4 期。

183. 狄世深:《我国死刑的当代考量——以政策和立法为视角》,载《湖南大学学报(社会科学版)》2010 年第 4 期。

184. 李立丰:《上帝与死囚:基督教视野中的美国死刑问题》,载《世界宗教研究》2010 年第 5 期。

185. 康均心、王敏敏:《论死刑适用标准——基于国际社会与中国现状之分析》,载《法学评论》2010 年第 5 期。

186. 白垒宁、侯纯:《我国死刑执行救济制度探索》,载《法学杂志》2010 年第 5 期。

187. 杨兴培:《刑事司法观念的转变与死刑案件再查制度的确立》,载《法学》2010 年第 6 期。

188. 李贵鑫、于文沛:《论日本的死刑制度》,载《学术交流》2010 年第 6 期。

189. 李运才:《论毒品犯罪的死刑立法控制——以走私、贩卖、运输、制造毒品罪的罪名调整为切入点》,载《贵州师范大学学报(社会科学版)》2010 年第 6 期。

190. 许丽华、刘彦辉:《死刑罪犯人体器官利用的禁止论》,载《学术交流》2010 年第 6 期。

191. 张武举:《为死刑威慑辩护——功利价值的视角》,载《河北法学》2010 年第 7 期。

192. 王永兴:《暴力犯罪死刑适用的实证研究》,载《中国刑事法杂志》2010 年第 8 期。

193. 高咏：《死刑复核程序中的律师辩护》，载《中国刑事法杂志》2010 年第 8 期。

194. 王秀梅：《诠释与权衡：死刑立法取舍》，载《政治与法律》2010 年第 10 期。

195. 高铭暄、黄晓亮：《削减死刑罪名的价值考量》，载《法学杂志》2010 年第 12 期。

196. 刘炳良：《死刑存废的法律文化分析》，载《法学杂志》2010 年第 S1 期。

197. 阴建峰：《论故意杀人罪死刑的立法改革》，载《北京师范大学学报（社会科学版）》2011 年第 1 期。

198. 李永升：《杜绝死刑冤假错案十论》，载《安徽大学学报（哲学社会科学版）》2011 年第 1 期。

199. 卢建平、刘春花：《死刑政策的应然表达及其对立法变革的影响》，载《中南民族大学学报（人文社会科学版）》2011 年第 3 期。

200. 孟辉、周云逸：《死刑存废伦理原则的辩护力探析》，载《河北师范大学学报（哲学社会科学版）》2011 年第 3 期。

201. 张守东：《美国死刑制度的宪法法理及其未来——以 Kennedyv. Louisiana 案为例》，载《法学》2011 年第 3 期。

202. 胡之芳、何春华：《死缓变更为死刑立即执行核准程序之构建》，载《湘潭大学学报（哲学社会科学版）》2011 年第 4 期。

203. 黎其武：《故意杀人罪优先适用死刑否定论》，载《河北法学》2011 年第 6 期。

204. 姚东：《刑事法律对刑事案件报道的规制——以死刑案件为例》，载《苏州大学学报（哲学社会科学版）》2011 年第 6 期。

205. 杨磊：《俄罗斯死刑状况论析》，载《河北法学》2011 年第 11 期。

206. ［美］凯斯·R. 孙斯坦、艾德里安·沃缪勒、余素青：《死刑是道德上的要求吗？——从作为、不作为及以命偿命问题出发》，载《江西社会科学》2011年第12期。

207. 梅传强、周建达：《刑事和解能否承受死刑司法控制之重？——基于案件社会学的分析》，载《法制与社会发展》2012年第2期。

208. 刘宪权：《限制或废除死刑与提高生刑期限关系论》，载《政法论坛》2012年第3期。

209. 王秀梅、曾赛刚：《我国台湾地区死刑控制及其对大陆死刑改革的启示》，载《法学杂志》2012年第2期。

210. 曲晟：《论我国死刑制度新动向及其出路——兼评〈刑法修正案（八）〉的死刑制度》，载《求索》2012年第2期。

211. 胡常龙：《论死刑疑案裁处过程中的"留有余地"问题》，载《山东社会科学》2012年第2期。

212. 宋杰：《汉代死刑中的"显戮"》，载《史学月刊》2012年第2期。

213. 赵秉志、彭新林：《我国死刑适用若干重大现实问题研讨——以李昌奎案及其争议为主要视角》，载《当代法学》2012年第3期。

214. 杨俊：《论我国死刑制度的实质性改革——以〈刑法修正案（八）〉削减死刑罪名为视角》，载《法学杂志》2012年第4期。

215. 曾日红、林海：《死刑存废的民意冲突及其制度实现方式——以美国法视角为例》，载《学海》2012年第4期。

216. 储槐植：《死刑司法控制：完整解读刑法第四十八条》，载《中外法学》2012年第5期。

217. 张心向：《死刑案件裁判中非刑法规范因素考量》，载《中外法学》2012年第5期。

218. ［日］内田幸隆、郑军男：《日本死刑适用中公共舆论的影响》，载《吉林大学社会科学学报》2012年第5期。

219. 徐岱、陈劲阳：《死刑司法控制的地方性实践与方向》，载《吉林大学社会科学学报》2012年第5期。

220. 王勇：《中国死刑研究的三个误区与路径调整》，载《吉林大学社会科学学报》2012年第5期。

221. 冯春萍：《浅析我国死刑量刑体系中经济赔偿的合理性与局限性》，载《法学杂志》2012年第5期。

222. 刘仁文、郭莉：《论死刑复核法律监督的完善》，载《中国刑事法杂志》2012年第6期。

223. 肖洪泳：《中国古代死刑观的人性基础》，载《法学家》2012年第6期。

224. 刘仁文、谢青松：《论我国古代死刑制度中的人道精神》，载《法商研究》2012年第6期。

225. 李炜：《贪污贿赂犯罪死刑制度争议问题研究》，载《河北法学》2012年第6期。

226. 王喆、闵春雷：《美国死刑有效辩护制度及其启示》，载《东北师大学报（哲学社会科学版）》2012年第6期。

227. 白恳：《论中国人的死刑观》，载《青少年犯罪问题》2012年第6期。

228. 石春玲：《死刑与生命权的合致与背离》，载《河北法学》2012年第7期。

229. 郭志媛：《死刑案件精神病鉴定的程序保障：立法缺失与完善建议——兼评新〈刑事诉讼法〉相关规定》，载《政治与法律》2012年第9期。

230. 胡铭：《大区巡回法院：一个现实主义的进路——以死刑复核程序为例的分析》，载《浙江社会科学》2012年第9期。

231. 王刚：《论数罪并罚死刑案件量刑中基准刑的确定和自首的适用》，载《政治与法律》2012年第9期。

232. 周道鸾：《人权入宪与死刑限制》，载《法学杂志》2012年第10期。

233. 荣学磊：《死刑适用：立场、方法与规则》，载《中国刑事法杂志》2012 年第 11 期。

234. 于志刚、曹晶:《美国的死刑保留政策与新死刑保留主义——当前死刑存废之争的域外答案》,载《政法论坛》2013 年第 1 期。

235. 魏昌东:《美国司法型死刑控制模式与中国借鉴》,载《法学》2013 年第 1 期。

236. 高一飞、张金霞:《日本的死刑执行公开制度——兼论死刑执行信息公开的限度》,载《日本问题研究》2013 年第 1 期。

237. 陈兴良:《死刑适用的司法控制——以首批刑事指导案例为视角》,载《法学》2013 年第 2 期。

238. 贺红强:《美国死刑案件中的律师帮助权和有效辩护的互动》,载《社会科学家》2013 年第 3 期。

239. 蔡方方:《酌定量刑情节限制死刑适用问题研究》,载《河南师范大学学报(哲学社会科学版)》2013 年第 3 期。

240. 赵秉志、苗苗:《论国际人权法规范对当代中国死刑改革的促进作用》,载《吉林大学社会科学学报》2013 年第 4 期。

241. 赵秉志、王水明:《当代国际死刑废止趋势及其影响因素研究》,载《中南民族大学学报(人文社会科学版)》2013 年第 4 期。

242. 张健:《立足司法的死刑控制——当前我国死刑废止的一个过程叙事》,载《甘肃政法学院学报》2013 年第 4 期。

243. 郑延谱:《论跨国犯罪的死刑适用问题》,载《北京师范大学学报(社会科学版)》2013 年第 4 期。

244. 蒋娜:《社会建构主义视阈中的死刑民意沟通》,载《清华法学》2013 年第 5 期。

245. 黄晓亮:《死刑限制的宪法思考》,载《北京师范大学学报(社会科学版)》2013 年第 5 期。

246. 苏鸿靖:《仅有同案犯有罪供述案件中的死刑适用》,载《法学》2013 年第 6 期。

247. 韩大元：《死刑冤错案的宪法控制——以十个死刑冤错案的分析为视角》，载《中国人民大学学报》2013 年第 6 期。

248. 韩大元：《死刑冤错案预防的法治路径》，载《中国人民大学学报》2013 年第 6 期。

249. 陈兴良：《死刑政策之法理解读》，载《中国人民大学学报》2013 年第 6 期。

250. 李奋飞：《美国死刑冤案证据剖析及其启示》，载《中国人民大学学报》2013 年第 6 期。

251. 刘计划：《死刑冤案的程序控制》，载《中国人民大学学报》2013 年第 6 期。

252. 蔡道通：《死刑刑事政策视野下的集资诈骗罪死刑适用正当性质疑》，载《法学论坛》2013 年第 6 期。

253. 李洁：《死刑并科财产刑的实质根据质疑》，载《当代法学》2013 年第 6 期。

254. 赵秉志、王鹏祥：《中国死刑改革之路径探索》，载《中州学刊》2013 年第 6 期。

255. 余枫霜：《论被判死刑人员结婚和生育的权利》，载《南京师大学报（社会科学版）》2013 年第 6 期。

256. 刘国有、伊新宇、张羽：《中国死刑的民意传统与现实根基》，载《学术交流》2013 年第 6 期。

257. 王水明：《死刑限制之立法对策》，载《江西社会科学》2013 年第 8 期。

258. 付立庆：《死刑案件裁判过程中的司法软骨病及其祛除》，载《法学》2013 年第 10 期。

259. 郭栋磊：《死刑制度的再探讨——从贝卡利亚到加罗法洛》，载《西南民族大学学报（人文社会科学版）》2013 年第 10 期。

260. 严存生：《死刑应慎重，但不可废——死刑存废之争的人性思考》，载《学术研究》2013 年第 12 期。

261. 赵秉志:《死刑改革新思考》,载《环球法律评论》2014年第1期。

262. 赵秉志:《当代中国死刑改革争议问题论要》,载《法律科学(西北政法大学学报)》2014年第1期。

263. 魏昌东:《美国宪法修正案与其死刑制度改革》,载《法学评论》2014年第1期。

264. 邹佳伟、尚希文、贺晓伟:《死刑制度的废除依据和立法变革》,载《河北学刊》2014年第1期。

265. 房丽:《论中国死刑民意形成因素》,载《学术交流》2014年第1期。

266. 甄贞、郑瑞平:《刑事和解在死刑案件中之适用初探——以适用的范围与条件为中心》,载《法学杂志》2014年第1期。

267. 夏勇、吴玲:《“死囚等待”——美国的不立即执行死刑制度及其启示》,载《吉林大学社会科学学报》2014年第2期。

268. 徐岱:《美国死刑适用的最新现状及走向》,载《当代法学》2014年第2期。

269. 王磊:《故意杀人罪的死刑限制——以刑罚价值论为视角的考察》,载《学术探索》2014年第2期。

270. 胡启忠、秦正发:《马克思死刑思想研究评析——基于马克思〈死刑〉文本之主旨解读》,载《湖南社会科学》2014年第2期。

271. 罗钢:《台湾废除死刑进程及其启示》,载《理论探索》2014年第2期。

272. 孙光宁、刘磊:《死刑政策在指导性案例中的适用方式——以检例第2号为分析对象》,载《中国刑事法杂志》2014年第2期。

273. 康欣平、陈明:《“冤案”而非“疑案”:与清末民初藏局相关的钟颖死刑案之分析》,载《西藏研究》2014年第2期。

274. 彭新林:《论认罪态度与死刑的限制适用》,载《学术交流》2014 年第 3 期。

275. 王光石、曾赛刚：《当代中国死刑观念变革的策略与进路》，载《湖南科技大学学报（社会科学版）》2014 年第 4 期。

276. 毛立新：《联合国关于死刑的政策和立场——联合国人权高专办考察报告》，载《河北法学》2014 年第 4 期。

277. 穆远征：《死刑复核程序中律师辩护的困境与改革——以人权司法保障为视角》，载《法学论坛》2014 年第 4 期。

278. 徐国栋：《罗马刑法中的死刑及其控制》，载《暨南学报（哲学社会科学版）》2014 年第 4 期。

279. 王立军、赵静：《论死刑决策中的精英思维》，载《理论学刊》2014 年第 4 期。

280. 孙万怀、耿国美：《限制减刑的性质、适用标准及其最终解决》，载《法制与社会发展》2014 年第 4 期。

281. 陈兴良：《忻元龙绑架案：死刑案件的证据认定——高检指导性案例的个案研究》，载《法学评论》2014 年第 5 期。

282. 孟凡壮：《澳大利亚死刑废除的历史及启示》，载《苏州大学学报（哲学社会科学版）》2014 年第 5 期。

283. 上官丕亮：《宪法视野下死刑罪名的立法控制》，载《法学论坛》2014 年第 5 期。

284. 赵秉志：《再论我国死刑改革的争议问题》，载《法学》2014 年第 5 期。

285. 范进学、张玉洁：《论我国死刑的宪法正当性》，载《苏州大学学报（哲学社会科学版）》2014 年第 5 期。

286. 陈雄：《死刑制度与宪法民主》，载《苏州大学学报（哲学社会科学版）》2014 年第 5 期。

287. 于萍、吕卫华：《常见酌定量刑情节影响死刑适用的若干思考》，载《中国刑事法杂志》2014 年第 5 期。

288. 王立军：《分歧弥合与文化建构：中国死刑废止的必由之路》，载《法学论坛》2014 年第 5 期。

289. 莫洪宪：《中国毒品犯罪死刑的概况及其控制》，载《政法论丛》2014年第6期。

290. 于志刚：《死刑存废之争的三重冲突和解决之路》，载《比较法研究》2014年第6期。

291. 莫洪宪、刘夏：《进一步推进死刑改革的设想——废除女性犯罪死刑适用》，载《吉林大学社会科学学报》2014年第6期。

292. 〔法〕杰罗姆·布尔贡、李滨：《中国古代废除死刑论的得与失》，载《环球法律评论》2014年第6期。

293. 徐岱：《美国死刑走向废除的障碍及启示》，载《吉林大学社会科学学报》2014年第6期。

294. 陈劲阳：《死刑的正当性再思——交往主义刑罚理论背景下的考察》，载《吉林大学社会科学学报》2014年第6期。

295. 郭烁：《论死刑复核程序中的律师参与——以我国新〈刑事诉讼法〉第240条第1款为中心》，载《法学杂志》2014年第6期。

296. 王立军、赵静：《论大众观念之于死刑决策的意义》，载《山东社会科学》2014年第6期。

297. 赵晓耕、王帅：《老弱不受刑——论我国死刑适用年龄上限的历史演进》，载《天府新论》2014年第6期。

398. 吴照美、张琳：《死缓适用标准的实证研究——以刑事指导案例为视角的分析》，载《中国刑事法杂志》2014年第6期。

299. 陈辐宽、邓思清：《死刑复核法律监督的方向与路径》，载《法学》2014年第7期。

300. 张晶：《"罪行极其严重"的规范解读及其适用——以死刑控制的现实路径为视角》，载《河北法学》2014年第9期。

301. 彭新林：《酌定量刑情节限制死刑适用：价值、空间与路径》，载《法学》2014年第9期。

302. 曾赛刚：《当代中国理论上的死刑替代观》，载《广西社会科学》2014年第9期。

303. 何成兵：《临终会见：究竟是谁的权利——死刑临行会见权的归属及保障探寻》，载《政治与法律》2014 年第 10 期。

304. 周详：《媒介对大众死刑观的塑造——中国废除死刑的路径分析》，载《法学》2014 年第 11 期。

305. 曾庆云：《绑架罪及其类型化分析》，载《西南民族大学学报（人文社会科学版）》2014 年第 12 期。

306. 吕天奇：《毛泽东死缓思想的现代启示》，载《社会科学家》2014 年第 12 期。

六、刑法典

1. 赵炳寿等译：《印度刑法典》，四川大学出版社 1988 年版。

2. 金永哲译：《韩国刑法典及单行刑法》，中国人民大学出版社 1996 年版。

3. 张明楷译：《日本刑法典》，法律出版社 1998 年版。

4. 冯军译：《德国刑法典》，中国政法大学出版社 2000 年版。

5. 罗结珍译：《法国刑法典》，中国法制出版社 2003 年版。

6. 赵微译：《俄罗斯联邦刑法典》，法律出版社 2003 年版。

7. 黄道秀译：《俄罗斯联邦刑法典》，中国法制出版社 2004 年版。

8. 吴光侠译：《泰国刑法典》，中国人民公安大学出版社 2004 年版。

9. 潘灯译：《西班牙刑法典》，中国政法大学出版社 2004 年版。

10. 米良译：《越南刑法典》，中国人民公安大学出版社 2005 年版。

11. 刘仁文、王炜译：《美国模范刑法典及其评注》，法律出版社 2005 年版。

12. 刘志伟等编：《刑法规范总整理》，法律出版社 2014 年版。

七、文学作品

1. ［法］司汤达著：《红与黑》，郝运译，上海译文出版社 1986 年版。

2. 陆萍著：《一个政法女记者的手记》，上海人民美术出版社 1996 年版。

3. 甘阳著：《将错就错》，生活·读书·新知三联书店 2002 年版。

4. 林达著：《带一本书去巴黎》，生活·读书·新知三联书店 2002 年版。

5. 潘军著：《死刑报告》，人民文学出版社 2004 年版。

6. 罗本著：《我杀故我在：连环杀手之世纪追踪》，九州出版社 2005 年版。

7. 胡佳著：《美国八大名案》，作家出版社 2005 年版。

8. 居扬：《重刑犯》，载《黑镜头》编辑部：《黑镜头·最后的震撼中国的不朽影像》，花山文艺出版社 2005 年版。

八、网络资源

1. 最高人民法院 1997 年至 2006 年的工作报告，载中华人民共和国最高人民法院官方网，http：//www. court. gov. cn/work/。

2. 2001 年至 2005 年全国群众安全感抽样调查主要数据公报，载中华人民共和国国家统计局网，http：//www. stats. gov. cn/tjgb/qttjgb/。

3. 关于某地监狱罪犯再犯、累犯的统计数字，载湖南省张家界监狱网，http://www.zjj.gov.cn/zwgk/ydjy/index.htm。

4. 死刑专题，载网易新闻，http://news. 163. com/special/k/000113A8/kill050309.html。

5. 中国死刑观察网，www.chinamonitor.org。

6. 台湾推动死刑废除联盟网，http：//www. deathpenalty.

org.tw/。

7. 社会学项目、暴力概念，载维基百科，http://www.wikilib.com/wiki/。

8. 关于世界各国死刑存废及执行状况的统计数据，载大赦国际网，http://web.amnesty.org/pages/deathpenalty-sentences-eng。

9. 关于如何有效抗制暴力及暴力犯罪的年度报告，载世界卫生组织网，http://www.who.int/violenceprevention/en/index.html。

10. 美国司法部司法统计局网，http://www.ojp.usdoj.gov/bjs/。

11. 美国死刑聚焦网，http://www.deathpenalty.org/。

12. 美国反对死刑网，http://www.fdp.dk/#top。

13.《新加坡刑法典》，载新加坡政府网，http://statutes.agc.gov.sg/。

后　记

　　与爱情一样，死亡是人类文化中永恒的话题，而死刑则是死亡在刑事法律中的主要表现，也是人类采取法律方式保全自身的重要手段之一，其具体实践往往涉及"生"与"死"、"报复"与"宽恕"的深刻伦理问题。古往今来，无数哲人名家对此从不同的角度进行过非常深邃的探讨和思考，煌煌大著引人入胜，发人深省。晚近五十年来，中外刑法学家对此问题也作了非常多的研究，著作数量斐然，很多理论既具有权威性，又贴近社会现实。这使得我在学习刑法学时对死刑问题虽认真学习但又敬而远之。进入博士研究生学习阶段后，机缘巧合，有一天从一位尊敬的老师那里同时看到关于死刑的文学著作与法学著作，使得我开始对死刑问题产生兴趣，逐渐从刑事法律的角度考虑"生"与"死"、"报复"与"宽恕"这些问题。2005 年年初，在选择博士学位论文题目时，我的导师赵秉志教授建议我选择死刑方面的论题，而我决定选择暴力犯罪死刑问题进行研究，并得到了赵秉志教授的肯定和支持。

　　博士学位论文虽然是个人的辛苦劳作，但同样也凝聚了诸多师友的关心和支持。从开题报告、撰写论文到完成答辩，恩师赵秉志教授都付出了大量的心血，给予我以全面、悉心的指导，对论文提纲、开题报告认真、细致地修改、补充，并提供了大量学术资料与其他科研机会。论文草成后，赵老师在外地出差开会的百忙中既高屋建瓴又细致入微地提出了修改、完善的意见，令论文增色不少。不仅如此，在我攻读硕士及博士学位期间，赵老师从学习、生活等方面都曾给予了悉心的指导与照顾。所有这一切，都令我深深感激。我十分庆幸自己有一位学识渊博、造诣深厚、人品优良、和蔼可亲的授业导师，也不断勉励自己更为勤奋地学习与研究。

令我难忘而且充满谢意的还有诸多给我教诲与指点的名师：德高望重、学问渊博的高铭暄教授、王作富教授，深谙刑法理论与实务、循循善诱、颇负盛名的卢建平教授、黄京平教授、谢望原教授、韩玉胜教授、刘明祥教授、冯军教授、刘志伟教授、王秀梅教授、赫兴旺副教授。

对于我的论文提供协助的诸多老师、师兄与学友还有：对我的论文始终给予关心的于志刚教授、许成磊博士、时延安教授、曾粤兴教授、阴建锋教授、陈志军教授，曾共同进行课题研究、为我的论文做出默默贡献的张远煌教授、马松建教授、左坚卫教授、王俊平教授、王雨田博士、廖万里博士、雷建斌博士、郑延谱教授、王东阳博士、李山河博士、臧爱存博士、杜邈博士、周国良博士，对论文提纲提出意见并从外地惠寄大量资料的好友王重阳先生。写作过程中与我进行较多深入讨论的还有 2003 级刑法专业博士班的诸位同学。

博士论文顺利进入评审、答辩阶段后，校外评审专家吴大华教授、莫开勤教授以及校内评审专家谢望原教授、冯军教授、赫兴旺博士付出辛苦劳动，认真予以评审，并提出了很多建设性的意见。由高铭暄担任主席，张泗汉教授、刘守芬教授、刘明祥教授、屈学武教授担任委员的答辩委员会辛勤工作，对我的博士论文提出了全面、恰当、深入的评价意见，并认为该论文是优秀博士学位论文。博士研究生毕业后，我很荣幸地来到北京师范大学刑事法律科学研究院工作，参加了数项死刑制度方面的学术研究项目，得到了诸位同事的很多教益，促使我更为深入、全面地思考死刑问题。在吸收上述评审专家、答辩委员会以及共同进行死刑课题研究的同事的建议之基础上，我对博士学位论文进行了修改，于 2008 年以同名出版。

现在来看，距离写作之时已经有十年之遥，其间关于死刑问题的专著、译著、论文大量问世，将我国死刑制度改革问题的研究大大推向前进，本人也撰写和发表了十余篇死刑制度改革方面的论文，主持了三项国家级或者省部级的死刑研究课题，参与了赵秉志教授等人主持的五项国家级或者省部级死刑研究课题，对死刑问题的认识有了质的飞跃和提高，回首观之，感觉原著的幼稚和肤浅，因而吸收前辈和同仁的先进思想和个人最新研究心得，对原著进行修订完善，交诸读者，再期批评指正。

黄晓亮

2015 年 1 月